OPEN 是一種人本的寬厚。

OPEN 是一種自由的開闊。

OPEN 是一種平等的容納。

OPEN 1

神話的智慧

作者◆呂克・費希
譯者◆李鳳新
發行人◆王學哲
總編輯◆方鵬程
主編◆李俊男
責任編輯◆賴秉薇
美術設計◆吳郁婷
校對◆李鳳珠

出版發行：臺灣商務印書館股份有限公司
台北市重慶南路一段三十七號
電話：(02)2371-3712
讀者服務專線：0800056196
郵撥：0000165-1
網路書店：www.cptw.com.tw
E-mail：ecptw@cptw.com.tw
網址：www.cptw.com.tw

局版北市業字第 993 號
初版一刷：2010 年 12 月
定價：新台幣 400 元

ISBN 978-957-05-2570-0

OPEN 1 / 63

神話的智慧

LA SAGESSE DES MYTHES

Apprendre à vivre 2

呂克・費希 Luc Ferry／著
李鳳新 ／譯

臺灣商務印書館 發行

推薦序

陪孩子談一段希臘諸神

「你是誰？」

傍晚，菩提樹下的校園裡，舒爽清涼。徐徐微風中，帶來幾聲童音稚語。

我和幾位等待課後放學的家長打招呼，繞膝旋轉嬉鬧的小孩兒，突然定定的盯著我，正經八百的問著。

「他是校長啦！」家長們看著我，笑瞇瞇的解圍。

「校長是誰？」小孩兒露出疑惑的眼神，繼續追問。

「校長就是校長啊！」家長們看著小孩兒，很堅定的說。

「我是誰？」

撿起幾片菩提葉，小孩兒分別站上不同的方格，方格上有著動物的腳印。

「我是黑熊！」

「我是獅子！」

我看著孩子們跳來跳去，他們在變化角色時，都很興奮地表現出該種動物的特質。

「你是你自己啦！」家長笑看著小孩兒，很肯定的說。

「我是誰？」

「你是誰？」

一來到這個人世間，孩子們經常藉著不同的原型，不斷地探索著「你」「我」的本體、「你」「我」之間的關係和價值意義。孩子們想去認識自己、認識別人，他們希望在「你」「我」之間扮演恰如其份的角色，希望傳達恰如其份的意義，更希望思考出恰如其份的人生。

神話提供人的「原型」，讓人照見自己；如果比照希臘神話，校長是誰？「應該更像尤里西斯！」為什麼是像尤里西斯而不像天神宙斯呢？因為，尤里西斯不斷的抗拒誘惑，以堅毅的力量為有限的生命創造成功和幸福。

「那，你呢？」

法國前教育部長呂克・費希說：「**神話，適合在任何年紀閱讀——在走進成人世界、投入社會生活以前，藉由閱讀偉大的經典，是迂迴繞道認識世界的機會。**」他從文化和哲學的角度，解析希臘神話的人物，在面對世界的意義和結構中，詮釋角色分工和人際糾葛纏雜的慾望。

「尤里西斯為什麼這麼傻，要放棄永生不死？」

「『不死』和『死』，有什麼不一樣？」

「哇！太哲學了喔！」

哲學的有趣，就是將神話轉回人間的力量。

神話故事由於具有劇情轉折的張力，神話的力量才容易彰顯。然而，作者喜歡以一種討論的觀點，希望父母和子女在透過神話的共讀中，去發現神話在人世間所展現的意涵，並企圖用哲學性的思維，引導孩子去瞭解——「**純粹運用人自身的理性，嘗試以自身的力量努力脫困。**」同時，也讓孩子理解，在諸神的世界裡，意義不是自然的存在，而是一種追尋的過程。

本書的目的是希望藉由對希臘神話的詮釋，讓台灣的青少年瞭解西方文化與希臘神話的關係，也讓青少年在多元文化觀點下，能理解希臘神話所帶來的人物原型，更藉此去究竟西方探索生命意義的源蹤。我喜歡這種可以共讀、共同討論的時刻，來共同思考的人的存在課題，以協助孩子看見生命的厚度。

面對這本《神話的智慧》，我也衷心盼望，在多元文化與多元教育的平台上，老師和家長可以透過這本好書，以陪伴和支持的心情，讓兒童和青少年在面對疑惑、面對問題的當下，能稍稍停駐一下，花點時間咀嚼，花點時間思索，再回味作者的提示與解析，去印證人生的變化。我相信，生命的原型會等待著組構，生活的意義便也會在質疑辯證中變得不同。

「誰是你？」

秀朗國民小學校長　潘慶輝

目錄

序論
希臘神話故事：為誰而寫？為什麼存在？

讓我們從根本說起：希臘神話的深層意義到底是什麼？為什麼如今，我們還應該對希臘神話感到興趣？或者可以說，為什麼沒有比現在更需要希臘神話故事的了？在我看來，答案就在希臘文著作之一、那本既家喻戶曉又最古老的作品裡：荷馬（Homère）的《奧德賽》（*Odysseia*）。我們一下子就看出來，其實，神話故事並不像今天我們常常以為的那樣，只是以消遣和娛樂為目的的一套「童話故事和傳奇」，和多少帶點虛幻色彩的系列小品故事。神話故事，根本不該簡單歸結到一種文學趣味和消遣而已，事實上，神話故事蘊含了古代智慧的核心，也包含了希臘哲學偉大傳統原初的起源，後來，希臘哲學就在這個起源上，透過概念的形式逐步發展，為我們這樣生命有限的人類定義成功人生的輪廓。

現在就讓我們暫且順著這條我大略描述的故事脈絡前進吧。當然，稍後我們還有機會再回到故事本身來。

在經過離家十年與特洛伊人（Troy）的漫長戰爭之後，尤里西斯（Ulysses），希臘最傑出的英雄，剛剛才以計謀贏得勝利——幸虧有他棄置在城堡圍牆附近海邊那匹出了名的木馬。那匹馬，是特洛伊人自己拉進城裡的，如果不是這樣，希臘人還真難攻下來。特洛伊人以為，木馬是要呈獻給神的祭品，但其實那是一艘船身載滿戰士的戰爭機器。當夜晚來臨，希臘戰士就從魁梧的木馬雕像中跳出來，將熟睡中的特洛伊人殺得精光，或幾乎不留活口。這場殘酷的屠殺洗劫，毫不留情，實在是恐怖到極點，以致於激起眾神的憤怒。不過，至少戰爭終於結束了，而尤里西斯也尋求返鄉的路，回到他的家鄉旖色佳（Ithaca），與他的妻子潘娜洛比（Pénélope）以及他的兒子鐵雷馬科斯（Télémaque）重逢。總之，尤里西斯試圖重返家人身邊，與他們團聚，並且回到他的王國。我們已經察覺得到，尤里西斯的人生在達到和諧的狀態以前，在與世界協調、和好以前，從整個宇宙的意象來看，他的一生是從混亂中開始的。尤里西斯不久前被迫參加的那場可怕的戰爭，和他違背自己的意願，離開有他的親人居住的「原本的地方」，都是在掌管衝突的爭端女神厄莉斯（Eris）主掌之下進行的。希臘人與特洛伊人在彼此之間豎起敵意，也是她造成的。而且，如果我們想要從希臘英雄尤里西斯經歷的旅程①中汲取生命智慧的意義，那麼，就必須先從這場最初的戰役來觀看。

衝突的開端起因於一場結婚典禮，阿奇里斯（Achille）未來雙親②的婚禮。阿奇里斯既是希臘

①荷馬暗示了這件事，但這段軼聞第一次出現，似乎是在一篇早於《伊利亞德》（*Ilías*）、但今天已經佚失、名為《塞浦路斯之歌》（*Chants Cypriens*）的詩集。我們也發現，它多次出現在歸在尤基努斯（Hygin）的寓言中（寓言九十二）。尤基努斯是活躍於西元前一世紀的詩人，這位西班牙出身的羅馬詩人學識淵博。為方便起見，此處我引的就是他的描述。

的大英雄，也是特洛伊戰爭中最著名的主角之一。就像在《睡美人》的故事中，我們「忘了」邀請邪惡的女巫那樣，在這裡呢，取代了女巫被遺忘的人恰好就是厄莉斯。不過實際上，在這盛大的宴會之日，大家很自動自發地跳過了她。因為，她每到一個地方，大家知道，那裡的一切都會變得激烈混亂起來。大家也都曉得，愛與歡樂很快就會消失，仇恨、盛怒則佔了上風。厄莉斯卻不請自來，決心要把婚禮搞得亂七八糟。為了達到目的，她早就想到一個壞主意：在這場難得有奧林帕斯（Olympus）主要的眾神圍繞祝福的場合，她要在那對新人的婚宴桌上丟出一顆特別的金蘋果，上面清清楚楚地刻著「獻給最美的女性！」我們幾乎可以聽到，在場的每個女性都用唯一的聲音高呼：「這當然是非我莫屬！」於是，衝突就這樣慢慢地、確實地滲入，一直到發動特洛伊戰爭為止。

故事是這麼發生的：

婚禮宴席上坐著三位崇高的女神，三位都是萬神之王宙斯（Zeus）身邊最親近的神。首先是赫拉（Héra，拉丁文稱為朱諾），她是宙斯的妻子。面對她，宙斯可是什麼也不能拒絕。但在宙斯身邊的，還有宙斯最寵愛的女兒雅典娜（Athéna，米娜娃），以及宙斯的姑姑愛芙羅黛蒂（Vénus，維納斯）這位愛與美的女神。顯然地，厄莉斯預期的事發生了，三位女神為漂亮金蘋果爭吵起來。宙斯，作為睿智的一家之主，無論如何都要盡可能地避免捲入爭端，因為他太了解，自己根本無法在女兒、妻子和姑姑之間作出選擇，所以他就撇下不管……。再說，無論是決定任何事，他都必須

②是有關海洋女神忒提斯與（Thétis）一個凡人泰薩利國王裴琉斯（pélée）的婚禮。

保持公平。一旦他裁決了，勢必會遭到其他落選者的指責。因此，宙斯就派遣身邊最忠誠的信使赫米斯（Hermès），不聲不響地找來無辜的年輕人裁決三位美人。乍看之下，這件事好像只是牽涉到一位特洛伊城的年輕牧羊人，但實際上，這位年輕人就是帕里斯（Pâris），也就是特洛伊國王普里亞摩斯（Priam）最小的兒子。帕里斯一出生就被他的雙親遺棄，因為有一個預言說他將會導致他的城邦毀滅。但是，**到最後一刻**，帕里斯被一位牧羊人收容，救回了性命。那個牧羊人基於憐憫而把他養育長大，直到他變成現在這個英俊的美少年。從外表上看，是一個年輕的鄉下人，其實卻是隱藏了身份的特洛伊王子。帶著少不更事的天真，帕里斯接受扮演審判官的角色。

為了討帕里斯的歡心，並贏得有名的「不和的蘋果」，三位女神都承諾，願意獻上各自所長以回報帕里斯。赫拉，在宙斯身邊掌管王國中最龐大的部分，因為她主管全宇宙，於是她就承諾，只要帕里斯選擇她，她就讓他擁有地表上獨一無二的王國。雅典娜，智慧、藝術與戰爭的女神，向他許下諾言，如果她被選中，那麼他將百戰百勝，無往不利。至於愛芙羅黛蒂，她在帕里斯的耳邊喃喃細語說，只要選她，帕里斯就能誘惑到全世界最美麗的女人……。帕里斯當然選擇了愛芙羅黛蒂。然而，這對男人而言可說是最大的不幸，因為全世界最美的創造物正巧就是希臘人的妻子，而且還不是隨便的某個希臘人，而是梅涅勞斯（Ménélas），所有城邦中最驍勇善戰的斯巴達城邦國王。這個女人叫海倫（Hélène）——就是這位名氣響亮的「絕美的海倫」，讓幾世紀的詩人、作曲家和廚藝家們不斷為她獻上讚頌。厄莉斯達成她的目標了：因為，這個年輕的特洛伊王子帕里斯被愛芙羅黛蒂蠱惑，將從梅涅勞斯手中搶走海倫，導致幾年後特洛伊人和希臘人打起來……。

而可憐的尤里西斯則被迫參戰。那些希臘地區的國王們——尤里西斯是其中一位，我們已經說過，他統治的是旖色佳——其實都曾宣誓將協助娶到海倫的人。因為她實在是太漂亮、太迷人了，他們深怕嫉妒和伴隨嫉妒而來的仇恨，會讓他們彼此不和。因此，他們就宣誓表達彼此的忠誠，並且願意協助海倫所選擇的對象。梅涅勞斯被她選上，萬一有背叛的情況發生，其他人就得趕來幫他。尤里西斯的太太潘娜洛比，才剛剛生下小鐵雷馬科斯，尤里西斯想盡辦法要逃避這場戰爭。他喬裝成一個瘋子，倒著犁田，並且故意不拿好的種子，而以石礫播撒到田裡。然而他這些狡黠的計謀，卻逃不過前來尋他的老智者的眼光。最後，他不得不下決心跟其他人一樣離開。漫長的十年當中，他遠離他「原本的地方」，遠離他的世界，遠離他在宇宙中所處的地位，遠離他在自己親人當中的地位，投身在衝突、戰爭而非和諧平靜當中。一旦戰爭結束，他心中只有一個念頭：回家。然而他的煩惱才正要開始。他歸鄉的旅程將花去十年的光陰，途中將佈滿的各種障礙和幾乎難以克服的艱難考驗都促使他思考。和諧的人生、救贖與智慧都非一蹴可幾。他必須一一征服，有時甚至還得冒生命的危險。這場朝向和平的戰爭遊歷中最初的部分，就是我們此處直接要談論的故事。

尤里西斯在卡呂普索島：成功而有限的生命勝於失敗而永恆的生命

為了回到旖色佳，尤里西斯必須中途停靠在迷人的卡呂普索（Calypso）住的島嶼，她雖然只是次要的神，但還是很高尚且擁有超自然的力量。卡呂普索瘋狂地愛上他，立即成為他的愛人，並且決定將他關起來以便留住他。在希臘文裡，她的名字來自於動詞「卡呂普登」，意思是「藏匿」。她美如天仙，她的島嶼像天堂般，綠意盎然，有各種動物，果樹結下只有夢想中才有的果實。氣候和暖，照顧這對情人的寧芙仙女，不只楚楚動人，而且都服侍得無微不至。看來女神手上似乎握有全部的王牌。可是，尤里西斯魂縈夢繫他的家鄉旖色佳，像戀人般眷戀著他所屬世界的一隅。無論如何他都要回到他出發的地方。每天他獨自面對海洋，每個夜晚都暗暗低泣，為了心願苦無機會實現而傷心不已。他只能指望雅典娜介入這件事。出於某些理由——特別是因為特洛伊人帕里斯沒有選她而產生的嫉妒心——因此，戰爭期間，雅典娜從頭到尾都站在希臘人這一邊。看到尤里西斯飽受精神折磨，雅典娜請求她的父親宙斯，派遣他最信賴的忠實信使赫米斯，下令卡呂普索放了尤里西斯，好讓他回到原來的地方，在萬神之王所創造和擔保的宇宙秩序下，度過平靜和諧的日子。

但是，卡呂普索還不罷休。她使出渾身解數，千方百計想挽留住愛人，居然企圖許下對凡人尤里西斯來說絕不可能擁有的承諾。她給的條件，是一個聞所未聞的、可免於死亡的機會。死亡是凡人共同的命運，這千載難逢的機會，足以讓凡人進入一個永遠無法到達的領域，那就是希臘人口中，一群「幸福」者所在的領域，也就是永生不死的神所在的領域。她慷慨大方地再奉送一件不容忽視的贈品：只要尤里西斯點頭答應，那麼，他不僅可以長生不死，還可以永遠保持英俊的美貌和充沛的精力，而這是唯有年輕人才擁有的特權。明確的承諾，既重要而且很有意思。如果說，卡呂普索會在長生不死以外再加上年輕的條件，那是因為，她清楚地記得麻煩的前例③：即另一位女神奧蘿拉的前車之鑑。她也像卡呂普索一樣，瘋狂地愛上凡人，一位叫做泰同（Tython）的特洛伊人。為了跟他永遠不再分開，奧蘿拉希望心愛的人永生不死。她苦苦哀求宙斯，宙斯最後也讓她如願，但是，她忘了要求長生不死之外再加上年輕的條件。結果可憐的泰同在漫長歲月中漸漸老態龍鍾，蜷曲佝僂，直到變成乾癟的老頑固，像隻污穢不堪的臭蟲子，以致於奧蘿拉把他打入冷宮。最

③出現在一篇詩集裡，《荷馬史詩》（*les Hymnes homériques*），長久以來被誤認為荷馬所作。

後還終於想出一個辦法，把他變成一隻蟬，才完全甩掉棘手的老怪物。因此，卡呂普索非常小心。她是那樣深愛著尤里西斯，所以既不希望他死，也不願意看到他變得老態龍鍾。正如所有偉大的救贖或智慧的教條中那樣，愛與死之間的矛盾，一直都處於我們歷史的中心。

就像她自己，和她的島嶼所具備的條件那樣，她用以引誘他的提案，是那麼有吸引力，對一個凡人來說，再也沒有什麼可以與之媲美的了。然而對照之下，尤里西斯的反應卻很奇特，幾乎讓人猜不透。他心如鐵石，不為所動。始終傷心抑鬱的尤里西斯謝絕了女神奉上的誘人獻禮。我們直截了當地說：這個拒絕帶有很深的意涵，而且深不可測。我們可以領會字裡行間所透露的言外之意，毫無疑問地，其中傳達的是希臘神話故事中最深奧、最強有力的訊息。該訊息讓哲學[4]後來能夠據其意思來傳達，我們則可以把它簡單地歸納成以下的訊息：人類存在的目的，並非如不久之後的基督教徒所想像的那樣，只是為了求得靈魂的救贖，就不擇手段，包括用最具精神道德和最苦惱的方法，或者是為了達到永生不死。因為，成功幸福而有限的生命，比一事無成的永恆生命更勝一籌！換句話說，尤里西斯所確信的是，居無定所的生命，離鄉背井、毫無和諧平靜可言的生命，處在宇宙邊緣、遠離自己原本所在地的生命……比死還不如。

就如同凹與凸的對照，反過來看，一個幸福人生的定義以及成功的存在顯然就被描繪成這個模

---

④至少哲學傾向於「世界的智慧」，而這個指向，從帕門尼德斯（Parménide）、柏拉圖（Plato）、亞里斯多德（Aristotélēs）到斯多噶學派，一路延伸下來。就跟所有的希臘思想分析學家所做的一樣，我將這個傳統區別開來，可以把它稱為「解構的」，與第一個傳統相比較之下，是一種「反文化」：基本上，這個傳統是從原子說、伊比鳩魯學說到詭辯術的傳統。

樣——從這裡，我們開始隱隱約約感受到神話故事裡的哲學性層面：應該如尤里西斯般偏愛一個遵循宇宙規律的有限生命，勝於一個永生不死、卻沉浸在希臘人所說的狂傲妄為的烏比力斯（這個字 *hybris* 唸成〔ubrisse〕）的狀態。過度，使我們遠離與世界重歸和好的機會。我們應該要很清醒地活著，接受死亡，與現實生活中的自己和好，一如跟自己以外的一切和睦相處，與身邊親近的人及天地萬物和諧共處。這樣的生活，遠勝過不朽地生活在一處空無、對自己來說完全沒有意義的地方。哪怕那是天堂般的所在，哪怕是跟一位美貌絕倫，而自己卻一點也不愛的女人在一起，哪怕她再高雅尊貴。如果遠離最親近的家人伙伴和「自己的家」，這樣的隔離，不只是以島嶼的形式象徵出來，而且，還透過讓凡人神化和不朽的企圖，而使我們與自己及身邊最親近的一切從此永隔。對當今我們所處的這個世俗世界來說，這是無法估量的智慧寶鑑，是與過去和將來的一神教宗教論述訣別的人生教誨。它所傳達的意涵，可以說，使得哲學家只能夠繼續如實傳意，再經由他們各自的方式去轉化意義。當然，它將不再完全是神話故事上的意涵而已，同樣地，它也不是令人激賞的無神救贖教條或是向我們這樣生命有限的存在昭示的幸福人生指示而已。

很明顯地，我們必須要徹底地探究，尤里西斯拒絕迷人的女神，他背後的動機到底是什麼？在整本書中我們也將看到，希臘神話巨著是如何勾勒闡明、漸漸發展，並且以各自的方式，支撐這段出色的生命教誨，同時依此為哲學奠定往後百花齊放的基礎。

不過，讓我們先從最初選出的幾則例子的教訓，來了解這本書的意義和構想。首先，那些神話故事被創造出來，已經超過三千年，那些神話故事的誕生，其背景和語言都跟我們現在的時代截然不同。到底要如何解釋，何以今天它們還能以這麼親近的方式向我們敘述？在世界各地，每年差不多都有幾十本有關希臘神話故事的書籍出版。多年來，不少的電影、動畫和電視連續劇為了豐富劇本的情節，都紛紛汲取一些古代文化的主題。因此，每個人隨時隨地都可以聽到像赫拉克勒斯（Héraclès）的艱鉅任務、尤里西斯之旅、宙斯的戀人們，或者特洛伊戰爭的故事。我想有兩種理由，當然，一個是文化方面的理由，而另一個，特別是哲學上的理由，基於這兩種有充分依據的理由，在本書前言部分我希望與我的讀者分享。從這個觀點出發，我們準備要讀的作品，直接列在我這套《學習人生系列》第一本書《給青年人的幸福人生書》⑤的開放觀點中。我嘗試以盡可能最簡單、最生動的方式講述希臘神話故事裡的主要內容。不過，當時我是以一種相當獨特的哲學角度來談的，在此我想要簡單說明一下。事實上，人們慣常以古怪的方式將種種故事軼聞歸納為「神話故事」，為了彰顯出隱藏在神話故事中的智慧，我會想辦法闡明那些故事軼聞蘊含的意義。為了在一開始就向讀者清楚地強調出，這些精彩的過去能以非常符合當下的方式向我們傳述，我想要明確指出——作為本書的前言——我們的文化，即使是最共通的部分，甚至連最詭辯的哲學智慧，都深深受惠於神話故事的智慧。

以文化之名：依此我們都是古希臘人

讓我們從神話的文化層面說起。

⑤在第一本及本書這兩本著作之後，另外的三本續集將陸續出版：《古代智慧與基督教思想家》（第三冊）、《奠基現代人文主義之父》（第四冊）、《後現代主義與解構主義者：當代哲學的誕生》（第五冊）。因此，第一冊《給青年的幸福人生書》就以一般概論的方式介紹規模較龐大的系列計畫，目標在於為哲學與哲學史上重要的關鍵處提供更透徹的定義，以便能同時建立、制定透視哲學當前演變發展的觀點。

這幾乎是想當然耳的事，只要我們仔細想一想，就會知道，我們耳熟能詳的日常用語中那許許多多意象、隱喻和措辭其實就是直接挪用自神話故事，使用時卻可能一點也不曉得意義的典故、出處⑥。某些已經變成老掉牙的用語中，蘊含了傳奇故事的記憶，而那些，就特別標記在某個神或某個英雄冒險患難的故事中：出發尋找「金羊毛」；「從難處下手」；才從海怪卡呂迪絲（Charybde）漩渦中逃出，又掉入岩礁女妖手裡（指「才脫龍潭又入虎穴」的意思）；引「特洛伊的木馬」到敵陣（即「木馬屠城」）；清洗「奧格阿斯（Augias）的牛圈」（即「大力整頓」之意）；「跟著亞莉阿德妮（Ariadne）的線團」；有「阿奇里斯的腳踝」（「有不堪一擊的弱點」之意）；對於「黃金時代」的鄉愁懷舊；「置身在某人的庇護之下」；觀察「銀河」；參加「奧林匹克運動會」等等。而更多其他的詞彙，則著重在一些人物突出的個性特徵上，我們對那些名字早已耳熟能詳，但根本不知道為何他們會這麼出名，也不曉得他們在想像的希臘故事中實際上扮演了什麼角色：像是說「女預言者的神諭」般晦澀難解的話；捲入爭端（蘋果是引起特洛伊戰爭的禍根）；當烏鴉嘴（預卜先知的「卡珊德拉」〔Cassandre〕警言不祥，卻從來沒有人信以為真）；擁有良師益友，像鐵雷馬克斯有睿智老人「門托爾」（Mentor）陪伴那樣；浸淫在夢神摩耳甫斯的懷抱裡（即「進入夢鄉」的意思）或者服用「嗎啡」；變成大富翁「觸到帕克托洛斯（Pactole）」；迷失在「拉比林思迷宮」裡；讓人迷路的羊腸小徑（或情況錯綜複雜）；維妙維肖的「索吉分身」（赫米斯喬裝成索吉〔Sosie〕的主人安菲特利昂〔Amphitryon〕，好讓宙斯誘惑安菲特利昂的妻子阿

---

⑥在這本書裡，我們將會發現不少對這類用語以及其他用語的解釋。

爾克墨涅〔Alcmène〕）；啟示靈感的「愛捷麗」（Egérie，人們說這個寧芙仙女曾經啟發過早期幾位羅馬王）；擁有像「泰坦神」（Titan）那樣強壯的力量；像「赫拉克勒斯」般力大無比；飽受像「坦塔羅斯」（Tantale）無所不在的煎熬痛苦；經歷「普羅克斯提斯（Procuste）之床」的削足適履；作為（像「安菲特利昂」般）慷慨大方的東道主；一個自戀的「皮格馬利翁（Pygmalion）」；奢靡驕縱的色巴利特（Sybarite，住在豪華的色巴利思城的人）；打開一本「地圖」；（像拉大車的車伕一樣）滿口粗話⑦；（像普羅米修斯〔Prométhée〕一樣）大膽地從事充滿反骨精神的事業；永遠沒完沒了的差事，就如「達娜伊得斯（Danaïdes）無底酒桶，永遠填不滿」；說話聲音宏亮（像斯屯托耳〔Stentor〕一樣）；暗巷撞到兇悍的看門犬（看守地獄門的克別洛斯〔Carbère〕三頭犬）；快刀斬亂麻（解開難解的結）；騎馬側坐（像亞馬遜女戰士那樣）；天馬行空地幻想（如想像「獅頭羊身蛇尾的吐火合成怪獸」那樣）；嚇得呆住了（像觸及「美杜莎」〔Méduse〕的目光就化為石頭般，一動也不動）；傲慢無人、自以為出身高貴（彷彿「從宙斯大腿生出來的」）；槓上惡婦、潑婦、悍婦（復仇三女神）；驚慌失措；打開「潘朵拉（Pandore）

---

⑦這句話最初的意思，也許比後來引申的意義還更鮮為人知，但不見得就缺少趣味性。在經過一番思索之後，我常常問，為什麼拉大車的車伕就要被看作是說粗話的人，而不是農夫或者鐵匠？答案與赫拉克勒斯的十二項艱鉅任務中的一件插曲有關，該故事特別由阿波羅鐸魯斯（出自《圖書館》中的第二冊，第一一八章）記載下來。在此，我讓故事本身來說：「赫拉克勒斯橫越亞細亞，在林多斯的一處港口泰密德萊靠岸。在那裡，他將一隻套在大車上的牛解開，宰殺獻祭並且享受豐盛的美味。拉大車的車伕受不了，就隨便坐在一座山丘上，破口罵起粗話來……。」可憐的傢伙，萬萬不該惹毛它，進行一對一的格鬥。因為，這座看似山丘的肌肉，實際上就長在力大無比的赫拉克勒斯身上！

的盒子」；有戀母情結（像伊底帕斯〔Oedipe〕那樣）；非常自戀（像納西瑟斯〔Narcisse〕那樣）；有權威人士撐腰（像古希臘雅典的刑事法庭那樣）等等。我們幾乎可以無限延伸這類名單。在同一類型的用語中，我們都很清楚，知道雌雄同體的陰陽人赫米芙洛黛蒂首先就是赫米斯與愛芙羅黛蒂（Aphrodite）所生的孩子，即眾神的使者與愛慾女神的結晶；而一位女妖葛爾歌（Gorgene）的名字，使人想起石化的植物，好像她曾與蛇髮女美杜莎眼光交會所以一動也不動那樣；我們也曉得，美術館（musée）和音樂（musique）都是九位繆思（Muses）的繼承者；我們也以為寧克絲跟千里眼倫丘斯（Lyncée）一樣，具有銳利的眼光，而後者這位阿果號的英雄，人們都說他的視力可以穿透一塊橡樹板，至於愛蔻（Echo），長得很標緻的寧芙仙女，因所愛的納西瑟斯斷然拒絕她而感到傷心悲痛，讓人在其死後仍然聽到不斷重覆嘆息的回聲；月桂樹，是一株懷念黛芬妮的神聖植物；至於種植遍佈地中海地區墓園的柏樹，作為用來哀悼的象徵物，乃是為了紀念失手將心愛的人射死，卻永遠無法從悲慟中解脫的可憐塞巴里梭。許許多多的詞彙也同樣讓人想起神話故事中名氣響亮的地名，像是戰神廣場、香榭麗舍。或者，沒有那麼直接明示，如博斯普魯斯海峽，字面的意思是「母牛的通道」，也就是為了紀念愛奧這位小公主遭善妒的天后赫拉懲罰的故事。宙斯的正妻赫拉她那顯赫的丈夫為了保護戀人愛奧不受赫拉的報復，遂將她變成一隻可愛的小母牛，但終究逃不過充滿恨意的赫拉之手。

事實上，必須花一整章的篇幅，才夠收集這些影射了神話故事而被帶進我們日常生活中，但原本意涵卻被忘得一乾二淨的用語。也才能讓「海洋」、「颱風」、「法螺」、「巨蟒」，還有其他令人贊歎不已卻隱姓埋名地活在我們自己尋常生活裡的詞彙，讓它們重新恢復盎然活躍的生命。上個世紀最傑出的語言學家之一，夏賀・沛樂曼（Charles Perelman）說得太棒了，那些在各種母語中「沉睡的隱喻」。還有哪個法國人還會記得，讓他發牢騷、嘀咕一時搞不清放到哪兒去的「眼鏡」，其實是來自「小月亮」？唯有對我們的語言感到陌生的外國人，才有辦法覺察到這些。這也是為什麼，一個日本人或印度人有時會發現，一個詞或一個慣用語充滿詩情畫意，但對我們來說，那些根本就是白話，再淺白普通不過了。同樣地，我們也發現有人拿「露水珍珠（露珠）」、「熊膽」，以及其他如「朝日」等詞藻，為自己的孩子取名字⋯⋯。這本書試圖從講述這些構成隱喻來源的精彩歷史，來喚醒希臘神話故事中「沉睡的隱喻」。這只不過是以文化的名義，按部就班地領會收藏在我們的博物館、圖書館裡成千上萬的藝術創作和書寫下來的作品，從這些遠古的源泉中汲取靈感，以便在不曉得神話故事的人面前，可以表現得像個完美的神祕煉丹者（這又是一個跟赫米斯神有關的記憶！）。這很值得，不會讓人白費功夫——或者該這麼說，就像我們將看到的，還樂趣無窮。

因為，這些神話故事在語言學上奠定的了不起成就，並非毫無意義或毫不重要。沒有任何一個哲學體系、任何一個宗教，甚至包括聖經在內，可以自稱與它旗鼓相當——即便在現實生活中，人們完全不知道語源和出處，但我們共有的文化卻與神話密不可分。這個獨特現象，是神話與哲學、宗教有別的基本理由。毫無疑問的，首先，因為它畢竟是靠具體的故事敘述，一路發展流傳下來的，不像哲學，是透過概念性和反思的方式來傳達。這也是到今天它之所以能夠面對所有的人，能夠以同樣的勁道、魅力，吸引孩童與父母的原因。甚至，只要我們以合情合理的方式呈現它，它都能超越年齡、社會階級，或甚且超越不同的世代，傳達到我們的時代，而在將近三千年之後仍幾乎沒有間斷過。儘管曾有過很長的一段時間，神話被看作是區分的指標，像是最高等級的文化象徵，但實際上，神話故事根本就不是只保留給社會精英，也並非只給準備研讀希臘文、拉丁文的人而已，一如似乎很喜歡講神話故事給孫子聽的尚・保羅・凡爾農（Jean-Pierre Vernant）所發覺到的。他認為每個人都能了解神話故事，包括兒童在內，他們甚至是一群應該越早分享神話越好的人。不只是因為神話故事能帶給兒童的無窮無限，更甚那些往往塞飽他們的動畫，而且，神話故事帶給兒童一個無可取代的觀點，只要人們花一點心思，嘗試了解神話故事的豐富奇妙到一個程度，那麼自己就能夠用淺白易懂的話來講故事了。

而這一點，就是本書的第一個目的：使神話故事變得平易近人，好讓最多數的家長可以跟孩子一起發掘其中的妙趣，**而絲毫不違背、不曲解他們遴選的典籍篇章的意義**。在我看來，這一點很重要，所以我在這裡特別強調。

依方法和目的來說，我在這本書裡所要做的，不同於那些向來歸在「童話與傳奇」一類的、以普及推廣為目的、因此讀起來很舒服的書籍。一般說來，由於那些書都是針對兒童和大量讀者為對象，所以內容多半鬆散地混合所有底層各異的東西，那些內容多半隨時空和精神的變遷，慢慢地形成我們所稱的「那個」神話故事。在大多數的情況下，這些知識的殘篇斷片，都是為了某些動機與時機的需要而「被整過」，因此條理不連貫且走樣得離譜。於是，那些偉大的神話傳說故事的涵義和真正的起源，就這樣被掩蓋了。甚至當它們最後在我們的記憶裡簡化成一堆或多或少合情合理的趣聞軼事，而其中某些部分被歸類在介於奇遇傳說和古老宗教留傳下來的迷信之間時，可以說，神話已經被篡改了。更糟的是，由於過度的鋪張和添加各式各樣的裝飾，乃至只是純粹簡單的謬誤，都使得那些神話故事之間結構嚴謹的一致性蕩然無存——這類的書還真不少。通常，現代的作者們在寫作時都會忍不住繞道到古老的故事傳說，而扭曲了神話的意義。所以，我們必須要意識到，「那個」神話故事根本不是由單一作者完成的。神話故事也不存在一個唯一的故事，既沒有標準的文本，也沒有神聖的文本，像聖經或可蘭經那樣，讓人們在幾世紀之間很虔誠地遵循、保存，因而變成權威。相反地，我們打交道的，其實是一連串由許多說書人、哲學家、詩人和神話採集者在橫跨十二個世紀之久的時間所寫下的歷史。而我們稱呼的神話採集者，就是收集、編纂從上古時代以來神話傳說輯錄的人。大體而言，希臘神話故事是從西元前八世紀到西元五世紀之間寫下來的。更不用說，還有繁多的口述傳統——從口述一詞的定義上就曉得，我們對口述傳統所知實在少得可憐。

然而，我們不應該簡化神話書籍的多樣性，也不能因為那些書撰寫的目的並非為學院知識而來，就可以任其隨便處理而不管。這本書雖然也並非針對專家而寫，或者說不全然為他們而寫，而是為廣大領域的眾多讀者而寫，不過，我希望不要因此跟那類書混淆在一起了。我試圖在盡可能貢獻的充分學識內容與普及、推廣的需求上，取得協調平衡，從來不會為了後者普及之需，而迫使前者作任何的遷就、退讓。換句話說，在接下來要談的每一則故事，我會指出那些故事真正的來源。而且，依照內容需要，盡可能地引用原始文本。只要那些文本既有趣，又對內文大有幫助時，我會清楚地一一引用不同時代所產生的主要差異版本。我很肯定，堅持尊重古典文本以及尊重它們具備的複雜性和異質性，一點也不會阻礙神話故事變得更明白易懂。不僅如此，相反地，這還是瞭解神話故事的必要條件。從埃斯庫羅斯（Eschyle，西元前六世紀）這樣的悲劇作者到柏拉圖（西元前四世紀）這樣的哲學家所寫的普羅米修斯的神話故事之間，若能領會箇中的轉折變化，就與去比較最早寫下普羅米修斯故事的詩人赫希歐德（Hésiode，西元前八世紀）的神話內容一樣，都能察覺它們的差異轉變，這麼做不但不離題，反而會讓故事變得更清晰。這麼做根本不會隱蔽故事本身，還有助於讓神話故事變得更淺顯易懂。只為了想要更普及的理由，就剝奪讀者與這些不同版本接觸的機會，實在是很荒謬的事。接連不斷地重新詮釋神話故事，只會讓它們變得更趣味橫生。

不過，神話故事所關注的，並不限於語言學和文化的層面而已。神話之所以廣受歡迎，顯然地，並不是只因神話敘事的形式在本質上足以擺脫各種相異版本的束縛而已。因此，我的書不只是想要提供鑰匙，以便在後來希臘人所稱文化的「老生常談」中找到頭緒而已——雖然它也不是完全無關緊要或能夠蔑視的：總之，正是從我們繼承下來的這個遺產，我們每一個人，不管願不願意，至少有一部分都已被型塑成世界及人類的表徵了。了解起源，只會使我們變得更自由，而且對自己也會有更清楚的意識。而在神話故事的歷史重要性，以及無法估量的美學價值之外，我們要發掘和再發掘的故事本身，就蘊含了相當深厚的哲學智慧寓意，具有與當今契合比對的當代性寓意。從現在起，我們試著撥開簾幕，一窺掩映之後的模樣吧。

以哲學之名：論神話故事是「有限的生命該如何擁有美好人生？」的解答

成千上萬的書籍和文章都關注在希臘神話該如何定位的問題上：到底該將之歸類在「童話與傳奇」這一項之下，還是該把它放在宗教這一欄，跟文學詩集類比鄰而居？或者，乾脆就歸在政治與社會這一區塊？我在本書裡給的答案是顯而易見的：它是一整個文明的共同傳統以及多神論的宗教，而且最重要的是，神話故事同樣還是「敘事化」的哲學，也同樣是很宏偉的企圖，要透過文學、詩歌和史詩裡既生動又富感官性的智慧，以世俗的[8]方式來回答美好人生的問題，而非在抽象

⑧在這裡，「世俗的」這個形容詞或許會讓人大吃一驚，因為在「神話」故事裡就是有很多神！不過，事實證明來自希臘神話的希臘智慧，接受死亡是無法超越的人類處境與條件，因此在神話裡出現的眾神，並無一些偉大的一神教宗教所扮演的安慰與救贖的功能：神話故事裡，除了極罕見的例子，那些神都任憑必死的人類走向他們生命的有限性。

的辯論中寫公式作答。在我看來，恰好是在這個傳統、詩意與哲學都密不可分的面向上，神話故事更顯得滋味豐富，並且直到今天都還讓我們深深著迷。從其他世界各地僅從文學的形式風格著眼的千萬種傳奇神話來看，唯有能夠讓內容變得更獨特、更稀罕的，才可以跟希臘神話一較長短。在此，我想用簡潔卻綽綽有餘的方式來說明，好讓我們同時了解本書的組織架構，以及計畫是如何推展進行的。

在《學習人生系列》第一冊《給青年的幸福人生書》裡，我提出一個對於哲學的定義。該書最後分析，哲學曾經是，而且就我的定義來說，到今天仍然應該維持：既是一個無神救贖的教條，同時，關於如何掌握美好人生的問題，哲學應該是其答案，教喻人們憑靠本身親自思考的努力和個人自己的理性，來擁有美好人生，而非通過一個「至高無上的神」，或從宗教信仰獲得。簡而言之，哲學，是一種清晰明確的需要，如同在最簡單也最強烈的意涵下，人們所理解之安寧靜和的最終條件，如同一種凱旋——毫無疑問的，永遠是對立而脆弱的——戰勝恐懼，尤其，對死亡的恐懼，這種恐懼躲匿在千奇百怪、陰險又狡詐的型態下，阻撓我們安心過日子。在該書裡，我也嘗試在哲學的根本問題，與智慧的根本問題上舉出一些曾經獨領時代風騷而且精彩的觀念，概括敘述曾在歲月中解答哲學根本問題的崇高答案。而這個智慧，則是被定義為在與極度的不安恐懼搏鬥時，能夠使人達到更自由、更敞開地面對他人的境界，而且有能力自己思考、能夠愛人的智慧。我在這裡所要談論的神話故事，也是以相同的觀點來談的：神話故事，如同這部歷史的史前史一樣；如同哲學的最初階段，或者，更確切地說，如同神話故事本身的母型，唯有她可以解釋她在西元前六世紀誕生於希臘的身世——事件是那樣地獨一無二，因此人們就習慣性地稱之為「希臘奇蹟」。

從這個觀點來看，神話故事託付給我們的，是深度相當驚人的訊息、指引人類開向美好人生路途的觀點，而無須求助於彼岸世界的幻影；她留給我們的，是一種迎擊「人類有限性」的方法，以及一種方法，使人在面對必死無疑的命運時，無須進食由信仰支撐的龐大一神教亟欲帶給人的安慰。換句話說，就像在第一冊《給青年的幸福人生書》裡我解釋過的，也許是人類歷史中的第一次，或至少在西方人的歷史中是第一次，神話故事勾勒出一個輪廓，我把它稱為「無神的救贖教條」、「世俗的靈性」，或者，如果我們要說得更簡單一些，就是「獻給必死者的智慧」。神話故事因此就呈現一個很吸引人的企圖，目的是要幫助人類，從阻撓人走向美好人生的恐懼中「自我拯救」。

但也許這個概念看起來很矛盾：那些希臘神話，不是有數不清的神祇嗎？高踞奧林帕斯山為首的那些神不就是了？因此，首先，難道他們不是「宗教的」嗎？乍看之下，沒錯。不過，如果我們越過表象，我們很快就明瞭，眾神的複數性，正好跟我們聖經宗教裡唯一的上帝（神）相反。顯然更接近我們人類的奧林帕斯山眾神，實際上是人類無法親近的一群——他們就以這樣的方式，讓人類自己單獨去（在這層涵義上，就是以「世俗的」方式）解決「懂得如何生活」的問題。因此，藉由與永生不死的希臘諸神形成絕對的對照，沒有一絲希望能與神祇碰頭，也就是從這個地方，在充分明瞭人類處境受到哪些限制的情況下，我們該試著回答「懂得如何生活」的問題。而且，恰是這一點，讓希臘式的態度顯得再真實不過了。我在這篇序論想要特別強調的也是這一點，好讓接下來我們在接觸本書裡的獨特故事時，不會缺乏線索而只看到像是一塊集合各種軼聞小趣事的拼布。相反地，要讓故事就像充滿意義的歷史般，以便越過他們帶有詩意或文學性輕快浮淺的表面，辨識出其中深厚而一致的智慧。

要清楚掌握神話故事與哲學之間的關聯，為了衡量兩者在人生寶鑑上將帶來怎樣的意涵和規模，以及了解彼此如何以各自獨有卻又有所關聯的方式鋪陳，就必須從這樣的觀點出發：即在希臘人的眼裡，具有意識的生物和人類存在的世界，首先就在所有的事物中區隔了必死之身與永生不死的，人類與神祇的差別。

這看來似乎是顯而易見，想當然耳，不過，只要我們仔細想一下，我們就知道，事實上，把死亡問題放到一個文學類的核心來，可不是小事一樁。諸神的主要特徵是，他們免於一死：一旦出生了（因為他們並非一直就在那裡了！），他們就永遠活著，而他們也很清楚這一點，依希臘人的說法，他們因此是「相當幸福的」一群。當然，有時他們也會有煩惱，例如像可憐的赫菲斯托斯（Héphaïstos，孚爾岡），當他逮到他太太，高雅尊貴的愛芙羅黛蒂，這個美貌與愛慾的女神，竟和他的戰友，那令人畏懼的阿瑞斯（Mars，馬爾斯）有曖昧的行為時，他難過得不得了。所以，幸福的永生不朽的神也有不幸的時候。他們就像人一樣，感受到跟人一樣的情感——愛、妬嫉、仇恨、憤怒……等等。他們甚至還會說謊，而且也會被宙斯、即他們的天王所懲罰。不過，至少有一項痛苦是他們所不知道的，毫無疑問的，那也是所有痛苦中最致命且最令人沮喪的，即與死亡恐懼相關的痛苦。因為，對神祇來說，時間是不被計時的時間，沒有什麼是已決定了的，沒有什麼是無法挽回或無法彌補的喪失——這讓他們能站在一個我們人類無法企及的高度和距離以外，迎戰人性的情愁苦痛種種感覺。在神他們自己的圈圈裡，一切都終有解決的一天。

而我們平凡人類的主要特徵，正好相反。異於神祇及動物，我們是世界上唯一充分意識到「無法挽回」這件事的生物，因為我們將會死。不只是我們自己，除此以外，還包括我們心愛的人：我們的爸爸媽媽、我們的兄弟、我們的姐妹、我們的太太和我們的丈夫、我們的孩子、我們的朋友……。我們老是感覺到時間在流逝，毫無疑問的，有時，時間為我們帶來許多東西——證據就是：

我們喜愛生命——然而，時間也以不可抗拒的方式，從我們身上取走我們最摯愛的一切。在這方面，我們人類的的確確是唯一的生物，以一種無以倫比的敏銳度，甚至比臨終這個本義上是死亡的詞出現還要更早，就已察覺到，在我們的生命中，有不可逆轉、永遠無法彌補、和「永遠不再」。神祇對這些一無所知，原因不必說，因為他們永生不死。至於動物，據我們看來，牠們根本就不去想這個問題，或者，牠們有時候會在轉瞬間意識到，但毫無疑問地，只有當最後關頭變得很緊迫時，而且也只是很隱約地感覺到罷了。相反地，人類就跟這部希臘神話故事的中心人物之一的普羅米修斯一樣：他們「事前」思考，是「遠處的存在」。他們總是嘗試盡量預知未來。他們思索未來，知道生命苦短而時間屈指可數，他們禁不住自問，該怎麼辦……。

漢娜・鄂蘭在她的一部著作中闡述，希臘文化是如何將對死亡的反思占為己有，以便將它置於全神貫注事務的中心位置。她在書裡闡明，她是怎麼歸納到一個結論，即實際上有兩種方法去面對觸及我們生命終止的提問，以便給出一個答案。

很簡單，首先，我們可以選擇生育小孩，或者，像我們說得極精確的，一個「後代」。在我們內心燃起確然必死與生命喜悅之矛盾，與渴望不朽的欲望之間，兩者又有什麼關係？事實上，很直接。因為我們明瞭，我們身上的某些東西，能夠透過我們的孩子，在我們消失後還繼續留存下來。在肉體上與精神上：那些身體和容貌上的特徵，就跟性格的特徵一樣，總或多或少可以從我們所養育、疼愛的人當中發現。教育永遠是傳導，而傳導是一種超越我們自己，卻不跟我們一同死亡的自我之延續，以某種方法讓本身延續下來。這也就是說，不管當父母的生活是多麼精彩，多麼快樂——煩惱同樣也不少——若以為只要生個小孩，就足以進入美好人生，那實在是很荒唐可笑！更不用說還要靠它來克服對死亡的恐懼。正好相反。因為，對死亡的焦慮不必然、甚至也不主要是針對它而來。

我們最擔憂的，莫過於我們所愛的人。這份擔憂恰好就從自己的骨肉算起，像忒提斯，阿奇里斯的母親，為了她兒子，特洛伊戰爭中最偉大英雄之一，一心一意要讓他永生不死，盡一切努力，於是將他沉浸在地獄的河流、神奇之水的斯提克斯。到頭來證明她的辛苦都是白費功夫，因為阿奇里斯最後還是被特洛伊人帕里斯殺死。阿奇里斯的母親抓著兒子的腳踝，使他全身浸在水裡，可以百箭不穿，但結局是，阿奇里斯被帕里斯一箭射死的腳踝部位，恰巧就是他身上唯一最不堪一擊的弱點。忒提斯聽到疼愛的兒子的噩耗時，就跟任何一位母親一樣痛哭失聲。而她終其一生，無時無刻不心驚膽顫，深怕兒子會在冒險的過程中英年早逝。

因此，就必須有第二種戰略。如漢娜•鄂蘭所揭示的，這個戰略，將在希臘文化中佔據了一個基本且重要的位置，即英雄主義的戰略，和隨著英雄主義而來的榮耀之戰略。在這個信念背後，隱含著一個想法：就像阿奇里斯，或者尤里西斯、赫拉克勒斯、伊亞宋（Jason）等等為平凡人類完成艱鉅任務的英雄人物，免於平凡人終被遺忘的命運。英雄跳脫了曇花一現的世界，從僅僅短暫存在過的時光中掙脫，進入一種即使不是永恆，但至少也在某種程度上，像眾神那樣的不朽。其中並沒有什麼好誤解的：這個榮耀，在希臘人的文化裡，並不等同於今天我們所稱的「媒體的聲譽、名望」，而是涉及到另一件更有深度內涵的事，使得這個信念能夠橫越整個古希臘，人類就基於這個理念，處於經常競爭的狀態。不僅與眾神的不朽較勁，而且也跟大自然相抗衡。現在，讓我們用幾句話來濃縮對這個重要思想的推論。

首先，我們必須回想，在希臘神話故事中，大自然與眾神在最初並未分開，他們是一體的。蓋亞（Gaïa），不只是土地之母；烏拉諾（Ouranos）斯不只是天空之神；波塞冬（Poséidon）也不只是海洋之神而已：他們同時是土地、天空與海洋。而且，在希臘人的眼裡，這些大自然的重要組成成分，是永恆的，一如體現它們的那些擬人化神祇一樣。再者，這個大自然的永恆，是經過自然而然的證明，幾乎是可以從試驗上檢驗出來的。我們怎麼知道？至少，從最初約略的近似法，可以透過簡單的觀察知道。事實上，在自然界，一切都循環不已。沒有例外地，白晝繼黑夜而來；黑夜跟隨白晝的腳步之後出現；狂風暴雨過後，一定雨過天晴。就像春天之後夏天到來，夏日的盡頭就是秋季降臨。每年，樹木在最初的霜降時掉落身上的葉子，而每年，一到美好的春日，它們又再度發出嫩芽。因此，自然界以規律的節奏進行的重大行事，都提醒我們的記憶。再說得更簡單些：我們根本就沒有機會忘記這些事，如果說有偶然遺忘的情況，它們自己也會讓我們回想起來。相反地，在人類的世界裡，一切都會過去的，一切都會消失，死亡與遺忘奪走一切，並使之結束：我們所說的話，以及我們所做的事。沒有什麼可以持久⋯⋯，除了書寫以外！是啊！書寫，比說話、做過的事和比劃過的手勢都還更能保存。只要藉由英勇的英雄事蹟、藉由伴隨那些事蹟而來的榮耀，我們的英雄之一——阿奇里斯、赫拉克勒斯、尤里西斯或其他人——成為我們歷史著作或文學作品中的主角，那麼，在他消失後，他就以某種方式繼續存在，縱使他只是以留在我們心中記憶的這種方式。如何證明？直到今天，我們的電影還是以特洛伊戰爭，或赫拉克勒斯艱鉅的任務為故事題材拍片。而我們當中有些人，每個晚上或幾乎天天，都跟小孩講述阿奇里斯、伊亞宋或尤里西斯神奇歷險的故事，因為有少數的詩人、哲學家，在耶穌基督前的好幾個世紀，就已經**用書寫的方式**將他們歷險遠征的故事記載下來了。

然而，儘管隱含著透過書寫來贊美永久榮耀的信念是那麼強，但是，救贖的問題，就詞源上的意義來說——能夠將我們從死亡中拯救，或者，至少從被死亡激起的恐懼中救出來的問題——還是沒有真正解決。

誠然，我剛才提了阿奇里斯的名字，有些人或許會說，在這層意義上，他並沒有完全死掉啊……。在我們的記憶裡，想必是沒錯，但事實上呢？去問問他的母親忒提斯，看她怎麼想！當然，他只不過是一個塑造出來的形象而已，因為這些人物並非真實存在的人——他們只是傳說裡的人物罷了。不過，讓我們想像一下：我確信，為了能將她的小男孩緊緊擁抱在懷中，她會獻出地球上所有的書本，和世界上全部的榮耀。對她來說，不用懷疑，她的兒子確確實實已經去世了，而以印刷成書、放置在我們的圖書館書架上的方式將他「保存」下來的這件事，可以確認的是，對她而言，安慰實在微乎其微。至於阿奇里斯本人，他怎麼想？如果我們相信荷馬的記載，在他自己的眼裡，似乎在英雄戰役中的光榮之死，一點也不值得！至少，在《奧德賽》的一些篇幅裡是這麼教誨的。讓我們暫時待在這個插曲，看看這個救贖問題上最足以說明含義的點吧。救贖問題是最基本並且與所有問題相對照的問題。它間接地，且像後座力般反彈地對照著美好生活，亦即對照著被定義成一個終於從恐懼中「拯救」出來，身為必死的人所過的生活。老實說，我們將會看到，在《奧德賽》的篇章裡，它也是以非常清晰明快的方式闡述整個希臘神話故事深邃的意義。

故事是這樣子的：在女巫琦爾珂（Circé）的忠告下，而且多虧她神助的魔術占卜，尤里西斯得以擁有相當難得的特權，下到凡人無法抵達的陰曹地府，即地獄之王黑底斯（Hades）和王后珀絲鳳（Perséphone，她是司掌季節與收成的女神蒂美特〔Démétar〕鍾愛的女兒）居住的冥府，向著名的先知泰瑞修斯（Tirésias，地爾西亞斯）請教，在前方的旅途上，他將遭遇什麼樣的考驗。地獄是一群可憐的人死後居住的地方，在這氛圍陰森森的地方，他們只是一團團無法辨認的陰影、悽厲的鬼魂。尤里西斯在此碰到在特洛伊戰役中一齊作戰的勇士阿奇里斯，他非常高興與老友重逢，以一種極樂觀的口吻對阿奇里斯說：

「從前，當你還活著時，我們所有的人，阿爾戈號的戰士，都已把你當成神來榮耀你：在這樣的地方，今天，我看到了你發揮你對死者們的能力；對你，阿奇里斯，即使死亡，也不帶一點傷感。」

在這裡，尤里西斯展現剛才我所說鼓舞希臘英雄主義的想法，和漢娜・鄂蘭所說名聲榮耀作為救贖的概念：即使一個人英年早逝，英雄的名譽聲望使他擺脫藉藉無名，並將他轉化成幾乎等同於神的地位，而永遠不會是悲慘的凡人！為什麼？就因為我們不會忘記他，因此他就掙脫必死人類共通的可怕命運，而那是一旦死去，就回歸「無名」，且在喪失生命的同時，也喪失各方面的特徵，或者，從確切的意義來說，喪失所有的人格。唉！阿奇里斯的回答卻讓冠冕堂皇的光榮幻影都化為烏有：

「噢！我高貴的尤里西斯，別跟我粉飾死亡！我寧願活著，即使是一個小牧羊人，去照顧牛群、服侍可憐的農夫、沒有任何財產，都勝過統治死人、管理這群已經斷氣的！」

簡直是對老朋友尤里西斯潑了一盆冷水！只幾句話，就粉碎了英雄戰勝死亡的神話。唯一還讓阿奇里斯念念不忘的，是想辦法知道父親的消息，以及，更讓他操心的親兒子之下落。由於渴望的消息是那麼仁慈，於是他再度下到陰府凶險恐怖的深淵，心情不再那麼沉重，就跟任何一個父親一樣，被家人黏住，纏身在日常生活中——這跟生前擁有光榮事蹟的非凡英雄形象判若兩人！可以說，從此以後，過去輝煌的榮耀，他根本就不在乎了。

神話的智慧或者與世界秩序和諧共處的美好人生

下述最基本的問題，就是我們必須回答的問題——如果我們想同時了解哲學的意義、了解什麼是可依循的線索，好進入希臘神話最深邃處，解惑生命奧義的話——假如繁殖後代、英雄主義，親子關係聯繫起來的血統和輝煌光榮，都無法讓人更平靜祥和地迎戰死亡，假如這些都無法導引通向美好人生之路，則它們的智慧是通往何方？神話故事不得不讓位給哲學的核心問題，就在這裡。在很多方面，後者（哲學），至少在最初，是以其他路徑（藉由理性而不是神話的路徑）作為前者（神話故事）的延續。就跟神話故事一樣，實際上，哲學會跟「美好人生」的基本概念分不開，也與希臘人所稱的「宇宙」和解有關，與「跟世界和解，乃人類生存正道」的智慧觀念息息相關，並互為束縛。跟宇宙處於和諧狀態的人生，就是真正的智慧。從拯救我們不畏怯死亡，以及使我們變得更自由、更敞開地面向他者的這層意涵上來說，它是真正的救贖之路。就是秉著這個比什麼都強而有力的信念，神話故事，就在哲學靠著將神話以觀念性及辯論性的詞彙表達出來，並征服她之前，神話已經靠自己神祕傳奇和文學的方式展現出這條路來了。

在前一本書《給青年的幸福人生書》裡，我有機會解釋這一點，所以此處我不再重複，僅只簡短地點出，好強調神話故事與哲學之間的關聯性——即希臘哲學傳統中的絕大部分，世界是應該被視為一個美妙的秩序，同時又是既和諧、公正，既美且善的。就是在這裡，非常精確地表明了「宇宙」的意思。例如，斯多噶學派即是如此，而拉丁詩人奧維德（Ovide）恰好在他寫的《變形記》裡參考了他們關於世界誕生初始，世界宛如是一個宏偉而充滿朝氣的有機體的學說，而以自己的方式重新詮釋偉大的神話故事。要是我們想對宇宙有個確切的概念，我們差不多可以這樣比較：當醫師、生理學家或生物學家在解剖一隻兔子，或一隻老鼠時所發現的景象，就是一個小宇宙。他看到的其實是什麼？首先，每一個器官本身，都跟自身的機能配合得天衣無縫：還有什麼比眼睛用來觀看、雙肺讓肌肉吹風透氣，而心臟用來灌溉血液輸送給它們還更契合的絕配嗎？所有這些器官，比起人類所創造出來的任何機器，都還要更靈巧精密、更協調、更複雜千倍以上。尤有甚者，我們的生物學家甚至觀察到：他發現到這些器官整體，個別看來都已經很出色，各自構成一個完美、結構緊密而「合乎邏輯」的整體。而「邏輯」——就是在斯多噶學派命名的「邏各斯」這層涵義上，世界及言論協調一致的排列——器官的邏輯也是，總是遠遠勝過人類所創造發明的一切。從這個觀點看，必須清楚地意識到，即便是一隻最微小的動物，一隻小螞蟻，一隻老鼠或青蛙，直到今天，這些創造物都遠超出我們最精密準確的科技實驗室所能及的範圍。

在這裡，最根本的理念就是，在後來被哲學理論揭開面紗的宇宙秩序裡，根據那些偉大的神話敘述，我們將看到，宙斯是如何平息接連不斷的戰爭，如何挑戰混沌蠻力——我們當中的每一個人，都擁有他自己的位置，都有他應該待的「自然賦予的安居之處」。在這個觀點下，能否擁有公平正義與智慧，基本上就取決於我們自己盡多少力去達到它了。就像一個製造弦樂器的人裝配零件時，必須將木製部分一片片地與其他彼此銜接組合，好構築成局部整體都調和的樂器（如小提琴的音柱〔法文稱音柱為âme，又有「靈魂」之意〕。也就是說，連結小提琴的背板和面板之間的這個白木片桿子，如果這個音柱接得不好，那麼，小提琴就發不出悅耳的聲音，就不和諧了）。依尤里西斯對於故鄉綺色佳的意象來看，我們應該找到我們自己生命安棲之地，並且回歸到那裡，否則，我們就可能無法在整個宇宙中完成我們的任務，也可能因此失敗。這個訊息，就是希臘哲學（或至少大部分的希臘哲學）能夠從神話故事汲取的訊息。

然而，這又跟讓必死與得永生勢不兩立的問題之間有何關聯？這種宇宙觀，憑靠什麼幫我們回答救贖的問題呢？為什麼她可以看起來比建立在傳宗接代的親子關係或光榮的觀點上更勝一籌？

在「與世界調和相容，並找到自己在整個宇宙秩序中的位置」這些意志的背後，事實上隱藏著一個更祕密的思想，直接連繫了一個問題，即我們想了解終會一死者的生命意義何在，以及，很篤定自己乃必死之身的人，其生命意義何在的問題：整個承襲自神話故事的偉大哲學傳統，邀我們去思考的宇宙，是生生不息的宇宙。宙斯所建構的世界秩序，以及哲學理論竭慮為我們闡明，好讓我們能夠自力調節到與之和諧共處的這個宇宙，是永恆的。這重要嗎？你或許會問。在希臘人眼中，這是天大的事，而且我們可以用約略的近似法，將之簡化成這樣：一位智者，一旦在宇宙中形成，他的生命跟宇宙秩序一旦達到契合融容的狀態，他就明瞭，我們這些平凡的人類，實際上僅僅是整體中的一小部分而已，因此，一個永遠的原子、整體中的一個元素，都不會消失，以致於在一個範圍內，對真正的智者而言，死亡不再是一個問題。因為，死亡不再是一確切真實的存在了。我們可進一步說，死亡只是從一個狀態到另一個狀態的過渡罷了，只是一個過渡，因而不該會再嚇倒我們。依此，希臘哲學家要求門生子弟，勿光說不練，勿侷限在純粹簡單的抽象論述裡，須靠紮實具體的練習，以求協助必死之身的人類擺脫跟死亡荒謬緊密連結的驚懼恐怖，好獲致「與和諧調和」的生活，換句話說，就是跟宇宙處於協調一致。

當然，這只不過是一個很抽象的說法，因此只能算是化約得太簡略的古代希臘智慧。在人類生活的現實環境中，努力與世界調和相容，可包含很多面向。就像我們將看到的尤里西斯之旅，一項在所有意涵上都獨特的任務：一個非比尋常的任務——唯有致力於智慧的人，才會投入其中，而「一般人」跟它無緣。不過，在我們每一個人為了求取自身利益，必須以自己的方式親身投入的這層意義上，對每個人來說，該項事業，也必定是「獨一無二的」。我們可以叫人去投入一件工作——洗碗或整理花園——但是，沒有人能夠從我們自己的位置，代替我們經歷戰勝恐懼，以便在寰宇中調節自我，並找到自身確切位置的所有歷程。終極目標，就是和諧，通過很普遍的手法表現出來，但是，每一個個體都必須找到自己的方式去達成：探尋自己的路，跟別人不同的路，那麼就能因此建立一生的任務。

賦予神話故事生命的五個基本提問

就是從這個觀點出發，我想要在此重新閱讀、講述神話故事。首先，我覺得，我們也將明白，不管就認識哲學的發端也好，或甚至想要對其最深刻的特性有所理解，研讀哲學的史前史都是不可或缺的事。然而，越過這個理論性和知識性的觀點，在竭慮思索凡人必死之身的處境下盡心努力，就如希臘哲學帶給我們智慧寓意，神話故事同是智慧的載具，到今天仍然透過世界的表形表象以及我們自己，傳遞著睿智的啟示。從這樣的角度來思索，在那些神話故事之美或其獨特性外，如果我們想要領略書中特殊故事的意涵，那麼，我們就應該牢牢記住，最偉大的希臘神話故事，是由五個根本的提問所推動，並賦予她生動活潑的生命與深度。這五項提問，將是讓脈絡清晰的線索，可讓我的讀者不至於迷失在錯綜複雜的迷宮裡。

第一個提問

第一個提問，很合理地觸及世界起源（第一章）及人類起源（第二章）的問題，觸及赫赫有名的宇宙誕生問題，以及開天闢地時就被創造出來的人類，人類將受邀以各自的方法，尋找跟宇宙和諧共處之道。因此，所有神話故事就以宇宙和人類起源當作故事的開場白。首先，就由西元前兩世紀的赫希歐德記載於他所寫的兩篇神話雛型的詩集裡：《神譜》（在希臘文的本義上，theogonie這個詞就是表示「眾神的誕生」），以及《工作與白晝》。他的書中談及世界、眾神與人類最初登場的故事，都是一些很抽象的描述，有時還很難讀下去。所以，在最初的兩章，我會花點心思讓內容看起來盡可能清晰些。無非是因為確實很有必要這麼做：一切都取決於此。

為避免再度造成常發生的誤解，我不得不在此澄清：有別於長久以來人們接受的錯誤觀念，有關起源的再構築，雖然是很抽象又往往帶著理論性質，但不配稱為具有科學性。她不是許多學者直到今天還認為的可視為經由「實證」知識不斷「進步」就能超越的科學問題之「最初步驟」。也跟所謂粗暴、原始面貌的「最初步驟」毫不相干（更不用說魔術成分了）。神話故事並非人性歷史的幼年階段：在深度與知性的意義上說來，神話故事跟現代科學是兩回事，而且，神話故事一點也不是現代科學的前兆。譬如說，我們如果想要跟今天對天體大爆炸、宇宙最初形成的相關科學研究成果比較，簡直就是荒唐。我再重申一次——而且恐怕我們不厭其煩地強調都嫌不夠，因為科學和「進步主義」觀點的線性視角，已經根深柢固地留在人們腦海裡了。然而，神話故事的企圖，跟現代科學的企圖是截然不同的兩回事。神話故事一點也不是現代科學的預感！她甚至既不以達到客觀性為目標，也不涉及真實的知識，其真正關涉的是在別處。而且，一則讓人在夜晚時分沉迷的故事，老實說，她也不具有今天我們所聽到的科學上的意義。這些神話嘗試要給我們這些終會一死的人類一些方法，以便讓我們對圍繞自己身邊的這個世界賦予一個意義。換句話說，在此，**宇宙並非被看作認識的對象，而是一個活下去的真實**。可以說，宇宙就像是一個遊戲版圖，而人必須在其中尋找到大自然賦予自己的安棲之地。也就是說，這些起源故事的目的，不在於成為只陳述事實的真理，而是藉由撐托我們處於公正和諧而井然有序的宇宙，來探尋成功人生的可能性，覓得自己的道路，並賦予人類存在的意義。對深諳自己終會一死，而且對此束手無策，也無法靠失去理智這種悲劇性方法解脫的人類來說，什麼才是美好人生？生命如曇花一現的人類，自從他保有哲學家後來稱為「有限性」（finitude）的清醒意識以來，對有別於樹木、牡蠣和兔子等生物存在的人類來說，什麼才算是成功的人？這就是唯一值得放手一搏的問題，是起源故事在現實中指引的唯一方向。何以他們關注「宇宙」的創造構成，關切有序的力量戰勝紊亂無序的暴力，原因也就在此了。理由無他，因為在這個井然秩序的宇宙中，我們必須以自己的方式，尋得自己最適切的位置，以獲得美好人生。

第一個故事，我們從赫希歐德的著作裡看到，從一開始就帶著驚心動魄的特色：他幾乎全部都從眾神或自然界的立場來寫。這個故事的主角，既怪誕又神奇，個個身懷超凡的力量，是既神聖又自然的力量：卡厄斯（混沌），大地、海洋、天空、森林和太陽，而且，即使是關係到人類的出現，赫希歐德也同樣都是站在神祇、宇宙誕生這整體觀點的立場描述他們。

第二個提問

不過，一旦宇宙組構完成，就必須將觀點逆轉過來，並且，接著讓第二項提問帶領前進。事實上，從最初開始，**第二項提問**就為這整個結構辯駁：人類到底要怎麼容身在一開始就不是為他們設立的眾神國度裡？畢竟，我們應該謹記在心的是：發明、創作並講述這些故事的是人類，不是神！就算是他們自己寫的，那顯然也是為了給他們的生命賦予什麼意義，為了確定在其環繞的宇宙裡自己所處的位置。不過這些都非唾手可得的事，就如尤里西斯，經歷漫長而艱鉅的難關（第三章）所表現的那樣——他在那段歷程中，成就了尋覓探索美好人生的原型，人各其路，在神祇建立的宇宙秩序中，終於回歸自己生命的安棲之地，最後如願以償，獲得成功的人生。

老實說，從第一章我們就會看到兩條線彼此交錯。一條是眾神漸進人性化的線，另一條則是人類的神聖化過程。由此我想說，最初的那些神都是非人性的，好比說，卡厄斯（混沌）與塔爾塔羅斯，他們只是抽象的整體，既沒有面孔，沒有個性，沒有性格特徵，只是以超出意識規範企圖以外的宇宙力量呈現。漸漸地，隨著第二代的神，奧林帕斯的那些神出現了，我們會看到各異其趣的性格特徵、個性和各別司掌的功能。眾神，在某些方面，變得人性化，愈來愈有自覺，愈來愈機智靈巧，也離拙劣粗暴的自然性愈來愈遠：這是因為組織宇宙時必須要以智力為前提，而不是光靠蠻力！赫拉，妒嫉心很強；宙斯，好色男；赫米斯，一個竊盜、騙子；愛芙羅黛蒂（維納斯），深諳所有愛慾的美人計；亞特蜜絲（Artémis），冷酷無情；雅典娜，敏感易怒；赫菲斯托斯，一碰到情感的事，就變得傻憨憨的，不過，只要是關於手工製作，他可是才華洋溢……諸如此類。統馭初代諸神暴力的關係邏輯，漸漸地被自然界成分更少而更具人性、更有文化的邏輯所取代。儘管宇宙和自然界的準則稍占上風，但諸神的行為舉止，也開始受到心理及文化準則的潛移默化。同時並進地，人類永遠面臨著一條阻礙的路，人們愈反省，就愈是得領悟，他們最深切的關懷所在，終究是要為自己在宇宙秩序統馭下這個神的世界裡定位。神的人性化，對應著人的神聖化過程。後者，永無止息，這是理所當然的，因為我們是，而且永遠都將是必死之身無疑，但這過程又指引著一條道路，一項任務：顯然就跟神祇和解一樣，與世界協調和解，從此就是一種生活的典型。我們在這一章將發現或再發現，尤里西斯之旅的涵義，是從下述這點顯露出來：美好生活乃是經過和解的，乃是在宇宙秩序下，與個人安棲之地共處在和諧狀態的生命。如果希冀有一天能上臻智慧祥和的境地，則唯有親身踏遍尋覓安身立命之最適當居所的歷程，並且完成它。

在偉大的希臘人之後，尼采（Nietzsche）又重申——此外，這證實了他們的思想要旨蘊含了當下性，因而能夠存在當代哲學中：人類生命的終極目的，是尼采所稱的「對當下之愛」＝「對命運之愛」（amor fati=l'amour de son sort）。是愛如其所是之一切，是愛我們所面對的一切，總之，就是對當下的愛。這就是最高境界的智慧，也是唯一的方法，讓我們得以擺脫史賓諾莎（Spinoza）這個尼采視為「兄弟」的哲學家以華麗詞藻命名的「情苦受難」（passions tristes）——恐懼、仇恨、罪惡感、內疚等等讓心靈墮落的種種激情，如藤蔓緊緊纏繞在對過去或未來的幻象裡。依照尼采的說法，唯有跟當下和解，與眼前一切達成協議——希臘文說的「kairos」——才能引導至真正靜和安寧的境地，就如希臘文化的本質那樣，才能夠導向「生成展變的無辜」，也就是說，必然的救贖意涵，並非從接受宗教而是在最終從阻撓生存、成長的恐懼中脫困而得救。

然而，沒有誰是尤里西斯，更何況，意欲從人類處境限制中掙扎，以便從死亡解脫的企圖又是那麼大。有很多人，而且毫無疑問地，這樣的人還真不少，假如他們處在尤里西斯的處境，就會答應卡呂普索的安排……。跨越整個希臘傳說的**第三個提問**之所以牽涉到**驕傲無理與混雜妄為（烏比力斯）**，竟膽敢藐視神聖宇宙的秩序，無法無天，狂妄踰矩，原因也就在這裡了。《神譜》就向我們描述神聖宇宙秩序經過曲折困難終於誕生的過程。凡人一呱呱墜地，被這個宇宙包容吸納，跟尤里西斯截然不同，他們彼此不和，且出於驕傲、狂妄自負，蠻橫且毫無節制，像眾神大戰，有樣學樣地反叛宇宙秩序……，這些人，到底搞出什麼事來？很多麻煩：如阿斯克勒皮奧斯（Asclépios，艾斯庫拉普斯）、薛西弗斯（Sisypha）、彌達思（Midas）、坦塔羅斯、依卡魯斯（Icare）和其他許多人的故事，都證明果真如此。我們將描述並且就其中一部分更詳細地分析（第四章），當然，是選擇最有深度、最有趣的片段。不過，那些故事所要傳達的中心意旨很明確。如果智慧是牽涉到回歸自身在神聖永恆宇宙中的自然之地，以便在和解中活在當下，那麼，瘋狂的妄為自大，就是跟它相對立的態度了：即，他自己以傲慢無理而「紊亂脫序」的方式反叛凡人必死的處境。為數相當多的神話故事敘述都圍繞在這個基本主題，不過，重要的是，不應該去讀。因為，今天坊間看得到對這類主題的描寫，往往是錯誤地摻雜我們現代道德觀的闡述，而它們多承襲基督教教義而來。

第四個提問

第四個提問：兩條路之間——尤里西斯的智慧，以及退居於混雜失序和狂妄自大的瘋狂之路——在它們之間，這些幾乎占據所有希臘神話鉅著，而表現非比尋常的英雄或半神半人，到底該怎麼定位他們？他們既不是智者，亦非瘋子，但是在必死人類的大地，他們持續進行源自宙斯所成就的最根本任務：為使秩序戰勝失序，使宇宙和諧戰勝糾紛與爭端，而向不斷擴張的混沌暴力挑戰。正是這一部分，我們必須來談一談這些人的故事，確切地說，是一群卓越高超的人物，消滅化身為怪物形體的混雜無序暴力，展現輝煌戰果的故事（第五章）。因此，鐵修斯（Thésée）、伊亞宋、斐修斯（Persée）、赫拉克勒斯，他們將延續宙斯的形象，像挑戰泰坦諸神那樣，追捕復驅逐凶惡殘酷的存有物世系，那些是象徵著最初的混沌暴力永遠可能再生，或者，象徵回到同樣脆弱、不堪一擊的宇宙秩序。

第五個提問

最後，剩下第五項提問：一方面有宇宙存在，另一方面有像尤里西斯這樣的人自處於宇宙中，有的人卻拒絕宙斯的法令，活在狂妄無序的狀態，有的則協助諸神回復秩序並成為英雄，也有成千上萬平凡的人類一如你我的存在，既非智者、壞人，也不是英雄，無時無刻不在拼命與難以預料的災難奮戰，無疑的，其中或有歡樂和幸福的片刻，但也遭受各種困難苦惱，病痛、意外、自然界的天災，完全不解這一切究竟為何與如何！一個以和諧著稱的世界，一個集絕世之美於一身的奧林帕斯眾神所建立、守護的宇宙，人家還跟我們保證說世界是公正本善，怎麼會容許歹惡襲擊好人壞人，全然無動於衷呢？到底該怎麼解釋這些？伊底帕斯與安提岡妮（Antigone）的神話故事（第六章），就是要來回答這基本的問題，要回覆在以和諧公平正義為原則的宇宙論脈絡下不可能規避的問題。

最後，我們將在最後一章的結論中看到，先是藉由簡要地提及戴奧尼索斯（Dionysos）的形象，來談論何以神話故事細察思量脫序與秩序和解有其必要，何以混沌跟宇宙非得達成和解不可。然後，我們透過提問，相對於神話傳說，哲學到底帶給我們什麼東西，以及提問我們從希臘宗教走到更概念化的救贖教條的動機何在，來作為結語。而我們將會看到，這一點，哲學的史前史以獨樹一幟的方式鋪陳啟發，彷如不滅的明燈。

本書因此就從開端說起，換句話說，就是從寫在最古老、最完整也最意味深長的故事裡的眾神、世界、人類的誕生講起。我們在此準備的著作就是：赫希歐德的作品。接著，只要看起來會更明晰，我會將一些補充內容及不同版本的分析帶進來。不過，我都會**清楚標記原始出處，點出附加內容蘊含的意義**，好讓包括入門者在內的讀者，不會被錯誤地引導漸行漸入迷途，而是在讓意義變得更豐富、更清晰的目的下，與誇耀博學無關，漸進地加入這些知識。理所當然地，這項架構嚴謹、確實合乎教學法的工作，是在前人著作的帶領下完成的。在此，我必須表達我所虧欠的。針對這一點，一如針對其他，我首先要對尚・皮耶・凡爾農（Jean-Pierre Vernant）表示虧欠之意。他為孫子寫的書《宇宙、諸神、人：為你說的希臘神話》⑨，不僅在靈感方面給予我多方面的啟發，而且，就像我受益於他的許多著作，在寫作的模式方面，我亦受益良多。同樣地，對於賈克琳・德・侯蜜麗（Jacqueline de Romilly）在希臘悲劇方面的研究，我也在此致意。前不久，我才在教育部會見這兩位憂心「古典人文」行將式微的大學者。我與他們分擔這項憂慮，總之，就是他們對古代希臘的熱愛，我當時試著讓他們放心，我想恐怕只是徒勞無功，我表示，無論如何都會採取一些措施，以阻止他們憂懼的真實或假設的式微發生。但是就這一點，一如其他方面，我相信有時候寫書比政治的手段更有效：後者往往受到太多無法掌控因素的限制，遭到一些阻礙及四面八方來的羈絆與牽制，以致於成效總是偶然難定。

我也虧欠其他著作不少，我會在書裡陸續提出，特別是這套經典：由皮耶・格里瑪（Pierre Grimal）編纂的《神話故事辭典》。不過，在原典以外，我還必須研讀、重讀一些珍貴的著作，對我而言，尤其是堤莫利・甘慈（Timoly Gantz）所寫的《古代希臘神話》⑩，那是投注一生心血的力作。帶著無比的耐性和淵博的學識，甘慈很清楚，必須秉持學者謙沖的態度——好在撰述上自我克制，不逾越限度——將神話帶給讀者。他按照歷史整理排列，並由此分辨出每一個神話故事原典（或我們所知道的），以及陸續出現的多種異本。後起的異本，有的讓神話更豐富，有些具補充作用，有時則是為了反駁。甘慈的著作如此珍貴，內容之豐富更不在話下。終於，甘慈以條理有序的手法，將我們釋放，讓我們確信，能在眾多龐雜的古代神話著作中找到頭緒。

⑨《隨筆》集成，Seuil 出版，2002。

⑩ Belin, 2004, 法文譯本。

關於本書風格、編排及給青少年的最後提醒

就跟《學習人生系列》第一本書《給青年的幸福人生書》一樣，基於兩個理由，我選擇以第二人稱「你」來稱呼我的讀者。從遠處來看，這兩個理由在需要時常顧及客觀性與異議的考量上都具有優勢。首先，可以說我把這些希臘鉅著「實驗」在我自己的孩子身上，以及一些我周圍親近的人。首先就是以他們為對象，而為了要好好地寫，就有必要在特別的時候讓內容以更具體有形的方式呈現。第二個理由在於，這種孩童式的閱讀，既理想同時又很符合現實狀況，使我不得不禁絕任何暗示不明的寫法；讓我不得不全盤解釋；也讓我不得不設想，我的讀者群裡，會有未曾聽過比如說赫希歐德、阿波羅鐸魯斯、帕農城邦的農努司或尤基努斯等名字的人，他們不具有這類博學背景的話，就不會事先知道這本書經常會提到的《神譜》、《宇宙論》、《神話學》、《宇宙》等等用詞的意義。以第二人稱為對象，就逼得我必須好好說明這些專有名詞，如果是以您或你們等人稱來寫作，我恐怕會不加思索就寫，而不會想到為這類詞彙下更清楚的定義、或解釋得更明白一些。

眼見今天我們處於一個瘋狂消費與幻想破滅的世界，我感覺到，必須把神話故事帶給我們的青少年和我們自己，更甚於以往的任何時代，這正是使我多年來投入這項工作的信念：神話，適合在任何年紀閱讀——在走進成人世界、投入社會生活以前，藉由閱讀偉大的經典，是迂迴繞道認識世界的機會。我在這裡用來對照的，絕對不是瞎掰，或任何浮誇辭藻的詐騙。在我所寫有關家族歷史的書裡[11]，我有機會解釋資源耗盡的邏輯，這個問題，在我們當中，沒有人能真正嚴肅地聲稱他可

⑪參照《家人，我愛你們！》（*Familles, je vous aime!* XO 出版，2006），我在書裡談及的片段，是關於我稱為「右派人類在道德與文化上的矛盾」這部分，見第七五頁及其後幾頁。

以逃過這一切。耗盡資源的邏輯，就類似必須償付的帳單。想像一下毒品上癮的人，他無法克制自己不斷加重毒品的劑量，無法自制不頻繁地吸收（他以為）是他維生所需養分的毒品，終至越陷越深。理想的消費者，就是會購買得比平常更勤、買得更多的人。只要看幾分鐘那些為青少年準備的電視台節目，去觀察節目老被廣告公司塞滿時段，就可以明瞭，電視台的主要任務之一，就是盡可能將觀眾轉化成完美的消費者。這是一種具有破壞力的邏輯，但孩童進入這個邏輯的年紀已經越來越早。這個邏輯置入他們的腦子裡，根本就是一點一點挖坑道的破壞工程：只要我們花在豐富倫理道德、文化和心靈等內在生活的時間愈少，我們就愈會把自己推向購物消費方面的瘋狂欲望上。於是，電視提供給廣告客戶「腦袋空空的機會」，就是一個精緻的妙算。靠著永遠中斷節目的手法，電視台把目標鎖定在任由節目擺佈的觀眾，一旦他們處在空白狀態下，就趁虛而入。

我們不要誤解了：我並無意在此投入新馬克思主義者對「消費社會」數不清次數的抨擊，更無心從此以後像慣例般地批判廣告。在我看來，公共電視台並不會刪掉電視廣告，就算那是已知問題所在。原因很簡單，只因為我是孩子的家長、前任教育部長，我認為，讓購物及擁有的瘋狂欲望安分些，實在很重要，儘管這是其次的問題，況且，該讓我們的孩子們了解，這種狂熱絕不是他們生活的全部，也無法為他們描繪人的生命最後是什麼景象。為了幫他們對抗這些壓力，並讓他們能迎戰問題，使他們能夠跟消費、廣告至少保持一段距離，那麼，如果我們想到，深陷毒害無法自拔的狀態，有時簡直就是要人命的事，那麼我們就會明白，越早灌輸他們耐久、深刻而豐富的生活內涵，就是最重要甚至攸關生命的事了。

因此，必須堅持我剛才提到的基本原則，只要一個人擁有文化、道德與心靈等方面愈篤定的精神價值，那麼，他就愈容易降低為購買而購買和為轉台而轉台的欲望。因此，當他面對來自永遠倍增的非自然欲望萌芽蔓延出的慢性不滿足感時，他就比較不會那麼軟弱了。換句話說，必須協助孩童和青少年，讓他們重視存在（l'Etre）的邏輯概念，更勝於擁有（l'Avoir）的邏輯概念。基於這樣的精神，我將本書獻給絞盡腦汁送一份真正禮物給孩子的家長。在眾多禮物當中，這一份禮物將陪伴他整個人生，而且，禮物一打開之後，不會像耶誕夜的隔天被丟棄一旁。

我秉著這樣的初衷，回到希臘神話故事的源頭，好跟我們的孩子們分享精華內容。當然，我已說過，有意重新闡明西洋哲學踏出的第一步，並非這本分享神話故事精神的書籍唯一的目的。不過，我在這裡跟孩子們談的，都是從經驗而不是從理論來談。因為，當他們五歲時，我開始講神話故事給他們聽，看到從他們眼中閃爍從來不曾見過的光芒，我轉述故事之後，他們問著四面八方蹦出來的問題，從故事一千零一種角度提出問題來。我從來沒看過他們興致這麼高昂過，不論是青少年文學讀物，或經典童話故事如格林童話、安徒生童話或佩爾（小紅帽、睡美人、灰姑娘等故事的作者）的童話，更不用說逗他們開心的電視節目了，沒有一本像神話故事這麼吸引他們。因此，我確信神話故事本身帶有最深刻的信息，觸及世界的形成、誕生與消逝、愛情與戰爭的糾紛擾攘、公平正義與懲罰的意義，或對冒險患難的愛好、勇氣和歷險奇遇，這些訊息都強而有力，足以讓孩子們在自己身上和他們所處的世界投注一道充滿力量的光，無與倫比，並且讓他們沉浸其中。這些文化內涵，不是電視畫面慣常丟給孩童的內容所能提供的。我也確信無疑，這些故事從此以後會留在他們的記憶深處，陪伴他們一生。我想，在我剛才提的永無止盡消費的背景下，對他們來說，這一點確實很重要。因此，在這本書裡我們要發現及再發現的神話故事，乃是要獻給所有的成人、兒童及青少年，就是很理所當然的事了。這表示在這本書裡，有時會改變說話的口氣，變化不同的語調：時而，在談到哲學起源時，我是對著成人說；時而，我就像是對著小孩講故事一樣；時而，針對某些故事情節，我會加上一些我認為值得深入評注的說明。我很明白，這樣有時會讓這本書看來有點怪異，就像在《學習人生系列》第一本書裡那樣。不過，這是一個考量後的選擇，這個缺點，就我看來，到最後，跟含括同時作用在智力精神等許多層面所獲得的實際效益比起來，反倒是次要的問題了。

此外，我也知道，隨著翻閱各個篇章，讀者必然會提出一些思考方面、歷史方面、哲學的問題或甚至形上學的問題。在這本書裡，當然不可能一一回答下述這些問題，這麼做只會讓內容顯得沉重冗長，難以卒讀。何時、如何及為何希臘人創造出神話故事？他們相信他們的神話，就像今天的信徒信仰他們的宗教嗎？神話故事有一個形而上的機能，足堪讓人面對對死亡時慰藉人心，讓人安心嗎？是否存在過類似於彌撒，獻給奧林帕斯眾神的儀式？今天我們還掌握的書寫，跟最古老的口述傳統之間還能保持怎樣的關聯？希臘的家長們，晚上會講尤里西斯或赫拉克勒斯歷險的故事給小孩聽嗎？或是像歐洲常流傳的吟遊詩人的故事，主要是給大人聽的故事？或者跟十七世紀的童話故事一樣呢？我會盡力在撰寫過程中適切地回到這些合理的問題上。在此先談這些會顯得本末倒置。我期望先跟隨神話故事的描述，而不是先去思考故事的意義和他們具有怎樣的地位。

第一章
宇宙和神祇的誕生

在世界肇始之初，一個很詭奇的神從虛無中最先冒出來。希臘人把他稱為「卡厄斯」（Chaos，混沌）。他既不是人，也不是個具體的形象人物。你想像一下，這個最初的神，並不帶有人性特徵：沒有身體、臉孔，也沒有個性特徵。老實說，那是一個深淵，一個黑洞，在其中遇不到可資辨別的生物。沒有任何物體，沒有任何我們可以從掌管整體混亂的絕對陰闇深黑中認出的東西。再說，在這最初的故事裡，甚麼也都還不存在：沒有動物，沒有人類，甚至都還沒有神的存在。不只沒有活蹦亂跳的活生生存在，也還沒有天空、太陽、高山，沒有海洋、河流、花朵，也沒有森林……。總之，在這個混沌浩瀚的大洞裡，闇無光源。一切紊亂無序。卡厄斯跟黑暗巨大無底的懸崖很類似。就像在噩夢裡遇到的：假如你掉到裡頭，就會永遠墜落……。不過，這不會發生，因為不只是你我，那時根本連一個人類都還沒出現在這個世界上！

然後，忽然間，我們也不知道為什麼，第二個神就從混沌中蹦出來了。這是一件奇蹟、是萬物開天闢地最初的事件。很久很久以前，西元前七世紀的詩人赫希歐德，這最初的詩人跟我們說這個故事，但他沒有跟我們解釋為什麼，理由當然不用說啦：他自己也不曉得怎麼解釋。有個東西出現了，是一位了不起的女神，叫做蓋亞，在希臘文指的是大地的意思。蓋亞，是一個堅實強壯的土地，這塊大地母土上，孕育不久後會在上面長出的植物，河流將會川流不息，而動物、人類和神祇將行走在上面。蓋亞，這塊大地既是最初的組成要素，也是可觸可摸、安全可靠的自然界最原始的一部分。在這個意義上，蓋亞跟卡厄斯相反。我們不會永遠墜落，因為蓋亞會支撐、擁抱我們，會將我們接住。而且蓋亞還是最棒的媽媽，是一切起源的原始母型，所有生物存在都將從她這裡降臨，或差不多從她身上跳出。

儘管這樣，為了讓河流、森林、山巒、穹蒼、太陽、動物、人類，以及特別是為了讓其他神祇從蓋亞這位大地母神身上迸出來，或者說同樣從混沌的卡厄斯出來（因為，也有幾位神的創造物將來自於他），那麼，就必須有第三個神——第三位，因為我們已經有兩位了：卡厄斯和蓋亞。這第三個神，是厄洛斯（Eros），就是老愛神。就像卡厄斯，厄洛斯也是個神，但不完全是一個完整的形象，比較像是推動萬物誕生的能量和促進成長的生命力。因此我們說他是生命的起因、生命力。我們從來沒有辦法看到或認出這個厄洛斯，因為他並沒有形狀，也不要把他跟後來出現、和他名字相同的小愛神混淆了。羅馬人也稱小愛神為丘比特。「第二個」愛神厄洛斯，常常是以圓嘟嘟臉頰的幼童形象出現，戴著小翅膀和只要被射中就會立即展開求愛攻勢的弓箭。但最初的厄洛斯，則還是抽象的生命要素。他主要的任務，是要讓所有神祇從混沌黑暗深淵過渡到光明之中。

因此，就是從卡厄斯、蓋亞、厄洛斯這三個初始的存有開始，萬物即將各就各位，世界也將慢慢組織成形。在所有問題中，最初和最基本的問題也來自這裡：究竟是如何從原始絕對混沌幽冥的狀態，過渡到我們所認識的美麗和諧的世界？換句話說，即將成為哲學探究主題的是，究竟是如何從原初的紊亂進到「宇宙」——也就是說，究竟是如何進入完美的秩序裡，使萬物沐浴在溫煦陽光的照耀下，大自然既豐饒又壯闊雄偉，一切都如此美麗公正？包括生物、大自然元素、人類和神祇等一切造物，最原始敘述就以此發軔。這個故事是所有希臘神話故事的始祖。因此，我們從這裡開始談起。

為了觸及核心，我還得跟你講第四個「人物」，或者，這麼說好了，因為這一個，也不是一真正有形的個體，不過確實是這怪誕故事的第四個「主角」。赫希歐德在他的詩裡（接下來，我們會拿他的詩來當作導引）其實就提到了，故事一開始就有另一個神存在：塔爾塔羅斯（Tartare）。我剛才說過，他不全然是一個人，至少從我們所認為的「人的形象」這意義上來說，他不是一個人。他其實就是一個煙霧瀰漫模糊難辨又積滿霉垢的可怕地方，永遠潛沒在最深的黑暗深淵。塔爾塔羅斯，坐落在蓋亞最深處，即距離大地表土最遙遠的地下。在這個地方，我們很快就會辨認出冥府——只要有死者，死者就會被驅逐到這裡來，包括打敗仗和被懲罰降級的神都打入這個地獄。赫希歐德很有趣地跟我們說明，赫赫有名的塔爾塔羅斯所在的位置——同樣地，他既是個神也是個地方，將是一個具備能力，比方說能夠生兒育女的神祇，他同時屬於大自然整體裡的一小部分，是宇宙中的一個角落。赫希歐德這麼跟我們敘述，塔爾塔羅斯隱藏在遠離地面表層的大地之內，以致於天空跟他距離相當遙遠。赫希歐德還加上一段意象的描繪，這也許有助於你想像：想像一塊沉甸甸的青銅砧板，相當厚重的銅桌板面，榔頭可在它上面重敲鍛鍊金屬物品的板子。根據赫希歐德的說法，從天空丟下這塊面積驚人又厚重的青銅砧板，需要九天九夜的時間，才會落到大地的表面。再從大地表層將青銅砧板丟到塔爾塔羅斯的底部，也要再花費九天九夜才會到達得了！這段話說明了這個讓人類跟神祇都膽顫心驚的地獄所在，隱藏在蓋亞最深邃的深淵底處。

讓我們把話題轉回到蓋亞，因為，一切萬物很正經地開始他們的故事，都得跟她扯上關係，不過，我們不要本末倒置，別忘了，到現在為止，天空和山巒都還沒有出現，人類和神也還不存在。

除了卡厄斯、蓋亞、塔爾塔羅斯和厄洛斯幾個神，為了讓我們在說明時可以概括敘述這幾個最初的存有物，在他們誕生時命名，所以必須這麼提他們的名字之外，其他的一切都還沒有出生。⑫

不過，很清楚地，毫無疑問地，就在厄洛斯的推動力和能量下，蓋亞獨自一個人，不靠丈夫也不靠情人，而是以自己的力量，從自己最深邃的身體內部生下巨大的神：烏拉諾斯。烏拉諾斯是佈滿星辰的穹蒼，就位在大地上方（說實在的，其實是延展，或者說是緊貼著蓋亞身上），彷彿與蓋亞是雙面天空。只要哪裡有蓋亞，哪裡就有大地，所以，哪裡就可以看到「烏拉諾斯」，即高高的天空倒掛在她的上方。曾經有一個數學家說過，他們是一起的，有完全等同到完美的範圍：蓋亞有多少平方公分大，烏拉諾斯就有多少平方公分……。蓋亞，再度未與任何一個神有性愛，就獨力孕育出她的孩子來：山巒丘壑、烏雷亞（Ouréa）、和圍繞身邊的寧芙（Nymphe），這群年輕可愛的仙女也不是人類，因為她們也是神的創造物，然後，還有龐多斯（Pontos），是「海洋的波浪」，也就是說海洋裡汙濁的海水。就如你所看到的，寰宇、宇宙慢慢地開始成形，雖然離真正完成還差得遠。

---

⑫有例外：卡厄斯的子女中有兩個神，我們暫時把他們擺在一邊，即厄瑞玻斯（Erèbos），黑暗的化身，以及代表黑夜的努恪絲（Nyx）。他們表示兩種截然不同的混沌黑暗：厄瑞玻斯是掌管地底世界如塔爾塔羅斯處的首位神祇，努恪絲則是主宰地底世界以外的、天空下的黑暗世界。因此，後者的黑暗並非絕對的，而是與緊跟在她之後來臨的白晝天天相對！厄瑞玻斯與努恪絲很快地生下了另外兩個神：以太（Earth），是照亮山頂的明亮霧氣，就在雲層下端永遠呈現亮度的位置。日後，以太的光芒將照耀奧林帕斯山上眾神的所在，而從某方面來說，他與最深處闇黑的厄瑞玻斯形成絕對的對比。在以太旁邊，誕生了赫茉拉，即每個早晨接續黑夜之後出現的白晝之神。

你也會注意到一件事，而且我會再度強調它，因為這點對於理解這則神話故事的地位很重要：神的誕生與世界的誕生是同一個運動，而我們剛才提過的宇宙，在神話故事裡，都被看成既是「大自然的一部分」，同時也被視為神祇：大地，是我們腳下所踩踏的地面，也是促成樹木生長茁壯的豐沃土壤，同時，也是寬容壯麗的女神，而她，跟你我一樣，有一個專有的名字：蓋亞。一如穹蒼既是大自然的元素，也是我們頭頂上那片蔚藍天空，同時是一種神聖的實體存有，已經是富於才能，他也同樣作為一種人稱，擁有一個名字：烏拉諾斯。相同地，烏雷亞是山巒。龐多斯是海浪，而塔爾塔羅斯，是地底下的地獄，藏匿在大地最深處底部。也就是說，這些神都是能夠感受、有知覺的，如果有必要的話，把他們湊成一對，讓他們結合，然後他們就會生小孩：就這樣，從這些最初的神，將會生出上千個其他或多或少類似神的創造物。我們先把那些神當中的一大部分暫擺一邊，以便掌握故事的主要脈絡，掌握在即將展開的殘酷悲劇中居於重要地位的主要人物，他們將有助於我們理解這些慘劇。經過一連串故事展開之後，終將會達到創建一個井然有序的世界、真正依循宇宙之道，換言之，即是人類從此能夠生存、死亡的穩定和諧的宇宙建構。

在這個最初的神話敘述裡，自然界的誕生及神祇的誕生，是合為一體的。這也就是何以他們彼此的誕生會緊密關聯在同一個故事裡。總之，講述大地、天空或海洋的誕生，就是在講述蓋亞、烏拉諾斯、塔爾塔羅斯或龐多斯誕生的故事。一如你將會看到，其他依此類推。要注意，儘管這些最初的神跟你我一樣，都擁有自己的名字，不過，他們是大自然純粹的力量，更勝於具有清晰的心理和個性的人物。為了組構世界，還有必要在稍後倚賴其他更具文化、自然界色彩更少的神祇。比起世界草創時出現的初期的神，這些神將擁有更多反思能力，更多的意識自覺。此外，希臘諸神正是朝向知性智慧的進展，狡黠、算計等等，總之，就是這種人性化的過程，將提供給這整部故事非常精彩有趣的原動力之一。然而，不管怎麼說，可以確定的是，最初，神的誕生與大自然元素的誕生是混在一起的。我知道，我現在要使用的詞彙，對你來說可能有點複雜，因為你還沒聽過：「神譜」（théogonie）和「宇宙起源論」（cosmogonie）其實是二而為一。這表示什麼意思呢？事實上，這些古老的希臘詞彙都很簡單，你用不著害怕。相反地，你最好從現在就認識這些詞彙。它們表示的意思很簡單，就是剛剛我以另外一種說法說的：世界（cosmos）的誕生（gonie），以及神（theo）的誕生（還是 gonie），回到同樣所指的事物上——「宇宙起源論」（cosmogonie），就是宇宙的誕生。同樣的，「神譜」（théogonie）就是一則眾神誕生的故事。

這會讓你有清楚的概念，並且，但願你馬上就記住兩件事：

首先，假如宇宙永恆不息，跟永生不朽的眾神一樣的話，那麼，宇宙就不曾存在過。一開始，並不是由秩序統治，而是混沌（卡厄斯）佔了優勢。最初，不只是最黑暗、最混亂的混沌掌管一切，而且，就像我們待會兒會看到的，那些初期的神，一點也不聰明，不是人們可以指望的那樣。他們充滿仇恨，非常任性，粗暴又野蠻，彼此之間以很殘酷的方式打來打去，很差勁，也很不文雅。更不用說了，他們當然不是一開始就和諧相處的。世界的誕生和宇宙和諧秩序產生之前，會有一段很長的「眾神大戰」故事，原因就在此。你會發現，那些喧囂激戰的故事慘不忍睹，不過，也是一則蘊藏著睿智啟示的故事：處在世界秩序與和諧中的生命，縱使對生命有限的人類來說，終究會有離世的一天，但是，這樣的和諧人生，都勝過其他的存在，甚至比一個永生不死的神，生涯過得渾渾噩噩、流離八方都還要好得多。為了讓我們與自己周圍的世界相處協調，就必須讓條理節制、合於秩序的世界及名聲響徹雲霄的宇宙存在，可是，目前的階段距離那個境界，還差了一大截！

其次，我們注意到，確切地說起來，起初，根本就還沒有所謂的空間：在天空與大地之間，在烏拉諾斯和蓋亞之間沒有任何空隙、間隔，他們彼此相連在一起。因此，宇宙並非一開始就呈現今天所見，天空與大地相隔遙遠的面貌——青銅砧板的故事，就是要讓人了解他們之間距離有多遠。而且，嚴格說來，也還沒有時間，或至少沒有類似今天我們所知道的時間。因為，藉著新生兒的誕生具體顯現出來，同時也作為象徵時間之世代間繼承，到此都還沒有就位。再說，那些真的要活在時間裡的，尤其是人，他們都尚未出生。

現在我們來看看，我們所熟悉的宇宙，到底是怎麼循序漸進地從這些已知元初的成分中慢慢地萌生成形。

穹蒼（烏拉諾斯）與大地（蓋亞）痛苦永隔：空間與時間的誕生

烏拉諾斯，天空，還不是「高高在上」的穹蒼，像一個無邊的天花板那樣。相反地，他跟蓋亞緊緊地貼在一起，就好像是她的第二層皮膚一樣。他撫摸著蓋亞，撫觸她全身，沒有停止。我們可以這麼說，他盡可能地跟蓋亞黏在一塊，或者說得更明白些，他無時無刻不跟蓋亞性愛，跟她睡在一起。這是他唯一的活動。他有偏執狂的傾向，整天只想著一件事，就是淫蕩的慾念激情：他沒法停止跟蓋亞交媾，也無法停止擁抱她、與她肉體結合。結果，免不了的，就是跟蓋亞生了一大堆兒女！就是跟這一群人物開始要正式地展開一些事情。

因為，烏拉諾斯和蓋亞的子女們將是最初的「真正的神」，不再只是抽象模糊的形像，而是有實體、能成為具備真正「性格特徵」的初期的神。就如我剛才提出的，我們將會看到神祇人性化的過程，也會目睹終於具備真正人之形體外表和內在的新生神祇誕生的過程。他們都具備不同個性，擁有各種才能，有各自的心理，情感顯得有較多的思慮、算計，而比較不那麼粗暴，雖然有時還是看得到自相矛盾的情緒，甚至帶有毀滅性的狂熱：我再說一次，希臘神祇，跟好比說基督教的神、伊斯蘭教的神，以及猶太教的神，都截然不同。希臘神祇和他們相差甚遠，不是完美的智者。因此，從這群剛誕生的孩子，我們就能夠透過各種角度範圍，提出有關起源故事指針性的問題：從紊亂無序到秩序形成過程的問題；以及，從原本的混沌到宇宙誕生的問題。於是，他們就必須要有在所有意涵上的性格特徵，必須要勇敢，並且具有多方面的優點，以便能讓已變得愈來愈複雜的原始世界趨向和諧：但是這不能光靠盲目的手段達到，不能僅憑自然界作用力，如牛頓的萬有引力——這個秩序是如此美麗又複雜，因此，絕對得憑睿智的人掌舵。我要告訴你的，就是在這樣依循漸進發展過程中一一誕生的神祇。

到底誰才是烏拉諾斯和蓋亞這穹蒼與大地真正最初的後代呢？他們有哪些冒險患難的奇險際遇，讓宇宙秩序出現，並達到完完全全平衡的狀態？

就是被他們自己的親生父親烏拉諾斯喚作「泰坦」的這一群：泰坦諸神，有六位男孩、六位女孩。我們也稱後面這六位是「泰坦女神」，或「泰坦妮德」，以便跟她們的兄弟區別。泰坦諸神有三個共同的特徵，首先，他們跟所有的神一樣，全部都永生不死——因此，要是在歷險過程中，不小心遇到他們，火拼打鬥起來的話，那麼，可別指望能把他們殺死！其次，他們都力大無比。他們有超乎尋常的力量，讓人想像不到而且永不虞匱乏。所以啦，這就是為什麼直到今天，我們都還會說「泰坦神般的巨力」。再者，因為這個理由，我們還為一種強度特別堅硬的金屬取了「鈦」（Titane）的名字。最好別惹火這些神就是了。最後，他們都擁有完美無缺的美。因此，他們既令人畏懼又讓人著迷，常常帶著暴力，因為，在他們身上還保留著他們血統的痕跡：他們是從大地深處裡出生的。他們來自塔爾塔羅斯附近。但塔爾塔羅斯就是一處離原始混沌未分狀態最接近的地獄所在，而蓋亞，說不定也是從混沌這渺渺茫茫的黑暗地方出現的——赫希歐德跟我們說，她是在卡厄斯混沌「之後」出現，卻沒有指明她是否從混沌中冒出來。不過，這個假設倒也合情合理。總而言之，很明顯地，泰坦眾神，與其說他們是宇宙的力量，以及溫和明理的人物，不如說他們是混沌野蠻的暴力，和亂無章法的破壞性形象還來得更貼切。⑬

除了這六位了不起的泰坦神，和六位崇高的姑娘——泰坦女神之外，烏拉諾斯和蓋亞又生了三個兇悍的怪物，據赫希歐德說，他們「像極了神」，而他們也真的跟所說的差不多，巨大獨眼就長在他們的額頭中央！他們是「獨眼巨人」，同樣地，在建構宇宙、創造和諧有序世界的歷史過程中，他們也將扮演決定性的角色。就跟他們那些泰坦兄弟一樣，他們也身懷奇特的力量，而且他們也帶有無窮的暴力。他們的名字，在希臘文裡意思已經表示得很清楚了，即顯示暴風和雷雨：首先是布隆特斯，意思即指「打雷的」與雷聲相同。其次是史特羅佩斯（Stéropès），即閃電。然後是阿爾格斯（Argès），即霹靂。就是他們三位，後來把他們最令人望之生畏的可怕武器獻給眾神之

---

⑬以下就是他們的名字：不過，一開始就要知道，特別是記住老么，克羅諾斯（Cronos）的名字，他即將在接下來的故事中扮演最初的角色之一。首先依照他們誕生的先後順序，依次是歐克亞諾斯（Okéanos），他在神話故事裡，是圍繞整個世界，始卒若環、循環不息的河洋一體。其次是寇伊歐斯（Coïos）、克里歐斯（Crïos）、伊貝里恩（Hypérion）、亞培多斯（Japet），然後就是克羅諾斯，我們會回到他這裡來談，就像赫希歐德老是說的，「心存狡詐詭計」，我們等一會兒就知道為什麼了。在女孩方面，有緹亞（Théïa）——在希臘文是指神聖的意思，有瑞雅（Rhéa）、蒂美絲（Thémis，正義女神）、穆娜默芯妮（Mnémosyne，記憶女神）、菲碧（Phoibé，燦爛女神），以及給予愛之靈感的特蒂絲（Téthys）。

王宙斯：雷聲、閃電和霹靂，宙斯就仗著這三大至寶發動攻勢，弄瞎或擊潰對手。

最後，天空與大地這對戀人又生下三個奇醜無比的孩子，比十二個泰坦神和三個獨眼巨人都還要恐怖：他們每個人都有五十顆頭顱，從他們的肩膀冒出一百隻手臂，力大無窮。因此，人們就把他們叫做「百臂巨人」，希臘文的意思就是「一百隻手臂」。他們是這麼怪異，令人印象深刻，在說出他們的名字以前，赫希歐德就說了，最好不要為他們命名，免得把他們吵醒，就會惹來他們的注意……。第一個叫做寇托斯，第二個是布里亞瑞，而第三個叫做居野斯（Gygès）。跟獨眼巨人一樣，在即將到來的宇宙秩序建構發展時，他們扮演相當重要的角色。

諸神大戰：介於第一代神、泰坦眾神及其子女奧林帕斯眾神之間的大戰

秩序尚未到來，因為我跟你說過，我們離和諧完美的宇宙還差得很遠。如果我們想像一下，蓋亞的穩重堅定，對照卡厄斯混沌深不見底，這樣的差異就可以知道，蓋亞只能求助於她的決心。老實說，就如我跟你透露的，這是一場戰爭，而且是一場浩浩蕩蕩的恐怖大戰，延伸到地平線全域。那些原始的暴力，接近卡厄斯混沌的狀態都要擺平。為了建立一個安全可靠、井然有序的世界，就必須盡可能地掌握控制他們，給他們戴上嘴套那樣地不讓他們開口，並且盡可能地教化他們。這場聲勢浩大的衝突戰爭，是從哪裡產生的？又是如何收拾結局的？這些問題，就是赫希歐德的宇宙誕生論／神的誕生的主題，亦即希臘神話創世紀的主題。原因無它，在這整個故事裡，我們會從原始暴力和無序的狀態進入調和有節的宇宙秩序，是人們能夠據以生活下去，好歹可依憑去尋覓各人救贖的宇宙秩序。

事情是這樣開始的：

烏拉諾斯厭惡他的子女：十二個泰坦神、三個獨眼巨人及百臂巨人。他恨透他們。為什麼呢？因為他害怕有一天，他的兒女們不只奪走他高高在上的權力，而且，還會從他手中搶走既是他母親又是他妻子的蓋亞。這也是為什麼烏拉諾斯老是壓住蓋亞不放，堅決不肯讓孩子們出世的原因。烏拉諾斯一點空間也不留給他們，連毫髮的小縫隙也不留，以致於他們沒有機會從蓋亞的肚子裡出來。烏拉諾斯把他們擠到大地最深的裡層，就在塔爾塔羅斯混沌陰暗的區域。由於這個緣故，使得他的兒女們都不原諒他。蓋亞也是，她懷了一大群孩子，沒辦法一直將他們留在肚子裡！這個殘忍的父親，竟然阻止兒女呱呱落地，不讓他們長大，而且，就本義和轉義來說，他就是不讓他們見天日、不讓他們出生。於是，蓋亞鼓動子女們反抗他們的父親。克羅諾斯，這個么兒，聽到母親的召喚和她構想對付親生父親的狠毒計謀：蓋亞用她腹部裡熔解的金屬，就位於地面凹洞的最深處裡，她製造了一把鐮刀（其他某些書寫說是用燧石，不過我遵照赫希歐德的記敘，他說是灰色的金屬，也就是說，很可能是鐵製的）。武器相當鋒利，赫希歐德明確指出：「鋸齒狀的」。蓋亞把武器交給克羅諾斯，並且交代他，簡單乾脆地割下他父親的生殖器官！

烏拉諾斯被去勢的故事敘述地非常清楚，連細節都描述得很仔細，因為，這些細微的部分，恰好掌握了宇宙的重大後果，換句話說，對於世界的構築有決定性的作用：克羅諾斯手執鐵鐮刀，就等著父親，容我大膽地說，他伺機下手。烏拉諾斯一如往常，照樣將蓋亞整個蜷曲緊貼，並且進入她體內：克羅諾斯就趁這個機會，左手一把抓住他父親的性器，很俐落地一刀割下（一部分後期的故事就因此說，從這一刻起，左手就變成了無恥下流的封印！），然後，克羅諾斯很輕蔑地，將血淋淋、可憐兮兮的生殖器官一股腦兒丟棄。這段細膩的描寫，並不是廢話多餘，也不是為故事增加腥羶刺激性才添上性虐待的猙獰場面，而是因為，從滴落到大地與大海裡的烏拉諾斯之血，還會再誕生出幾個駭人或高雅的神來。

此外，我馬上告訴你，是因為隨後我們會在幾個神話故事的敘述裡，再看到這段故事。從烏拉諾斯被閹割的生殖器官誕生的最初三位，是仇恨女神、報復女神以及紛爭女神（厄莉斯，希臘文寫成 *eris*）——因為，她們身上都還帶著與她們出身有關的暴力痕跡。而最後一位，相反地，卻不屬於爭端不和的王國，而是屬於厄洛斯的國度：愛芙羅黛蒂，美麗與愛慾的女神。我們靠近一點，瞧瞧發生什麼事：

烏拉諾斯他那可憐被去勢的陰莖噴出的血液，飛濺到蓋亞這片大地的土表，就生出了令人毛骨悚然的女神來。她們的名字，在希臘文裡叫做埃里尼斯⑭（Erinye[s]）。依據拉丁文詩人維吉爾（Vtrgile）的說法，她們有三位，分別叫做阿勒克托（Alekto）、堤西鳳（Tisiphonè）以及……梅潔爾（Mégère），嗯，對！在日常用語裡，有時我們用來表示一個特別令人作嘔的潑婦梅潔爾，就是從這裡來的。因為，還是得老實地承認，埃里尼斯除了引人不愉快之外，別無是處：就像我跟你說的，她們是復仇與仇恨的女神，專門纏著犯下與家庭有關的罪愆的人，向他們施以可憎的酷刑，用極壞的手段折磨他們。因此，可以說，她們從一出生就是具體化了的復仇形象，原因無它，她們

⑭赫希歐德並沒有告訴我們她們的人數和名字，必須要再等六個世紀之久，幸虧有活躍於西元前一世紀的偉大拉丁詩人維吉爾，讓我們得以多知道一些她們的故事。我在這裡指出這些細節，目的就是希望讓你明白，構成這些著名的神話故事時，是需要花一些時間的。也藉這樣在腦海裡對時間有些概念：這些神話故事，並非一夕之間創作出來的；也不是由單獨一位作者撰寫完成的，而是在浩瀚的幾世紀中，由許多詩人和哲學家們不間斷地補充成形的！

被生下來的主要目的，就是為她們的父親雪恥。最幼小的兒子泰坦神克羅諾斯對親生父親烏拉諾斯犯下的罪愆，她們要一一復仇。不過，在這個屬於她們個人、私人的例子之外，她們也將在許多神話故事中扮演舉足輕重的角色。其中，她們是以令人毛骨悚然的復仇者姿態展現她們的作用，向所有冒犯血親罪孽的罪人報復，甚至，更廣泛地針對違背寬厚款待的罪過，也就是說，即使是個陌生人、異鄉客，卻沒有像自己家人般接納他、對待他的話，那麼她們就會嚴懲那不夠殷勤好客的人。伊底帕斯在毫不知情、亦非己願的情況下，殺了他的父親，娶了自己的母親，正是埃里尼斯她們將可憐的伊底帕斯淹沒在大地。要知道，我們有時稱她們是「歐墨妮德絲」（Euménides），也就是指「善良仁慈」——不是出之於赫希歐德的詩集裡，而是在較前者晚一些，如出現在西元前六世紀另一位偉大希臘詩人埃斯庫羅斯的悲劇裡。實際上，這個帶有和善意味的名字，其實帶有欺騙她們的意圖。人們用這個詞，以免遭到她們抽鞭子。在拉丁文裡，她們卻變成了「潑婦」的代名詞。赫希歐德並沒有講述相關細節，不過在他之後的其他詩人著作裡，形容她們的外貌奇醜無比：她們匍匐在地上，伸出嚇人的爪子，身上的翅膀讓她們可以快速地攫取她們的獵物，頭髮與毒蛇蜷曲緊纏在一起，手執鞭子，滿嘴的血漬。由於她們是命運的化身，也就是說，每個人都屈服在宇宙的秩序法則之下，眾神也或多或少得聽從她們的決定，因此，所有的人都既討厭又懼怕她們。

接下來，一樣是烏拉諾斯的鮮血混進蓋亞這塊大地，誕生了一群寧芙仙女，人們稱她們是梅麗媛或者梅麗亞（Méliennes or Méliades），在希臘文裡的意思是：從梣樹誕生的小女孩。她們也同樣好戰、讓人望而生畏。因為，她們就是靠著梣樹的枝幹擴展她們的領域。她們用梣木製造最精良的武器，尤其是在作戰時派上用場的弓箭長槍。

在這一群埃里尼斯和梅麗亞之外，烏拉諾斯的鮮血噴灑到蓋亞身上而誕生的孩子，還包括可怕的巨人族。在一出生時，他們就已經是身戴盔甲的全副武裝打扮了。他們徹頭徹尾就是獻身在暴力和殺戮上。沒有什麼能嚇倒他們，也沒有什麼比燒殺虜掠更與他們臭味相投的了。只要碰到戰鬥的事，他們馬上就顯得興致高昂。雖然赫希歐德並沒有講述更多關於他們的事，但是，較晚期的著作裡，對這一部分的敘述，倒是提到巨人族曾試圖反抗諸神。他們的叛逆甚至還引發了一場激烈的戰爭——我們稱之為「巨人大戰眾神」（gigantomachie），希臘文裡指的是「巨人的戰爭」。當然，眾神最後還是贏了戰爭。可是，他們因這場大戰，而需要赫拉克勒斯的幫忙⑮。稍後我們再來講這一段。

就像你所看到的，目前從烏拉諾斯流出的血液與大地結合所生下的人物，都有可怕的長相，他們生來就是為了報復、仇恨和戰鬥。在這層意義上，埃里尼斯、梅麗亞及巨人族等等，都隸屬於厄莉斯這個神的領域，她是紛爭不和、惡毒的衝突爭戰的化身。此外，厄莉斯也是邪惡陰險而黑暗的存在，她是黑夜之神努恪絲眾女兒之一。努恪絲也是獨自一人生下子女，就跟蓋亞一樣，不需要丈夫或情人。

然而，從天空之神的陽具，還誕生了一位女神，她並不屬於厄莉斯這一族，而是屬於厄洛斯這一族的。不是掌管紛爭與戰爭，而是掌管愛（在希臘文裡，厄洛斯和厄莉斯這兩個字非常接近，似乎顯示兩者之間僅僅是一水之隔而已：從厄洛斯到厄莉斯，我們是這麼輕易地就由愛轉恨）。這位女神愛芙羅黛蒂，就是美麗與愛情的女神。你記得，烏拉諾斯身上性器的鮮血滴落到大地，而他的

---

⑮這段故事的敘述主要是來自一位西元二世紀時的作家、神話編撰者阿波羅鐸魯斯（Apollodore）。

性器被克羅諾斯砍下之後，就被他隨手扔到大海裡了。但它一直漂流在大海上！隨波浪漂浮在大海的白色泡沫當中——泡沫，希臘文是aphros，烏拉諾斯的生殖器的精液與海浪的泡沫混在一起，在漂流中誕生了高貴標致的年輕女孩兒：愛芙羅黛蒂，是所有神祇當中絕頂漂亮的女神。她是溫柔、甜美與墜入愛河交會彼此笑靨的女神。但她同時也是激情性慾的女神，也是使人為了吸引對方注意力、千方百計取悅對方時而讓言行表裡不一的女神。至少我們可以說，就會因此不時地違背事實。因為，不管是我們自己以恭維奉承者的面目出現，或者是向我們欲討好的人諂媚，渾身使力，一心取悅對方時，我們常常是拎著所有的謊言與詭計有備而來的。愛芙羅黛蒂，就是這一切：誘惑與謊言，魅力與虛榮，愛情與妒嫉，從中孕育出溫柔，但也招致一陣憤怒和狂嘯仇恨這些對比鮮明的情愫。而置身其中，厄洛斯從來不曾遠離厄莉斯，愛情從來不曾遠離爭吵。當愛芙羅黛蒂從水中升起，在塞浦路斯，如果我們相信赫希歐德所說的話，總是有兩位較低階的神陪伴在側，像是服侍她的「僕人」、伙伴和心腹：就是厄洛斯，不過，這位是厄洛斯二號，我剛才跟你說過這個小厄洛斯，根據赫希歐德的說法，他常常都以鼓著肥肥的腮幫子和肩上一對翅膀，手拿弓箭的形象出現。其次，在小厄洛斯旁邊，是喜美樂思（Iméros），即欲望，就嚴格的意義上來說，永遠都比愛情更早現身……。

在宇宙誕生的規劃上，也就是說，在關於我們的宇宙及我們將要生活的世界之建造這樁事情，我要在這裡先跟你提一下，烏拉諾斯被去勢招來極具關鍵性的後果，然後再來談眾神大戰中幾齣馳名的場面。很簡單，就是有關**空間與時間的誕生**。

談到**空間**，首先，因為這可憐的烏拉諾斯，身體被閹割殘害後痛不欲生，就逃向「頂端」，因此，依照字義上移動的行程，他就這樣牢牢地黏在天頂，讓空間在分隔天空與大地的同時也獲得自由；至於**時間**，在一個永遠更深刻的理由下，時間是整個神話故事關鍵鑰匙中的一支：幸虧空間已經自由自在了，那些孩子們——此處，就是泰坦諸神——他們也能夠從大地裡生出來了。可以說，未來，這個不久前還因烏拉諾斯緊壓住蓋亞而被堵塞的未來，從此展開了。從此，將至的世世代代，都將活在當下現在。兒女，在這裡同時象徵生命與歷史。不過，有史以來，生命與歷史，由於從暗黑地裡冒出的泰坦諸神具體呈現出來。而且，生命與歷史，也是運動和打破平衡，伴隨這個狀態出現的，則是紊亂脫序、開放無窮的可能性。伴隨這些新世代出現的，不是穩定的局面，而是活力充沛的生機；不是和諧的基調，而是撩亂雜錯的律動。於是，從此以後至少有一件事是顯而易見的：做父親的，從此都小心謹慎地防著親生兒子了！而克羅諾斯，以他的立場，比誰都更清楚這件事：正是他將親生父親烏拉諾斯去勢的，他自己亦然，在這個情況下，他第一個了解自己的骨肉能夠對自己掌握在手的權力、地位和位階秩序構成怎樣的威脅。或者，換另一種說法，必須懷疑時間。時間既確實是生命的要素，亦尤其是一切騷動的要素，更是所有即將到來之麻煩與打破平衡的全部面向。克羅諾斯意識到這件不容置喙的事：歷史充滿了危險，但要是我們打算保留手上擁有的東西，確保手中的權力，那麼，最好把它們通通毀滅，好讓一切都不改變……。

我不曉得你是否已了解存在這個問題的深度了。隨著第一則神話故事，存在問題的輪廓，像是對照一樣，漸漸地勾勒出來。這表示，所有的存在，甚至包括永生不死的神，都被迫處在幾乎無解的進退兩難窘況下：要嘛就塞住一切，像烏拉諾斯把他的孩子都堵在他母親／妻子的肚子裡，以避免事態有所變化，及因此可能一切全毀、失去尊嚴的後果。這樣一來，就完全靜止不動了。最麻煩的是，一切也死寂、了無生機了。不然呢，就是為免招致這種死寂結果，我們就心甘情願地接受會構成威脅的，最可怕又最危險的運動、歷史與時間。於此，如何找到適當的平衡呢？這其實是神話故事最根本的問題，伴隨神話故事出現的問題，經常就是存在的問題！就如你看到的，我們的故事會帶來什麼樣的答案，不必說，一直到今天，這些都還是讓我們興致高昂、充滿好奇。

不過，讓我回到故事裡吧。

克羅諾斯吞掉自己的子女：老么宙斯卻逃過一劫，輪到他起來反抗老爸

就如我跟你說的，克羅諾斯非常清醒地意識到子女展現對父親構成的威脅。理由當然不必說了！克羅諾斯解放哥哥姐姐們，那些被烏拉諾斯以暴力禁錮在地底的泰坦神和泰坦女神們。不過，克羅諾斯反過來也對自己的兒女起戒心，處處防範他們。他娶姐姐瑞雅為妻，可是，每當瑞雅懷胎生下嬰兒時，克羅諾斯就趕緊把孩子吞到肚子裡，免得有一天作孽反抗他，就像他自己反抗父親烏拉諾斯那樣。無疑地，基於同樣的理由，克羅諾斯怎麼樣也不願解開獨眼巨人和百臂巨人。他們實在是有點暴力過了頭，那麼強悍，不曉得會幹出什麼事來，所以，對他也是極大的威脅。因此，最好暫時將他們監禁在蓋亞大地最深的地方，也就是煙霧迷漫、滿是霉垢，而他從來不曾好好待過的、惡名昭彰的暗黑塔爾塔羅斯。你可以猜想得到，克羅諾斯是這樣對待兄弟，從此他們對他懷恨在心。

克羅諾斯跟成為他妻子的親姐姐瑞雅生下六個相當傑出的孩子：荷絲提雅（Hestia），是掌管爐竈的女神，也就是保護家庭的女神；蒂美特，她是季節與五穀豐收之神（在拉丁文裡，她叫做色列斯〔Cérès〕，而穀類〔céréales〕這個字就是源自於此）；赫拉，即將成為萬神之王宙斯的正房妻子；波塞冬，海神；黑底斯，冥府之神；以及最後一個，宙斯，他自己是最小的么兒，即將成為眾天王之王。可是每一次，只要新生兒從瑞雅肚子出來，赫希歐德寫說，小嬰孩來到「他父親膝

下」，克羅諾斯就一口把他吞進肚子，讓他萬無一失地待在胃底。應該要說說，克羅諾斯的父母親，即烏拉諾斯和蓋亞，都曾經向他預言過：他們斬釘截鐵地預言說，終有一天，他會被自己的兒子推翻，並奪走他所有的權力地位。

儘管如此，如同母親蓋亞，瑞雅也受到她丈夫的折磨。由於烏拉諾斯不讓孩子們從她體內出來，不肯給孩子出世見天日，蓋亞到最後就恨透了他。至於瑞雅，她憎恨克羅諾斯，是因為他更差勁，他把所有的嬰兒一個一個活生生吞到肚子去，以致於當最後一個嬰孩快要出生前——在這裡提醒你，這個老么就是宙斯——瑞雅就向她爸爸媽媽求援，詢問解決的辦法。到底要怎麼辦，小宙斯才不會也被生吞到他肚子裡？瑞雅的父母建議她立刻前往克里特島，確切地說，是前往里克托斯（Lyctos），在這裡，蓋亞的身份比任何一個人都更適於安排這件事，因為她自己就是大地之母，她庇護小嬰兒在一處有森林雄踞的高山所遮掩的大岩洞裡：萬無一失，克羅諾斯不會發現到宙斯的蹤影了。相反地，要讓他不起絲毫疑心，那麼就得拿取代小嬰孩的其他東西，好讓他可以吞下去！於是瑞雅就包裹一塊大石頭當成襁褓中的嬰孩，而克羅諾斯似乎也不是一個細心的饕餮，他眉頭也不皺，就一口整個吞下，根本沒有察覺吞下了不尋常的東西。

小宙斯在庇佑之下，遠離他父親的視線範圍，吸吮奶媽阿瑪爾忒亞（Amalthée）這隻母羊的奶，一天一天地長大茁壯。阿瑪爾忒亞身上的皮毛，據說是百箭不穿的，宙斯就是用它來製造他那名聲顯赫的盾牌——宙斯的神盾，有時他會與女兒雅典娜共用。現在，宙斯這個優秀的少年，不久將變成一個集力量與美的光輝而威風八面的青年。蓋亞和瑞雅精密策劃進行對付克羅諾斯的陰謀。她們想出一個讓克羅諾斯嘔吐的詭計，讓他將吞進去的孩子一個一個吐出來，就從最後一個開始。換句話說，如果你一路跟著故事到現在，那麼你曉得，最先出來的就是取代宙斯的誘餌，那塊大石頭！

就在這個時候，宙斯在蓋亞的建議下，聰明狡黠地完成幾件事，蓋亞要藉此證明宇宙全都是由她的兒女、她的孫子孫女們建立起來的，無一例外：被克羅諾斯以鐵鍊腳銬鎖在地底深處的獨眼巨人基克洛普斯（Cyclope[s]），如果你還記得他們的話，宙斯為他們一一解開枷鎖。獨眼巨人們欣喜若狂地表示感謝，之後便送給宙斯三樣出色的禮物答謝他。這三份大禮，日後被證實了確是所有禮物當中最貴重稀罕的。因為，這幾件禮物使宙斯得以成為最有力量、也最令人畏懼的眾神霸主：他們贈給他雷聲、閃電和霹靂，分別可以讓敵人耳聾、眼睛變瞎，而且擊斃對方。基於相同的理由，宙斯很巧妙地解救了赫卡冬克羅（Hécatonchires），有名的百臂巨人，他們也是基克洛普斯獨眼巨人和泰坦諸神的兄弟。可以說，經過這場解放劇，他們建立了難能可貴且經久不衰的同盟關係。從這個過程中，我們也看到，諸神循序漸進的人性化過程，他們原本自然粗暴的一面變得愈來愈少，同時也愈來愈聰穎機巧，對他們本身的責任，也有愈來愈強的意識：如果缺乏知性智力，缺少辨別正義情理的能力，亦即如果缺乏比自然天性還更多的素質，那麼要實現和諧，是絕不可能辦到的。

你可以料想得到，宙斯和他的哥哥姐姐們——荷絲提雅、赫拉、蒂美特、波塞冬和黑底斯——聯合起來反叛克羅諾斯及其他泰坦神，發動的是一場驚天動地的大戰，一場遠遠超過想像的廝殺：全宇宙都為之震盪，才誕生不久的宇宙恐怕有驟轉回歸混沌無序之虞。他們把一座座高山從頭上扔來扔去，就像你我在丟小石頭一樣！整個寰宇都因此晃動起來，飽受一夕之間消滅全毀的威脅。然而，正是這一點，對我們這些生命有限的人類來說，差不多是無能力想像的——沒有任何一個會在這場爭戰中死去，因為，這是一場介於絕對不死之身的眾神之間的戰鬥。戰爭的目的，並非要殺死誰，而是擊垮對手，讓對方淪落到動彈不得的地步。所以戰爭衝突的問題就很明顯了：就是要避免混沌和紊亂無序勝過秩序的可能性，要避免它們壓抑了真正的宇宙萌芽孕育的契機。最後，幸虧有獨眼巨人送給宙斯的霹靂武器，也多虧了百臂巨人基於感謝宙斯解救他們之恩，而以身上了不起的能量適時助他一臂之力，於是第二代的諸神——我們稱他們為「奧林帕斯眾神」，因他們是從一座奧林帕斯的山丘開打起來的，那裡也是日後他們恆居長住的神殿御所——換句話說，宙斯和他的兄姐們以凱旋結束這場大戰。那些泰坦諸神都被閃電弄瞎了眼，被百臂巨人扔下的岩石掩埋，而潰不成軍，最後，他們被綁在塔爾塔羅斯那黴菌叢生、又濕又暗的鬼地方。波塞冬，宙斯的兄長之一，蓋了一座巨大無比、不可能敲撞或打開的銅門，三個百臂巨人就負責站崗，他們以更殷勤的熱忱看守，讓我提醒你，他們那些泰坦兄弟姐妹，也曾經毫不猶豫地把他們囚禁在地底下，直到宙斯釋放他們才重獲自由！

現在，奧林帕斯諸神，至少有最初六位宙斯這一代的神，他們好端端地在那裡了。不久之後，就會變成十二個，跟泰坦神和泰坦女神們剛好成對。實際上，宙斯有五個兄姐：荷絲提雅，是居家和家庭的守護神；蒂美特，是收成與季節女神；赫拉，未來的皇后，成為宙斯的妻子；黑底斯，是地獄之神，統治塔爾塔羅斯；至於波塞冬，是海洋之神，以他有名的三叉戟震撼大地。在前述的這一代裡，奧林帕斯眾神當中，換句話說，在最重要的眾神當中，那些統治世界且彼此共享這世界的重要神祇當中，我們把愛芙羅黛蒂也算在內。我們已經知道，她是美麗和愛情的女神，而且從烏拉諾斯被閹割性器的精液與大海的浪花泡沫結合在一起時誕生的。她免除在戰爭之外，因為她並不屬於厄莉斯與紛爭這一邊的神。所以，我們把她看作既是克羅諾斯的姐妹——她本來就與他是同一世代，而且是同一個父親——但同時，她也如同宙斯的姑姑。然後，相反地，在宙斯及其五個兄姐的這一個世代中，當然有奧林帕斯山兩個主要的神，天王天后宙斯與赫拉所生的兒女：他們的名字是赫菲斯托斯，工匠鍛冶的守護神；阿瑞斯，恐怖的戰爭之神；其次，雅典娜，才智與技藝女神，是宙斯與最初的元配墨提斯（Métis）所生，也是宙斯最寵愛的女兒。日後，雅典娜也將坐鎮在奧林帕斯山；我們又遇到一對雙胞胎兄妹，即阿波羅，眾男性神祇當中最英俊的神，以及他的孿生妹妹亞特蜜絲，狩獵女神，他們兩個都是宙斯與蕾托（Léto）偷情的結晶。蕾托也是寇伊歐斯與菲碧這兩位泰坦神的女兒——因此，蕾托也就是宙斯的表妹或堂妹；接著，還是在奧林帕斯山，我們碰到赫米斯，他是眾神的信使、商業與商人的守護神，宙斯與一位山林裡的寧芙女神邁亞（Maïa）所生的兒子。最後，是戴奧尼索斯，奧林帕斯諸神當中最奇特的一位，他是酒神與祭典之神，乃宙斯在另一次婚外情，與底比斯國王卡德摩斯之女、凡人塞墨勒（Sémélée）生下的小兒子。

你該知道，這些奧林帕斯諸神——以及許多希臘英雄，例如赫拉克勒斯，在拉丁文裡變成了海克力斯（Hercule），而一些泰坦神，像是克羅諾斯，變成了撒圖努斯（Saturne）——後來羅馬人都為他們取了新名字，跟羅馬人原有的神相對應，或者就是繼承希臘神話故事裡的神，並加以發展出來：宙斯，就叫做朱彼德（Jupiter）；荷絲提雅變成薇絲塔；蒂美特就是色列斯（Cérès）；赫拉變成朱諾（Junon）；黑底斯是普呂東（Pluton）；波塞冬是尼普東（Neptune）；愛芙羅黛蒂即維納斯；赫菲斯托斯是孚爾岡（Vulcain）；阿瑞斯即馬爾斯；雅典娜等於米娜娃（Minerve）；阿波羅（Apollon）跟菲柏斯（Phébus）是同一個人物；亞特蜜絲就是黛安娜；赫米斯等於墨丘利（Mercure）；戴奧尼索斯則是巴科斯（Bacchus）。

今天，我們熟悉希臘諸神人物的拉丁名字更甚於他們原來的名字，就是因為這個原因。不過，儘管如此，他們都是相同的人物，海克力斯就是赫拉克勒斯，而維納斯其實也就是愛芙羅黛蒂……

以此類推。但是，倒有一件事要弄清楚，至少，要概略地了解一下，他們各自管轄哪些領域，以及他們掌管司職的事。因為，是他們要分享、分擔這個世界，而整個宇宙之所以能夠這樣均衡地分享分擔，是由奠下宇宙秩序基礎的宙斯以他公正的權威所擔保。再者、因此可開始了解，他們是些怎樣的人物。從他們所肩負的各種任務中，也同時一一顯現出他們形形色色的性格特徵：就這樣，一步一步地走向開化與秩序井然，漸進地形成涉及政治、公平正義的型態，簡言之，是神朝向人性化的痕跡。

我只先簡短地提示，而不談細節部分——每次我都會清楚地標記神的希臘名字和拉丁名字，讓你對他們有些起碼的概念，好跟上這段最初敘述故事的結尾：

1. **宙斯／朱彼德**　當然，他就是萬神之王，奧林帕斯的天王。

2. **荷絲提雅／薇絲塔**　爐竈之神，所以是守護家庭和家族的女神。她也是克羅諾斯和瑞雅的長女——也就是說，她是所有子女中第一個被克羅諾斯吞到肚子裡，最後一個被吐出來的，因此，也是宙斯的姐姐。

3. **蒂美特／色列斯**　四季與豐收女神，讓百花盛開、植物茁壯，當然，也讓「五穀雜糧」生長。女兒珀絲鳳，深得蒂美特的寵愛，日後卻在成為黑底斯的妻子前被他擄走。實際上，黑底斯與蒂美特共同佔有珀絲鳳：一年中的六個月分別與她相處。這就是為什麼到了冬季和秋季，萬物枯萎凋零，因為這個期間珀絲鳳與黑底斯在一起，蒂美特便因思念愛女，憂傷終日，以致於荒廢了她的工作。當春天一到，珀絲鳳再回到母親身邊時，太陽也回歸正軌，萬物因而復甦醒來！

4. **赫拉／朱諾**　她是「天后」，宙斯的正妃。宙斯常常背叛她，她極端地善妒，在仇恨的驅使下，往往纏著與她丈夫偷情的人不放。有時，她也將矛頭指向宙斯外遇所生的子女，比如說，赫拉克勒斯，他的名字表示「赫拉的榮耀」：其實正是赫拉要求他完成名聞遐邇的「十二項英雄偉績」，以彰顯赫拉的榮耀，目的就是看赫拉克勒斯會不會在艱鉅不凡的災難中被殺死。實際上，赫拉克勒斯並不是赫拉的兒子，而是宙斯與阿爾克墨涅所生的孩子。宙斯喬扮成阿爾克墨涅的丈夫安菲特利昂的模樣，與她生了兩個孩子。但是赫拉卻死也不肯饒恕他。不過，赫拉克勒斯宛如副官一樣，是大地上第二個宙斯，掌管根除惡獸和輔佐維持宇宙秩序的重要任務。

5. **波塞冬／尼普東**　海洋的主宰，當他手持三叉戟往地面一揮動，就引起海嘯和地震，是一個野心勃勃的神。他有非常多為非作歹的子女，包括獨眼巨人波呂菲摩斯（Polyphème），日後被尤里西斯刺瞎。

6. **黑底斯／普呂東**　與蒂美特的愛女、他的妻子珀絲鳳共同統治冥府，他乃是地獄主宰，因此所有的人物，即使是奧林帕斯山的眾神，都多多少少怕他三分。我們說他是所有神當中最富有的（ploutos），因為，他統治著最大的一群：死者。

7. **愛芙羅黛蒂／維納斯**　美麗與愛情的女神，她具有一切的魅力，不過，也使盡所有巧詐詭計，漫天撒謊。

8. **赫菲斯托斯／孚爾岡**　鍛造之神，擁有在製鐵等方面非常靈巧的技藝。他是跛腳的神（有的說是他被父母親從奧林帕斯山上高高地丟下）也是唯一醜陋的神，不過卻娶了最美的女神愛芙羅黛蒂，後者則不斷地紅杏出牆，對象之一是阿瑞斯。

9. **阿瑞斯／馬爾斯**　粗魯又帶暴力，甚至有些嗜血成性，他是戰神，也是愛芙羅黛蒂主要的情人（雖然她還有其他不少的情人）。

10. **雅典娜／米娜娃**　她是宙斯最鍾愛的掌上明珠，也是宙斯最初的妻子思慮女神墨提斯與他的結晶。故事傳說她是直接從宙斯的頭頂上跳出誕生的。實際上，當宙斯一聽到墨提斯懷孕的消息，他就以巧計將墨提斯吞到肚子裡。因為，有人跟宙斯預言過，假如墨提斯懷了男孩，他就會像克羅諾斯和烏拉諾斯一樣，權力地位被篡奪。可是，事實上墨提斯懷的是女娃兒，所以雅典娜就到了宙斯的肚子裡了，後來從宙斯的頭上冒出來——而這其實也的確很合邏輯。因為，雅典娜就是智慧女神。說得更妙一些，她跟她的哥哥阿瑞斯一樣，她是女戰神。只不過與阿瑞斯有別，她施展的是精心籌劃、竭盡巧思的鬥智，儘管她也知道，必要時，還是得拿精良得令人聞之喪膽的武器迎戰。因此，雅典娜也是藝術與手工技藝之神。在戰爭的形象上，她象徵的是謀略、巧智與機靈，而不是粗暴蠻橫的暴力。骨子裡最像父親宙斯，也與他匹敵，並且擁有女人的所有優點：實力、美貌和聰明才智。

11. 阿波羅／菲柏斯　他在所有的神當中，是最英俊貌美的神（當我們說一個「阿波羅」，意思就是指他長得英俊），也是最聰明的神之一。同時也最通曉音樂。他是狩獵女神亞特蜜絲（拉丁文是黛安娜）的孿生哥哥。他們兩位是宙斯與蕾托的兒女。而蕾托是兩位泰坦神（寇伊歐斯及菲碧）的女兒，所以，她跟宙斯是嫡親的堂表關係。阿波羅是光明之神、真理之神，也是德爾菲最著名的預言啟示者。換句話說，對德爾菲有意預言未來的祭司們來說，他給予他們最多的靈感引導。在希臘文中，德爾菲即表示海豚的意思。因為——假如我們相信在赫希歐德之後的一些神話故事敘述的話——阿波羅抵達德爾菲時，將自己變身為一隻海豚，去拉停靠港口的船，以便從船上的乘客中挑選作為他新祭典的祭司。他還殺了一隻可怕的巨蟒怪物，名字叫皮同，因為阿波羅將他的頭砍下之後，讓他曝曬在太陽光下腐爛（腐爛的希臘文是 pythein）！這隻巨蛇讓德爾菲的人終日惶惶不安，阿波羅取代他，在該地設置自己的神殿發佈神諭的女祭司，名字就取為皮提亞。

12.亞特蜜絲／黛安娜　她也是宙斯與蕾托的女兒。她是阿波羅的雙胞胎妹妹。狩獵女神，有時變得殘酷而可怕。比如說，有一天她在河邊沐浴，當她發現自己光溜溜的身子被一個男人看到時，惱羞成怒，遂將他變成一隻鹿，使他被他的獵犬撕成碎片！

13.赫米斯／墨丘利　他是宙斯與一位寧芙女神邁亞所生。在所有的神當中，他最是伶俐狡猾，是宙斯的傳令使，在所有意涵上他都是中介者、信使，因此他既是新聞記者之神，也是商人貿易的保護神。在全世界，有許多報紙都以他的名字為名稱（「法蘭西信使」〔*Mercure de France*〕、智利的「信使報」〔*Mercurio*〕及德國的「信使報」〔*Merkur*〕皆是）。他也為自己的名字賦予一種學科上的意義，這個「詮釋學」是一種詮釋解讀文本的學科。此外，赫米斯是神偷，所以是竊賊之神：他才剛誕生的第一天，就從搖籃溜出，偷了他哥哥阿波羅的牛群！他甚至還想出詭計，故意牽著牛群倒退走，以便用足跡將尋找他們的人被足跡騙到錯誤的方向去！當阿波羅逮到這個小偷時，小赫米斯則不慌不忙地拿一個樂器討好他，這把里拉豎琴是赫米斯用烏龜甲殼加上牛腸做的弦製造出來的。所以赫米斯也是吉他的始祖。由於阿波羅特別喜愛音樂，於是，當他一聽到那美妙的音樂，心腸立刻變軟，不再跟自己的小老弟計較了。

14.戴奧尼索斯／巴科斯　（有時稱為自由巴特）是所有的神當中最怪異的一個。人們說他是從「朱彼德的大腿」出生的，也就是從宙斯身上誕生的。實際上是這樣的，戴奧尼索斯的母親塞墨勒，是底比斯國王卡德摩斯與哈摩妮雅所生。後者則是阿瑞斯跟愛芙羅黛蒂的愛女。塞墨勒很不謹慎地央求宙斯讓她瞧瞧天王的真面目，以神而不是以凡人的形象現身。很不幸地，凡人承受不了神的眼光，特別是宙斯的眼中散發出的奪目光輝。當塞墨勒親眼目睹愛人宙斯的光芒，卻因此引火上身，這時她肚子裡還懷著戴奧尼索斯。就在可憐的塞墨勒一下子化為灰燼前，千鈞一髮的剎那，宙斯趕緊從她的肚子裡搶救下胎兒，然後他將小戴奧尼索斯縫到自己的大腿裡，等時間到了，再讓戴奧尼索斯出來——所以，「從朱彼德的大腿出生」（引申為「自以為出身高貴」的意思）這句話的典故，就是從這裡來的。

隨著接下來的篇章，我們將有很多機會回到這些奧林帕斯神的故事。也許你已經察覺到了，不是說有十二個神嗎？可是竟然是十四個！之所以會這麼奇怪，原因是古代的神話學家彼此對於列位的神祇名單標準，見解不同，從考古學家們所發現的建築古蹟已經證明了這件事，那些建築上列出的神，也顯出名單有異。有時候，蒂美特、黑底斯或戴奧尼索斯並沒有置身在奧林帕斯眾神之列，因此，如果我們根據到處找到的建築古蹟記載的神來計算，那麼，奧林帕斯山共有十四位神，而不是十二位。但畢竟這不是多麼嚴重的事情，也不會影響到我們的故事：基本上，要知道，在我剛才給你的名單裡，有位階較高的神與較次要的神，而這十四個神，則是宇宙誕生歷史故事中最主要、最重要的神。因為，是這些神在宙斯的「神盾」之下（換句話說，他們受到宙斯那著名的神羊皮製成的盾牌保護），而且，為了創造出一個精湛的宇宙秩序，為了建構組織宇宙，他們將具備相當獨特的性格特徵及性情來分擔、共有這個世界。

亦即是說，我幾乎可以確定，你已經開始被這些不斷交錯出現的名字搞得昏頭轉向了。這很正常，我自己也是，我也曾經花了一段時間，才慢慢習慣這一大堆人物。就像在讀偵探小說鉅著，我們都得在一開始就記下太多人物。我提議給你一份名單，有助你認識他們，相信不必太久，你就能夠不費力氣地一一記住他們了。因為，我會跟你講述他們的故事，指出他們的性格特徵，好讓你感覺他們是那麼親切熟悉。

所以，從第一代神祇卡厄斯開始，一直到奧林帕斯神，就依照他們出現的先後順序，我們來為神譜概述一下。當然，僅限於主要的神，此處我們感興趣的，扮演構築宇宙最初角色的神祇。

主要神祇的誕生表

1. 首先，有六個最初的神，所有其他的神都是他們的後代：

卡厄斯：地獄和無序的無底深淵。

蓋亞：大地母神，堅強而安全。

厄洛斯：使人類誕生的愛。

塔爾塔羅斯：令人生懼的神，在蓋亞身上最深處，充滿霉味暗黑的陰曹地府所在。

烏拉諾斯：天空之神。

龐多斯：海洋之神。與烏拉諾斯都是蓋亞單憑自己的力量生出來的，並不是與任何情人或丈夫所生的。

除了蓋亞開始像是個具體的人物以外，上述其餘最初的神都還不算是真正的個體，因此，也就不具備真正的性格特徵。不如說，他們都是大自然的力量，屬於尚未到來⑯的宇宙自然元素。

---

⑯接下來還有，或許算是比較複雜的譜系，是卡厄斯獨自「製造」的子女、以及蓋亞這邊的譜系，她也是以自己的力量生出孩子。在卡厄斯這一邊，有厄瑞玻斯，是黑暗的化身，他主宰地下的世界。而努恪絲，她是黑夜，則主宰之上的世界。然後，厄瑞玻斯和努恪絲生下了卡厄斯最初的孫子，以太，他是明亮的霧氣，日後他將掌管諸神高踞長駐奧林帕斯山；而赫茉拉，則是接續黑夜之後的白晝。這一組的人物，並沒有在諸神大戰中扮演任何特別的角色，因此，你可以把他們暫時先擺一邊，我這裡提出來，只是為了記下他們的名字。

2.蓋亞與烏拉諾斯的子女，有三組：

首先，是泰坦神和他們的姐妹泰坦女神：歐克亞諾斯、寇伊歐斯、克里歐斯、伊貝里恩、亞培多斯和克羅諾斯，以及女性方面有緹亞、瑞雅、蒂美絲、穆娜默芯妮、菲碧，以及特蒂絲。

然後，是三個獨眼巨人基克洛普斯。他們之後會被克羅諾斯囚禁在地底下。當他們被宙斯釋放出來的時候，他們為報答宙斯解救之恩，於是獻給他雷電和霹靂。他們分別是：布隆特斯（雷聲）、史特羅佩斯（閃電），和阿爾格斯（霹靂）。

最後，是「百臂巨人」，或者稱「赫卡冬克羅」：他們是寇托斯、布里阿瑞，以及居野斯。

3.從烏拉諾斯被割下的性器所生的子女、包括掉落在大地（蓋亞）身上的孩子，以及掉落到大海（龐多斯）的孩子：

這些都是泰坦神、獨眼巨人和百臂巨人的兄弟或姐妹；或者，以愛芙羅黛蒂的例子，則與他們是同父異母的姐妹。他們加上愛芙羅黛蒂，也是有三個體系：

埃里尼斯：是復仇女神，她們是為了父親烏拉諾斯，向克羅諾斯報仇而來。拉丁文詩人讓我們知道復仇女神有三位，而最後一位，名字叫做梅潔爾。我們也稱他們是歐墨妮德絲，也就是指「善良仁慈」的意思。在羅馬人的時代，她們則被取了個富有比喻意味的「狂怒」。

寧芙女神：梅麗亞或者梅麗亞德，她們掌管梣樹森林。這種又稱為白蠟樹的植物樹幹，在當時是製造戰爭武器的材料。

巨人族：他們誕生時就已經身戴盔甲，全副武裝了。

愛芙羅黛蒂：是美與愛慾的女神。她也是從烏拉諾斯的生殖器誕生的，只不過，是與海水混合，而非大地。

要注意的是，前三個神——埃里尼斯、巨人族和梅麗亞，都是戰鬥與紛爭的神；而在《神譜》裡，也有一個神，厄莉斯，她是夜晚女神努恪絲的女兒，亦是努恪絲獨力一人孕育出來的，完全不靠男性情人或丈夫的幫助。至於愛芙羅黛蒂，她則屬於厄洛斯愛神這一邊，而不是爭端戰爭這一邊的人物。

4.克羅諾斯與他的姐姐泰坦女神瑞雅所生的孩子：

在泰坦神之後，就是「真正」的神之第二代，也就是說，他們是奧林帕斯諸神的第一代：

赫絲提雅（拉丁文則稱為薇絲塔）：是爐竈女神。

蒂美特（拉丁文則稱為色列斯）：是季節與豐收的女神。

赫拉（拉丁文則稱為朱諾）：是天后，宙斯最後的太座。

波塞冬（拉丁文則稱為尼普東）：是海洋與河流之神。

黑底斯（拉丁文則稱為普呂東）：是冥府之王。

宙斯（拉丁文則稱為朱彼德）：是天王、眾神之王。

5.第二代的奧林帕斯神：

赫菲斯托斯（拉丁文則稱為孚爾岡）：工匠鍛冶之神，是宙斯與赫拉所生的兒子。

阿瑞斯（拉丁文則稱為馬爾斯）：戰神，赫菲斯托斯的弟弟，宙斯與赫拉的兒子。

雅典娜：女戰神，機智藝術和技藝女神，乃是宙斯與墨提斯的女兒。
阿波羅（拉丁文則稱為菲柏斯）及亞特蜜絲（拉丁文則稱為黛安娜）：這對雙胞胎兄妹，一是美與智慧之神，一是狩獵女神。乃是宙斯與蕾托愛的結晶。
赫米斯（拉丁文則稱為墨丘利）：宙斯的兒子及傳令使。他的母親是邁亞。
戴奥尼索斯：酒神與森林之神，乃是宙斯與一個凡人塞墨勒所生的兒子。

一旦你有需要這張表時，不要猶豫，就拿來對照，尤其在忘記誰是誰的時候，這張表很管用。讓我們回到我們故事的主軸線來吧。

初始的共享分擔，以及宇宙理念的誕生

宙斯最後終於娶了赫拉。赫拉就變成宙斯最後一個、而且名正言順的妻子。儘管這樣，你必須知道，宙斯不只寫下許多數不清的豔遇情史，跟其他凡人或神之間外遇故事甚多，此外，在這之前他已結過兩次婚。這一點很重要，因為，這兩次婚姻帶有「宇宙和諧」的意涵在裡頭。它在我們關注的世界構成這一點上，具有最根本而重大的意義。實際上，宙斯最初跟墨提斯結婚，然後跟蒂美絲結婚。換句話說，宙斯先跟思慮女神結合，或者，你比較喜歡用才智這個詞來形容她的話，接著，他又跟正義女神結合。

為什麼是墨提斯？墨提斯，慧黠和才智的化身，她是泰坦女神忒提斯與另一位最早的泰坦神歐克亞諾斯所生的女兒。歐克亞諾斯——海洋，也就是在赫希歐德的詩裡所顯示的，世界的面貌是一面巨河流圍繞著整個大地。關於墨提斯，赫希歐德跟我們說，她知道的事情比其他所有的神都還要

多，而且，當然啦，也比所有的凡人曉得的還多更多了，她是擬人化了的智慧，或甚至是狡計詭謀。沒有多久，墨提斯就懷孕了：她等待宙斯的女兒降臨，這未來的雅典娜，即將成為聰穎才能與智慧的女神，同時又是藝術與戰鬥之神——不過，就像我跟你說過的，雅典娜是講究戰術、策略，運籌帷幄的女戰神，而帶有粗蠻、暴力成分的戰爭形象，則後來統歸在戰神阿瑞斯身上。宙斯的爺爺奶奶——烏拉諾斯和蓋亞，我在這裡提醒你，他們曾經想法子，讓宙斯的媽媽瑞雅把宙斯藏到一個巨大的山洞裡，而救了宙斯，免於被他爸爸克羅諾斯吞到肚子裡去。這一次，蓋亞和烏拉諾斯則再度向宙斯預警他將面臨的危機：假使墨提斯生了個男孩的話，那麼，這個男孩日後會推翻自己的父親，就像克羅諾斯推翻烏拉諾斯，以及宙斯當初對待他自己的父親克羅諾斯那樣！為什麼？赫希歐德並沒有跟我們說明理由。不過，我們倒是可以想像，宙斯與墨提斯所生下的兒子，一定會同時擁有他雙親的優點：既擁有閃電霹靂那舉世無雙的力量，還同時擁有像他母親一樣的聰明才智，也就是說，他將擁有的，是勝過所有永生不死的神和必死凡人的力量。因此，雖然小貝比還待在肚子裡，卻早已讓人坐立不安了：即使是對一個萬神之王而言，這個小男孩都有可能變成絕對棘手、可怕的敵手。我們在這裡插句話，希臘人並非像後來人們認為的鄙視女人或「反女人」的：如果沒有具備包括體能上的能力在內之優點的話，女人其實是常常被當成聰穎智慧的形象。

不管怎麼樣，宙斯為了避免抱到一個日後會篡奪他權位的孩子，於是決定先下手為強，很簡單地，就把他老婆——可憐的墨提斯吞到肚子裡了（這真是這個家族的一種怪癖啊）！較晚期的一個故事則描述，特別有施展計謀能力的墨提斯，具有在形體上、外貌上變身自如的能力。只要她願意，她就能夠隨心所欲地化身成一個物體，或一隻動物。宙斯要做的，就跟被吃人魔逮住的貓一樣：你記得，在這個童話故事裡，貓就要吃人魔變成一隻讓貓嚇得發抖的獅子。然後，一點也沒有跡象要上前碰他那般，貓又立刻請他變成小老鼠，一下子就撲上去，把吃人魔咬得碎爛。宙斯使的詭計幾乎一模一樣，他央求墨提斯變成一滴水珠，一眨眼，就把她吞了。至於雅典娜，墨提斯身懷著她被宙斯整個吸到肚子裡。日後，就如我跟你提過的，雅典娜就直接從萬神之王的頭上誕生。從宙斯頭顱出生的雅典娜，你可以想像，有其父必有其女，她變成既威猛不可當的女戰神，同時又是智慧無雙的智慧女神了。

這麼說，千萬別忘記，在這個故事裡有一個很重要的細節：吞，並不表示大口咬開、嚼爛和撕碎的動作。那被吞下去的，不只保持活生生的狀態，而且，還毫髮未傷。克羅諾斯的兒女們活活地待在他們父親的肚子裡，就是一個證明：當克羅諾斯嘔吐時，他們一個一個出來，立刻就恢復生龍活虎的模樣。同樣地，墨提斯一旦被宙斯整個吞到肚子裡，她也一樣活著，而且，我們可以說，是完好如初。這個概念，我們還會在我們熟悉的其他童話故事中找到，比方說，在三隻小豬的故事裡，或是在七個小矮人的童話裡，儘管他們被狼吞了，但是，當可惡野獸的肚皮被打開時，他們就跳出來，而且好端端地活著，一點也沒有受傷！在這裡的情況，關鍵全在於墨提斯的身份。理所當然地，宙斯靠著巧計吞下的，就很象徵性地意味著，他與墨提斯結合所孕育的未來兒子即將擁有的，而且毫無疑問的，就是一切優點總和。他便因此在自己身上，裝備了這一切。宙斯擁有獨眼巨人送給他的閃電、雷聲及霹靂這些無往不利的禮物，不僅這樣，從此以後，幸好墨提斯已被藏到他肚子裡了，於是，宙斯擁有的才性智慧，將遠遠高過世界上甚至世界以外其他一切萬物所能及。

所以啦，這就是為什麼從此以後宙斯所向無敵、攻無不克的原因了。宙斯是萬神之王，因為，他既最強而有力，必要時也會是最暴戾的，但同時又最聰明睿智。再者，正是這個睿智，讓宙斯有別於他的祖父烏拉諾斯和他的父親克羅諾斯，睿智將引領他司法正義，在年輕少壯的宇宙創造組織的過程中，以及在他為犒賞曾經協助他打敗最初的神和泰坦神第一代的諸神時，都能依照各自所擔綱的任務，論功行賞，公正公平地分配擔負的能力權限。

在神話故事裡，以下這點是絕對而且最根本的：沒有一次不是基於正義而獲得最後的勝利。因為，正義並非別的，在骨子裡，正義就是遵循宇宙秩序的法則，就是與宇宙秩序趨於一致。每一次，只要一個存在者忘了正義，只要他違反秩序法則，秩序法則就會以恢復自身來與之相向，並且擊潰他。對生命很精湛的諭示，已經在字裡行間浮現隱約的輪廓了：只有一個公平正義的準則是安心可信的，不公不義永遠都只是暫時的。宙斯在娶了墨提斯以後，又娶了第二個跟第一個同等重要的太太，理由就在此。他娶了墨提斯，而且，可以說是把她吸納起來——就本義來說，是把墨提斯庇護在他自己身體內，然後，他又娶第二個，以便讓她協助宙斯，在新生的宇宙秩序準則中，保有權力。要知道，這第二個太太，就是正義女神蒂美絲。她是烏拉諾斯與蓋亞的女兒，所以，也就是一位泰坦女神。宙斯跟她生下一些孩子，他們也都很完美地象徵了建構、維持宇宙和諧平衡時必要的德行和力量。這裡，我再插個話提醒你，建構及維持宇宙和諧平衡，始終都是這個神話故事的目的。而你也開始看到，這個神話故事是怎麼描述從原初混沌、亂無章法，進到條理有序、安心美妙的宇宙秩序。在他們的兒女當中，事實上有一位是歐諾彌亞，在希臘文裡的意思是指「善法」，Dikè。也就是在事務的分配上，公正得宜這層意涵上得當合宜的司法。此外，還有我們稱為「莫伊萊」（Moires）的女神，也就是命運女神——我們也稱她們是「天命」：她們有個任務，是要在凡人之間分出善惡。不只這樣，她們也為每個人決定他們各自該有的生命時間⑰。通常，她們在執行分配時，是根據隨機偶然，換句話說，是依照希臘人認為的，同樣亦是至高無上的公平正義的準則：依照隨機的抽籤，我們終歸都是平等的，沒有特權、無破格優遇、也沒有我們習以為常所稱的「門路」。再來，還有一系列的女神，她們的名字都令人聯想到和諧，譬如說，高雅女神，她們是壯麗、歡樂與饗宴。

我們很清楚這第二場婚姻的意義：就如同若不仰賴墨提斯所象徵的智慧，光靠殘虐的暴力，宙斯不可能成為眾神的天王和世界的主宰，同樣地，宙斯不可能在缺乏公平正義，亦即少了蒂美絲參與的情況下擔當這個任務。因此，這第二個太太對他來說，與第一個有同等重要的用處和地位。宙斯跟烏拉諾斯及克羅諾斯——跟他的爺爺、爸爸截然不同，他知道得很清楚，要統治就必得要保持公正。甚至在對抗泰坦諸神的戰爭還沒結束前，宙斯就已經承諾，給願意跟他一起挑戰最初諸神的那一群：世界的分擔共享，一定會以公平正義、和諧平衡的方式來分配。那已擁有優先權的，將繼續保有，而還沒有獲得的，也將會擁有。

赫希歐德用下述這些話，表示宙斯所下的決定：

「奧林帕斯神，光明的主人，召喚所有奧林帕斯山頂永生不死的眾神，並對他們宣稱，所

---

⑰根據神話故事的敘述，莫伊萊是三個姐妹：阿特洛玻絲、拉克西絲、克洛托，她們操縱象徵每個凡人生命的絲線，一個負責紡線，一個纏繞絲線在線軸上，最後一個則是在生命結束那一刻，剪斷生命線。在拉丁文中，她們被稱為「帕爾卡」。

有站在他這一邊對抗泰坦神的神祇，不管他們已擁有什麼，他絕不會從他們身上收回；相反地，他們當中每一個，在永生不死的神當中，都將保有至少他們本來所擁有的最低限的功績和榮祿。宙斯繼而補充，凡在克羅諾斯事件中，尚未建立功勳，亦未享有特權者，將會由公平正義（蒂美絲）授與他們自己應得的功勳和特權。」

換句話來說，宙斯向所有的神提出的，是將所有的權利、任務與功勳榮耀都平衡無偏地分配下去，而這些都在日後被人類以祭典、犧牲的型態呈現——希臘神祇，非常喜愛人們崇敬、仰慕他們，而他們還特別喜歡聞人類在豐盛的「百牲大祭」時（換句話說，是可以大塊朵頤的牲品）為他們準備的燒烤肉的味道。在接下來的篇章裡，赫希歐德清楚地描述，宙斯是如何想辦法酬報百臂巨人和獨眼巨人，以及獎賞跟歐克亞諾斯一樣，不與克羅諾斯結盟對抗他的那些泰坦神。實際上，歐克亞諾斯有很好的判斷力，他囑咐女兒史提克絲，這位女神也是冥府的河流（再一次提醒，每個神都與宇宙秩序中的一塊片段相對應），要她跟她的兒女克拉托斯（Kratos）和碧野（Bia），即權力和力量，都投向宙斯的陣營。史提克絲獲得的回報，則是永遠被崇拜，而她的兩個子女則被禮遇，在任何狀況下皆伴隨在宙斯兩側。不消知道詳細的細節，這個場面就足以顯示，為了創建一個持久的宇宙秩序，宙斯已經很明白，這個秩序準則必須要建立在公平正義之下才行：必須要賦予每一個理應分到的那一份，也唯有以這樣的代價，獲得的平衡才可能持之以恆。欲在蠻力之上還能夠掌握權力，則公平正義與智慧就是必要的：不只需要獨眼巨人和百臂巨人，還需要蒂美絲和墨提斯。

堤豐的誕生，以及他對抗宙斯的戰爭：是最大的威脅，也是將時間與生命整合於平衡秩序中的契機

我們會信以為真地認為戰爭都結束了。很遺憾，一點也不，而且，有個可怕的敵人正反過來將矛頭指向宙斯：是堤飛（Typhée），或者稱堤豐（Typhon，即颱風，赫希歐德為他取了這兩個名字），他是蓋亞與令人懼怕的塔爾塔羅斯所生。他是所有的怪物中最恐怖的：你想像一下，從他的肩膀迸出一百個眼冒火苗的蛇頭。除此之外，他還擁有更厲害的東西，就是他頭上發出難以置信的怪聲音。他能夠模仿所有的語言，跟神祇以清晰的聲音說話，但他也可以發出公牛咆哮，或獅子怒吼的怪腔調，或者，像一隻剛出生的小狗所發出的尖叫聲！總之，這是個帶有千百種面孔的怪物——這點很具有象徵性地表示著，他是比較接近卡厄斯這一邊的，就像赫希歐德指出的，要是他在對抗宙斯的戰爭中獲勝，掌握了全世界的權力，變成凡人和眾神的最高主宰，那麼，就再也拿他沒輒了。這樣的災難後果，會展現什麼景象，其實是很容易猜想的：在堤豐的凌威之下，混沌的力量會壓倒宇宙的力量，紊亂失序和暴力佔上風，井然秩序與和諧將蕩然無存。

這麼說，為什麼是堤豐（颱風）呢？要怎麼解釋，每次都站在宙斯這一邊，將他從他父親克羅諾斯那裡救出，還預言警告他，要是他有了兒子，那麼就輪到他被兒子篡奪權力，因此還出主意，要他將墨提斯吞下的蓋亞，這同一個蓋亞，甚至還建議他，噢！是以多麼明理的方式建議宙斯，如果他想打敗泰坦諸神，則他最好釋放獨眼巨人和百臂巨人，那麼，為什麼這個令人愛戴的奶奶，現在卻要引發她故意跟惡劣可憎的塔爾塔羅斯所生下的怪物，來跟宙斯作對，激發大戰來妨害他呢？原因不明。因為，赫希歐德並沒有告訴我們，關於大地母神的意圖，他什麼也沒說。

不過，我們還是可以試著假設兩個看來合情合理的理由：第一個，最明顯的理由，就是蓋亞一點也不滿意宙斯處置她最初的兒女泰坦諸神，將他們都關到塔爾塔羅斯的結果。雖然她並非常常護著他們，但不管怎麼說，他們好歹都是蓋亞的孩子，所以，她不可能眼睜睜地看他們遭受如此嚴苛的待遇而袖手旁觀。毫無疑問地，這理由說得過去。可是，以這種情緒化的方式表達看法，理由卻不能算夠充分：問題其實牽涉到更嚴肅的事，是關乎宇宙世界、宇宙的創建，如果只是意氣用事地算帳，理由不免有些牽強。第二個理由則顯得比較可信：如果說蓋亞會創造堤豐來跟宙斯抗衡，那是因為，只要紊亂無序和混沌的力量還沒有完全被疏導得當，那麼宇宙就還不算完美。藉由激出一個新的怪物，事實上蓋亞是要賦予宙斯一個機會，讓他將所有混沌的因子都決定性地整合在宇宙秩序法則之內。在這一則神話故事裡，問題不僅僅在於政治權力的征服，一如人們常說的那樣，而更是關涉到宇宙論的問題。堤豐同時具體呈現出時間、世代、歷史以及生命。所以應該要將宇宙和混沌聯合起來，無疑地，這是蓋亞所冀望的結果。因為，假使一味地堅持「秩序的強制力」，那麼，世界就會停滯毫無生機了。

在赫希歐德的著作裡，關於堤豐與奧林帕斯眾神之間戰鬥的事，儘管是寫得那麼扼要，沒有太詳盡的描述，但它確是關鍵性的事件。從中我們只知道，那是一場激戰，使盡聞所未聞的暴力，天搖地動，甚至震撼直達地底的塔爾塔羅斯，連統轄深淵底處地獄的主宰黑底斯都感覺到戰慄，以克羅諾斯為首這些在奧林帕斯大戰中敗北的泰坦諸神也一樣，沒有一個不嚇得惶恐不安的。我們還知道，宙斯揮舞他的霹靂雷光，跟堤豐噴火怒濤遍野的結果，大地形同一片火海，像熔化的金屬般熔化成熔岩，四處流竄。這一切，當然，都有意義：對於詩人來說，一切在於向他的讀者提示，這場驚天動地的恐怖對決，它的挑戰不是別的，就是宇宙本身。對堤豐而言，問題出在宇宙全體都受制於和諧與條理秩序之下。可是，最後宙斯從這場激戰中贏得勝利，他以獨眼巨人送給他的三種神器：閃電、雷聲與霹靂，將提豐的頭一個一個摧毀。這個該下地獄的怪物就被驅逐到他該待的地方：下地獄！

凡爾農已經很精確地強調過，在赫希歐德之後的神話作者把他簡要的敘述添加了更戲劇性的情節，讓故事變得更精彩豐富，其實並非一無是處的。原因無他，因為，世界創造最終階段的賭局是最基本的——關鍵不僅在於知道最後會勝利的，到底是混沌還是秩序；但同時也關係到，理解怎麼將生命收納到秩序之內，以及，如何將時間統整在永恆裡。因此，這個課題，隨著歲月變得更豐富、更有深度，就是很正常的現象了。假使提豐贏了，那麼就甭想要建構和諧公正的宇宙了。可是，若相反地，宙斯取得勝利，那麼就是公道正義統轄宇宙了。在這個瞄準線已固定了的挑戰，跟赫希歐德那部顯得有些平鋪直敘的版本比起來，假如沒有為這場激戰提供一個內容更加豐富，且在某種程度上，更高潮起伏不斷的情節和更戲劇性的版本，那麼說實在的，會讓人感到有些意外，甚至覺得有點遺憾。所以，較晚期的神話作者就盡情地添油加醋，這些接連不斷踵事增華的結果，很值得從兩部著作中來細讀。這兩部作品，都從各自的類型中試圖概括前人寫下的神話故事。

第一本的著作，是阿波羅鐸魯斯的《圖書館》。我需要跟你提一下這本書的書名和他的作者。因為，我們有很多機會再看到他們，也很容易混淆了。首先，我很確信，對你來說，《圖書館》（*Bibliothèque*）並不是一本書，而比較像是一個地方——書櫃或書房——我們整理放置圖書的地方。此外，如果我們參照這個字的本義，你說的確實沒錯，在希臘文裡，thêkê 意味著一個我們把東西「放置」其中的「箱櫃」或是「盒子」，而在這裡的情況，就是把書籍（biblios）放進去。可是，在古代，「圖書館」（Bibliothèque）這個字往往是以具體形象呈現的，通常就是傢俱的形象來形容收集彙編的內容，而在這收集於傢俱形體中的內含物，是我們可透過同樣稱作圖書館的書本來認識的內容。阿波羅鐸魯斯的《圖書館》所做的，恰是這樣的事：我們在這本著作裡，找到他那個時代所能找到所有關於神話故事知識的摘要概述。因此，這是一部收集了許多其他著作於一書的著作，這也是為什麼我們把它看作一座《圖書館》的原因。第二層困難：多年來，人們相信，這部可藉以認識其他希臘神話傳說的著作，是由一位雅典出身的博學者，熱愛文法與神話的阿波羅鐸魯斯寫於西元前二世紀的。但今天，我們已經知道，這本書並不是他寫的，我們曉得《圖書館》無疑地，是寫於二世紀，但不是西元前，而是西元後二世紀，所以，不是那個阿波羅鐸魯斯寫的，因而，我們對真正的作者可說是一無所知。然而，由於我們不曉得作者，加上也沒有更好的說法，於是以「阿波羅鐸魯斯的《圖書館》」這個說法來指這部書，就沿用至今，縱使它既非一座圖書館，也非出自阿波羅鐸魯斯之手，但直到今天，積習已難改！所以啦，雖然這有點複雜，不過，故事的確就是這樣子，而我也傾向於跟你說明事情真正的狀況。對我們而言，這部著作稀罕珍貴的價值，並沒有因此就貶損了，因為，不管這個作者是誰，他都曾經接觸過相當多現今早已佚失的神話文本，有時，更幸虧有他，為我們保留下來當時的記憶。

不過，讓我們回到我們的故事，回到我們這個「偽」（假）阿波羅鐸魯斯的版本來。比起赫希歐德的著作，他的版本，懸疑起伏更鮮明，內容亦更為一貫。我們在戲劇上稱為「編劇理論」，換句話說，就是行為、動作經過編排設計，而且更加緊湊。因為，首先，他跟赫希歐德的版本相反，是著墨在堤豐的正面攻擊，一步一步逼退宙斯。這個「悲慘的」——每一次，就字的本義來說，都「喪失神經」。實際上，就像你知道的，堤豐是一頭如假包換的龐然巨怪，老實說，還挺恐怖的。即使是奧林帕斯眾神，他們一看到他，也不免要驚慌失措！他們偷偷地溜到埃及去，為了躲避他免得被他蠻幹摧垮，他們為掩其耳目，化身成動物——而這麼做，說真的，對奧林帕斯諸神來說，實在不是一件光彩的事。不過，宙斯還是維持驍勇善戰。他始終都英勇果敢地對抗堤豐，以閃電霹靂迎擊他，攔腰抱住，再用鐮刀——沒錯，就是他父親克羅諾斯用來割下可憐的烏拉諾斯之生殖器的那把鐮刀。可是，堤豐解除了宙斯的武器裝備，反過來手抓鐮刀對著宙斯，斬斷宙斯手腕和腳上的筋脈，以致於萬神之王——當然，不會死，因為他是永生者，所以絕不可能死——幾乎成了植物人狀態。宙斯根本動彈不得，他趴在地上，像是全身癱瘓似的，而且，還被緊緊地監視著：德爾菲涅（Delphyné），是服侍堤豐的蛇女怪物，她牢牢地看守他。

不過，實在太走運了，赫米斯在這裡。而你知道，他可是大有來頭的，這號人物正是竊賊之神。他一面指示埃奇潘（Egipan）——毫無疑問地，是赫米斯的兒子潘的另一個名字，他以牧羊神著稱。我們也說他是七片蘆葦製的神笛之創始者。潘神將這把蘆笛取了個名字叫西寒克絲（Syrinx），是為了誌念他愛慕卻逃避他求愛而變成蘆葦的寧芙女神——你注意，從這把蘆笛發出的甜美音樂，使潘讓堤豐轉移了注意力。在此期間，赫米斯則一面趁機扒走神的手腱腳腱等筋脈，趕緊將它們套回宙斯的身上。能夠重新站起來之後，宙斯就重開戰火，以他的霹靂閃電撲向堤豐，一路追趕他。不過，在這裡，宙斯還需要外面的協助。那三位莫伊萊——她們是宙斯的女兒，掌管凡人的命運，有時也主宰神的命運。因為，命運是世界之法，甚至還高過永生不死者。她們就設了圈套：讓堤豐吃下她們保證絕對會讓他所向無敵的水果。事實上呢，那都是一些抽光人的體力精神的毒品，於是堤豐漸漸喪失體力，精疲力竭的結果，最後終於被宙斯打敗。最後，他被擊潰、囚禁在一座艾特那的火山。每當火山爆發，從地底發出的抽動痙攣，就是這可怕的怪物最終的掙扎！

為了讓你看到當時——西元二世紀時——人們是怎麼講述這些神話，我在這裡引用阿波羅鐸魯斯他自己的文章。然後，我們會看到，再三個世紀之後，另一位神話故事編寫者，名叫農努司的人，同一個故事，在他的筆下，是如何大大地展開、發揮，而使內容顯得更豐富精彩。

我們這個「虛／偽」阿波羅鐸魯斯提醒我們，蓋亞對宙斯在處理她最初的兒女們的處置方式感到憤慨，接著，他又提供我們以下的故事敘述（同樣地，我加上注解的部分，會放進括弧內，並以內文字標出）：

「蓋亞，在盛怒下與塔爾塔羅斯結合。然後，在西里西把孩子生下來。在這個孩子身上，混合了人類的天性與野獸的天性。他在體型上和力量上，都遠超過蓋亞的其他孩子。從腳到大腿，是人的外貌，可是他的身長超高，遠高過所有的山嶽，以致於他的頭常常碰到天上的星辰。他的手臂張開來，一隻手抵在日落的西方，另一隻則在東方。而且，從他的臂膀還長出一隻百頭蛇，在他的大腿之上，整個身體由粗壯的蝰蛇纏繞，環狀蜷曲的蛇身，一直延伸到頭部，還一邊發出懾人的嘶嘶巨響。他頭上和臉頰污濁的馬鬃隨風飄揚。他的眼裡冒著火光。這就是堤豐的外貌長相。當他攻擊天空時，手上扔出火燒滾燙的巨岩時，不斷地咆哮怒吼、發出嘶嘶的聲音，還不時從嘴裡吐出一團一團紅光閃閃的火燄。那些神，看到他衝向天空廝殺，都紛紛逃到埃及，在那裡，迫於他急急追殺，只好把自己變成小動物的形狀。只要堤豐站在遠處，宙斯就朝他發射霹靂雷電；與堤豐短兵相接時，宙斯就揮舞手上銳利的鋼鐮刀，一直追趕他，直到可以俯瞰敘利亞的卡西歐斯山。在那個地方，宙斯眼看他全身負傷，就開始拿刀往他身上捅。這時，堤豐卻靠鬈捲的蛇身，將宙斯整個人纏繞住，使他再也動彈不得。堤豐再搶走宙斯的鐮刀，砍斷他雙手和雙腳的筋脈。就這樣，堤豐把宙斯扛在肩膀，一路涉水穿越大海，一直到西里西，即科里西昂的隱密洞穴裡（科里西昂是堤豐居住的山洞），才把他放下。也是在那個地方，堤豐將宙斯的筋脈藏匿在熊的皮毛裡頭。他將宙斯交給德爾菲涅，一個半獸半女孩模樣的龍女。不過，赫米斯跟埃奇潘暗中盜走宙斯的筋脈，把它們悄悄地裝回宙斯身上，而沒有讓堤豐發覺異樣。宙斯，當他一恢復力量，就迅速地衝向天空，坐上帶翅飛馬拉的馬車，手執霹靂閃電，一路疾駛追趕堤豐，直追到一座叫做尼索的山（戴奧尼索斯就是在這座山誕生的。他的名字即表示「尼索的神」）。莫伊萊命運三女神計騙退守到這座山林的逃亡者：她們說服堤豐，只要吃了那朝生暮死的果子，體力就會激增。堤豐信以為真，就嚐了果子。一再被追蹤，堤豐來到特拉司，就在距離黑莫思山不遠的地方，重新展開決鬥時，他抓起一座一座山扔向對方。可是，由於山被霹靂閃電彈回來，血立刻就淹滿了整座山：因此，人們就說這座山以前叫做黑莫思——「血染的山」。由於堤豐急於逃亡，拼命直奔，打算穿越西西里海，於是，宙斯舉起位於西西里的埃特那山，往堤豐身上扔。直到今天都相當廣闊的這座山，還噴出火的熔漿，人們說，那是來自宙斯扔下的霹靂閃電和火光……。」⑱

這段文章很清楚地呈現出，那個時代的人是怎麼講述這些神話故事。實際上，其中不少細節的

---

⑱我在此引用兩位任教於伯桑松大學的研究者精湛的譯文。令人欣慰地，卡希耶（Jean-Claude Carrière）和馬嵩尼（Bertrand Massonie）兩位學者，很熱心地著手於翻譯《圖書館》，並且刊載於該校文學年報裡（由《美文》〔*Belles Lettres*〕發行）。今天我們也能很輕易地從網路上找到希臘文的文本。

描寫顯然是下流不堪，那是為了讓說書人——吟遊詩人，一如在希臘，人們所稱的那樣——能夠在基本的情節脈絡上找到材料，加以渲染誇大，以便掌握氣氛，讓聽眾從頭到尾都聽得津津有味！

我們又找到一個相當類似的腳本，但發揮地更淋漓盡致，小故事和對話都更多、更加豐富，是出現在我們第二個作者，潘諾城邦的農努司（Nonnos de Panopolis）所寫的一部《戴奧尼西亞》長篇神話故事，這部著作的前兩篇史詩集裡，描寫堤飛與宙斯的戰爭場面。這部史詩，基本上是圍繞戴奧尼索斯的故事為主題，就如書名標示的那樣。農努司特別是以這本書的作者而聞名於世，他的著作撰寫於希臘，時間在西元五世紀，所以，是阿波羅鐸魯斯的《圖書館》問世三個世紀以後的事，距離赫希歐德的作品則有十二個世紀之久了。這也可讓你對時間有再一次的概念，你就會明白，今天我們閱讀歸在「希臘神話故事」這一欄下儼然像同一部著作的故事，其實是許多故事編纂而成的，要構成該面貌，是需要時間的。這部農努司的文本，對我們來說極其寶貴，因為這部作品就是一座真正蘊藏希臘神話知識的珍貴礦山。

不過，這裡的故事卻與阿波羅鐸魯斯的敘述有些差異。尤其，你自己也會察覺到的，他的內容更豐富、更緊湊，而且更戲劇化。因為，農努司不斷地以細膩的手筆描寫各場面，以強調戰爭衝突的「宇宙級」賭注，他那繁複多樣的細部呈現，非常有用，讓當今的我們可以明白，當時是以什麼樣的方式，讓與他同時代的人理解神話故事的。讀他所寫的內容，就很清楚地知道，既純粹而且很簡單地，即宇宙能否倖存，端賴戰鬥火拼末了的結局：假使堤豐勝利，那麼，結果就是，奧林帕斯的眾神，從此以後通通都得受取代宙斯地位的那一個控制，而且包括他身邊的太太赫拉——堤豐垂涎她已經很久了，甚至不停地想從當今奧林帕斯山霸主手中劫走。

我們仔細來讀一讀，看故事的過程在他筆下是怎麼發生的。

跟阿波羅鐸魯斯的文本裡的一樣，奧林帕斯山的諸神一開始都被堤豐那殺人不眨眼的眼光震懾，而且，同樣地，他們都驚慌地紛紛走避。同樣地，宙斯也是「失去神經」：他的筋脈都被堤豐取走，藏到很神祕的地方被看管。不過，在農努司的筆下，並不是赫米斯扮演宙斯凱旋故事中最初的角色。宙斯自己策謀戰略，然後召來厄洛斯和卡德摩斯兩人來執行。厄洛斯是愛芙羅黛蒂的同伴，卡德摩斯是一個狡黠的國王，也是底比斯城的傳奇建城者，而且還是剛被喬裝成牛的宙斯擄獲的歐羅巴（Europe）的哥哥。為了回饋卡德摩斯為他所做的貢獻，宙斯承諾將為他與迷人的哈摩妮雅（Harmonie）舉辦一場隆重的婚禮。而後者，不是別人，就是戰神阿瑞斯和愛芙羅黛蒂的千金。宙斯還許下諾言，賜予他一份至高無上的榮耀，即所有奧林帕斯神都將出席他的婚宴（我們在此打個岔，由此看到，從一個故事可以扯到另一個故事，彼此緊扣相連）。

宙斯所想像的作戰方略，很值得注意：在抵抗堤豐的戰爭中，宇宙的賭注很明顯。實際上，宙斯調遣卡德摩斯裝扮成牧羊人的模樣。手拿潘神笛，這把能夠發出魅力的絕妙樂器，由厄洛斯從旁協助，卡德摩斯吹出的是那麼柔美動聽的音樂，讓堤豐立刻陶醉在悠揚的音樂中，在感動之餘，堤豐就對他承諾，願意送他一千個願望──尤其是讓雅典娜嫁給他，好讓卡德摩斯繼續吹奏，並因而──堤豐早打好如意算盤，相信會擊敗赫拉她那顯赫出色的丈夫──答應讓卡德摩斯擔當他未來跟宙斯之妻赫拉結婚典禮時的宮廷樂師。完全被料到，堤豐中了圈套，竟在潘神笛音樂的懷抱中沉沉睡去。這足以讓卡德摩斯取回宙斯的筋脈神經，給套回宙斯手腳上，而且有時間充分恢復元氣，迎接最後的勝利。這個版本，就像我跟你講過的，具有相當多層的涵義在裡頭：首先，很值得注意的一點，即是藉音樂這個在一切之中最具代表的宇宙調和的藝術，宇宙才被挽救回來。因為，堤豐整個地沉醉在樂音的安撫下，可以說是在眾聲音「合韻」的協和狀態下。其次，這件事還強調出，凱旋勝利的代價，對卡德摩斯來說，實在是再恰當不過了，就是與哈摩妮雅牽手結為連理。

在這裡，再一次，我比較偏好引述原來的文本，好讓你自己聽聽，宙斯用什麼話，邀集卡德摩斯和厄洛斯設圈套，等待堤豐落網：

「親愛的卡德摩斯，吹西寒克絲笛吧，這樣，天空就會回歸寧靜。事不宜遲，否則天空將在霹靂閃電之下哀號呻吟了。因為，堤豐全身穿戴那副天上霸者的模樣（不只是擁有宙斯手腳的肌腱神經，事實上堤豐還全身配備霹靂、雷聲、閃電，所以你可以想像，宙斯急著要趕快取回它們）……。化身成牧牛羊的人吧，在一個早上，用你牧歌式笛子，吹出充滿魔法魅惑的音樂，來解救宇宙的牧人吧（也就是指宙斯，奧林帕斯山的主宰，這裡，宙斯以第三人稱來說他自己）……。靠這引誘人的西寒克絲笛旋律，去迷惑堤豐的靈魂。我呢，為了要回饋你的辛勞，我將賜給你雙重的報酬：我讓你成為宇宙和諧的救星，使你成為哈摩妮雅的丈夫。而你，厄洛斯，旺盛生殖力的結合之最初及最主要的來源，張開你的弓箭吧，那麼，宇宙將不再漂流失航……（因為，堤豐因音樂和厄洛斯射出的箭而神魂顛倒，掉入兩人串通好的陷阱裡，宇宙因而得救）。」

正是這整個宇宙陷於被堤豐摧毀的威脅之下，而且，透過宙斯安排卡德摩斯與獻身於音樂和諧的哈摩妮雅女神結合為一體的方式，被音樂的和諧所拯救的正是宇宙本身。因此，卡德摩斯吹起笛子，堤豐這老粗也心平氣和了，一下子就沉浸在音樂聲中，宛如最初的清純少女到來。於是，我跟你提過的，他就向卡德摩斯許下一千個承諾，要讓卡德摩斯在他跟他敵人之妻成婚大典上奏凱歌。

而詭詐的卡德摩斯：他有意拿另外一個樂器，他的里拉琴，一種弦樂器，用它來彈奏，比用潘的笛子，卡德摩斯可以演奏得更棒。甚至他還能因此超過阿波羅這個音樂家之神。很簡單，他只消準備一些相當大小的弦就夠了，如果可能的話，以神的筋腱製成的弦，夠結實，而且牢固到可以拿來……「演奏」的程度！事實上，里拉琴是一種和聲的、協調的樂器：跟純粹的一把笛子吹出來的音色不截然不同，用里拉琴演奏，我們可以同時拉幾個不同的弦，因而，就能夠讓幾個相異聲音同時達到協調。這樣，里拉琴就是一種更和諧的樂器，所以在這層涵義上，就是更「宇宙和諧」的樂器。而這一點，無論笛子有再多的優點，卻是笛子所不能及的（你將會發現，我們還會從彌達思的故事中再看到，介於協調和聲的樂器與旋律的樂器之間的同樣對比。當然，由卡德摩斯想出的計謀，目的還是要取回宙斯的筋脈神經：

「堤豐皺著眉頭，勉為其難地同意，他抖了抖腰帶扣環，抓著蓬鬆凌亂的頭髮，一邊咳出毒蛇的毒液汁，讓毒液傾盆如雨下在山林裡。很快地，他奔跑，回到他的洞穴，拿出宙斯的筋脈神經，帶著這份表示友善的禮，把這些曾經在他與宙斯對決時掉落在地上的筋脈交給狡猾的卡德摩斯。假牧羊人感謝堤豐送給他這些神品。卡德摩斯小心翼翼地摸著筋脈，並藉故稍後才要安裝他的里拉琴弦，然後，幫要殺眼前這巨人的宙斯將筋脈藏到一塊岩洞裡。接著，他以很溫和的神色，雙唇緊緊地抿著，吹著這一管狀的笛子樂器，將音量壓低，以便音樂變得更美妙、更悅耳。堤豐則豎起耳朵，細細地聆聽起來。他聽著和諧而一無所悉。彪形巨漢完全被優美的音樂迷惑住了：這個欺瞞的牧羊人以西寒克絲笛誘騙他。在西寒克絲笛聲中，卡德摩斯顧左右而言他，訴說諸神逃亡的事，然而，他慶祝的是即將到來的，宙斯的凱旋。而他奏獻給這位坐在身邊的堤豐的旋律，則是堤豐之死的歌。」

當宙斯再度恢復原狀站起來，戰爭重新開打，戰爭以聞所未聞的規模威脅著全宇宙的秩序：

「巨獸四處拋下火團，大地因此裂開來。從裂隙綻開的兩側裸露它的面貌，一條水道就這樣被疏通出現，裂開的深淵，湧出從地底的渠道噴擠上來的，不斷注入蓄積到地層深處而今卻暴露在外的水流。從高空中被扔下的巨岩，都化成湍急的石塊，咻咻如流，迅即墜落。然後，一一沒入大海……。從這些大地的拋墜物，誕生出新生的島嶼。島嶼在剛落入海洋時，其主幹立刻往下深深地扎根，以便固定在大海上……。而宇宙恆久不變的根基，如今早在堤豐的手臂上搖搖欲墜了……。原本和諧密不可分的連繫關係，也已軟弱無力……。」

勝利女神，陪伴在宙斯身邊，然而她卻是泰坦神直系的後代，是她以很明確的方式，協助我們領會這整個故事敘述的意義何在。她，帶著驚惶，向奧林帕斯山的主人宣示：

「儘管人們給我一個名字叫泰坦妮德（也就是泰坦神的女兒），但我不想看到泰坦諸神統治奧林帕斯，我要你和你的兒女來統治。」

這裡又再一次完美地指示了戰爭的問題：要是堤豐打贏了，那麼就是混沌的力量以及推動第一代神的力量會佔上風，而最後，宇宙就毀滅了！再說，對這一點，堤豐根本就毫無忌憚，當他衝鋒陷陣時，我們知道他使盡哪些手段動員與他「同一夥的」，在此處，也就是指構成他自己的身體那些不可勝數的成員。堤豐毫不猶豫就命令他們摧毀秩序，甚至還以高高在上的聲音宣告，一旦戰爭結束，他要釋放被宙斯關在塔爾塔羅斯裡那些囂張的眾神，首先就要把阿特拉斯（Atlas）跟克羅諾斯給放出來。阿特拉斯是泰坦神亞培多斯的眾兒子之一，他曾經企圖把宇宙整個扛在他的肩上。

「噢！我的手臂們，去掌摑宙斯的家園，去動搖宇宙和真福的根基！奧林帕斯那神聖高門門閂將動搖、去推倒以太的柱子！阿特拉斯呢，他早在一片混亂中逃走了，撇下盡是奧林帕斯的星球，一點也不擔心這個球體不再圓周地運行……。至於克羅諾斯，這個嗜食生肉者（不要忘了，他曾經生吞自己的孩子），也是出自我血緣的家族（實際上，他們都是蓋亞的後代，都屬於卡厄斯混沌暴力的神）：為了跟他們結盟，我將解開他們的腳鏈手銬，讓他們不再被壓迫，把他們從黑暗的地底下釋放出來，重新回到光明中（就像宙斯釋放獨眼三巨人，以及赫卡冬克羅他們那樣：堤豐很清楚，他也必須要找到同盟！）。我要讓泰坦眾神回到以太當中（也就是說，回到與渾黑的地獄塔爾塔羅斯相對照的明亮天空中），在這個天空下，我會帶領獨眼巨人這幾個大地的兒子，讓他們製造其他的火龍團，我需要很多霹靂閃電來打仗，因為我有兩百隻手，不像那個克羅尼德只有兩隻手（換句話說，就是宙斯。「克羅尼德」的意思就是「克羅諾斯的兒子」）。

這裡，我們來觀察一下，歷史已經從阿波羅鐸魯斯開始變化了，而且，也看看那些轉變是怎麼個「合邏輯」（如果我們可以這麼說的話），以及它又是如何的具有象徵意義。舉個例來說，主要的關鍵人物不再是潘神，而是卡德摩斯。然而，你很清楚地看到，他們看來很像兄弟：潘是牧羊人的神，發明了西寒克絲笛。而卡德摩斯，則裝扮成牧牛羊的人，而且，多虧西寒克絲笛，讓他贏了提豐！我們可以輕易地想像，當時人們必然是更常以口傳的方式來傳達故事，而不是書寫方式，這樣的轉變是很有可能的。

最後，當然，就像在赫希歐德和偽阿波羅鐸魯斯的著作裡所寫的，勝利還是回歸到宙斯這一邊。儘管農努司跟前輩作者都秉持相同的精神，不過，比起其他所有的人，農努司則更強調失而復得的和諧，以及修復在戰爭時差點被破壞殆盡的宇宙秩序。大地的每一塊部分，以及天上的眾多星辰，都將重新找回他們的位置。大自然也將重新和諧地聯繫這一切，以便建立一個真正的宇宙：

「到最後，宇宙的管家，這個浴火重生而極其重要的原初大自然，將大地被擊碎後張得大大的側面癒合了，並且將掉落的島嶼頂端重新連結定錨，使它跟島嶼牢牢地固定在一起。紊亂無序已經不再統治星辰天體了：滿是厚鬃毛的獅子星座曾經從黃道脫軌，但現在太陽讓它歸位，回到靠近處女星座的後面。跳到穹蒼中的獅子座前面的巨蟹座，月亮把它放回後面去，並且讓它跟閃閃發光的魔羯座遙遙相對。」

總之，如果我們很清楚地翻譯這段具象化了的語言，那麼就是指一切回歸秩序，繁星都各自找回自己在穹蒼原來的位置，好讓宙斯能夠實現諾言，為卡德摩斯與哈摩妮雅慶祝婚禮。

到最後，堤豐留下了什麼？兩個禍患留給了人類。而這個結尾，農努司完全遵照赫希歐德所寫的。在大海上，我們稱為「颱風」的狂風暴雨，換句話說，這些大海上的惡風險雨使人類不知所措，甚至，就是致人於死地。而在大地，人類滿懷著愛注入大地所成就的文化，可怕的颶風暴雨，則以無法彌補的手段摧殘蹂躪他們。這意味著，從此以後，宇宙已達到完美的形式。這一點，對眾神來說非常重要，即使並非如此，但至少對人類來說相當重要。所有亂無章法的暴力都處於控制之下了，而一些還繼續存在的輕微放縱、恣意妄為，則都屬於人類這一邊的問題。就像凡爾農強調的，克敵制勝堤豐這件事，以及他苟延殘存的破壞能力僅限於在大地上撒野，在在都表示了，時間、混亂和死亡，從此被派發到必死凡人的世界；那些永生不死的神的世界，從此以後都能逃過氣候惡劣失常的劫難。這也就是說，在他們的眼裡，剩下那些不盡完美的部分，都是微不足道的事。再說，如果你好好思索，即使你不太能肯定，真正的關鍵就在於不完美：因為，假如時間和歷史沒能夠殘留下來的話，亦即沒有一點點雜亂無序、失衡以及不調和的話，那麼，就什麼也不會發生了！和諧平衡都達到完美的宇宙便會了無生氣了。宇宙會處在接近全然靜止狀態下，一動也不動得到要煩惱死了。在這個意義上，還留下一些失序混亂，反倒是幸運的事，被打敗的堤豐，偶爾還會讓人聽到他的聲音：到了宇宙誕生故事最後一章的尾聲，還留這段在不恰當的時刻發出喘息和冒煙的敘述，也許這就是它所具有的最終意涵吧。

如果我們根據赫希歐德來評論的話，那麼，從經由奧林帕斯眾神到創造宇宙所發生的各個階段，我們已經走過一趟。然而，依照較晚期的一些傳統，其中，就像習慣上都重複阿波羅鐸魯斯的內容那樣，還有另外一場介於泰坦諸神大戰（titannomachie）與對抗堤豐的戰爭之間。要知道，這一場就是「巨人大戰眾神」（gigantomachie），換句話說，就是巨人之間的大戰。實際上，根據這個版本，蓋亞在跟塔爾塔羅斯「製作」堤豐之前，她就已經捍衛支持那些巨人反抗眾神，此外，由於她的兒女後來被奧林帕斯眾神壓迫，於是她就製造堤豐來報復。再說一次，在最古老的時代，不論是在赫希歐德或荷馬的著作裡，我們找不到任何「巨人大戰眾神」（gigantomachie）的跡象。不過，假設推論卻一點也不含糊：這個故事跟堤豐故事的情節很一致，換句話說，巨人所表現出的暴力被收服的這則故事，它的概念與必須循序漸進來掌握混亂無章的卡厄斯暴力，才能夠達成宇宙完美的平衡和諧之概念是相符的。所以啦，接下來再跟你提一下這場有名的紛爭，其實並非一點益處都沒有。

巨人大戰：眾神與巨人間的大戰

你大概還記得，巨人們都是從哪裡出生的吧（要不然，就翻到我剛才給你的那份人名一覽表）：他們是因克羅諾斯他那來自烏拉諾斯的血灑在地上而誕生的。因此，他們就跟堤豐、泰坦諸神一樣，都屬於最接近卡厄斯的最古老神祇，他們都不斷地威脅阻撓和諧、平衡及公正的宇宙之建構，以致於宙斯起而號召抵禦。對於赫希歐德來說，很顯然地，隨著宙斯大勝堤豐的故事，整個美麗宇宙就完成了。可是，就像我跟你說過的，有些晚期的作者則認為，要達成完美的宇宙，就必須事先制止巨人族，使他們不再叫囂狂吠。在這個希臘人稱為烏比力斯的自大妄為（hybris）驅使下，巨人族是很有可能強占奧林帕斯山的。詩人品達就好幾次都影射了這一點[19]。但我們往往得等

⑲特別是在他的著作中，最初的《尼米亞賽事》（*Néméenes*）裡，他提到蓋亞告知這些神，除非他們獲得兩位半人半神者的協助（在此即是指戴奧尼索斯及赫拉克勒斯），否則無法打贏這場戰爭。

到阿波羅鐸魯斯的出現，才看得到關於這場戰役較詳細的描寫。雖說如此，我們還是從西元一世紀的偉大詩人奧維德所寫的《變形記》裡，找到這段故事的敘述。《變形記》這本書是最早提供我們結構緊密的版本的著作之一。這兩位作者都將巨人族大戰的故事放在堤豐的戰爭之前。就像我剛剛跟你說的，在阿波羅鐸魯斯的書裡也是如此。因為，宙斯擊倒巨人族，讓蓋亞大發雷霆，於是她就造出堤豐來，而她身為卡厄斯族群和泰坦諸神的媽媽，不能為了永恆持久和一成不變的利益，就把他們的力量全都消滅殆盡。

正是在這個觀點下，我們該來讀讀這兩部著作。在強調有必要統合無任何例外的所有反宇宙力量的角度上，這兩部著作都同樣傑出，而且寫得相當精彩有趣。

首先，來看奧維德的書裡所描述的：戰爭發生在大地上住滿了一種叫做鐵人族人類的時代，他們尤為墮落、粗魯無禮、充滿暴力。不過，奧維德再添一筆，以太最高的高地——換句話說，就是奧林帕斯諸神居住仙境頂峰——不再是優於下層地區的所在。那裡不再是一處安全可靠的庇護所，因為，那些巨人族已決定讓自己變成那裡的主人。由於他們實在太魁梧了，力量又龐大得不可思議，所以，很單純也很簡單地，他們將一座座山堆砌重疊起來，架成高梯，準備就這樣爬到奧林帕斯山，去迎戰奧林帕斯眾神！奧維德除了寫下宙斯的反應以外，並沒有著墨太多關於這場戰役的內容。宙斯以他那絕頂順手的武器霹靂閃電，將重疊架高的山弄倒在巨人身上。他們立刻就摔落，被砸下的巨大石塊壓在地裡動彈不得。蓋亞看到巨人族傷痕累累，全身血流如注，他們好歹也是自己親生骨肉，為了不讓這一族就此整個斷了命脈，於是她就拿那些血與大地的土相混，製造出一個活生生的新族類，雖然他具有「人類的臉孔」，卻吸收繼承來自血統的暴力，以及嗜殺如命的癖好。

阿波羅鐸魯斯的故事則更詳盡。他從每個奧林帕斯山神祇是多麼貼切地適合於每個任務，而終於打敗巨人開始描寫：首先，當然，就是宙斯，還有阿波羅、赫拉、戴奧尼索斯、波塞冬、赫米斯、亞特蜜絲、莫伊萊等等。戰鬥相當火爆殘酷，而且血淋淋。為了給你看大概的描寫，舉個例子，雅典娜不願殺害一個名叫帕拉斯的巨人族，可是她卻活生生地剝下他的皮，當成她自己身上的盾牌，掛在身上！至於阿波羅，他一箭射進對手的右眼珠，而赫拉克勒斯則是射向敵人的左眼！顯然地，他們根本就不饒敵人一命。尤其是按照品達的描述，這些神要撐到最後成為真正巨人中的巨人，就需要靠一個半人半神協助投入戰役：每當一個巨人被神擊垮，那麼就是赫拉克勒斯趕來補上一拳。不過，就跟每一次的狀況相同，光憑蠻力暴力是無法解決事情的。蓋亞，也照常扮演雙重角色──一方面她希望平衡的宇宙得以建造起來，但同時她又不願看見混亂的原始力量全部被滅絕──她謀計要幫助巨人族，想要給他們一種可長生不死的植物。畢竟他們也是蓋亞的兒女，而她保護他們也是很合情合理的事。然而，在她心裡始終蘊含、運作著一個更深層的動機：沒有混亂脫序的力量，世界就一片死寂了。平衡、秩序當然是絕對必要的，但假如只有這些，那麼宇宙都僵直不動了。因此，就必須保留這一小部分，既屬於她的後代，而且，這小部分製造出的，儘管是以暴力為代價，卻是生命延續所不可或缺的運動。

然而，宙斯對一切瞭若指掌，看到蓋亞前來，就趕緊──由此證明他聰明、深思熟慮──砍斷蓋亞種植以便使巨人長生不死的植物，因此，巨人族就再也沒機會贏得這場戰爭了。

就在這樣的高潮起伏中結束了宇宙誕生的故事。因為，這場戰爭點出了世界創造故事的最後插曲。在巨人族滅亡和宙斯戰勝堤豐之後，原本充斥於這整個起源故事裡的紊亂無序和暴力，從此銷聲匿跡，或者更確切、更精準地說：「回歸他們的老位置」，都待在下界了。宇宙終於很牢固地安頓好了。毫無疑問地，還有人類這一邊的問題，有一些惡風猛浪，配上不時發生的地震，如有必要，還會出現火山爆發。但大體上，宇宙終於建構在堅固紮實的基礎上了。

剩下來的問題就是，要知道我們終究必死的凡人，能夠在其中佔有什麼樣的位置。而且，也要看看這些人類是怎麼誕生，以及為什麼誕生的？

第二章
從神祇的誕生到人類的誕生

從這個最初登上舞台的故事裡，我們已經學到不少東西了。不只是神話故事的主要人物奧林帕斯山的眾神，都已經出場，而且，蓋亞與宙斯誓言建立的宇宙和井然有序而平衡的世界，也終於穩穩地奠定下來了。堤豐與巨人族，以及，至少一部分展現亂無章法和暴虐無道的泰坦神，不是讓他們乖乖地就範，力量已摧枯拉朽，就是被遣返回塔爾塔羅斯，密不透風地幽禁在地底下的暗黑世界。在這幾場不同的衝突戰爭中，宙斯不只是證明了他超乎尋常的堅強實力和聰明智慧，再者，他還依照公平正義的原則，以均衡的方式，將宇宙分配給大家，區別出每一位各自享有的特權，並賜予他們每一位該當擁有的榮華，依各自才性分配適任的任務，使他們都能充分發揮各自的功能。此外，由於宙斯今後既是所有神祇裡，擁有至高無上的權力、最有智慧也最公正的神，因此再也沒有什麼可以對他構成任何威脅了：今後，就是他，宙斯這位宇宙的主宰，永遠美善與和諧秩序的保證人，從此以後，他就是世界的法則。

從這個起源故事，演繹出屬於哲學層面的三個基本理念。現在你就該把這三個理念記在心裡，以便理解接下來的故事發展。這些理念本身都非常有意思，而且更甚於此，正是這幾個理念暗中驅使絕大部分神話故事鉅作，使他們的結構安排顯得更流暢自然，使情節創造更活潑、更生動。因此，如果我們看不出這幾個理念指引著前進的線索，則我們不可能確切領會尤里西斯之旅的意義何在，也不可能理解赫拉克勒斯的苦差事、伊亞宋、可憐的伊底帕斯、薛西弗斯或彌達思的故事意義何在。

◆第一個理念：美好人生

第一個理念，即便對神祇來說也同樣重要，就是美好生活，可以定義成在和諧及宇宙秩序下的生活型態。再也沒有什麼高過一個公平正義的存在了，在希臘文，正義是 dikè——首先就是正義、公道，換句話說，即是與勉強從紊亂失序脫離而分配均衡、調合的世界達成協調。從今以後公平正義就是宇宙的法則，事實上也是最基本的法則，連所有的神都必須遵守。因為，你已經看到很多次，那些神自己也常常很不理智。他們有時還像小孩子一樣吵吵鬧鬧。偶爾發生爭執，在他們之間出現不和，而為了要解決他們的糾紛，一方或另一方就開始撒謊，**換句話說，編出滿口錯誤及與宇宙秩序不一致的事**，而可能招致嚴重後果。尤其，宙斯可以叫他到史提克絲的水邊發誓，這是一條流於地獄的神河。如果他的誓言違背事實，那麼，哪怕是奧林帕斯的神也不例外，就會要他安分（remis à sa place）：赫希歐德在他的《神譜》裡告訴我們，那個犯了錯的神一整年就會被處以「剝奪呼吸」的懲罰，橫陳在地上不能呼吸，即「斷了氣」這個詞的本義。他被禁止靠近仙露玉液，不能碰奧林帕斯眾神才可享用的神果聖食。他會被一種「惡眠」占據一整年，一年後，他才剛結束這第一波災難，他還要被「剝奪在奧林帕斯之外」，連續九年禁止他與其他神祇在一起。在此期間，他還必須履行難堪到形同煎熬的差事！舉個例子來說，根據某些神話故事的描述，阿波羅就因為跟他父親宙斯唱反調，威脅要擾亂世界的秩序，以損傷他父親作為世界保證者的信譽，於是，他受到的懲處，就是讓他以奴隸的身份，去服侍一個凡人即特洛伊城的國王勞梅東，阿波羅像個小牧人一樣，必須看管牛羊群。由於阿波羅犯了希臘人所說的狂傲自大，胡作妄為，這個關鍵詞我已經跟你說過了幾次，它也可以解釋成幾種不同的意義——傲慢狂妄、桀驁不馴、驕縱自大、無法無天——這些詞彙都說明了烏比力斯這個字或者這個罪過，在違背宇宙秩序、忤逆由宙斯帶頭的宇宙園丁時呈現的各種層面。這個詞用來形容那些蓄意破壞在堤豐之戰及泰坦神之戰以後所建立的宇宙，失去理智、不謹守層級序階、違反宇宙分享分擔的造反者。在這些條件下，誤入歧途的神，就跟普通的凡人一樣，會被宙斯基於「矯正回歸秩序」的理由處罰，使他重生，然後才被接納回到原來的社會裡。就如你所看到的，世界的法則、從原來的分配中衍生而來的宇宙正義，都套用在一切造物身上，包括神祇和凡人。不僅僅是如此，尤有甚者，這一切尚未真正達成：因為，層出不窮的脫序和騷亂時時都在威脅著。這些威脅可能從四面八方來，甚至來自於阿波羅，以及其他受激烈情感驅使而衝動失足的神，會阻礙宙斯或其他與他追逐相同目標的英雄，好讓他們的任務無法真正完成：這就是為什麼神話故事的敘述，都有待續的伏筆，永遠沒完沒了的原因。永遠都有失序混亂等著恢復正常，永遠都會出現怪獸需要對抗，永遠都有不公正的行為——「不公不義」——需要糾正。

◆第二個理念：驕縱妄為

第二個理念，是直接從第一個理念引出來的。就是說，這個理念就是第一個理念的反面：如果創建宇宙秩序是奧林帕斯眾神最寶貴的戰果，那麼，理所當然地，在希臘人眼中，以及所有的神話故事不停傳遞告訴我們，所有能夠犯下的最極致的滔天大罪，就是惡名昭彰的狂妄自大，這個驕傲自負、無法無天的脫序顛覆，蠱惑著必死凡人和永生神祇等一切造物，使他們不再安份守己，不甘於宇宙中自己所在的位置。如果我們回到根本來看，就會知道，狂妄自大，無外乎別的，其實就是倒退回到卡厄斯暗黑混沌的暴力，或者，以今天生態學家同樣的口吻說，這就是一種「違反宇宙本身的罪惡」。

◆第三個理念：公平正義

相反地，第三個理念，即稱為dikè的最偉大美德，正義，她的定義即是跟宇宙秩序協調狀態，恰好與前者成對比。我們說，在德爾菲神殿——阿波羅神殿——鐫刻著整個希臘文化中流傳至今最家喻戶曉的箴言中的一句：「要自己去認識你自己」。這句銘言，完全不具有當今人們常常以為應該訓練、學習的，所謂的「內省」之意涵。也就是說，並非致力於理解自身最隱密的思想，進而嘗試以各種途徑，例如，去揭露無意識。這句話的意涵，與心理分析根本是兩回事。這句銘文要說的是：應該了解自己的局限。知道自己是什麼，其實就是了解自己在宇宙秩序下「自然賦予的安居之處」。這句銘言邀每個人在宇宙萬物中找到那個最適當的位置，尤其是要待在該處，千萬別受傲慢狂妄、桀驁不馴、驕縱自大驅使而犯下無法無天的罪過。連在一起的另一句話「適可而止」——同樣銘刻在德爾菲神殿——其實蘊含了相同的意思。

對於人類來說，在一切狂妄倨傲當中，最大逆不道的，莫過於藐視神祇，或者，更等而下之，自以為跟他們可以平起平坐，就輕神傲物。你慢慢就會看到，為數眾多的神話故事，都圍繞著這個核心問題。在這麼多的神話故事當中，凡人坦塔羅斯那極著名故事的版本，就是一個證明：由於他有拜訪神的習慣，也常被邀請到奧林帕斯參加宴席，到後來，攀附神祇的坦塔羅斯，以為自己跟神沒什麼差別。於是他開始懷疑以宙斯為首的眾神祇所聲稱的真本領，懷疑他們並無敏銳過人的洞察力，尤其懷疑，他們說確實知道凡人所有的事情。因此，他邀請眾神到他家用餐——這件事已經擺明了是罕見的格調上的錯誤，不過，要是他以謙和恭謹的態度，老老實實地設宴的話，至少在緊要的關頭還能勉強過關。可是事實上，卻完全相反：他為了試探眾神並非無所不知，也不比凡人他還更聰敏，就企圖用苦肉計的方式試探眾神，竟然祭上他親身兒子佩洛波斯當酒菜。他的運氣太差了：那些果然是全知的神！我們這些可憐的凡人，瞞不過神，他們瞭若指掌——坦塔羅斯失足誤入了超出他自己所能想像的歧途。眾神很快地就察覺到這可憐失算的計謀而大感震驚。對於他的懲罰，一如神話故事裡所呈現的，就是矯正他所犯不知節制的罪惡，讓他改過自新，循規蹈矩。就因為坦塔羅斯犯的錯是與食物有關的事？所以，也就從食物來處罰他：坦塔羅斯被幽禁在地獄的塔爾塔羅斯，他被罰永遠飢餓口渴，而且永遠恐懼，這讓他回想起自己並非永生不死，因為在他頭上就懸吊了一塊巨石，無時無刻不威脅他，讓他永遠擔心萬一巨岩掉落，一下就將他砸爛。

宇宙，和諧的秩序；dikè，正義，換句話說與宇宙秩序達到協調；以及傲慢狂妄，極致的失序不和，這三個哲學寓意的最主要關鍵詞，將在神話故事裡慢慢地顯現出來。

可是，距離完整地掌握、領會這寓意訊息的全貌，還差得很遠，我們才剛要跨出第一步而已。我們才剛抓住一個模糊不清的原則而已，很原始、很粗略以致於會讓人有一個概念，認為宙斯是秩序的最高代表，更不必說，認為他是循環體系的因素：宇宙與混沌對峙，和諧與失調對立，文化與自然對抗，文明有禮與粗暴無禮對照等等。事情必然也必得漸漸變得錯綜複雜，基於一個很簡單的理由：這整個故事，都還只是單獨從神祇的觀點敘述而已。換句話說，就發展階段而言，我們人類還不存在，更不用說啦，在這個已調整過、完全由神祇庇護的體系裡，人類當然還沒有自己的位置。神話故事要開始展開，然後讓位給哲學的整個問題所在，就在於觀點的兩面性。首先，為什麼有人類？為什麼這些魔怪——容我這麼形容——眾神感覺到有創造人的必要呢？尤其，很確定的是，不久之後，這個人類旋即在眾神好不容易才征服擺平的宇宙中，引發出很顯著的混亂失序。其次，要是我們將觀點倒過來，將我們自己放在我們這些必死凡人的觀點上來看呢——我再強調一次，必須牢記一件事，這些神話故事全部都是荷馬、赫希歐德、埃斯庫羅斯、柏拉圖等等人類所杜撰出來的歷史！——那麼，與來自逐漸壯麗宏偉結構的世界觀點視野相對，我們打算要讓自己如何置身其中？在這個諸神的寰宇中，在這個似乎是專為眾神所設，而非為我們渺小人類設立的宇宙秩序裡，什麼樣的地位留給我們人類？再者，更為深層的問題：如果我們想要在這個屬於神的國度，找到一點點幸福和些許智慧，則我們每一個人，有著自己的獨特性，自己的品味好惡，自己的怪癖，自己的家庭背景、社會背景及地理背景，總之，即擁有讓一個人成為獨特個體的這一切的我們，到底應該如何措置自己的存在呢？

我在這一章要講給你聽的這些神話故事，就是要開始來回答上述這些問題：黃金時代的故事、普羅米修斯的故事，以及對我們而言重大的後果——在這個大地上，潘朵拉的出現，這最初的女人，將徹徹底底地騷亂我們的生命。不過，在進入這些大的故事情節之前，而且，為了讓你不至於停留在模糊抽象的印象裡，我藉著講述彌達思的精彩故事，先提供你理解前面三個理念的圖示。然後，我們就能回到我們的主要故事來，重開人類創造誕生的傳奇故事序幕。這則神話故事，至少在表面上，是真的很滑稽逗笑的。其實就是很單純地牽涉到一個跟愚蠢有關的傲慢妄為、無所節制與爭執的故事。大多數的神話故事著作，不是將這一則彌達思的故事略過不談，就是認為它是無足輕重，不具什麼真正象徵意味的小插曲而一筆帶過。事實不然，你會看到，這實在是重大的失誤：彌達思事件，就像今天我們說的，它是蘊含了最深刻意涵的神話故事之一，當然，只要我們花點心力，將它放在剛才我描述的宇宙誕生故事的脈絡下。

（一）、傲慢自大和宇宙和諧：彌達思國王與「點金術」

彌達思是一個國王。更確切地說，他是眾多統治我們稱為福利吉亞地區的國王之一。某些人則說，他是一位女神跟凡人所生的兒子。這是很有可能的事，不過，相反地，有一件事倒很確定，即彌達思並沒有發明熱水。但是，總括地說，他就是一個擁有封地的富呆子，總是慢吞吞地想，「事後」才想，為時已晚，卻又總是不加思索地反應。他的愚蠢，你會看到，往往就跟他惡作劇。

我們有意來談的這一則故事，是從希臘神話故事中另一位重要人物可憐的遭遇揭開序幕的：西勒諾斯（Silène〔s〕）。西勒諾斯是第二階級的次級神，儘管如此，但他還是赫米斯的兒子[20]。此外，當我們提到「一個西勒諾斯」，指的是他那一類型的人物。他身上有兩個很明顯的特徵。第一，他的頭形狀怪得會嚇倒小孩子，醜得教人難以置信：肥腫的酒桶肚加上光溜溜的禿頭，巨大的塌鼻子和毛茸茸而尖銳的馬耳朵，讓人害怕得過目難忘。儘管如此，這個人物卻相當聰明，而且深思熟慮。所以，當宙斯從自己大腿取出兒子戴奧尼索斯之後，將他託付給西勒諾斯來管教，不是沒有道理的。隨著時間過去，西勒諾斯這個養育之父成為戴奧尼索斯的朋友，酒神兼宴饗之神心靈最

⑳或者，根據某些說法，是潘的兒子。

深處的祕密，他都瞭若指掌，而且，儘管他的外貌讓人退避三舍，卻是一個如假包換的智者。不過撇開這些不說，作為負責無時無刻陪伴戴奧尼索斯尋歡作樂的跟班，有時候，他可得在飲酒方面自我克制，才不會老是喝得醉醺醺。換句話說，當我們的故事開始的時候，他已經喝得滿臉通紅，或者，你比較喜歡說成，醉得連自己的名字都想不起來！我這裡引的內容，基本上都是根據奧維德的敘述而來，就像奧維德說的，西勒諾斯年紀有一大把了，再加上總是灌得七醉八倒，所以他總是步履蹣跚。彌達思的僕人一看到這個奇醜無比的酒醉流浪漢，隨即攔住他，以結實的粗籐將他五花大綁，立刻送到他們的主人那裡。

不過，由於彌達思自己參加過幾次酒神節和酒宴的場合，他認得西勒諾斯。而且，他並非不知道西勒諾斯與戴奧尼索斯之間親如父子朋友的雙重關係。像戴奧尼索斯這樣握有大權的神，可是惹不起的，所以，彌達思馬上就將西勒諾斯解開。再者，他還加倍奉上：為了討神祇的歡心，他特別擺設盛大排場的宴會，連著十天十夜，就為慶祝歡迎這位嘉賓到來！在那之後，彌達思釋放這位新交的好友兼年輕權威的戴奧尼索斯的心腹。當然，戴奧尼索斯一知道這件事，就慷慨地送給彌達思一個符合他品味的願望。依據奧維德的幸福公式，這是「只為樂趣卻有害的恩寵」。因為，就像我跟你說的，彌達思並不是很聰明。而且，他既吝嗇又貪得無厭。因此，他就開始濫用──他的驕縱妄為從這裡開始顯現出來──戴奧尼索斯許諾給他的禮物。他許了一個太過分的願望，的的確確貪婪過度的願望：他請求神讓他碰觸到的每樣東西都變成黃金！鼎鼎大名的「點金術」的典故就是從這裡來的。你想像一下這句話表示的意思：只要他的手放在哪裡，不管那是植物、石頭、液體、動物，甚至是人，經他的手輕輕一摸，當下立刻就變成閃爍著黃色光芒的貴重金屬！一開始，這個蠢蛋還興高采烈。彌達思就像一個天真的頑童一樣樂瘋了，在他返回皇宮的路上，把每一樣能變的東西都變成黃金。他發現一根橄欖樹枝，然後，哇——漂亮的橄欖綠葉片一下子變成閃閃發光的淺黃橘色！他隨手撿起的石頭、地上抓起的一把爛泥土，剪斷的乾枯麥穗，全部都變成一塊塊金條！「大富翁，我是大富翁，我是世界上最有錢的大富翁！」這個可憐蟲不停地驚呼狂叫，還不知道有什麼下場正等著他。

因為，無疑地，你已經猜想到了，這個自以為是天下最幸福的人，馬上就要闖下致命大禍，變成不幸的人了。就本義上的意義，這件事不僅帶來死亡，並且也宣示他愚昧無知的喜樂行將化為烏有。事實上，當彌達思喜孜孜地坐回他豪華舒適的宮殿，他迫不及待地把皇宮所有的牆壁、傢俱和地板都變成黃金，然後，傳令佣人服侍他吃喝。他實在是高興地不得了，胃口當然大開。可是，當他一拿起新鮮美酒來解渴，在他嘴裡的卻是該死的黃粉粒，令人作嘔，無法下嚥！黃金實在不是好喝的東西。而當他搶來僕人為他準備的雞腿，使勁地大口一咬，差一點就咬碎他的牙齒！彌達思現在慢慢領會到，但為時已晚，要是不趕快擺脫他剛獲得的禮物，他就會餓死、渴死了。就這樣，他開始咒罵、厭惡圍繞在他身邊的黃金，而且也恨透了自己這麼愚蠢，這麼貪得無厭，害他不加思索就付出行動。不過他實在是太走運了。戴奧尼索斯，是個好王子，當然早就預料到他的下場。戴奧尼索斯還是答應他的請求，從他身上將變質成不幸的魔力解除。以下就是奧維德寫下關於彌達思的幾句話：

「『你不能這樣，因為魯莽糊塗許下的願望搞得自己滿身黃金，到薩爾得大城旁的河流去！沿著河岸往高處走，一直跟著足跡溯源走到河源處。然後，當你面對源頭流出的浪花泡沫時，那裡有噴泉源源不絕地冒出，把你的頭浸在水裡，好好地洗滌全身和你的過失吧。』國王乖乖地順從，潛到泉水中。他身上所擁有可觸物成金的效力，讓水色煥然一新，並且從人的身體穿過，再流到河裡。這塊平原地面接收了古代源泉的起源，直到今天，在它濕潤的田地上仍然湧現金沙閃爍的粼粼波光㉑。」

彌達思靠著沉浸在河水中恢復了原狀。很妙的象徵：根據奧維德的描述，是經由純潔的河水，他同時洗淨身上的黃金魔法和過錯。不過水流本身倒仍然有所作為：據說，從這個時代開始，水流就不斷地沖刷出天然的黃金。而你知道這條河的名稱嗎？它的名字就叫做「帕克托洛斯」（Pactole，財源）！這就是為什麼直到今天帕克托洛斯這個字仍然表示寶貝、財源的原因。我們到今天都還是說一個剛獲得一大筆錢的人是「觸到帕克托洛斯（avoir touché le pactole）」。

然而，我並不確定，我們到底有沒有確實領會這則神話故事的寓意。以我們現代人接納基督教教義有二十個世紀之久的眼光來看，在大體上，我們傾向於將這則故事的意義解讀為：彌達思就是因為犯下吝嗇和貪得無厭的過錯。對我們來說，這段歷史的教訓，差不多可用如下的公式來套用：彌達思誤將表面當成本質，他相信他獲得的富貴、黃金、權力與擁有的物質，就是人生的最終目標。在這個背景下，他將擁有與存在混為一談，錯將表象視為真實。所以他就該被懲罰。善終則始末皆善。或許如此。然而，實際上呢，希臘神話故事的路，還要走得更遠一些。希臘神話故事開展的視野，儘管顯得很含蓄隱微，卻具有宇宙宏觀的視野，根本不該以什麼「錢財不能帶來幸福」之

㉑奧維德，《變形記》，XI。

類的陳詞濫調草草作結。

事實上，彌達思由於擁有了點金術，他驟變成凶惡的怪物。潛在地，他確確實實地威脅著整個宇宙秩序：所有經他碰觸的東西都會死，因為他的能力可怕到讓有機的生命異變成無機質，讓活生生的東西變得了無生命。在某種層面上來說，他是世界創造者的反對者，是一種反神祇的存在，更不用說就是一個惡魔。那些被他觸摸到的樹葉、枝幹、花草、鳥兒和其他動物，前一刻他們還活得好端端地，處於完美和諧狀態的，一下子全都停止，不再發揮他們在宇宙中原居的位置和機能。彌達思只消輕輕一觸，被他的手撫掠過的東西就改變了特性，無窮盡的潛力與毀滅性的能力，無止境也不受任何侷限：沒有誰知道最後他會走到什麼地步。最終極的結果，或許就是整個宇宙被他變質毀容。你想像一下，彌達思要是旅行，他可以把我們的地球變形成一個巨大無比的金屬球，雖然鍍金鍍得亮晶晶的，可是卻沒有任何生命力。這樣一個變得缺乏品質特性的球體，當初可是眾神在宙斯戰勝泰坦神、巨人族和堤豐等混沌暴力後讓出來的宇宙！這麼一來，則所有的生命與和諧都要完蛋了。

假使我們無論如何都要拿神話跟基督教比較的話，那麼，這則故事的寓意就應該要往更深處探索，而不是以本能直覺來思考。就像科學怪人（Frankenstein）的故事，是汲取誕生在十六世紀德國古代的傳說，彌達思國王不幸的遭遇，事實上是在告訴我們一個悲劇性的剝奪故事。

科學怪人他自己也是，企圖變得跟神一樣，夢想能夠像創造者那樣，授與生命。他窮盡一生心力，研究如何讓死者復活的方法，就在美好的一天，真的讓他辦到了。他從醫院的停屍間偷走許多屍體，將分解的屍塊蒐集起來之後，以天空的電力使這個怪物擁有生命。最初，一切都相安無事，科學怪人因此也自詡是醫學天才。可是，這個他創造出來的怪物漸漸擁有自主性，也從他手中逃脫。由於這個人造怪物的長相實在怪誕到極點，每到一處，他的面貌都把人嚇得心驚膽跳，落荒而逃。於是，因眾人激烈的反應，他變得凶悍到威脅土地和居民。一樁悲劇性的剝奪佔有：創造物擺脫了造物者的掌握，讓造物者感受到對他的佔有被剝奪了而痛苦不堪。創造者因此失去理智控制——當然，在主導此神話故事的基督教觀點之下，這其實意味著一個自視如神的人類，終將導致悲劇性的毀滅結局。

雖然對希臘人來說，那個神或者說那些神並非基督教的神，不過我們應該解讀彌達思的故事與上述故事具有類似的意義。就像科學怪人，彌達思亟欲以點金術當成神通的力量，這種能夠遠遠超越所有人類智慧的能力，就從他本身極有限的智慧展現出來：毀滅宇宙秩序的能力。再者，他也像科學怪人，旋即對自己的權限再也無法控制自如了。他以為掌握得了的，全都超出他的掌控以外，於是，他只好請求神祇戴奧尼索斯，將他變回平凡的人。

而彌達思故事的第二段部分，同樣是基於驕傲狂妄而導致的混亂威脅，則以一種很象徵性的方式登場：由於過度傲慢，這個大傻瓜被阿波羅狠狠地修理了一頓。

彌達思怎麼收到驢耳朵：在潘的神笛與阿波羅的里拉琴之間的音樂競演

接下來的神話，我們還是依據奧維德提供的版本。

表面上，彌達思被點金術狠狠地摑了一巴掌之後，稍微收斂變乖了些。他似乎變得穩重有分寸、更謙遜了。他退隱到森林裡，遠離曾經指望靠黃金獲得的奢侈豪華。遠離了他那金碧輝煌的宮殿，現在他安於質樸簡單的生活，喜歡獨自一人漫步在田野或草原上，有時候，牧羊人和森林之神的潘也會陪伴在旁邊。你該知道，潘和西勒諾斯及半人半獸實在是非常地相像。實際上，潘也是一個奇醜的神，而且醜得嚇人：那些一看到他的人，都被他難看的長相震驚，詫異得動也不動。而我們形容驚懼得不知所措，就是用 panique 這個字，像是以負面的方式來向他致意。從外貌來看，潘有半人半獸的身體：渾身毛茸茸的，頭上長著奇形怪狀的羊角，下半身腿上有明顯的樹枝和羊腿，或者，不如說是羊蹄甲。他跟西勒諾斯一樣，都有個塌鼻子。下巴像戽斗一樣突出，大片的耳朵還長著跟馬一樣的濃毛，頭髮又髒又翹，蓬頭垢面像個流浪漢。甚至人們傳說，他的親生母親見他生來就這麼恐怖，在他誕生那一天就拋棄他了。日後，他被赫米斯抱回收養，並且領他到奧林帕斯山給眾神看——他們一看到他，不禁捧腹大笑，極盡所能地揶揄這個醜八怪。戴奧尼索斯則是被他的畸形醜貌所吸引。基本上只要是荒唐怪誕的事物，戴奧尼索斯都興致勃勃，所以，日後他就決定讓潘作為他遊樂旅行時的隨從兼伴侶。而很快地，絕大多數的時間，潘都耗在追逐那些山林裡的寧芙女神，不過有時候，他也追求年輕少年，用盡各種方式來求取他們的歡心。據說，甚至有一天，他追逐一位名叫西寒克絲的年輕寧芙女神。她卻寧可投河自盡，也絕不讓他「越雷池一步」靠近。於是，西寒克絲化身為河裡的蘆葦，潘則搶在最後一刻折下那還微微顫抖的蘆葦梗，將它做成懷念偶像的笛子。直到今天，我們還拿來吹奏這把鼎鼎大名的「潘神笛」。經過好幾個世紀之後，我們最偉大的作曲家之一德布西，就為這個樂器譜寫了一首樂曲（但事實上，是為橫笛而寫），他還將樂章題名為「西寒克絲」，以紀念不幸的寧芙女神。如同西勒諾斯和薩提羅斯，我們常見到潘陪伴在戴奧尼索斯身邊，像守護的精靈一樣地跳舞狂歡、痛飲、瘋狂無度：也就是說，這位神一點也不「宇宙和諧」。他不僅不是個維護秩序的園丁，反倒是一切混亂無序的狂熱愛好家。很顯然地，潘屬於混沌失序和暴力這一邊的，因而某些故事的敘述就毫不猶豫地把他當成紛爭不和女神烏比力斯（Hybris）的兒子。

我們窮追不捨的問題所在，至少，從發生的頻率來判斷，彌達思或許並沒有像表面看來那樣變得較聰明，他那貧乏的腦袋瓜裡，愚昧和慢半拍已經根深柢固了。有一天，當潘演奏他那有名的笛子，準備以音樂誘惑幾個年輕女孩時，彌達思就順勢吹捧，好像他很內行似的，誇張地吹噓潘的音樂天賦甚至超過阿波羅。然後，他再也煞不住車了，自以為是的狂放驕縱發揮到極點，竟然對這位奧林帕斯山的神使出激將法！於是，一場介於阿波羅的里拉琴與潘的蘆笛之間的對決，很快地就安排妥當。被選來擔任這場競賽的裁判，則是特摩洛斯（Tmolus）這位山神。潘開始吹起他的樂器：從他的形象看他吹奏的樂器，流洩出來的聲音很刺耳、粗糙。當然，我們還是可以從中感覺到某種迷人之處，但卻是原始、不經修飾的，像野生的感覺那樣：從那支蘆葦管子吹出來的聲音，就跟大自然吹拂過的風聲一模一樣。相反地，阿波羅的里拉琴則是一種很精緻的樂器：這種樂器在弦的長度和各別的鬆緊度上發揮了數學的精確度，同時在弦與弦之間，以及如和諧之象徵的關係上都確立了其完美的精準，同時亦非常精細靈巧。和諧本身是眾神以宇宙的比例創立出來的。里拉琴也是一種既精巧又充滿教化的樂器：跟粗獷的笛子截然不同，里拉琴所激起的魅力則充滿了溫柔恬適。

在場的聽眾沉浸在悠揚的琴聲中，一致選擇了阿波羅……可是少了一票：老粗彌達思卻在全場圍繞著阿波羅的音樂會中，發表了不協調的意見。彌達思，這位潘神的朋友早已習慣了森林和荒野生活，再也不具有文明的品味，便以高昂的聲調，宣稱他偏好蘆笛那喉頭發出似的聲音更甚於里拉琴細膩精緻的和諧。大禍臨頭了！阿波羅根本不可能饒過他，而且一如慣例，依照彌達思犯下「罪狀」的屬性來懲辦：他同時犯下聽覺和理解力方面的罪行，因此就是從耳朵和精神方面來處罰他。

假如我們再一次相信奧維德的話，那麼，下述就是彌達思如何被懲罰的情形：

「戴洛斯島的神（阿波羅）不願看見這粗劣的耳朵維持人的模樣：於是他把耳朵拉得長長的，塞滿灰色的毛。他讓耳朵變得彎曲柔軟，可以向各個方向轉動。除此之外，彌達思其餘部位都還是個人的模樣，身體只有這一部分被整過。彌達思現在掛著驢耳朵，走起路來步履蹣跚……。」

當然，戴著新的驢耳朵，彌達思實在難為情得要死。被弄成怪里怪氣的醜樣子，他再也不曉得，在眾目睽睽之下該怎麼遮醜——他的醜不僅向其他人宣告，他根本就沒有懂得欣賞音樂的耳朵，而且，還顯示了他只是個反芻動物、沒有一點靈性的蠢蛋。他嘗試靠戴軟帽、無邊帽等等各種頭部打扮來遮掩身上多出來的特徵。沒那麼幸運，他的理髮師一眼就認出來，忍不住對他說：「陛下，您是怎麼回事啊？聽說您有驢的耳朵……。」壞事臨頭了，因為彌達思也不是以好脾氣出名的：理髮師馬上向他發誓，要是他偶然向別人揭露剛才發現的事，那麼，他就立刻不得好死。可憐的理髮師絞盡腦汁，想要保守他擁有的這個禍從口出的祕密。可是，同時——你站在他的立場想——他又巴不得趕快把這天大的祕密說給他的朋友、家人聽。因此，萬一有一天，突然一個不小心，憋不住了……他一想到這裡，就心驚膽跳。為了減輕心理的負擔，他想出一個主意：「我要：」他自言自語，「在地上挖一個大洞。然後，把我內心的祕密，放到最深的地底下，立刻把它塞住，封起來。這樣，我就可以卸下我身上的重擔了。」說做就做。我們的理髮師找到遠離市中心的偏僻角落，挖了個大坑洞，大聲地喊叫、狂呼他知道的祕密，然後，非常小心翼翼地把洞填平、封住之後，帶著終於如釋重負的輕快心情回家。可是呢，到了春天，森林裡一簇簇蘆葦從這塊重新翻過的土地上長出來。當風一吹拂過，人們就聽得一清二楚，有個宏亮的聲音，像是深怕人們聽不到，刻意提高嗓門尖叫大喊：「彌達思國王有一對驢驢驢……耳朵。彌達思國王有一對驢驢驢……耳朵。」

這就是彌達思由於缺乏判斷力，而被阿波羅懲罰的經過。這一次，或許你會對我說，實在看不出，這可憐的彌達思做了什麼威脅到世界秩序。的確，他不知好歹，向神挑釁，而且還是重要的神。因為，阿波羅是音樂之神、醫藥之神，同時也是奧林帕斯山的神。不過，終究，到最後這僅僅關係到品味的事，每個人都有權利說出他的愛好、想法，假如阿波羅遭到打擊、傷害，看來也不過就是他的自尊心受損，甚至說是他的虛榮心受挫罷了。乍看之下，他的反應如果不是有點可笑的話，似乎是太過分了些。然而，這樣的印象，除非我們不去注意故事的細節，並且以現代人的眼光來判斷，否則根本站不住腳。因為，如果我們仔細看的話，如同宙斯打敗堤豐的結果，這裡的問題關係到的是，不能拿來開玩笑的音樂這一門：音樂對世界和諧有直接的作用。就像我跟你說過的，里拉琴是一種和諧的樂器，而蘆笛每次卻只能吹出一個音符，因此只是「曲調式的」。以里拉琴來演奏，就像吉他一樣，我們可以伴唱，而且，即使希臘人不曉得什麼叫做哈摩或巴哈等作曲家所創作的和諧，但他們還是或多或少開始在不同的聲音中找出和協的和音。至於笛子，則根本不可能同時讓這些相異的聲音達到和諧。一個表面看來只是音樂競賽的場合，實際上是兩個截然不同的世界在較勁。一個是阿波羅的世界，文明而和諧；另一個是屬於戴奧尼索斯的世界，潘神就跟他很親近，這一個世界雜沓又亂無章法，就跟他的節慶一樣，能在轉瞬間讓一切變得非常可怕。在戴奧尼索斯和他的隨同所安排的著名酒神祭典（Baccanales）上——我們因此稱之為酒神節——許多女人圍繞著酒神，這些「巴肯特（酒神的女祭司）」（Baccantes），耽於飆酒狂歡，放浪形骸到失去理智：受到戴奧尼索斯精神狂熱的支配，她們追逐小野獸，把它們活生生撕成碎塊，生吞入肚。有時候，甚至她們荒誕不經的行為，不只是針對小動物而已，更可憎的是，她們還大啖嬰孩，甚至成人，底比斯的國王彭修斯（Penthée）就是，最後淪落到被她們的魔爪撕碎，他的身體被她們嗜腥的利牙啃得血肉模糊。為了要讓你更明白，代表阿波羅的宇宙和諧及代表戴奧尼索斯的紊亂無度，這兩個世界的對比有多激烈極端，接下來再跟你描述同樣的音樂比賽，但情節卻更殘忍的故事，應該不會毫無用處：有關可憐的馬爾西亞斯（Marsyas）演出的兇殘酷刑。

音樂競技的殘暴版本：薩提羅斯之一的馬爾西亞斯遭受殘忍酷刑

一則與我們剛才發掘的神話很類似的故事，實際上，很接近阿波羅和潘神對抗的音樂比賽。與前者很像，這一則故事講的是一個薩提羅斯（Satyre[s]指的是半人半羊的森林之神，一說是西勒諾斯，不過，實際上這一點也不重要，因為，這兩種神都屬於戴奧尼索斯的跟班，而且彼此很相像，都有半人半獸的奇醜怪貌，以及好色的個性），名叫馬爾西亞斯。因此，在這個故事裡，就是馬爾西亞斯將扮演阿波羅的音樂競演對手。可是，就跟潘神一樣，馬爾西亞斯也會在此發明一個樂器，「奧羅司」（事實上，是一種雙簧管形狀的笛子樂器，可是每一次只能吹出一種聲音）。如果我們相信首先寫出這則故事的希臘詩人品達（西元前五世紀）的描述，則事實上應該是女神雅典娜第一個構思、創造出這種樂器的[22]。至於她對這樂器的想法，及到最後為什麼她把樂器丟棄，倒值得在這裡說一說：很清楚地，在女神的眼裡，這個樂器實在討厭得要命。

㉒在他最初題名為《對德爾菲競技勝利者的頌歌》（*thiques*）的詩集裡，12節，6-8。

事件是從美杜莎之死開始的。根據神話故事的敘述，有三位奇特又不吉祥的怪物名字都叫葛爾歌（蛇髮女魔）。她們的長相比潘、西勒諾斯和薩提羅斯都還要醜陋：頭髮由一條條蛇身蜷曲而成，她們的嘴裡暴出野豬獠牙，雙手伸出黃銅利爪，背上長出的金色羽翼，讓她們自由自在地捕獲獵物。更糟糕的是，只要跟她們眼光一交會，她們就讓對方轉瞬間變成可憐的石頭雕像，再也動彈不得！今天我們把柳珊瑚這種海底植物的名字取為葛爾歌，原因就在這裡。因為柳珊瑚在水裡豎立得直直的，一動也不動，好像它曾經不幸見過這三位女妖，而被施魔法僵直石化了。然而，雖說這三位女魔對人類來說很恐怖，不過她們彼此之間感情甚篤。其中兩位是永生不死的神，第三位，名叫美杜莎的則不是，她會被一位希臘英雄斐修斯殺死。我稍後會再跟你說這個故事。根據品達的描寫，當斐修斯炫耀他砍下的葛爾歌頭顱，美杜莎的兩位姐姐悲慟哀號的怒吼聲被雅典娜聽到，讓她興起念頭想製作笛子。可以說，這個樂器誕生的背景，距離阿波羅的里拉琴特有的和諧、禮儀，毋寧是天壤之別。

多虧有另一位詩人米洛斯島的米蘭尼琵德[23]寫於西元前五世紀的著作，我們才能夠知道接下來發生什麼故事：

你記得，雅典娜不只是戰爭女神而已，她還是掌管藝術與科技的女神，這樣的雅典娜，對於她發明的樂器洋洋得意。這件事值得大書特書。畢竟，我們不會天天發明讓幾千年後全世界都還拿來

㉓我們在希羅多德的著作（《歷史》，第七部，第26段）及色諾芬（《長征記》第二章，第8段）的著作裡，看到很簡短地（僅四行）重複的這段故事。相反地，在奧維德和尤基努斯的著作裡，則找到兩篇很完整的描述。

演奏的樂器！不過，雅典娜卻發現，當她吹奏她的「奧羅司」時，雙頰鼓脹得可笑，眼珠子突出到快掉下來——所有吹奏雙簧管的人，容我這麼說，到今天都還保留跟雅典娜同樣滑稽的動作！——於是，雅典娜氣得把它丟在地上踩。我們再一次好好地記住，這一點，意味著這個樂器讓人變醜，而破壞了臉部的和諧——是這個樂器的第二項缺點。赫拉與愛芙羅黛蒂，我們曉得，這兩位向來就不是以仁慈出名的女神，而且也從來沒有錯過機會證明她們是多麼妒嫉雅典娜。當她們兩位看到女神凸起的眼珠和鼓得圓圓的腮幫子，不加掩飾地哈哈大笑起來。她們甚至很直接地嘲笑她的模樣，在公開的場合揶揄她對著可憐的管子吹氣時的樣子很笨拙。雅典娜惱羞成怒到極點，逃得遠遠地，好確認她到底做出什麼鬼玩意來。她跑去找一道清澈的水流，一座水塘或一池水，就為了看清楚自己臉孔的倒影。只要獨處時，在兩位壞心腸的女神看不見她的地方，她就忍不住把頭彎到水邊看清楚，事實上，她發覺，當她一吹奏，她的臉就整個變形，扭曲得相當可笑。於是她不僅把樂器拋得遠遠地，還施了可怕的魔法給撿到它還有膽使用它的那一位。

然而，卻是馬爾西亞斯，這位老是在樹林間到處追逐寧芙仙女的神撿到了雅典娜的笛子。而且，不用說，這極不和諧的笛子與他再適合不過了，所以他立刻就被樂器的魅力吸引住。他鎮日把玩笛子，而且吹得非常好，自信滿滿到認為可以贏過阿波羅，而找他來較勁。在這場音樂比賽，他還犯下致命的過失，竟找來繆思們當裁判。阿波羅答應接下挑戰書，不過有一個條件：贏的一方可以對敗者予取予求。阿波羅，當然，贏了——接續宙斯對抗堤豐、一切混亂暴力的志業：他以他里拉琴之和諧精緻戰勝笛子嘶啞粗糙的曲調。不過，這一次，他不滿意像對待彌達思那樣，用太便宜的方式來懲罰馬爾西亞斯犯下的罪惡。他已經宣告了：輸的一方得任憑贏的一方處置！阿波羅辦到了，就是將可憐的馬爾西亞斯活生生地剝了皮。他到處流淌的血後來變成河流，他的皮膚則標記了此後成為泉源的水流之洞穴位置。

尤基努斯在他的故事集裡總結了這個事件——照慣例，我引用原典讓你讀，好讓你看到，古代是用什麼樣的詞彙來報導神話故事：

「米娜娃（雅典娜），據說，是第一個拿雄鹿的骨頭製作笛子，並且在諸神的宴饗中演奏。朱諾（赫拉）和維納斯（愛芙羅黛蒂）則因她那慘白的眼瞳和鼓脹的雙頰而嘲笑她，米娜娃（雅典娜）就這樣表現給眾神看時，變得很難看又被嘲諷，於是她奔跑到依達森林裡靠近噴泉的地方，當她望著自己在水中的倒影，明白了他們嘲笑她是有道理的。因此，她丟棄笛子，並詛咒，誰占有它，誰就會遭到極端的酷刑。馬爾西亞斯，一位薩爾提斯，牧羊人歐耶格的兒子，發現了這把樂器。由於他不斷地練習，吹得一天比一天好，音色也變得美妙，以致於想以音樂競技挑戰阿波羅和他的希臘豎琴。當阿波羅抵達時，他們請求繆思女神們擔任裁判。由於馬爾西亞斯與他旗鼓相當，阿波羅因此將琴倒過來演奏，還是能發出相同的音樂。可是馬爾西亞斯拿的笛子卻沒辦法這樣吹。於是，馬爾西亞斯輸了，阿波羅將他交由斯基泰人，將他的皮一一剝下，血流成河，河名就叫馬爾西亞斯。」

奧維德，假如今天他還活著的話，他一定會很喜歡寫恐怖電影的劇本。他就以下面這些詞彙，描述由阿波羅下令嚴懲的酷刑（還是依照慣例，在括弧內，以斜體字來標出我注解的部分）：

「他已經打敗拿特里同的女神（即雅典娜，奧維德以這個名字稱她，是因為據說雅典娜出生於特里同河流附近）所製作之笛子比賽的薩提羅斯。『為什麼你要這樣剝我？』後者這樣問他（這種說法，當然，表示阿波羅剝下薩提羅斯身上的皮，硬是從馬爾西亞斯身上活剝扯下）。他隨之尖叫：『噢！我真後悔！噢！為了一把笛子，實在不值得付出這麼高的代價啊！』儘管他這樣驚呼，他身體表皮還是全部被活生生地剝下來了。現在他遍體鱗傷，渾身只剩剝扯過的傷口，血淋淋地滴落四處，表皮被脫光光的肌肉，現在全暴露在外面。血管跟皮膚撕開後，因為抽筋的動作而裂開來。我們可以估算，他的內臟還活蹦亂跳，胸肌纖維一下子見了光。那些粗野的半人半羊獸，森林裡的眾小神，那些薩提羅斯，他的兄弟以及奧林匹斯（馬爾西亞斯的父親）都為之哀慟掬淚。他們流下的淚水，滋潤成豐饒的沃土，一條河流遂因此而誕生，就是人們稱為馬爾西亞斯的，那條弗里吉亞地區最清澈的河流。」

你看到，這個酷刑有多麼殘忍，比處罰彌達思時甚過千倍。馬爾西亞斯的故事裡，是由繆思擔任裁判，而潘神的故事，則由彌達思和特摩洛斯扮演裁決的角色，因此這兩則故事都很相近。可是有一點人們常常混為一談㉔。實際上，在這兩個例子中，音樂這個宇宙藝術之卓越代表，才是這兩

㉔此外，在另一部故事，故事集第一九一裡寫道，並不是繆思們，而是彌達思擔任阿波羅和馬爾西亞斯的裁判——這證明了，在神話傳記作者們心中，這兩則故事其實是同一個故事：「在一場阿波羅與馬爾西亞斯或是與潘神以吹笛子來比賽的時代，彌達思國王被選出來」。當大家都認為「勝利歸阿波羅的時候，彌達思卻說，應該是馬爾西亞斯獲勝。阿波羅被惹惱了，告訴彌達思：「既然你有頭腦來判斷，那麼你應該要有耳朵才對！」一邊說一邊把他的耳朵拉長，變成了驢耳朵。古代的文本從來沒有將這兩則故事連結在一起，那麼，到底是什麼依據，讓尤基努斯將彌達思與潘神的神話故事跟馬爾西亞斯的神話故事扯在一起？

則神話故事的核心所在。而這兩個情況，再一次地，都是牽涉到一位致力於和諧的神與其他造反作亂者之間的戰爭，後者帶來粗暴又極不和諧的樂器，只會吸引像堤豐和彌達思那樣低俗不雅的心靈。此外，就是在這同一個意涵下，奧維德明顯地強調了，彌達思經歷過帕克托洛斯不幸的遭遇後，從此以後只能像潘一樣住在森林裡，環繞四周他所接觸的，盡皆尚未開化的一切：這也是為什麼，彌達思會像一隻驢那樣，偏好潘神那把粗獷毫不細膩的蘆笛聲，更勝於阿波羅雅致溫柔的里拉琴音樂的原因了。應該說，這把可以拉出那麼和諧和音的里拉琴本身就是一個故事。它是非比尋常的樂器。根據另一部神話故事的描述，尤其是在《荷馬史詩》裡，大約開始寫於西元前六世紀的這部作品裡，提到它其實是一種神聖的樂器㉕：里拉琴是由赫米斯自己構思、創造並獻給阿波羅的樂器。這段經過實在是太特別了，所以，我現在就講給你聽。

赫米斯發明的宇宙樂器里拉琴，以及阿波羅風格與戴奧尼索斯風格之對立

赫米斯是宙斯偏愛的兒子之一。宙斯甚至讓他擔任主要的信使，當宙斯下達真正重要的命令

答案可以說很簡單：就像佛洛伊德關於夢境裡的凝聚過程那樣，可以讓人想到，彌達思會置身事件當中的理由，有以下四點可資比較：首先，笛子，無論那是馬爾西亞斯的，還是潘神的，都跟阿波羅的里拉琴截然不同，都是一種非和諧樂器：雖然可以模仿各種動物說話，模擬樹林間風刮過的聲音，或者野獸的吼叫聲，但是卻無法像弦那樣發出和弦的旋律；其次，故事發生的場景就在弗里亞吉，彌達思恰是那裡的國王，而談及該故事的第一篇詩——至少留傳到今天最早的詩——品達寫的《德爾菲競技勝利者頌歌》（12，詩篇 6/8），就是題獻給「彌達思吹笛者」；最後，馬爾西亞斯也好，潘神也好，都屬於戴奧尼索斯式的生物，換句話說，他們都是在恣意妄為與縱情狂歡中不知節制的存在，而不像奧林帕斯神阿波羅，是奠基宇宙的父親宙斯所擔保的和諧產物。

㉕ 一如總是在奧維德的《變形記》看到的，我們會從這本著作裡發現該神話驚心動魄的版本。

時，就由他傳令給眾神周知。赫米斯的母親是一位嬌柔的寧芙女神邁亞，屬於七星姐妹之一。這七姐妹則是某位普蕾歐妮（Pleioné，是希臘文的名字）與泰坦神之一阿特拉斯所生。後者即是被宙斯罰扛地球在他肩膀上的那一位。不用說，赫米斯早熟到讓人難以置信。「早上才剛生下來」，《荷馬讚詩》的作者這麼跟我們說，「中午便彈起希臘豎琴，到了晚上，已偷走了弓箭手阿波羅的牛群……。」他誕生的第一天就已忙得不得了：一個才出生幾個小時的嬰兒，赫米斯竟然已經是完美的音樂家和舉世無雙的竊賊！當他一張開眼睛，才從他母親的肚子出來，你想想看，小赫米斯竟然立刻就著手找尋阿波羅的牛群了。在路上，他遇到一隻住在山上的烏龜，便大笑起來：看到這隻可憐的小動物，從一開始，他就明白所有他能利用的一切。他很快地回到家，挖空這可憐蟲，把一隻牛殺死，將它的皮撐開在龜甲殼的四周，然後用腸子做成弦，並做音鍵來拉緊蘆葦。里拉琴就這樣誕生了，從它身上可以產生完美協調的音色來，換句話說，比潘神的笛子還更和諧優美！他根本不滿意他的第一項發明，轉身去找他哥哥那些永生不死的牛群。

當他發現到牛群隊伍時，他便先取走五十隻，為了不讓偷走的牛群足跡被識破，他趕緊事先做好草鞋，然後很小心翼翼地套在牛蹄上，就這樣牽著牛群倒退著走，來無影去無蹤，沒有被認出手腳來。他把畜牲帶到一處洞穴。只幾分鐘，他就獨自再造出火苗來。他獻上兩隻牛給神，然後度過整個晚上來驅散爐灶的灰燼。接著，他回到他家，那是邁亞懷他的地方，放置著他的搖籃，他重新睡回搖籃去，好整以暇地，裝成像是小綿羊般天真無邪的小嬰兒。他母親對他的斥責，他只是快快地回應她說，他受夠了他們這麼貧窮，他想要變得很富有。到此我們已經曉得，他是以怎樣的身份，同時成為日後商人、記者和竊賊的守護神了。小神嬰的第一天還挺忙的。

當然，阿波羅最後還是發現了祕密。當他找到宙斯的小嬰兒時，他威脅說，如果不將他的牛群還給他，他就要將小嬰兒丟到塔爾塔羅斯去。赫米斯對神發誓（的確，還真的就是對這個對象發誓），辯稱自己是無辜的。阿波羅正把他高高舉起，準備將他丟得遠遠地，可是這個赫米斯跟他開了一個玩笑，讓他鬆了手，到最後，爭執不下，交由宙斯判決，但宙斯也是，被他過人的早熟老練逗得大笑起來。其實，他對他的么兒感到非常驕傲。介於阿波羅和赫米斯之間的爭端仍然持續，但是後者亮出他的王牌，里拉琴，然後以極精湛的技巧演奏，讓阿波羅和宙斯都瞠目結舌，旋即被這小男孩的魅力深深吸引住。深深著迷的阿波羅，這個音樂之神，對於他還一無所知的樂器，發出美妙的音色，感到驚愕不已。他跟赫米斯以里拉琴交換，承諾願意讓赫米斯變得既富裕又有名。可是，這個小傢伙還繼續跟他討價還價，最後又加上一項，讓他看管他哥哥那一大群牛！甚至，為了表示他自己很慷慨大方，阿波羅還奉送給他牧牛羊的鞭子，以及能變富裕的神奇魔棒，這根魔棒，日後將用來作為象徵赫米斯的標誌，即著名的雙蛇環繞的神杖，我稍後會再告訴你這段故事。

里拉琴會作為神聖樂器的原型和最傑出的阿波羅象徵，就因為有前述的背景。想要瞭解彌達思故事涵義的深度，就必須從整體來看——人們通常以為它只是次要的故事罷了，其實完全誤解了——阿波羅屬於宙斯這一邊，也就是說，他是時時刻刻為建立、維護宇宙秩序而盡力的奧林帕斯神。這個秩序同時代表了公平正義，因為那是在宙斯打敗泰坦神之後，經他最初分配裁決奠定的結果，而且也代表善與和諧。然而，卡厄斯和他眾多的子孫，以及從堤豐為首變種的那些混沌的暴力，從地底不斷作亂，無時無刻不威脅著不堪一擊的和諧。阿波羅，在這裡是奧林帕斯神力量的表徵，反卡厄斯、反泰坦神之混亂無序，並且與裝飾於德爾菲的阿波羅神殿那句「要自己去認識你自己」的著名箴言是緊緊連結在一起的。換句話說，就像我跟你解釋過的：「知道自己的位置和自然賦予的安居之所，然後安於那個位置！」沒有雜沓失序，也沒有狂妄傲慢和逾越無節制來擾亂宇宙的完美協調！如果說阿波羅喜愛音樂，那是因為，音樂乃是宇宙的隱喻。戴奧尼索斯，無論從哪一方面來說，都是阿波羅的對立面。顯然地，戴奧尼索斯也是奧林帕斯神，宙斯的兒子，而我們稍後會看到，他是如何集宇宙及混沌於一身，集永恆與時間於一身，以及，如何集理性與瘋狂於一身。然而，在他身上尤其令人驚駭的是，他的「反宇宙性」：他對宴饗和酒色之喜愛狂熱與殘酷到極點，使得一群女人瘋狂地追隨著他。當然，戴奧尼索斯自己也是音樂之神，只不過，他喜愛的音樂不是阿波羅式的：他喜歡的音樂是野獸的、激烈而放縱的，而不是溫柔和諧的音樂。換句話說，那不是緩和情緒的音樂，相反地，乃是很放縱地以猥褻的方式表現出的最原始激情之歌。潘和馬爾西亞斯的笛子即是它物化的樂器。

以下的章節，是年輕的尼采論述關於阿波羅和戴奧尼索斯的差異，見解非常公允，而且極具深度：

「作為道德之神的阿波羅，要求他的人民能夠自制，為了要遵守這種自制，便需要一種自我認識。因此，我們發現隨著美的直覺需求，便產生一種『認識你自己』和『不太過度』的要求。所以，驕傲和過度便被視為非阿波羅世界的有害的惡魔，因而也是前於阿波羅時代的特徵——即泰坦時代的特徵——也是阿波羅以外的世界特徵，即野蠻世界的特徵。正是由於普羅米修斯對人類所表現的那種泰坦式的愛，所以他必須被兀鷹片片啄食；就是由於伊底帕斯具有過人智慧而能解答獅身人面怪物的難題，所以他必須被投入罪惡的深淵：德爾菲神祇用這種方式解釋希臘的過去。同樣，阿波羅式的希臘人把戴奧尼索斯精神帶來的結果看作是泰坦式的和野蠻的；但是，他們無法對自己隱瞞一個事實，那就是說，在本質上，他們和這些被推倒的泰坦巨人和英雄們有關。誠然，他們所感到的不止於此，他們整個存在及其適度的美，都是建築在一個痛苦和知識的基礎上，而這個基礎在被戴奧尼索斯再度揭開之前，他們是不知道的。看呀！沒有戴奧尼索斯，阿波羅是不可能存在的。泰坦主義和野蠻主義的因素，居然和阿波羅因素一樣的重要。現在，讓我們想像，酒神節狂歡的聲音如何更動人心目地透進那被人為限制和思慮的幻象世界，這個喧鬧聲如何表現出整個暴亂的自然——快樂、憂傷、知識——甚至達到一種尖銳刺耳的程度；然後，讓我們想像阿波羅藝術家如何在群眾的瘋狂旋律之旁響起那微弱而單調的豎琴之音——那支配幻象藝術的靈感，在一種熱烈表達真理的藝術之前，顯得蒼白無色了⋯。於是，『過度』乃顯示為真理，而矛盾以及從痛苦中產生的快樂，便從人性的深處表達出來，因此，凡是聽到戴奧尼索斯聲音的地方，阿波羅標準似乎就受到了牽制和破壞。㉖」

尼采，他自己本身也是傑出的音樂家，他完全理解三件最基本的事。首先，在神話故事中，音樂競賽的主題絕非微不足道，而是根本的題材，基於一個很基本的理由：音樂，由於它將和諧的理念置於藝術的中心，所以是一種隱喻，一種宇宙的類比，或者，就如尼采自己所寫的那般：「音樂是世界之摹本，與原始太一的複製品。㉗」其次，在阿波羅與戴奧尼索斯之間的對立——儘管在這裡登場的，是作為戴奧尼索斯表徵的潘或馬爾西亞斯，可是，大家都明白，他們只不過是假面，只

㉖《悲劇的誕生》，第四章。（譯者註：本段譯文引用自尼采著《悲劇的誕生》，第三十四頁至三十五頁，劉崎譯，志文出版社，1985，台北。）

㉗同㉖。第三十八頁至三十九頁。

是戴奧尼索斯的表象罷了——再一次，他們的對立，一如世界最初那樣，總是關涉到卡厄斯混亂與宇宙秩序對立的問題，總是紊亂無序的泰坦神跟宇宙的奧林帕斯眾神之間的問題。第三點，顯而易見的，阿波羅所象徵的穩靜和諧，以及由戴奧尼索斯代表的矛盾激烈，這兩個神祇世界之間，即使表面上看來他們的對立是那麼地極端，但事實上，彼此卻密不可分：一旦缺乏宇宙的和諧，紊亂無序就凌駕一切，則一切都會被蹂躪；但缺少了混亂，僅剩宇宙的秩序則靜止如死，所有的歷史都將消失。

尼采寫下他那本希臘悲劇的著作時，深深受到哲學家叔本華的影響，當時尼采仍視他為師長，不過，日後則與之分道揚鑣。而叔本華才剛出版一本很重要的書，書名乍看下很難懂：《意志和表象的世界》。我不打算在這裡概述它——這部卷帙浩繁的書晦澀難解——不過，我還是可以讓你了解，貫穿這部書主要的通奏低音是什麼：我們的世界是二分法的世界。這是讓叔本華堅信，並讓尼采借來研讀的希臘人的理念。一方面，有源源不息的猛浪潮流，既紊亂無序又裂解錯雜，不具任何意義，而且基本上無意識，叔本華稱此潮流為意志；另一方面，相反地，有一種不顧一切的絕望企圖，意欲讓一切清晰明徹，欲使所有秩序重建，歸回寧靜與意識清明當中，並賦予意義，總而言之，就是變得和諧：而這就是叔本華所稱的「表象」。尼采便將這個區別貼到希臘世界裡：在荒謬怪誕而裂解的意志世界，對應著泰坦神暴力的原始混沌，就奧林帕斯山的範圍來說，具現此一世界到極致的，莫過於戴奧尼索斯；表象的世界，對應著由宙斯奠定的宇宙秩序、和諧寧靜與美好。當然，就叔本華的意義而言，阿波羅的里拉琴屬於「表象」的世界，至於笛子，是戴奧尼索斯式的、泰坦神的，混沌紊亂、未經教化及反宇宙的，則屬於另一個世界，依叔本華之意義，則是意志的世界。此外，總有兩種音樂彼此之間爭論不休：和諧、恬淡、宇宙祥和及有教養的音樂；另一方面，則是不協調的、粗暴的音樂，仿傚的是意志最原始而無意識的激情烈欲。老實說，在希臘人的世界觀裡，所有精湛的音樂都必須融合這兩個世界。彌達思，一個低俗鄙陋的老粗，是比較接近大自然的，偏向於戴奧尼索斯。所以說，戴奧尼索斯之所以會成為他的朋友，絕不是偶然，就像西勒諾斯和潘那樣。而且，如果說戴奧尼索斯的隨行隊伍成員，往往是些半獸半人，而且都好色成性，縱情在極度狂熱興奮的酒宴歡會裡，也絕非偶然。

換句話說，在彌達思的寓言裡所演出的，或者說再上演的故事，從表面來看，不過也僅只從表面看罷了，雖說好像很微不足道，卻是宙斯對抗泰坦諸神的再一次勝利。而如果說阿波羅之所以會勃然大怒，並非像人們有時候笨到以為他是被得罪而「惱羞成怒」那般——他那樣一個崇高至尊的神祇，有必要對付愚笨可憐的裁判彌達思嗎？——並非如此，而是因為，他生來就是必須要對抗傲慢狂妄的，不管那是以任何型態呈現出來的。奧林帕斯神生來的神聖使命，就是在傲慢狂妄仍處於萌芽狀態時就制止它。對彌達思的處罰，哪裡犯錯就處罰哪裡，所以就是他的耳朵，按照其過失對應他該受的懲罰。對馬爾西亞斯，則以酷刑懲處：彌達思是一個粗蠻的笨蛋，他根本就沒有搞懂，音樂競賽具有向宇宙挑戰的意義。他活該受這樣的教訓，變成一隻蠢驢。一個輕微的警惕，對他已是綽綽有餘了。可是對馬爾西亞斯則不同，必須將他當成一個示範教材：馬爾西亞斯與彌達思不同的是，他直接向神挑戰，帶著威脅性。假如我們看不出這樣的蔑視和挑釁，對雖被征服仍脆弱不堪一擊的宇宙秩序而言，是孰忍孰不可忍，則我們就無法解釋，懲處他的時候所施加的暴力意義究竟何在了。確切地說，僅只在表面上征服，隨時都會動盪不安的宇宙秩序：正是大海怒濤永無止息地顯現混沌紊亂隨時隨地捲土重來的威脅。由於人們沒有領會阿波羅盛怒的根源，某些神話傳記作者竟然還寫出他在殺了馬爾西亞斯之後懊悔不已的情節。不過，那都是某些作者各自杜撰的，而不是神話真正的故事。

你所看到的彌達思故事之發展，它以一種幾近滑稽的方式開場，卻很奇怪地以悲劇收場：總之，希臘悲劇最確定也最強而有力的原動力之一，就在於這種強烈反差之中，而被藐視的宇宙，就在這種劇烈裡面，由諸神親自重新行使權力，來對抗人類的傲慢狂妄。

不過，我們不要太早下結論。就像我跟你提過的，我們都還不在那裡，而且儘管有這一小段附註的故事作為開胃小菜，但是我們所處的階段，生命有限的生物，尤其是人類的位置（因為動物也包括在內），尚未確定下來。我們知道泰坦諸神在哪裡，而且跟他們在一起的有堤豐——他們都被緊緊地綁在塔爾塔羅斯，由百臂巨人牢牢地看守著——我們也相當清楚，紊亂無序具有怎樣的威脅，但從今以後受到相當程度的限制。我們也曉得，每一個地方或任務都回歸到每個特別的神：海洋是歸波塞冬，冥府是歸黑底斯，大地歸蓋亞，天空是烏拉諾斯，愛與美歸愛芙羅黛蒂，暴力與戰爭是阿瑞斯，傳播是歸赫米斯，才智、藝術和計謀則歸雅典娜，地獄的深淵是塔爾塔羅斯……等等。然而，在宙斯庇護下，經過安排的這個宇宙裡，什麼位置是留給生命有限的人類？就現階段來看，什麼都還不能說。

不過，問題是很顯而易見的，因為，就再說一次吧，理所當然地，是人類發明創造所有這些神話故事，人類以奇妙不可思議的精細佈局編排神祇誕生及宇宙誕生的故事。如果說是他們撰寫創作出這些來，那麼，絕對不會是白費心機，不會只是以娛樂消遣為目的而已，是為了環繞在人類身邊的宇宙以及我們自身必須要過的生活賦予某些意義。是為了嘗試理解他們在這地球上所做的事，企圖為他們的存在勾勒出意涵來。就在普羅米修斯的故事、第一位女人潘朵拉，及著名的黃金時代這三則彼此不可分的故事裡，希臘文化要開始回答這個最根本的提問。在一部題名為《工作與白晝》

的詩集裡，赫希歐德以細膩的手法將這三個故事緊密連結在一起，直到今天，我們都還看到文學、藝術和哲學精湛地接續與發揮這些故事。我現在想建議你接著讀的，就是這幾則故事。然後我們就可以專心來讀幾則神話故事——針對幾個傳說中的英雄人物，以及那些我們一般稱為英雄的人，在瘋狂無度的狀況下所犯的**驕縱妄為與公平正義**的偉大神話故事。

（二）、從永生不死的神到必死之身的人類：為什麼以及如何創造出人性？

最初記載黃金時代神話的赫希歐德，在他的著作裡，將黃金時代的神話與五個時代的神話混淆在一起，或者，更確切地說，若按照希臘文的字母，黃金時代的神話則是與五種人類種族的故事有關。赫希歐德告訴我們，五個不同的人種接連而來，不過，就不同的層面來看，這五種不同的人性，可以看作跟當今的人類或多或少都有關聯。

整個神話故事都圍繞在**混亂**、**傲慢狂妄**與**公平正義**[28]的問題上：神話勾勒出人類跟宇宙在基本上的分享，是處在和諧與公平正義的生活，或相反地，是混亂狂傲妄為與無序的存在。有時人們說，赫希歐德是在與現實相同的狀況下寫就這首詩的。這說法也許有一部分正確。赫希歐德才剛經歷過一場艱辛的災難，發生兄弟鬩牆的激烈衝突之後，他這首詩就是為此而寫：赫希歐德的兄弟柏希斯竟在父親過世後宣稱擁有多於實際分配給他的財產（因此，他就是犯了驕恣妄為的罪愆）。他

㉘就像凡爾農以很出色的手法指陳這一點。而這三則故事的描述，基本上，我是受到凡爾農的啟發。

甚至收買了調查這樁遺產訴訟案件的官員，讓法官做出有利於他的判決。赫希歐德這首寫給他哥哥的詩，之所以會論及公平正義，其實是有這樣的背景。不過，赫希歐德將他個人的遭遇和神的誕生、宇宙誕生的神話故事連結在一起，擴大了故事的範圍，使得他的作品不至於局限在個人特殊的事例上。反之，這部著作以很普遍的手法描寫，在宇宙秩序乃受神庇護安排的觀點下，鋪陳合於公平正義的美好生活，對比受驕傲狂妄所支配的惡劣生活。儘管赫希歐德的詩表面上看來帶有道德教化的意味，然而，這部詩作卻蘊含了更深遠的意義。因為是他首開先河，在宇宙誕生故事及眾神誕生的神話故事之後，論及我們尤感興趣的問題：今天我們所熟悉的人類誕生故事。對我們這些生命有限的人類來說，最根本的挑戰在於理解為什麼我們會出現在那裡，以及理解，在這個誠然是屬於神而且已經過安排的世界，有別於神的必死人類，必須盡可能把握擁有的短暫生命之存在的人類，什麼是我們竭盡所能應該致力而為的事。

我先跟你簡單扼要地講這五個人種的神話故事作為開場，然後，我們會停留在普羅米修斯及潘朵拉精彩的神話故事上久一些，以便嘗試領會對人類生活智慧，這些重要的神話蘊含了哪些意義。

黃金時代的神話及「五種人類種族」

首先有黃金時代，是至高的喜樂幸福時代，因為這時人們還與眾神共同生活在一起，並且相處融洽。在這個時代，人類都還遵循公平正義，他們都是正直的人。也就是說，他們並不會驕縱為所欲為，不至於過份要求超出自己該得的部分，也不會對自己的本份和構成世界秩序的一切毫不領情感激。赫希歐德還告訴我們，在那個時候，人類享有三項美妙的特權，我敢保證，這些特權，到今天你都還會想要擁有。

首先，他們都不需要為了學習技藝或為了活下去而工作：大自然是這麼地富庶豐饒，賜予人們大自然的一切——如同伊甸園，聖經神話裡鼎鼎大名的亞當與夏娃的失樂園——享用讓人活得安逸舒適所應具備的一切：土地上最美味可口的果實、眾多最鮮嫩肥美的家禽家畜、最清新的泉水與源源不絕的河流，以及溫煦穩定的氣候，總之，就是食衣住行，樣樣不虞匱乏。

其次，他們不知道什麼叫痛苦煩惱，也不曉得生老病死的滋味，因而過著遠離疾病苦痛和煩憂折磨的日子，不像凡常人們會遭遇到的那樣。他們也免於承受我們今天幾乎常常得面臨的不幸與苦難。

最後，儘管他們還是必死的人類，但我們大概可以說，他們是「盡可能地少死去」，赫希歐德告訴我們，他們辭世卻沒有痛楚也沒有憂懼，「彷彿沉沉安睡中」。如果說他們「勉強是必死的存在」，那是因為，很簡單，他們並不懼怕像一眨眼般突如其來而不製造任何麻煩的死亡，因而，他們最接近眾神，並與神分享日常的生活。

有一天，當這個人種由於消失（根據赫希歐德的說法是「藏在地底下」）而結束，這群人並沒有完全死亡。他們變成了希臘人所說的「精靈」。注意，對他們來說，這個字眼毫無基督教傳統所賦予而我們今天很習以為常的負面意涵：相反地，是善心和藹與公正的精靈——假如你想要依照基督教傳統來類比的話，是可以比之為「守護天使」——他們都有能力辨別公平正義與驕縱狂妄，辨別善惡以及節制與過度之差異。基於這種敏銳的判斷力，他們將從宙斯那兒獲得非凡的特權，讓他們依人類行為舉止的好壞來為人類分配財富。至於能夠顯示出這些存有在他們死後，仍然以某種形式繼續存活著，而且活得很好的，即是在於他們一旦轉化為精靈／守護天使，他們就與活人在一起，**同在地上人間，而非下界陰間**，不像那些被神懲罰的惡鬼得待在暗黑的地獄中[29]。

因此，接著就是白銀人種的時代來臨，由一群心智幼稚而存心不正的種族統治，然後，是銅人的時代，同樣是一群令人討厭、望之生畏而且嗜血與暴力如命的人種。接著是英雄的時代，他們也酷愛爭戰，但驍勇高尚，最後他們以待在幸福島嶼（蓬萊仙島）過著類似黃金時代的極樂生活告終。我把他們的描述[30]暫擺一邊，以便直接進入最後一個時代，即鐵人種的時代，換句話說，就是

㉙赫希歐德把這個黃金時代也稱為克羅諾斯的時代，就我剛才跟你講述的宙斯對抗泰坦諸神的著名戰爭看來，這樣的命名有點奇怪。不過，如果我們相信赫希歐德的話，那麼應該說，克羅諾斯雖然後來犯下那些罪過，但他還是第一個統治者，在被宙斯征服而打入塔爾塔羅斯之前，他還是宇宙最初的主宰。此外，你會從接下來的詩裡讀到，奧林帕斯山的主宰最後還是原諒了他的父親，並且恢復他的聲譽和地位。

㉚以下就是對他們的概述：銀人族也是直接由奧林帕斯山的神創造出來的，就跟黃金族一樣不會衰老。不過，他們保有持久的年輕，意義卻截然不同：在百年當中，那些銀族人過得像孩童一般。也就是說，他們並非像黃金族已是發育良好的成人，而是一些幼稚的人類，一旦他們成熟，就會被極端的狂妄無度左右身心舉止，致使他們很快就死亡。他們不只是極端殘暴，而且也拒絕拜神，拒絕為他們獻上牲品、舉行相應於神的崇敬儀典。他們如此缺乏公理正義，對各種生物存在之間確切層階序位一無所知，宙斯因此惱怒，於是自行決定讓他們消失。我們也可以說，這些人完全就是惡神的形象：一如堤豐或泰坦諸神，當他們與奧林帕斯眾神大戰時，他們並非謀求建立恰如其分而和諧的宇宙秩序，相反地，他們根本就藐視這些，一心要毀滅殆盡。這也是宙斯不得不設法解決他們的原因了。反之，黃金時代的人類很相稱地順應奧林帕斯眾神保護下安排處置皆得宜的世界秩序——這也是他們何以能與諸神和諧共處的原因了。當銀人時代的人類在宙斯的意志下消亡，他們也化為惡魔，不過這些惡魔與最初的不同，他們就跟「混亂的」惡神們那樣，被打入地底暗黑的地獄冷宮裡。意思就是他們被重重的懲罰了。第三個人種是銅人種，他們與前兩者的身份都不同：是很有限的人種，因為他們可以說是為純粹的戰爭暴力而存在的人類。他們只知道殺戮，而且殘忍至極，空前絕後。他們凶悍可怕，不僅僅握有銅的武器，甚至也住在銅牆的房子：他們的生活周圍盡是冰冷，無溫暖舒適可言。他們的住處就與他們的形象一樣：金屬製、剛硬冷漠而且空蕩空虛。如果

我們的時代以及我們人類。而就在此處，這一回，我們可以說，赫希歐德的描述是一種啟示錄。這個時代，確實是所有時代當中最糟糕的時代。在鐵人種的時代，人類不斷地勞苦、為各種痛苦悲哀煩憂：沒有一種快樂不是緊緊伴隨著痛苦，沒有一種良行善事不是像銅板有正反面那樣，總牽連著惡的一面。人類不僅以極快的速度老去，而且他們還得為了生存而工作。再者，我們還僅只是處於這個時代的開端而已，事態可能每下愈況。為什麼？很簡單，因為這個鐵人種的人類**驕縱**和**逞意妄為**的生活方式，狂亂無度，全然不知節制，就跟青銅時代人類般粗暴、罪惡多端，這種生活方式已蔓延、玷污到所有人類存在的面向領域了。妒嫉、欲求和暴力終日縈繞在這個人種心中，他們既不尊重友誼、誓言，也不敬重任何一種形式的公平正義，遂導致住在大地上還靠近人類的最後諸神可能從此就不顧人類，回去奧林帕斯山了。這個時代的人類，與美好的黃金時代恰成極端的反比。那

說第一個人種是善類，對應於有益於宇宙的善神，第二種是對應於混亂暗黑的冥界惡神，那麼，第三個人種就是對應於巨人族：就像巨人族，他們注定是要以希臘人說的「暗黑無光的」死那般沒沒無聞地死去，那在希臘人眼中悲慘至極的死，在最幽暗地底深淵而絕無可能從中逃離的死。銅人種的人類迫於彼此互鬥，最後終於同歸於盡，因而根本不需要宙斯出面重整宇宙秩序。第四個人種是英雄的人種，他們也致力在作戰，不過，與銅人種迥然有別，他們操練作戰，容我們大膽地說，是出之於公平正義和榮譽，而不是受純粹暴力的**驕傲狂妄**所驅使。像阿奇里斯、赫拉克勒斯、鐵修斯、尤里西斯或伊亞宋，這些英雄時代的人，他們英勇的輝煌事蹟，使他們名留千古——不像銅人種沒沒無聞——毫無疑問地，他們當然是戰士，不過，他們更是尊貴之士，對於尊重神祇和找尋自身在宇宙秩序中的安棲之所都非常關心。這也是為何赫希歐德稱之為「半神」的這些英雄，會像黃金時代的人類那樣的原因了：他們也並非真正死亡。在他們所處的時代當中那些最驍勇的英雄，都由宙斯安排到一處絕佳的福地樂土「蓬萊仙島」，受到已被奧林帕斯天王釋放和原諒的克羅諾斯的保護，在那裡過著跟黃金時代的人同樣的生活，不需要勞動工作，無憂無慮也不知疾病痛苦，永遠生活在甜美幸福生活所需之一切皆不虞匱乏的豐饒土地上。

個時代，人類還與神保持友善，和睦相處，不必幹活勞動，無憂無慮，而且（幾乎）不會死亡。這個衰退時代的鐵人種逐步走向災難的結局：假如他們還堅持朝這個方向走的話，就像赫希歐德兄弟鬩牆的事引人長思那般，則萬事只有惡，錢幣的另一面就沒有善的存在了。那麼到最後就藥石罔效了。在驕縱妄為裡沉淪的生命，與宇宙秩序齟齬不合的生命，我們看到的這些犯下最大罪行的生命，究其實，就是根本不敬重神祇的人。

這一則神話曾經引發而且還一直引發許多質問，並且提供了各種解釋，版本之多簡直難以置信。不過，在所有的問題當中，有一個問號是顯而易見的：人類是如何以及為什麼從黃金時代來到鐵人的時代？這種衰落式微、精神上的一無依傍，究竟是從哪裡來？為了以另一種截然不同視域的語彙試著說，聖經的語彙——在這裡剛好是這麼貼切的語彙——要如何解釋這種與「天堂」從此失落無關的「墮落」呢？普羅米修斯與潘朵拉，這兩則密不可分的故事，就是要直接回答這樣的問題。這裡，在指出幾個針對同樣神話題材，描述卻相異的版本之前，還是讓我們再度跟隨赫希歐德的兩部詩作《神譜》及《工作與白晝》，繼而再來讀，特別是哲學家柏拉圖和希臘悲劇詩人埃斯庫羅斯的描述。

普羅米修斯的「罪」，將第一個女人潘朵拉送到人世間的懲罰，以及「對工作的人類而言最大的不幸」

當我們讀赫希歐德的詩作，我們很容易地知道，普羅米修斯的神話和潘朵拉的神話，試圖解釋從黃金時代過渡到鐵人時代的動機：且將其他三個時代存而不論，這兩個時代是為了要突顯出人類究竟是如何從一個極端來到另一個極端。當然，這個過程乍看之下是災難的收場。然而，關鍵就在於我們，在於我們處在宇宙、種種元素和眾神當中的特殊立場。而且也就是從這個位置立場上，我們必須提出人類存在的問題，必須問，在這世上，我們該當尋找，並可能找到的是怎樣的道路：因此，絕不可能思索必死人類的智慧，卻絲毫不考慮人類終將一死的獨特處境，而這處境乍看下，在宇宙中又是這麼悲慘不幸。

為了讓你充分領會這個神話的意義，我必須先跟你說說普羅米修斯這個中心人物。人們常把他列在泰坦神當中，實情卻有些不同，因為他不屬於克羅諾斯這一代。事實上，他只是泰坦神的兒子。更確切地說，他是克羅諾斯兄弟之一的亞培多斯與克呂墨涅（Clymène）的兒子。而克呂墨涅則是一位有「美麗腳踝」的漂亮海洋女神，換句話說，她是泰坦眾神的姐姐歐克亞諾斯的女兒之一。普羅米修斯的名字（Prométhée）在希臘文裡帶有說明意味十足的意涵：指的是「事先思考的人」，亦即就正面的意義而言，他很聰明狡黠，好比一個棋士總是比他的對手「領先一步」。普羅米修斯有三位兄弟，但命運卻很淒慘——不用懷疑，是因為一連串宙斯對付泰坦眾神的戰爭引起的，命運使得那些泰坦神的子女變得一點也不神聖：首先是阿特拉斯，他將被宙斯懲罰永遠以他「不知疲憊」的雙臂將世界扛在頭上；其次是門諾提俄斯（Ménoïtios），他被奧林帕斯的主宰擊斃，因為宙斯認為他太無法無天，狂傲妄為到很危險的程度；最後是埃庇米修斯（Epiméthée）。埃庇米修斯的名字也代表一個意涵，恰好與普羅米修斯的相反。在希臘文裡，pro 指的是「先於、在前」的意思，而 épi 就表示「事後」。因此，埃庇米修斯就是後知後覺的人，總是不加思索地反應，卻總在事後才恍然大悟，這樣的一個傻瓜，人們叫他「事後諸葛」（l'esprit d'escalier，字面的意思是「心思像爬樓梯」一樣慢吞吞），也就是說，腦筋遲鈍。他卻是宙斯拿來報復普羅米修斯與人類的主要武器，而這場報復也讓時代從黃金時期進入了鐵人時代。不過，我們稍安勿躁。

讓我們興致盎然的這幕戲開演時，場景是在一大片廣闊的平原上。那時，人類還與諸神和諧共處：在梅可涅平原。我們還是一樣，根據赫希歐德的描述，他們過著「受保護、遠離悲慘不幸，無須辛苦勞動，也不必遭受叫人傷心而讓人類死亡的疾病之苦」的生活，而且「在不幸中迅速老去」。你可以毫不費力就辨認出那是黃金時代。當時仍然是美好的時光。這一天，宙斯決定「解決人類與神之間的糾紛」。但究竟是為了什麼原因，赫希歐德並沒有告訴我們。實際上，問題在於繼續宇宙的建構工程：一如宙斯很正確地分配與他地位等同的其他神祇各自應得的領域，給每一位的，就如羅馬法所訂的：「各行其是，各取所需」。同樣地，現在宙斯必須決定，宇宙的哪一部分是他要給予凡人的。也就是說，什麼是凡人的命運。因為，現在是牽涉到他們了。在這個龐大的計畫裡，為了將來要限定哪些屬於神，而哪些又屬於凡人，於是宙斯就命普羅米修斯宰一隻牛作為犧牲，並將這隻牛公平地分給雙方，而這次的分配，在某些方面來說，是畫分神與人的範圍，適用於將來神人關係的典範。

茲事體大，普羅米修斯又自信他所做所為的目的，確實是為了幫助凡人——這也是為何人們都說他總是反抗奧林帕斯眾神的原因，或許就因為他是泰坦神的後裔，所以他不全然是第二代神的朋友——他設下一個陷阱對付宙斯：他將牛分成兩份，一邊是凡人喜歡吃的牛肉，以牛皮覆蓋遮掩，準備留給人類。當然，這堆牛皮是難以下嚥的，為了確保分配的結果萬無一失，他把這一份弄得噁心難吃的樣子，好像不是為酬神而準備，絕不讓宙斯有機會選擇它，他把全部好吃的肉塞進已殺掉的公牛那倒盡胃口的牛肚牛胃裡；另一份，他將牛身上白花花的牛骨全部收集起來，仔細地清洗到乾乾淨淨，這樣的處理，凡人當然也沒辦法吃了，他再將骨頭全部塗上油膩膩的油脂，看起來就忍不住垂涎三尺！我提醒你，宙斯曾經吞下善於計謀的墨提斯，他還是所有的神當中最聰明的，不會被普羅米修斯的技倆所騙。很顯然地，宙斯已看穿他的騙局，見他送上門來，對於他膽敢設計詭詐的念頭感到非常憤怒，宙斯佯裝上當——並且早已胸有成竹，準備好可怕的手段，要報復普羅米修斯，以及在這件事情上相信可以聰明應付的凡人。宙斯選了那堆塗滿發亮牛油脂的白骨頭，把覆蓋大塊肉的那一堆留給凡人。

順帶一提[31]，宙斯並沒有掙扎太多就放棄那些肉，留給凡人，是因為一個絕妙的理由：奧林帕斯山的神從來就不吃東西！他們除了唯一適合神祇的神食和仙露玉液以外，什麼也不吃不喝。相當具關鍵性的這一點本身已經宣佈了，都是因為普羅米修斯的過錯，人類馬上告別黃金時代，而整個人類苦難的這一方面就要降臨：唯有必死之身，才需要靠攝取肉啊麵包：這些食物來吸收養份，補充體力和元氣。神之所以享用是基於享受消遣的樂趣，再者，那些仙露玉液是那麼地美味。不像凡人之所以攝食，首先是基於維生的必要，假使不這麼做的話，總之他們就會死得更快。因此，保留肉給凡人，而把骨頭獻給神，事實上是認可凡人會死的這件事，以及他們由於勞動而迅即疲憊，始終都在尋覓食物，一旦缺乏食物就會導致衰弱、痛苦、生病以致於很快地餓死——很顯然地，這些都是神所無法體會的。

儘管如此，普羅米修斯試圖欺騙宙斯，相信這是為人類好（他這麼認為），宙斯因此大發雷霆。為了懲罰他們，宙斯再也不給他們來自天上的火，那是人類用來取暖的火，尤其，那還是燒烤

㉛凡爾農也在這一點上很精準地強調出來。

烹煮讓他們存活之食物時使用的火。對於希臘人來說，燒烤烹煮這件事，是人類最具人性的指標特徵之一，是它最確切地讓人類置身在跟神及動物之間等距離之處：因為神不吃食物，而動物只生食。正是這個特異性，所以，當宙斯將火從凡人手中奪回時，凡人就輸了。尤有甚者，第二個懲罰，赫希歐德以帶點謎團的措辭跟我們說：「宙斯把一切都藏起來了」。實際上這表示了：不像在黃金時代，遍地有果實纍纍，每個季節都為了凡人的食慾而供應無窮，現在種子被宙斯藏起來，必須耕耘才能從種子長出果實，變成可攝取的食物。從此必須犁田、播種，以便讓麥子發芽，然後收割麥田、磨麥粉，還得烘烤過才能製造出麵包。因此——這一點是很重要的——就是隨著勞動的誕生，這是一種艱辛的活動，而開始了脫離天堂世界的墮落。

普羅米修斯會犯下褻瀆天王的第二個罪狀，原因就在此：他就是把宙斯的火種偷走，交回給凡人！所以啦，宙斯這次怒氣衝天，可以說是怒不可遏。所謂道高一尺，魔高一丈：宙斯也搞一個詭計——可是，天哪，這是什麼陷阱——竟然是把矛頭指向普羅米修斯千方百計想保護的人類！他命令赫菲斯托斯，以水和泥土，儘快製造出一個「人見人愛的」年輕女子塑像，一個會讓愚蠢的人類瘋狂愛上的女子！全部七星神都賜給她一項才能、一項恩惠和一種魅力：雅典娜教她紡織的技藝，愛芙羅黛蒂送給她絕世的美貌、激起「讓人痛苦」的欲望，以及挑起「讓你受傷害」的煩惱。換句話說，潘朵拉，問題全在於她，她是用來誘惑的女人。赫米斯，這位傳播與商業之神，也是狡詐又對誘惑很在行的神，而且在斤兩上慣於弄虛造假，他把「惡狗般的心和鬼鬼祟祟的舉止」放到潘朵拉身上：也就是說，這個女孩總是「貪得無厭」，一如赫希歐德講的，這就是「惡狗般的心」的意思。她在任何一方面永遠都貪婪、不知滿足：在飲食、錢財、禮物方面，永遠都奢求更多，而且，當然，在性慾方面，她的要求也永遠無止盡。對於玩樂，她的興致是潛在性地永無休止——所以，儘管男人想盡辦法要滿足她，但很快地，精力就消磨殆盡了。至於她那「鬼鬼祟祟的惡習」，表示她能夠誘惑任何一位，因為，所有最高竿的手段、計謀和謊言她樣樣精通。為了讓這幅迷人的美人圖趨近完美，雅典娜再贈與她全套豪華絢麗的服飾行頭，赫菲斯托斯為她精製漂亮的花冠和綴飾，作工細膩耀眼，無與倫比。其他的神，包括高雅三女神，那些我們稱為光陰之神，是宙斯與蒂美絲的女兒，甚至連女神都被說服，送禮物給潘朵拉，使得到最後，就像宙斯不懷好意地笑著說，可憐的人類，面對這樣的陷阱，對「工作的男人而言的黑死病」，他們絕對束手無策，面對這個外表看來高貴典雅，實際卻相當可怕的女人，她「以歡愛玩弄男人」，讓他們為之傾倒。這些容易上當的傻瓜，就在「春心蕩漾」中「依戀著他們自己的罪惡」。

這裡你必須注意一點，普羅米修斯和宙斯有著極相似的奸計狡詐。彼此工於心計的鬥智，是一招套一招，一直到最後：就像在和諧的宇宙中，每一個懲罰都必須對應一項罪過。普羅米修斯企圖以表面功夫瞞過宙斯——他把不能吃的骨頭藏在一層層令人不禁食指大動的油脂裡，反而將令人垂涎欲滴的肉藏在噁心的牛肚裡？沒關係！宙斯也玩起虛晃兩招的把戲：潘朵拉有可拍胸脯擔保的一切外表的幸福，骨子裡，她卻是不折不扣的婊子之后，這燙手山芋都嫌來不及甩了，更何況是當成禮物！

此外，這位嬌豔到令人招架不住的年輕女孩，有一個名字：「潘朵拉」，既善於言辭，同時也是個百分之百的騙子。這個名字在希臘文裡的意思是：擁有全部禮物的那一位——因為，除非不是赫希歐德所說的：「在奧林帕斯擁有樓宇華屋的都送給她一份禮物」——否則就是表示「被全部的神送給凡人的那一位」的意思，一如某些人主張的那樣。不管怎麼說，都沒有關係，反正兩者皆可，這兩個說法都很貼切：潘朵拉在外表上擁有一切想像得到的可能的美德，至少就誘惑魅力方面是如此（不然的話，若要以道德方面看，你知道的，那就完全是另一回事了）再說，她確實是整個奧林帕斯山眾神派遣來懲罰凡人的。

因此，宙斯賦予這個創造物生命，然後召來赫米斯，命他帶潘朵拉到埃庇米修斯那裡。埃庇米修斯這個傻瓜，總是不加思索就作出反應，等到事後想起，已覆水難收，才後悔莫及。可是，普羅米修斯還是預先叮囑過他哥哥：不管是假藉任何理由，千萬不可收下奧林帕斯眾神的禮物。因為，他非常清楚，他們千方百計要報復他，並透過他，向凡人報仇。不過，很顯然地，埃庇米修斯掉入陷阱，瘋狂地愛上潘朵拉。她不僅會生下一些像她一樣擾亂男人生命的禍水紅顏，而且，她還會掀開一個怪異的「罈子」（不久之後，在希臘神話故事裡，我們就把它稱為「潘朵拉的盒子」），宙斯在裡頭精心放進所有的罪惡、不幸和痛苦，要來對付人類。最後只剩下希望留在這個致命的容器裡！我們可以從兩方面來解釋這件事。首先我們可以這麼想，人類甚至沒有什麼好值得為任何希望而堅持的，因為，希望並沒有從盒子裡溜出來。我們也可以這麼理解，而這一點，就我看來是更合理的，即把希望留給了他們，但這個希望其實是宙斯向他們讓步而施與的祝福。實際上，不要搞錯了：對希臘人來說，「希望」並非一項禮物。倒不如說，它是一種不幸，有負面的趨向：因為，「希望」表示處在永遠缺乏之中，這是一種由於我們缺乏而引起的欲望，因此，在某方面來說，就是不滿足和不幸的欲望。當我們期望痊癒，是因為我們生病了，當我們冀望有錢，是因為我們貧窮。因此，希望毋寧說是一種壞事而不是好事了。

不管怎麼說，以下就是赫希歐德在《工作與白晝》裡描述該場景的內容。我唸給你聽，因為這段內容很清楚地表明這三則神話故事之間的關聯（我在括弧內加上注解）：

「然而普羅米修斯還是跟他（即埃庇米修斯）說過了，絕對不可接受來自奧林帕斯山宙斯的贈禮，並且由於擔心壞事降臨到那些會死的（即必死的人類）頭上，要他將禮物退回去。然而他（還是埃庇米修斯）卻把禮物收下來。當他驚覺握在手中的是不幸，他終於明白（你知道的，他總是事後了悟才來懊悔萬分）。從前，凡人的部族居住在受保護的地方，遠離悲苦厄運，不必辛苦地勞動工作，也不必受會讓人生離死別的疾病憂傷折磨（在這裡，我們回到黃金時代的傳說，你也會看到，隨著潘朵拉的出現，人類將離開黃金時代）；那些必死的，將在悲慘不幸當中很快地衰老……。至於那個女人，當她以手掀開鐔子的蓋子，讓人類奇慘無比的一切醜惡都從裡頭冒出，四散開來（這個大甕即將變成家喻戶曉的「潘朵拉的盒子」。赫希歐德並沒有告訴我們，這個大鐔子從哪裡來，為什麼會出現在那裡。不過，顯而易見地，是宙斯把討厭的內容裝進去的）。唯一的希望留在她那座堅不可摧的房屋內部，緊緊地留在大鐔子邊緣內沒有外溢出來，第一，因為這個大甕很快地就又被蓋起來了，而且一切都在宙斯神盾的保護指使下（神盾 égide 這個字，是從希臘文表山羊之意的字 aigos 而來，表示由山羊阿瑪爾忒亞的皮所製作，而據說任何利箭都穿不透的鼎鼎大名的宙斯神盾）。就是這上萬種痛苦，在人間四處流竄（因為宙斯把所有可能的邪惡，和想像得到可用來處罰凡人的壞東西都裝進「潘朵拉盒子」裡了：包括所有種類的疾病、各種痛苦、恐懼、衰老和死亡…等等）。大地充滿了各種不幸與災難，大海上亦然。各種疾病在凡人的世界亂竄，某些是白晝時到來，某些則夜晚時忽然降臨，端看疾病變幻莫測的來去，而且始終悄悄地襲擊凡人，因為深思熟慮的宙斯把各種疾病的聲音都取走了（所有這些痛苦大難臨頭時，都毫無預警，我們也毫不可能預知）。因此，根本就不可能逃過宙斯的意志（懲罰人類的企圖）。」

這就是為什麼會因為潘朵拉的關係，或者說經由她，我們告別了黃金時代的原因。

這場恐怖的嚴懲的矛頭似乎只是間接地指向普羅米修斯，因為不是直接算到他頭上，而是他想要保護、防衛的人類，但這一次，再加上一個懲處，關鍵在於他是亞培多斯的兒子：宙斯將他五花大綁，高吊在一座山上，並且任由一隻巨鷹每天啄食他的肝臟。因為，普羅米修斯的肝臟是永生不死的，每個晚上都會長出新的肝臟來，因此他就得日復一日地承受苦不堪言的凌遲，永無終止之日……。後來，過了很久很久以後，普羅米修斯終於被赫拉克勒斯解救了。在一個比赫希歐德的文本還晚很多年之後才出現的神話描述，清楚地指出，宙斯被史迪克絲詛咒過——一個宙斯不可能解開的誓言——他絕對不會把普羅米修斯從岩石上解開。可是，宙斯也對他兒子赫拉克勒斯的冒險成果感到欣慰又驕傲，所以他也不能反對兒子的作為。為了不至於食言而肥，宙斯同意放過普羅米修斯，可是有一個條件，他必須不斷地繫一塊岩石上的石頭在鐵環上！人們說，這件與天空和解的事，是今天我們最流行的手飾之由來：鑲了寶石的戒指。

不過，讓我們回到凡人身上，以及潘朵拉故事所顯示的人類新處境。其中至少蘊含了三個教訓，你現在就最好試著牢牢記住，並理解它，以便能體會接下來的故事。

普羅米修斯和潘朵拉神話故事的三個哲學寓意

首先，假如潘朵拉的確是如赫希歐德所強調的那樣，是第一位女人的話，那麼這表示，在黃金時代，早於普羅米修斯在梅可涅平原分配那有名的牛肉之前，男人生活在一個完全無女人的世界。在這個世上，當然有女性，尤其是有一大群女神和女妖精，可是，凡人就只有男性沒有女性存在。這點由結果顯示出，他們不是經由一個男人與一個女人肉體結合所生下來的，而是通通依隨神祇的意願，以及透過神選擇的方式（當然，就像其他神話故事所描述的，讓人聯想到他們是直接來自土地）才將他們生下來的。這是很關鍵性的一點，因為，正是從男人與女人兩性交媾結合而來的誕生這件事，才使得必死的人類真正變成必死的生命。你記得，在黃金時代，他們並不全然真正地死去，或者，說得更精確些，他們盡可能地不死：他們以相當寧靜的方式消逝，在沉沉的睡眠中離開，沒有憂傷畏懼和痛苦，也從不想及死亡這件事。此外，在他們消逝後，他們成為某種生命，因為他們都化為精靈，化為守護天使，負責依凡人所作所為來分配他們的財富。隨著潘朵拉的出現，從今以後，必死的凡人確確實實是終會一死的了，而這個理由，是基於一個蘊含了更深刻的真實性在其中的理由：我們所了解的**時間**。以及伴隨而來的一切痛苦煩憂——衰老、疾病和死亡等等——終於都真實地誕生了。你記得，烏拉諾斯和他之後的克羅諾斯，都不願讓他們的子女出世：烏拉諾斯將他們關在他們的母親蓋亞肚子裡；至於克羅諾斯，他則整個把他們都吞進肚子裡，直到宙斯的母親瑞雅設計包一塊石頭作為圈套，當成襁褓的宙斯讓他吞下去。這種千方百計要阻止子女誕生的真正理由，在此處看來是這樣的：不僅是為了避免一場被親身繼承者篡奪王位，而可能失勢的潛在權位爭奪戰而已，而且，它更深邃的意涵在於盡一切可能攔阻時間與變遷，因而也就是攔阻這個象徵世代交替的死亡形式。就輕而易舉地統治而言，井然有序而穩健的宇宙是最理想的，可是親子血統關係與生孩子這件事，則或多或少帶有毀滅這種穩定性的意味。不過，從今以後，開啟後代繼承這件事安然就位了——從這個地方，我們也可以看到，子女佔了一個最不曖昧的位置：我們愛子女，理所當然，可是，子女也象徵了我們的喪失——希臘人在這一點上顯得不那麼傷感，而且或許比今天的我們還顯得不那麼單純，更別以為他們會比我們還更天真。

在第二個層面上，就像聖經裡描述的，遠離黃金時代，也同時招來一個致命的災難：勞動工作。實際上，從此以後，凡人必須辛苦流汗，自食其力，而這至少有兩個理由。首先，我跟你說過，把所有的東西「都藏起來」的是宙斯。他將可以作為凡人食物的果實，尤其是我們拿來做麵包的穀類都藏在地底下，這樣一來，就必須種植耕耘，才有食物可吃。不過，《神譜》告訴我們，還有一個誘人的潘朵拉，她和跟她一起的「族群和女人部族，對凡人是一個天大的禍患」。我引一小段其中的話：

「她們與男人住在一起，被詛咒的窮人不是她們的伴侶（很明顯：她們從來就無法忍受貧窮）：她們總要求得更多。就好像在蜂窩中，工蜂養肥那些雄蜂，對工蜂來說一切既辛苦又糟糕：因為，直到太陽下山，工蜂鎮日工作忙於採花蜜，將白蜜蠟放到蜂巢裡，而其他好吃懶做的雄蜂就安逸地待在蜂窩裡，將別人辛勞採集的成果儲藏在自己的肚子裡。」

我同意你的看法，這實在不夠尊重女權，不過，赫希歐德的時代跟我們的不同。不管怎麼說，總之黃金時代是結束了，凡人原本可以整天與眾神慶祝歡宴，無憂無慮地吃喝玩樂，從來就不必為必要的艱苦勞動犧牲的時代已經過去了。不過，最糟糕的是，如果我們能夠這麼說的話，女人顯然不是絕對的邪惡。

這太簡單了，而這也是神話故事的第三層寓意：從禍福相依的意涵上看，凡人的生活顯然是悲劇。就像宙斯在他那不帶歡聲的笑裡所期望的，男人完完全全被唬了，從此落入圈套，沒有出路了。因為，假如男人因為不讓他的財產像（赫希歐德拿來比較的）工蜂那樣，被雄蜂（而女人貪得無厭）揮霍殆盡，於是拒絕婚姻的話，那麼毫無疑問地，他可以不必那麼辛苦地工作，而且能夠累積更多的財富。可是，又怎樣呢？他一生的辛勞要留給誰？且不說當他去世，因為沒有子女、沒有繼承人，他的財產最後只能落到遠房親戚手中，跟他一點關係都沒有了！因此可以說，他再一次死去，因為沒有繼承人，他死後就沒有任何留下來。所以在某方面來說，那是二次的致死權力！因此，如果他想要有繼承他衣缽的人，他就必須結婚，可是這麼一來，他就再度自陷於圈圈中了——要是還出了個不肖子，這對作父親的來說，就是不幸中最不幸的事了！總歸一句，不管在哪些情況下，總無可避免地有更大的禍患伴隨著福氣而來。

當然了，赫希歐德的文本看來是很鄙視女人的——例如，在美國大部分的大學裡，就是從這個角度來閱讀他的。今天校園裡蓬勃發展的女性組織恐怕會控訴赫希歐德，那麼他當然會被譴責，禁止教書了。不過，我們也能夠理解，時代改變了，我們所處的不是赫希歐德的時代，在他那些令人震驚的話之外，特別應該重新閱讀他有關死亡問題的話語才對。容我這麼說，因為一如古老美好的黃金時代，對鐵人時代永生不死的人類來說，死亡顯然是讓人震驚的最大不幸。一個女人賦予一個新生命時，我們就從被神祇底定、安排這種來自土地的誕生，過渡到一個靠著性結合而來的誕生，同時也對應著一個新的死亡，有黃金時代的凡人不曾體會的痛苦災難、辛勞、疾病，及各種與衰老俱來的疼痛苦惱前導。

於是，從這裡再度產生一個關鍵性的問題來。這個問題遍佈整個神話故事的世界，從赫希歐德的撰述中，我們也看到問題的佈局：對必死的凡人來說，什麼才是美好的生活？與那些大宗教相反，希臘神話既不許諾一個永恆的生命，也不應許一個天堂極樂所在。希臘神話，一如她所宣告的哲學，僅試圖闡明清楚我們自己的狀況處境。如果不盡量讓自己活在跟宇宙秩序達到和諧中，該怎麼辦？或者我們想避免輕如鴻毛，沒沒無名以終的話，就試著讓自己靠著英雄事蹟，名留千古？聽過尤里西斯的故事，我們終會被說服，這樣的生命，恐怕還更勝過永生不朽的生命。不過，讓我們看看，故事可能想像到的結尾是什麼，或至少看看在赫希歐德的筆下，那是怎樣的下場吧。

從黃金時代墮落的原因：柏拉圖與埃斯庫羅斯眼中的普羅米修斯神話

針對會讓兒童振奮的「公平」這個意義，我確信你一定會問下述的問題：到最後，凡人並沒有犯錯，為什麼他們必須被懲罰？普羅米修斯有一些狂妄自大，當然，因為他向神挑釁，企圖把好吃的牛肉塊以噁心的外觀唬過神，而用外表看來令人垂涎的東西掩飾難以下嚥的部分。可是，在這件事情上，凡人犯了什麼錯嗎？他們什麼也沒做，也沒犯任何過錯，為什麼宙斯就非得把他們放回必死的位置？我跟其他當代神話故事作家相反，對於在講過西元前七世紀赫希歐德描述的故事之後，我總是有些躊躇，是否要若無其事，繼續拿三世紀之後以截然不同背景寫下的文本，亦即將柏拉圖在他那本《普羅達哥拉斯》——當時代最偉大的詭辯哲學家之一——的對話錄裡，寫下的普羅米修斯神話作為故事的結束。並非說我們是針對廣大讀者，甚至就因為針對的是兒童和青少年，所以我們就可以利用一切來為所欲為。而是因為，不只時代改變了——而且是經過三個世紀，而這麼漫長的時間並非毫無意義！——況且，語調也變了。因為，我們從神話走到哲學了。這一點，柏拉圖非常清楚地強調出來，與赫希歐德的角度迥然有別，柏拉圖以哲學家的眼光，在詩裡提出一個既清晰又合情合理的觀點：普羅米修斯不只是偷了赫菲斯托斯的火種而已，依據柏拉圖描述，他還偷了雅典娜的藝術和技術，使得凡人因此很可能相信，自己終有一天可以跟神平起平坐。在這個情況下，人性就毫無疑問地可能落入犯下驕傲狂妄罪惡的地步了！事實上，在梅可涅平原上分配獻祭給諸神的牛肉時，這件事很可能就發生了。

實際上，根據普羅達哥拉斯的話，至少根據柏拉圖在其對話錄所導演、安排的場景那樣，如果我們不回想整個故事，不回溯到最初大地只有眾神而人類還不存在的時代，那麼，我們就無法充分地理解凡人與眾神之間的紛爭。

有一天，眾神決定要創造所有的必死生物，但到底是基於什麼原因，普羅達哥拉斯並沒有明確指出（也許是因為眾神覺得只有自己，太無趣了）。而所有的必死生物，換句話說，就是動物和凡人。因此，他們興高采烈地著手，拿土地和火「以及一切能跟泥土、火混合在一起的東西」，做成人偶，和各式各樣造型的塑像。在賦予他們生命之前，諸神就詢問埃庇米修斯和普羅米修斯，要兩人為他們各別分配相異的特質和長處。埃庇米修斯請求他兄弟讓他開始著手，他沒有理由地，一開始就動手做起動物來了。而他是怎麼進行？埃庇米修斯並不像人們說的那麼笨，甚至他在為他們分配才能與優點時，還相當幹練：他創造了一個「宇宙」，足以讓每一種類型的動物在其他的動物之間，都有一己的機會存活下去，創造出一個完美平衡與足以維持的體系。例如，當那是一種像麻雀或兔子那樣的小動物，那麼他給它們的不是翅膀就是敏捷的腳，好讓小動物可以逃過掠奪者的捕食，或者，同樣的理由，好讓它可以快跑回到躲避危險的洞穴裡。以下就是普羅達哥拉斯敘述埃庇米修斯工作的情形：

「對他而言，整個分配的工作就在於機會平等。他對整體的想像，就是要避免任何一種動物斷種。因而採取各種預防的措施。不過，他一次賦予它們可逃過互相毀滅的手段，為它們想像了一個很便利的防禦措施，以對抗來自宙斯的氣候變化：他為它們穿上厚毛皮，或堅硬的甲殼，讓它們既足以禦寒，但也同樣能夠抵擋燙人的炎熱。而且更不用說，此外，當它們要睡覺時，這些也就變成棉被，對每一個動物來說，它們也就很自然地成為自己身體的一部分了。他讓某類動物套上蹄角，某些則讓它們戴上銳利無血的爪。在分配這些之後，他又為不同種的動物選擇相異的食物：給某些動物的是從地上長出來的草，讓某些攝取樹上的果實，而某些則是根莖。他也同意讓某些動物以吃其他動物的肉為食物，不過他就會限制它們的繁殖力，相對於此，他使那些種類因被大量攝取而減少的族群擁有旺盛的生殖力。藉由這些措施，因而確保各個品種都獲得保障。」

簡要地說，就像你看到的，埃庇米修斯構思並完成我們的生態學家今天所稱的，平衡地非常完美的「生物圈」或「生態體系」——而這些，希臘人他們自己就只是很簡單地稱為「宇宙」，一個和諧、公正和安全的秩序，而每一個動物種類，都必須能夠在其他動物的旁邊存活、甚至與它們共存。這樣的大自然，可以確信——至少，如果我們相信神話故事的話——是相當令人激賞的秩序。那麼，你或許會問我，埃庇米修斯被認定後知後覺，到底是基於什麼理由呢？

以下就是普羅達哥拉斯的回答：

「可是，就像每個人都知曉的，埃庇米修斯並不是非常慎重其事的人，在他胡亂地將分配優點的法寶就這樣浪費在其他生物後，他才驚覺到，還有人類，他還沒有給他們任何裝備。於是，他覺得很不好意思、不知所措。然而，就在他感到難為情的時候，這時，普羅米修斯正好來檢查分配的情形。他看到其他的動物都很舒適地擁有各自適當的配備，而人類卻赤裸裸著身子、沒穿鞋，沒武器也沒有任何保護⋯。面臨這個尷尬的景象，普羅米修斯苦心地絞盡腦汁，找出什麼辦法好拯救人類，於是他從竊取火種，偷走了赫菲斯托斯和雅典娜技藝創造的才能（因為，假如沒有火的話，誰也沒有辦法獲得這項才能或者使用這項才能）。就是從著手進行這件事，普羅米修斯送給人類這一份禮物。」

從這裡我們看出，普羅米修斯犯下什麼雙重的罪過，而導致後來雙重的懲罰：針對他，將有一隻可怕的禿鷹對付他、戳啄他的肝臟，同時宙斯還針對凡人，派遣潘朵拉，隨她一起來的，還有與必死凡人的處境密不可分的一切罪惡痛苦，都伴隨而至。實際上，這個雙重過錯的問題是出在哪裡？

首先，普羅米修斯使自己變成一個小偷：他未經同意就闖入赫菲斯托斯與雅典娜共同的工作間，先是偷了火，然後又偷走技藝。光是這點就要被懲罰了。不過，更重要的是，普羅米修斯在未經宙斯許可之下，送給凡人一項新的能力，一項**幾乎等同於神的創造能力**，而從這裡，我們可以設想到——柏拉圖的注解則將這一點與其他神話觀點連結在一起，不過我們直接要談論的內容，並非在此——萬事俱備，隨時都可能驕縱妄為到自以為是神了。普羅達哥拉斯指出，幸虧有普羅米修斯送給他們這份神聖的禮物，凡人從此就像是動物中唯一能創造發明技術性、人造物品的：鞋子、屋頂、棉被、衣服、從土地取得的食物等等。**也就是說，人類如同神一樣，他們也變成了真正的創造者**。尤有甚者，他們還是唯一能夠發出可賦予聲音某種意義的聲音的生物，換言之，是唯一創造出語言的物種，這一點，就又使他們更接近神了。的確，由於這些禮物直接來自奧林帕斯眾神，是普羅米修斯偷來的禮物，人類也將成為明瞭有神祇的存在，而且會為他們建造神殿、以牲品酬神祭拜他們的唯一的生物。因此，由於他們不斷地以不公平的行為舉止面對彼此，而他們又不像其他動物，從最初就形成平衡安全的體系那樣，這些都使得他們可能不斷地互相殘殺，狂妄驕傲便經常地威脅他們！因此，普羅米修斯未經宙斯同意就創造的這種動物，對宇宙而言，是一種危險度令人驚駭到足以擔憂的物種：我們從結果充分明白，為什麼宙斯要如此對付他，為什麼宙斯判決普羅米修斯的詭計輕率到不可饒恕的地步，又為什麼宙斯不僅要對付這個泰坦神的兒子，而且還把矛頭指向凡人，以便讓他們確實乖乖就範，絕不屈服於驕傲狂妄。這就是神話故事真正的賭注：縱使有普羅米修斯贈與的禮，就是要讓自以為會變為神的凡人死了這條心。

在柏拉圖透過普羅達哥拉斯的話導演這場戲的兩個世紀以前，偉大的悲劇作家埃斯庫魯斯，就在他描述普羅米修斯的劇作裡，貫穿了同樣的理念。

其實，我們從該著作裡了解到，宙斯早在從他父親克羅諾斯手中奪取權力，進行安排分配宇宙之初，就對凡人疑神疑鬼了。這裡，我還是一樣，偏好直接引用埃斯庫魯斯的原文給你聽，好讓你習慣於早了五個世紀前的希臘人是怎樣的表達方式：

「當他一坐在父親的寶座上（換句話說，克羅諾斯的寶座，是宙斯剛剛在百臂巨人和赫卡冬克羅的協助下奪來的權位），他就開始分配特權給諸神，並且確定他王國的職級位階（你記得，真正宇宙秩序的建構，就是從這裡開始的）然而，他並沒有考慮這些不幸的凡人。他甚至冀望整個種族通通滅亡，好讓新的種族誕生。除了我普羅米修斯以外，沒有一個持反對意見。唯獨我有勇氣阻止被砸爛的凡人，使他們沒有下到黑底斯去（在地獄裡，我們常常喚主宰地獄之神的名字）。這就是為什麼我會因這難以承受之苦的重量而彎腰駝背、而變得極難看的原因了（當然是因為痛苦的腳鏈，和巨鷹終日啄食他的肝臟）。由於憐憫凡人，我被判定為不值得憐憫……。」

毫無疑問，可是，我們不禁想再問：為什麼？在另一段描述裡，普羅米修斯吹噓他帶給凡人的所有好處。當我們讀那些好處的名單，例如在柏拉圖的敘述中，我們就了解到，宙斯根本就不正眼看待這個物種。人類可能會──有點像今天生態學家所擔憂的那樣──從此以後，成為世上唯一因為擁有科技，而能夠實踐揮霍無度，以致於輕而易舉地威脅宇宙，對和諧秩序進行任何破壞：

「不如聽聽這些凡人的不幸，以及不久前當他們是孩童時，我是怎麼讓他們變成富於理性和思辨的生物。我要對你們說，不是為了誹謗凡人，而是為了向你們展現，天哪，我施與他們的是什麼恩惠。從前，他們視而不見，他們聽而不聞，他們看起來像是活在夢境裡，一生漫不經心地，一切搞得亂七八糟。他們不曉得陽光照耀下的磚造房子是什麼，他們也完全不知道怎麼刨木。他們就像伶俐的螞蟻一樣挖洞，生活在暗無天日的洞穴深處。不只冬天，就是花開的春季，或充滿果實的夏日亦然，他們完全沒有受到外界影響的徵兆。他們做任何事完全不運用自己的聰明才智，一直到有一天，我出示如何辨識、觀察日月星辰升起復落下的困難技巧。我為他們發明了所有科技中最精湛的技術，數字的科學、匯集所有文字意象的技術，讓他們可以藉以保存全部事物的記憶，同時促進藝術文化。我也是第一個人，讓動物交配，以牛軛馬鞍等枷鎖駕馭它們，讓它們代替凡人從事最辛勞的工作，我將配備繮繩和裝飾漂亮的溫馴的馬套在馬車上。此外，除了我以外，沒有誰發明這些以亞麻飛翼讓水手在海上航行的運載工具。這些就是我為凡人著想所創造出來的發明，然而不幸的我，要如何將自己從當下的災禍中解救出來，我卻無能為力。」

普羅米修斯實在是非常地仁慈，可是，他撩起的問題，卻千真萬確是宙斯所擔憂的——這個問題再次出現於類似當今的生態問題上——因此，普羅米修斯的形象之所以無所不在，也絕非偶然的事了。因為，在宙斯眼中，普羅米修斯的宣示宛如駭人聽聞的招供。泰坦神亞培多斯的兒子為了卸下他的重負，使一切前進如風，這看在奧林帕斯山諸神的眼裡，卻是最可怕的負荷。這裡，希臘神話故事以一種相當高瞻的遠見，和令人印象深刻的深度所呈現出來的，是極具現代性[32]的定義觀點：人類的自由與創造力，根本上都是反自然與反宇宙的。普羅米修斯式的人類，已經是科技人了，能夠永無止休地創造發明，製作精密的機械和人為器材，足以有朝一日從所有宇宙法則中擺脫。普羅米修斯靠著盜取「技術才能」給予人類的就是這個，也就是說，使用、甚至創造發明一切類型技藝的能力。農業、算術、語言、天文學：這一切，對於亟欲掙脫限制凡人的條件，和帶著驕傲狂妄，昂首聳立在所有大自然生物之上，以及，欲因此而擾亂宙斯費了好大工夫才勉強建立起來的宇宙秩序，都是很管用的。簡單地說，人類與其他的生物截然不同——埃庇米修斯以完美的方式處理那些生物的生命，讓它們自成一個平衡而恆久不變的體系，在任何一方面都跟被授予藝術、科

㉜人文主義發展之初，在米隆朵的皮克、盧梭（Rousseau）和康德（Kant）的思想中，我們再度看到這樣的現代性，甚至到了沙特時，都還找得到這樣的蹤跡。

學技術等裝備所形成的人類體系迥然有別——人類，是所有的生物中唯一會驕縱狂妄的物種，唯一有能力同時藐視神祇，同時騷亂甚至毀滅大自然的生物。也因為這樣，宙斯僅以毫不苟同的眼光看待，如果我們再看他施加在普羅米修斯和人類身上的刑罰，就知道他絕不是開玩笑的。

可以想像，從這裡，只要再跨出一小步，就可以徹底毀滅整個人類了，而某些神話故事，毫不猶豫就衝過去描寫這樣的光景。

奧維德筆下的洪水與都喀隆的方舟：人類的毀滅與重生

從今以後，確立了一件事：自從人類被賦予普羅米修斯從神之處盜取來的全新科技創造力，人類就展現了傾向驕傲狂妄自大的特徵，這一點是不容否認的了。這個特徵不斷威脅人類更變本加厲地陷在罪惡中，使人犯下愈來愈多違反公平正義法則的罪過。不少早期神話故事作者都將以著名的插曲接續黃金時代神話激起的聯想景象（比起赫希歐德描述的或多或少有些走樣了）：由於宙斯為了創造新人類，決定毀滅目前人類，而製造了洪水故事——就跟聖經裡的一樣——也是從兩個人開始了這個故事：一個男子，是普羅米修斯的兒子都喀隆（Deucalion），以及一個女子佩拉（Pyrrha），她是埃庇米修斯與潘朵拉的女兒。他們兩個人就像描寫的那樣，非常單純正直，處世為人都遵循公平正義，遠離其他墮落人類[33]所過的驕縱狂妄的生活。最初為洪水故事寫出完整而刻劃細

[33] 這個插曲並沒有在赫希歐德的文本出現，當然，問題就在於，到底什麼時候出現這段著名的洪水故事。依據晚期的資料——很可能是阿波羅鐸魯斯的《圖書館》——某一些資料不加討論，就將這個故事與銅人時代墮落人類的滅亡故事連在一起。然而，必須承認的是，在由赫希歐德展開的觀點當中，這個假設一點意義也沒有，因為，銅人種時代人類的基本特徵就是以互相殘殺自取滅亡的，因而，宙斯根本沒必要為解決宇宙問題而介入其中。

膩的內容的人是奧維德。在他之前，我們只從一些著作中找到概略的描繪，但都還不足以構成一個完整連貫的故事。在《變形記》一開始，他為我們提供了可信的神話版本，同時將洪水插曲連結到一個可能發生在我們所處時代的特定事件，也就是說，鐵人種時代的事件，因此直接導致這個時代人類精神上的無依無靠：事情是有關萊卡翁的事件，他是希臘地區的國王，曾企圖以很差勁的手段欺騙宙斯。奧維德還提醒我們一個人種的存在，是在鐵人時代或之後，我們並不是很清楚，這個人種是蓋亞拿被宙斯打敗的巨人族的血液相混合所誕生的——免得她的子女絕種了。她給他們一種「人類的臉孔」。可是他們卻帶著他們祖先難以磨滅的基因，特徵是充滿暴力、嗜血及藐視眾神。

讓我們暫時停下來看看這個洪水故事，並且假設我們與鐵人族在一起，如果可能也碰碰更糟的狀況，就假設我們跟那些被宙斯擊敗的巨人族後裔在一塊，換句話說，就是充滿驕傲狂妄的一群。人類的品性道德實在越來越不像話，這種傳聞傳到宙斯耳邊，於是宙斯下凡，微服出巡，看看人類到底墮落到什麼程度。他觀察到什麼？只怕情況比所有描述的都還更糟糕！到處都是殺人放火者，竊賊橫行霸道，由輕蔑神建立的世界秩序的人類主宰四方。為了不被認出來，而能安靜地親眼觀察，宙斯打扮成凡人模樣，差不多各處都繞遍了。這時宙斯來到由萊卡翁（Lycaon，在希臘文裡的意思是指「狼」）這個暴君統治的阿卡迪亞，他向這個地區的人民暗示有一位神祇下凡來，居民一聽非常驚訝，紛紛朝他膜拜祈福。唯獨萊卡翁嘲笑他們的行徑。依照我們常常會看到的景象，與坦塔羅斯的故事很類似，他開始對宙斯挑釁，想瞧瞧宙斯到底是真正的神，或者只是個平凡人類。

萊卡翁決定趁宙斯睡覺時殺他。可是，還沒執行這個爛計畫前，他先割斷一個可憐囚犯的脖子，那是摩羅斯人的國王留給他的俘虜。萊卡翁將他切成一塊塊，又烤又煮的，他居然想要把這些全部拿給宙斯當他的晚餐！這一招犯了致命的錯誤，就像坦塔羅斯一樣，宙斯早就察覺到了，對他的詭計早已了然於胸。宙斯的閃電霹靂說話了，他的宮殿應聲倒塌。但是，還是給暴君逃走了，不過宙斯把他變成狼——我們看到萊卡翁總是不懷好意，眼角總閃現嗜血成性的狂熱，現在他將仇恨轉向其他由他帶頭的最兇猛肉食獸類身上。以下就是奧維德在他的《變形記》裡描寫的當時情景——我所引的這些，都是基於同樣的精神，可以讓你看到，在那個時代，人們是以怎樣的風格和活潑生動的筆法講神話。在這裡，宙斯以第一人稱說話。他在奧林帕斯山召開一場所有神祇的特別大會，要跟他們分享他的體驗，並向他們宣告，他已經準備好毀滅人類，而且向他們說明下此決定的動機。照例，我把自己的注解放進括弧中：

「通宵，當我在沉睡中，萊卡翁準備要嚇我並置我於死地。他就是想用這樣的考驗來證明事實（也就是說，試探宙斯到底是不是真神）。可是，對他來說，這還不夠，他以他的利劍，將摩羅斯人送來的一個人質的喉嚨割斷。然後，他將還在抽動的身體一部分放進滾燙的熱水中烹煮，好讓它們變軟，而將另一部分的肉放在火上烤。當他將肉一擺上桌，我就朝向他，以復仇的閃電霹靂將他的宮殿搗毀……。基於恐懼，他連忙逃逸。就在拉開一段距離，逃到靜悄無聲的平野之後，他開始嘶嚎；不過，當他試著說話時，發現白費力氣了。他內心的盛怒全集中在他嘴邊，他向來嗜血成性的飢渴，現在已朝向獸群了，所以現在他跟原來的他一樣，繼續著追逐血腥的日子……。他的衣服變成獸毛，手臂變成腿，不過他還保有原來外形的痕跡，他身上的毛是上了年紀的灰白，同樣不懷好意的眼色，同樣興奮狂熱的瞳孔，而且，他凶惡殘暴的樣子也沒有消失。我只以我的閃電霹靂燒毀他一棟房屋，還有很多人該落得同樣的下場才是！因為，憤怒的埃里尼斯主宰這整個大地（換句話說，是你記得的復仇女神之一——這意味著，到處都有惡行必須懲罰）。我們說，一個陰謀就是一項罪狀了！絕不容坐視胡作非為。就讓所有的凡人都受罰吧——這是我的決心，絕無撤銷的餘地——挨他們該受的懲罰吧。」

這個懲罰，你已經猜想到了，就是洪水。宙斯考慮了一下，想以他最拿手的武器來毀滅人類，就是他用來對付萊卡翁的閃電霹靂，可是他又改變了主意：需要摧毀的規模是這麼龐大——他要清除的，是整個地球墮落的人類——必要的火柱恐怕會燃燒到整個宇宙，還可能延燒到奧林帕斯山。因此，宙斯決定以洪水把他們淹死。宙斯很小心翼翼，關住所有能吹散雲氣的風——那些帶來晴朗天氣的地中海乾熱的密斯特拉風。相反地，他放出濕漉漉的空氣，沉浸在快要從天空傾盆落下的厚重水珠裡，這些陰鬱沉重的空氣，就像一群趕盡殺絕的惡獵犬。宙斯還慷慨附送贈品，讓波塞冬（尼普東）揮動他的三叉戟，河水就都從河床溢出橫流遍野，波濤也從海洋脫韁，一洩千里。很快地，整個地球都泡在水裡了。我們看到，奧維德這麼寫下，平原上，身體笨重的海豹取代了山羊，海豚在樹林間匍匐前進，野狼與母羊並肩游在黃褐色毛的獅子旁，它們只一心想著趕快逃命……。海洋女神聶柔斯（Nérée）的女兒發現，淹沒在水裡那些還保持原貌的城市景觀，是這麼壯觀，教人驚嘆不已。簡而言之，人類與野獸，這些必死生命的小小世界，被水吞沒而告終。連鳥兒也喪命了，因為它們飛在永無盡頭的海上，精疲力竭，最後乾脆聽天由命，墜入水裡滅頂。至於那些有幸因各種途徑被洪水饒過一命的動物，則被長期的饑餓擊垮，因為，很明顯地，再也沒有任何食物可吃了。

所有的生物都消滅了……。除了兩個生物，兩個人，是宙斯小心保留下來的，此處，我們與聖經的神話很接近。因為，當宙斯宣告他要摧毀整個人類時，實際上眾神大會上議論紛紛，意見分歧，有的神順著宙斯的意，甚至在他滅絕人類的意志上還火上加油。而另一些神則持相反意見，他們注意到，地球要是沒了人類，很可能變得非常無趣，而且空蕩蕩：這麼美妙神奇的地方，我們就只打算跟野生動物分享嗎？再者，要是沒有了人類，誰來關心神，誰來負責祭壇、準備牲品、在神殿焚香酬神的事呢？事實是──這是我加上去的，不過，它其實蘊含在奧維德的文章底層深意裡──假如沒有人類，宇宙全體注定會死亡！

在這個問題上，我們再度觸及神話故事最深層的課題之一：如果說宇宙秩序已經是完美無缺了，如果它的特徵在於完美無瑕和不可改變的平衡，那全然只是因為時間靜止不前罷了，換句話說，就是生命、運動、歷史都靜止凝固，甚至對神來說，再也沒有什麼可看、可作為的了。其中，我們所看到永無止息、不斷生成的原始混沌和暴力，不能也從來都不該完全消失。至於人類，帶著他所有的惡習和缺陷，以及，特別是自從潘朵拉被奉送給男人之後，人類帶著由此而涉及的無窮世代繼承一事，和人類因而終於「真實地」死亡這件事，就生命而言，人類是不可或缺的。我們可以提出如下絕妙的悖論：沒有不死的生命；沒有無世代繼承的歷史；沒有不紊亂的秩序；沒有一個最起碼之混亂的宇宙。這就是何以在眾神發出那麼多異議之後，宙斯選擇將兩個人類保存下來的原因了。為什麼？很簡單，就是為了讓人類重新做人。哪一些呢？將是兩個很特別的人，以便讓這個種族至少在堅強和健康的基礎上重新開始。「很特別」，一點也不表示他們「很崇高」。相反地，他們很單純，而且一如我們說的，「誠實正直」。他們的心很純正，遠離驕傲狂妄和自大，遵守公平正義的原則規範，崇敬眾神，尊重世界的法則秩序。他們是誰？我已告訴過你，他們的名字：都喀隆和佩拉。一如我說過的，前者是普羅米修斯的兒子中的一位。赫希歐德從來就沒有告訴我們他母親的名字，奧維德也是，不過，我們相信從埃斯庫羅斯得知，很可能是一個海洋女神歐克亞諾斯

（Okéanos）的女兒，因此名字是赫希娥妮（Hésioné）。至於佩拉，她是埃庇米修斯和潘朵拉的女兒。在某個意涵上，鐵人種時代的人類延續下來了。不過，重新歸零之後的人類，從一男一女出發，對於整個向他們敞開來的未來，換句話說，對我們當今的人類來說，**可以將他們視為最初的男人與女人**。

他們怎麼讓大地住滿人呢？他們憑著一種相當奇怪的方式，這方法讓人回想到最初的時代，而與潘朵拉的方式毫無瓜葛——這樣更好，如果我們有心要全新來過的話。都喀隆和佩拉兩人孤零零的，迷失在荒蕪浩瀚的宇宙，驚惶失措，他們曾經造了一艘堅固的木箱，一如諾亞（Noé）的方舟，在連續九天九夜下不停的暴雨洪水中隨波漂流，之後在巴那斯山的高處靠岸，那裡有經過宙斯的意願細心預留下來的水。在那裡他們遇見親切的寧芙女神，我們稱那些寧芙是「科里西昂（Corycien）」，因為她們住在巴那斯山坡上一處科里西昂的洞穴裡。然後他們前往另一位正義女神蒂美絲的神殿，向她祈禱求援：在這場大災難之後，該如何活下去，尤其，單單他們兩人，要如何恢復失去的人性？蒂美絲憐憫他們，以下就是她的回答。就跟所有的神諭一樣，乍聽之下都隱諱難解：

> 「遠離此神殿，覆蓋面紗於汝等頭上，解開汝等衣帶，爾後拋汝等祖母之骨於背後。」

我們得承認，這段建言聽來實在很詭異，讓這兩個可憐人窘困得發慌！女神到底想說什麼？他們一頭霧水，思索言外之意到最後，終於領會了：蒙住頭並解開衣帶，就是採用祭司獻祭神時的儀式。所以也就是謙恭尊敬示意的表示——導致人性喪失的**驕傲狂妄**，跟謙恭尊敬恰好相反。至於祖母的骨頭，顯然不像都喀隆和佩拉最初以為的那樣，並非表示必須搗毀褻瀆某個墳墓才行！在此談及的祖母，當然就是指蓋亞。老實說，講得更白一點，是都喀隆和佩拉的外婆，亦即是亞培多斯的母親。而亞培多斯，則是普羅米修斯及埃庇米修斯兩位的父親。他們兩位又是現在這兩個死裡逃生的人的父親。萬物之母蓋亞的骨頭，足以聯想得到的，當然就是指石頭。都喀隆和佩拉兩人深怕會錯意，激動顫抖地撿起許多石頭從頭上往他們背後扔。奇蹟出現！石頭著地後，開始變軟了。和著潮濕泥土的石頭，一一變成表皮下有血管肌理的肌肉。佩拉擲出的石頭變成女人，都喀隆擲出的，就變成男人，這些石頭人都將帶著他們源頭的印記：勤苦耐勞，像他們出自的石頭，經得起任何的考驗，面對任何困難時，都像岩石一樣堅毅不屈。

其他的動物也都在大洪水中滅亡。不過，非常幸運地，在陽光溫熱的照射下，淹沒成一片水澤的大地慢慢回復溫暖，就在這樣溫和的爛泥中，奧維德說是「一如母親的懷抱裡」，一些動物緩緩地孕育著生命，熟知而古老的物種，或者才剛出現的新種，無以數計的生命，都在陽光下誕生、成長茁壯。

世界重新啟程了。生命又重新邁出步伐，從此以後宇宙秩序掙脫了兩種惡性的威脅：一方面是混沌，它無時無刻都可能讓人性一頭栽入驕傲、狂妄自大的情形再度顯現；另一方面，必死的生物全都滅絕，則一切將僵化不動、虛空無人的困擾。此處你所看到的光景是，一個真正的宇宙誕生、宇宙構築，到此才確實完成。

也正是從這一點，最根本的問題核心——神話故事觸及到哲學的問題，即對人類而言，什麼是美好生活的問題——才開始廣泛地浮現出來。並且從尤里西斯這裡，我們要開始深度地回覆這個問題。因為，就像我們直到目前結合神祇誕生論的邏輯那樣，光站在神祇的立場觀點看是不夠的。總之，吸引我們人類感興趣而去了解的，是在這宏偉絕倫的屋宇中如何自處？假定我們接受希臘人對世界的觀點，認為宇宙整體就是充滿和諧、條理有序，而且我們，生命有限的生物，就是註定死亡，沒有挽回的餘地：在這些條件下，到底什麼才是一個美好生命的原則呢？然而，這兩個出發點的條件一點也不荒謬，而且對現今的我們來說，同樣貼近當下，非常具有當代性：經過一番深思熟慮，宇宙極有可能像希臘人所認為的那樣，其實是井然有序的。當代科學從相當多的觀點為這一點答辯。每一次，生物學家或是現代物理學的發現，就更加讓我們思索，確實有個生態體系存在，宇宙的確是經過安排規劃過的，而生物的進化朝向越來越適應的方向等等。至於生命終極的問題，對這個世界幡然徹悟，有助於思考——尤其在人口越來越多的狀況下，至少在西方民主國家是如此——從宗教承諾應許而來的永生概念，至少是值得懷疑的。因此，「智慧蘊含在接受宇宙秩序這個假設，而人類時日有限地生存在宇宙秩序當中」，就是一個比以往都更具當代性的概念了。尤里西斯之旅，很清楚地從神祇的觀點過渡到凡人的觀點，它所敘述的手法，便是透過獨一無二的凡人能夠且該在宇宙中找到自己的位置，以便獲得美好的生命來寫的。到現在，尤里西斯之旅都還生動地對我們說話，原因也就在此。

現在我們盡可能地細細端詳，憑什麼而且為什麼這是整個攸關人類智慧的問題。相信我，這很值得。

第三章
尤里西斯的智慧或者奪回失去的和諧

因此，我現在要講的，就是荷馬在《奧德賽》這部書裡跟我們描述的眾所周知的尤里西斯之旅。這趟旅行，始於慘不忍睹的特洛城戰役之後，耗費了已至少十年的光陰。是否你注意到，這場激戰衝突，已經讓我們的主角遠離他的家人朋友，整整漫長的十年，所以，至少有二十年，尤里西斯沒有待在他「安身立命之所」，那個他原本該與親近的家人朋友一起生活的地方。甚且，這場戰爭從來就非其所願。他從來都只想置身事外，卻事與願違地離開故鄉旖色佳，那座他以國王身份統治的城邦，有他的幼兒鐵雷馬科斯，他的父親萊爾特斯（Laërte），以及他的妻子潘娜洛比。當然，參戰這件事牽涉到道德約束，但同樣強烈：儘管尤里西斯絞盡腦汁留在故鄉、家人朋友身邊，但是他卻必須信守對梅涅勞斯的承諾。梅涅勞斯，這位斯巴達國王，才剛遭到一位年輕特洛城男子帕里斯橫刀奪愛，讓他搶走了美麗絕色的愛妻海倫。尤里西斯，以希臘文來說，實在是「倒楣透頂」：他被硬生生地從至親的家人朋友身邊拉走，暴力將他與他所歸屬且也歸屬於他的故鄉分開，強制地把他與將構成其生命世界的一切遙遙阻隔。他一心一意只想回家鄉，只要有任何可能，只盼望重返被戰爭擾亂的世界秩序中。可是，基於許多原因，他的返鄉之旅，卻讓他歷經簡直無法想像的艱辛與困難，一路上盡是幾乎難以橫越的難關和考驗，這也說明了這位英雄必須完成航程的長度和持續的時間。此外，整個遊歷過程，都將發生在一種超自然的氣氛和神奇驚異的世界，那裡不再是凡人的世界，而是瘋狂的惡魔或神仙生活的世界，不是可怕的惡煞，就是仁慈的善類，總之，就是再也不屬於正常生活的異世界，挾帶著這樣的威脅：再也無法回到最初的狀態，再也無法找回真正作為人存在的意義。

（一）、投入視域觀點——尤里西斯之旅的意義與尤里西斯的智慧：從特洛伊城到旖色佳，或者從混沌到宇宙和諧

當然，我可以不提示他的意涵，只對你描述旅行中一次又一次不同階段的經歷。就算不了解有什麼意涵，過程本身就已相當有趣了，而且我確信，你會對這些故事感興趣。可是這樣一來就太可惜了，你會失落很多，那麼可一點意思也沒有了。第一，因為包括兒童讀本的幾十種著作裡，都已經講述過尤里西斯之旅歷險患難的故事。其次，而且特別是唯有從我們剛才一起看過的狀態出發的視域觀點投入，才能具體勾勒出旖色佳國王冒險記的真實面貌。這個出發點就是：伴隨神祇誕生論及宇宙誕生論而醞釀出來的宇宙智慧；嶄新而令人激賞的人類美好生命新定義之出現；以及，或許可算是西方思想史上，第一次由尤里西斯代表，將「世俗精神」顯露出來。對於那些生命有限的人來說，如果說，美好生命指的是過著跟宇宙秩序和諧共處的生活，那麼，尤里西斯就是同時深諳他所渴望及他欲往之處的真正智慧人的原型。這也是為何我要給你幾把閱讀上的關鍵之鑰，好讓你從這部史詩中賦予他真實的意涵，並且藉以看出整個故事在哲學意義上的深度。儘管這樣會延後我們要講述的故事，不過你放心，我們會盡可能地快一點回到故事正文上。

第一條走出迷宮的線團——
朝向美好生命及人類的智慧：如神祇誕生過程所經歷的從混沌到宇宙的旅行

首先，要知道，故事是從一連串必須迎戰、平息的斷裂與擾擾攘攘中開始的。一如神祇誕生的過程，故事從混沌中出發，在宇宙和諧中結束。然而，這個原始的混沌帶有各式各樣的面孔。首先[34]，一目瞭然地，戰爭本身顯然是厄莉斯女神所主導的紛爭，就像我在本書開頭提過「不和的蘋果」所證明的那樣。這場可怕的戰爭，讓許許多多年輕人在血腥殘酷的戰鬥中喪命。當時，就跟今

㉞在特洛伊戰爭爆發以前，甚至是在不和女神厄莉斯尚未干擾忒提斯與裴琉斯的婚禮，引發特洛伊戰爭的導火線——帕里斯與海倫相戀之前——這個致命的命運，顯現出希臘人「阿特里代的詛咒」（阿特里代，指的是阿特柔斯〔Atrée〕的兒子們）的剖面。這個厄運是一段在幾世紀間牽連許多世代的長篇故事。故事從蔑視眾神因而在地獄忍受酷刑的坦塔羅斯開始：他不僅時時刻刻遭受永遠饑渴欲死的酷刑，而且，在他頭上有一顆巨大的岩石，無時無刻不讓他感受到隨時會被砸爛的潛在而穩定的威脅，這些酷刑喚醒他體認自己終究是生命有限的凡人，想與眾神一較高下，根本就大錯特錯。可是，眾神並不就此罷休，他的所有後代也都不尊敬神，因此，他們也都將為原初的罪惡付出代價。他女兒妮歐貝（Niobée）的子女將被蕾托的雙胞胎子女神箭手亞特蜜絲及阿波羅殺死。他的兒子裴羅普斯（Pélopes），日後有兩個孩子阿特柔斯及提厄斯特斯（Thyeste），彼此變成不共戴天之仇的死對頭，到最後，阿特柔斯竟然殺死自己兄弟的孩子，然後煮來當晚餐吃！阿特柔斯本身有兩個孩子，梅涅勞斯及阿加曼儂（Agamemnon），在特洛伊戰爭中指揮、領導希臘人作戰。然而在回程時，阿加曼儂的妻子克呂泰涅絲特（Clytemnestre）紅杏出牆，與情夫埃吉斯托斯（Egistre）合手將阿加曼儂殺死，以洩她對阿加曼儂犧牲女兒伊菲革尼亞（Iphigénie）獻祭當犧牲之恨。至於阿加曼儂夫婦的兒子歐瑞斯特斯（Oreste），輪到他為父親報仇，殺了他母親和埃吉斯托斯。歐瑞斯特斯被判刑，但是到最後被判無罪，這個形成幾齣希臘悲劇重要主題的殘酷詛咒，才終於結束。

天一樣，戰爭相當殘忍無情：戰爭不只殘酷粗暴，而且還象徵戰士獨一無二的離鄉背井，戰爭逼得他們遠離家鄉，遠離所有的禮儀和一切幸福，讓他們無法過他們原本該享有與世界、其他人共處於和諧的生活型態及幸福人生，卻置身在與這些都毫不相干的環境裡。

然而，當希臘人在尤里西斯運用家喻戶曉的木馬贏得勝利之後，戰爭又因第二階段洗劫特洛伊城而延續下來。我們老實說吧：對特洛伊城的燒殺擄掠，未免也做得太過分了，凶狠殘暴到無法無天的地步，整個屠城的過程都在荒唐到極點的**驕傲狂妄**驅使下進行。在戰爭如此冷酷血腥的環境下，希臘士兵失去他們的生命已足足十年之久，永遠無法回復到從前，他們也變得禽獸不如了。他們一進到整個被包圍的城裡，就肆無忌憚地展開大屠殺，擅闖民宅，扭斷無辜住民脖子、還強姦婦女老少，摔碎一切漂亮珍貴甚至神聖的器物。希臘最英勇的戰士之一的埃阿斯（Ajax），甚至還企圖在一座獻給雅典娜的神殿強暴卡珊德拉（Cassandre）這位普里亞摩斯王的女兒，及帕里斯的姐妹。儘管卡珊德拉是個心地善良的人，但這位女神並不賞識她，事實上，她渾身被阿波羅下了致命的詛咒。音樂之神愛上她，為了討她歡心，他就送給卡珊德拉一份不可思議的禮物：預知未來。卡珊德拉接受禮物，可是到了最後關頭，她拒絕了阿波羅的追求……這讓他相當難堪。為了報復，於是他丟給她一個可怕的命運：她將正確地預測未來發生的事——雖然神將禮物送出去了就不能再收回，但是他讓任何人都不相信她的預言！所以縱使卡珊德拉苦苦哀求他哥哥，千萬別讓特洛伊人的木馬進到城內，結果卻是白費口舌，沒有人聽進去。

即使是這樣，但它也絕不可以當成強姦的理由，更何況還是在雅典娜的神廟裡。希臘人的惡行惡狀太過分，連特洛伊戰爭時站在希臘人這一邊的奧林帕斯眾神，例如雅典娜，看在眼裡都起反感。戰爭本身已帶來相當程度的混亂，再度挑起這樣瘋狂的混亂無序，既無意義也根本不值得：衡量偉大的標準，在於能不辜負艱難的考驗，而且在戰勝時能夠表現得寬宏大量。因此，這件事情上，希臘人表現得太平庸了。說得更淺白一些，他們的殘酷暴行比豬狗還不如。面對自大妄為和驕縱無度像狂潮洶湧，此起彼落，宙斯必須嚴厲懲罰：他宣告，在希臘人大肆燒殺擄掠特洛伊城，正要凱旋回國時，要讓狂風暴雨阻撓希臘人的船隻，他還另外奉送一項，要在那些主事者當中製造糾紛，尤其是戰爭期間兩位最偉大的英雄，一對兄弟：阿加曼儂在整個戰役中指揮軍隊，而梅涅勞斯是斯巴達的國王，也是被愛上帕里斯的海倫戴綠帽的當事者。以下，就是產生至少五場逐漸累積、牽連的不同爭端的事件：不和的蘋果、戰爭、屠城、暴風雨以及將領之間的齟齬爭吵——最後的兩件事，解釋了一部分尤里西斯返鄉首先碰到的困難。

不過，尤里西斯則必須吃更多的苦頭：待會兒我們就會看到，在旅程中，他將名叫波里菲摩斯的獨眼巨人刺瞎，激起波里菲摩斯的父親波塞冬難以平息的深仇大恨。其實尤里西斯別無選擇，前額中央長著一隻大眼睛的巨人整日吞噬他的夥伴，為了想辦法逃脫，尤里西斯只好將他弄瞎。然而波塞冬他也是，為了保護自己的孩子，就算他們再有錯，他也絕不會饒恕尤里西斯：只要一有機會，波塞冬就以自己握有的權力極力置他於死地，或阻撓他回到犢色佳島。可是，他的權力實在是太強了，尤里希斯的麻煩接踵而來。

最後，荷馬在這則故事一開始就提及的最後一種形式的混亂，也是尤里西斯在最後必須迎戰的問題，而且還不是小事一樁：在他深愛的國度犢色佳，一群年輕男子趁他不在的幾年間，把他的宮殿搞得亂七八糟，讓這個失去國王的城邦更不得安寧。他們都認為尤里西斯早已戰亡，決定篡奪王位，不只要佔據犢色佳的國王寶座，還要將決心為丈夫守住堅貞的潘娜洛比據為己有。人們稱那些人是「求婚者」，因為他們不只覬覦王位，而且向潘娜洛比求婚。他們有點像在特洛伊的希臘人，整天縱慾放肆，不成體統，每到晚上，那些人就來到皇后的宮殿大開宴饗，吃喝玩樂，讓她和兒子鐵雷馬科斯都非常痛心憤恨，鐵雷馬科斯由於還太年少，雖然憤怒不已，卻還無法以利箭將他們一一射殺，只好從早到晚忍氣吞聲。那些無賴翻遍所有他們找得到的食物，毫無節制地吃吃喝喝，把這裡當成自己的家一樣，恣意地為所欲為，把尤里西斯留給他家人的儲糧一點一點吃光。當他們喝醉了，他們就瘋狂地又唱又跳，跟宮裡的侍女淫歡性愛。他們甚至還以不正當的方式主動接近潘娜洛比。簡言之，他們實在讓人難以忍受，而尤里西斯的家，希臘人所稱的 *oikos*（家園），他生命的自然之所，也正經歷從秩序到混亂的過程。

當尤里西斯統治時，那裡就像是個小宇宙、宇宙的縮影，是尤里西斯依照對宇宙層階秩序的構想所建立起來微小而和諧的世界。在他出發之後，一切就像這樣顛倒混亂起來了。如果我們來作個類比的話，我們可以說，那些求婚者在這個城邦表現得就像「小堤豐」。對尤里西斯來說，第一個旅行的目的，是要抵達旖色佳，重整家園的秩序，以宇宙取代現狀——就此而言，我們的主角是如假包換的「神」。除此，在談論他時，我們常說「神聖的尤里西斯」。在荷馬的詩集最初，宙斯則強調，尤里西斯是所有人類中最聰明智慧的一位，因為他命中註定要在這個大地上表現得像是宇宙萬有中的眾王之王。儘管他是生命有限的人類，但是他就是小宙斯，一如旖色佳是一個小小世界那樣。因而他這趟千辛萬苦遊歷的目的，就算還不是他生命的全部，但就在於同樣以才智計謀、公平正義以及必要時的武力，重新統治世界於和諧中。宙斯面對這個足以觸動他回想自身處境的計畫，並非全然無動於衷。在尤里西斯歸途，如有必要，宙斯就會從旁協助他，迎擊求婚者因狂傲自大到極點而引發的，既混亂又無和諧可言的最後艱鉅挑戰。

第二條走出迷宮的線團——

兩個障礙：不再是人（永生不死的誘惑），不再處於人世（遺忘旖色佳，半途而廢）

你現在知道了，尤里西斯從哪裡來，又將往何處：從混亂回到宇宙，就他的規模，當然，是人類的規模，不過也反映著宇宙的秩序。這是一段尋求智慧的航程，再也沒有比這條道路還更艱難曲折的旅路，然而目標卻再清晰不過了：接受屬於全人類處境的生命有限這個條件，以便獲得美好生活。一如我跟你提過的，尤里西斯不只希望重回親人身邊，而且要重整城邦的秩序，因為，唯有置身在其他人之間，人才足以稱為人。如果遠離自己所生活的世界之外遠遠地，流離失所，那麼他什麼都不是了。再者，下述的一段話，尤里西斯很清楚地告訴法伊耶克人（Phéaciens）的賢君王，聰明的阿爾齊諾斯（Alcinoos），他能和諧地統治，使他的島國安寧和平，令尤里西斯欣羨不已（等一下我們會知道，他是在哪個場合下說的話）。

「我發誓，我最深摯願望的，無非就是所有人民生活在協調和諧中：在莊園，就可以看得到大排長龍的賓客出席聆聽吟遊詩人（這種風俗習慣，即是人們邀來吟遊詩人一邊彈奏希臘豎琴，一邊誦唱故事，這個習俗日後又在城堡盛行的時代，與吟遊詩人一起再現）。而在宴會上，就有擺設豐盛的麵包和酒肉菜餚，司酒官從雙耳爵（雙耳爵乃是一種用以將水摻入純酒中的容器）中舀酒，將嘉賓的酒杯斟得滿滿。這就是我心目中最美好的生活……。再也沒有比和雙親、同鄉的人親土親更讓人感到溫柔甜蜜的了。在異鄉他方流浪，即使有再富麗堂皇的宮庭宅邸，卻遠離親愛的家人朋友，又有什麼好呢？」（奧德賽，第九首詩）

美好的人生，就是生活在有親愛的家人朋友圍繞身邊、在自己故鄉度過的生活，可是，不該將這個定義錯誤地解讀成現代的意涵，不該從庸俗狹隘的「愛國主義」或「國族主義」方面來領會。尤里西斯認為的美好人生，並非培唐將軍所說的那句名言「工作、家庭與國家」。尤里西斯對世界看法的基礎論據屬於宇宙論的領域，不是政治的意識型態：對生命有限的人類來說，所謂成功的人，其實是能夠自我調節，能夠跟宇宙秩序達到協調的人。因此，家庭和鄉園城邦就是其中最具說明力量的元素了。在試圖追求生命與世界秩序和諧共處的過程中，有一種屬於個人的無限性，而尤里西斯幾乎全面地投入其中，深刻地探索：例如，有必要花時間去認識其他人；有時必須與他們較勁；有時則必須去愛他們；而有時，必須投入自我的教養中；必須去發掘異文化、看看無窮盡的異地風景；有必要從人們最隱微難察的面向，去領會人類心靈最深處的底蘊；必須從各種苦難的考驗中，丈量自身力量的極限。簡言之，如果沒有在人生過程中花費一段時間所經歷的成千上萬的體驗，以尤里西斯為例，則無法成為一個和諧的人。不過，這個美好人生的概念，除了涵蓋人文意義上幾乎是創舉的層面之外，甚至越過他的全宇宙觀點以外，還涵蓋了形而上的抽象層面。美好人生的概念，與一定程度的死亡呈現，深深地連繫在一起。

對希臘人來說，死亡的特徵，無外乎喪失身份。逝者，首先，而且前提就是那些「無名者」，甚至是「沒有臉孔」的人。所有離世的人，變成「無名氏」。他們喪失自己的個性，停止了作為有個性的人。當尤里西斯在旅途中（我會告訴你是旅程中的哪一段），必須下到冥府時，在那個住了不再有生命的群眾的鬼地方，他被無聲無息的困擾襲擊。他以驚懼凝視所有住在黑底斯的這一群。在他內心深處糾纏不寧的是，眼前都是一大群再也無法辨認的模糊陰影。嚇住他的，是從這些黑團陰影發出的鬱鬱沉沉的雜音：混雜難辨的聲響、嘈嘈切切的喧嚷聲、一種低沉闇啞的鼓譟，置身其中，他完全無法辨聽出任何一種聲音，更別說是一句有意義的話了。在希臘人眼中，抹去個性，正是死亡的特徵。而在他們看來，美好生命就應該是盡一切努力，也盡可能長期地過著與此地獄的陰沉黑暗截然不同的生活。

然而，人的身份，是通過以下三點基本而重要的內容才確立起來的：歸屬於一個和諧的社群——宇宙。再重申一遍，唯有處在其他人之中，一個人才稱得上是一個人。處於流離失所的狀態下，則他什麼都不是了——此外，這也是何以在希臘人眼中，將一個人從城邦中逐出的流刑，跟宣判將犯罪者懲處極刑之死刑沒有兩樣。不過，還有第二個條件：記憶、回憶。沒有它們，人們再也不知道自己是什麼了。為了知道自己是誰，以及自己該往何處走，就必須知道自己來自何方：從這個角度看，在生命中所能知道去除個性最低劣、卑鄙的形式，無非就是遺忘。遺忘是存在者生命中的小型死亡，而失憶者則是地球上最可憐的生物。最後一點，必須接受人類的處境限制，也就是說，不管怎麼樣，都接受人類的生命有限性：一個不接受死亡的必死生命，就會活在狂妄驕傲當中，過著一種毫無節制的生活，以及一種接近瘋狂的傲慢自大。它自以為是他所不是的神，永生不死，就如一個瘋子自以為他是凱撒或拿破崙。

尤里西斯則接受生命終將一死的處境——我跟你說過，他是怎麼接受這件事的：他拒絕卡呂普索贈予永生不死的禮物。他記得一切的記憶，並且別無他念，一心一意在塵世尋找他的安身之所，重整家園的秩序。依此，尤里西斯是一個典範，一個古代智慧的原型。不過，也是從這個觀點下，我們應該理解，他在旅途中必須面對的挑戰，都是些多麼可怕陰險的陷阱和困難。這些挑戰，並非只牽涉到像偵探小說或西部拓荒故事那樣，只強調英雄氣概、強壯的力量，或智力的挑戰而已，這些無止無盡的考驗，關係著更深刻且清晰有力的意義。就像在詩篇一開始處，宙斯就表達得很清楚了，假如尤里西斯的命運就是要回歸家鄉、重整城邦與家園的秩序，以便找回他在家人朋友之間的位置，那麼，由波塞冬設下對抗他的那些困擾險阻，就不是人們所說的，只是出於偶然的選擇罷了。事情恰好關係著企圖在他返鄉過程中使他分心，使他的命運改道，使他喪失作為一個存在的意義，阻撓他獲得一個美好的人生。佈滿其航行旅路中的那些陷阱圈套，與旅行的目的，同樣都蘊含了哲學上的意義。因為，要達到讓尤里西斯的命運改道這個目的，至少如果在一開始就放棄殺死他的話，那麼他就只有兩種方法可以選擇，即波塞冬所做的：遺忘，和永生不死[35]的誘惑。這兩者，不論哪一個，都妨礙人作為人。假如尤里西斯遺忘他是誰，那麼，他便會遺忘他該往哪裡去，則他就無法獲得一個美好的生命。同樣地，假如他接受了卡呂普索的贈禮，要是他在永生不死的誘惑下退讓，則他就停止了成為人的事實了。這麼說並非只因為他將會變成一個神，而且也由於這個「神化」，化身為神的條件，是放逐與流離：他必須放棄他該待的安身之所，放棄有家人朋友圍繞身邊的日子，因而他的身份也將喪失。

讓主角的歷險過程顯得起伏跌宕，充滿律動生氣，並且為這整個史詩賦予意義之弔詭就在於：尤里西斯一旦接受永生不死，他就變得跟死亡沒兩樣了！最終，他再也不是尤里西斯，再也不是潘娜洛比的丈夫，再也不是旖色佳島的國王，再也不是萊爾特斯的兒子……。他就只會是一個流離他方的無名氏，永遠不再是他自己的無名者——而在希臘人眼中，這恰好用來作為地獄的極佳定義。結論就是：永生不死是留給那些神的，不是給人類的，因而，永生不死，絕不是人類在今生今世該

㉟在這個主題上，凡爾農觀察得很透徹。

死心塌地追尋的目標。

所以這也是在整個遊歷冒險過程中，為何威脅尤里西斯的，恰好也是兩個構成美好人生基本要素的原因了：歸屬於世界，歸屬於人間、宇宙及有限性。尤里西斯不斷地飽受遺忘的威脅：包括在蘿佗法各人（Lotophages）的國度，那裡的食物讓人喪失記憶，不然就是在通過美人魚身邊時，美妙的歌聲會使人發瘋，而琦爾珂的魔法會讓人變成豬，或者，像荷馬在第一篇詩篇裡很明確地告訴我們的，一旦接受卡呂普索的愛，則她就要「傾倒他保有對旖色佳島的一切記憶，使他忘卻所有」。至於尤里西斯，則「一心一意想望見他的土地裊裊升起的炊煙……」。致命的睡意，也是遺忘的另一種形式，同樣威脅著尤里西斯。你將會看到，由於喪失意識，使他在風神埃歐樂斯的土地上，或太陽神赫利歐斯（Hélios）身邊犯下難以彌補的過失。各種形式的遺忘，無非要誘惑他放棄歸鄉的打算，導引他打消在宇宙中尋得適當位置的念頭。然而，另一個威脅之強悍，並不亞於遺忘：一如我們將看到的，一旦向永生不死的欲望妥協，則會使尤里西斯變成非人。

這也是為何千方百計想依照地圖，確認他航行歷程的階段，是件多麼荒唐滑稽的事了。我們絕對找不到的，而且基於一個根本的原因，想像那是真實航程的人，只會徒勞無功，最好還是省省力氣吧。尤里西斯身處不斷演變推進的世界，並非真實世界。當然，奧德賽的作者，不管他是誰——我們並不確定寫下這本書的就是荷馬，或者甚至是有好幾位作者，不過在此，這一點都不重要——作者都結合了想像與真實的世界，以致於某些文章裡的指示，確實對應了真實存在的地點。有時候，我們還辨別得出一個確切的小島、城鎮和山丘等等。但是，這個不斷改變尤里西斯的世界，其深層的意涵，與地理方位一點關係都沒有。那是一個想像的世界，不用說那也是哲學的世界了。那個世界住著一群既不全是人類，也不全然是神的怪物：你將看到，那些法伊耶克人、獨眼巨人基克洛普斯、卡呂普索、琦爾珂、蘿佗法各人等等都相當神奇怪誕——德語說是 weltfremd——超自然的生物。想為尤里西斯之旅繪製成一張地圖的打算，可以說是荒謬，且無意義：要知道，尤里西斯在旅途中，一時間還曾經從宇宙脫離。我們可以說，介於兩個世界之間，他以自身所具備的勇氣、才略與力量，通過抉擇，才能以同樣的運動再回歸到真正的人，再與真實世界重新連結起來。

最後加諸他身上的威脅，並解釋他航行所經歷的威脅是多麼非真實的經歷，就是讓他不再是一個真正的人類，不再是必死的肉身，不再被世界和宇宙所接納。正是從此開始真正的主題，然而這一切既沒有導航，也沒有米其林的指南。尤里西斯將從這兩個暗礁陷阱掙脫，他在冥府遇到的神祇泰瑞修斯，也將以一種夾雜的形式對他宣告：首先，他會回到家，不過是以付出相當艱苦的考驗為代價；其次，跟阿奇里斯截然不同，他將活得很老才離世。簡而言之，一方面他終將找回人間、世界、有限性以及真實的人們，另一方面擒色佳和宇宙一隅的現實狀況則有待他重整秩序。總之，他將找回真正的生命、美好的生命，起碼對必死的凡人來說是如此。

我們就來看看，究竟是如何，以及怎樣的代價。

(二)、尤里西斯之旅：生命有限的人類通向智慧的十一個階段

通常，我們將尤里西斯從特洛伊到擒色佳島，這個從戰爭到和平的旅程區分為十一個階段。不過，在荷馬的《奧德賽》裡，它們卻不是依照尤里西斯經歷年代順序這樣條理清晰的方式呈現的，而是以現代用語所稱的「倒敘」來描述。在電影裡，「倒敘」是一種「倒退」：大致說來，就是在一個已知的特定瞬間，中斷依年代順序敘述的故事，以便從這個時間點插入一段發生在它之前的故

事，交代故事為什麼會發展到這裡的緣由。在這種情況下，《奧德賽》則是從尤里西斯變成卡呂普索的囚犯揭開序幕的：我在最初跟你提的插曲，也就是這一段，時值宙斯派遣赫米斯下達命令給寧芙女神，命她放英雄離開。同時，也是在她提議讓他永生不死和永遠年輕力壯的那時候。而這一點，你現在明白了，他拒絕這件表面上很棒，但實際上對他卻是致命的禮物。而在此同時，在遠離卡呂普索和尤里西斯的旖色佳島上，正值求婚者大肆蹂躪他的宮殿，企圖篡奪王位、搶走他的皇后。不過，在他回到那裡之前，儘管旅程尚未完全結束，但他已對這些事略有耳聞了。

首先，我們曉得尤里西斯終於離開了卡呂普索的島嶼，在那裡他曾經度過相當長的歲月──也許七年，也許更長，也或許短一些：在這座島上，根本就不計算時間，因為這座島坐落在熟悉的世界以外，依循的規範，與凡常現實世界的完全不同。卡呂普索不能違抗宙斯，她必須服從他，讓尤里西斯離開。她非常傷心，因為她真的愛上他，而且明白，自己又將變得孤獨。雖說如此，但她卻能對尤里西斯報以同情的態度，並提供他製造船隻所需的一切：一隻斧頭，精良的工具，堅固的繩索和木材。然後，她為他此後的旅程準備了用水、酒和糧食。尤里西斯相信他終於能夠返鄉了。有件事他未免忘得太快了些──在他登上卡呂普索的島之前，他刺瞎波塞冬的兒子獨眼巨人波呂菲摩斯的眼睛，而激起波塞冬對他的不共戴天之仇恨。波塞冬從天空高處俯瞰，瞥見尤里西斯航行在「魚兒成群的海上」，一如荷馬老是說的那樣，這光景觸怒了他，使他暴跳如雷，因為他明白了，他千方百計要阻止尤里西斯，但是他的同伴，那些奧林帕斯山的神，竟然趁他不在時，在一次決議中決定讓尤里西斯回去。波塞冬無法完全抗拒其他的神，尤其是違逆宙斯，否則，他勢必殺了尤里西斯。縱使如此，他倒可以用各種手段讓尤里西斯嘗盡苦頭，藉數不勝數的磨難考驗，拖延他的回程，就像他一開始對付他的那樣。

尤里西斯離開卡呂普索的島嶼已經十七天了。當波塞冬引發前所未有的狂風暴雨時，他駕著小船，勉勉強強地航行了十七天。此時波濤怒吼，強風狂飆。顯而易見，尤里西斯出發前耐心地將樹幹與繩索綁在一起，現在卻慢慢鬆動了：這一葉扁舟，並非用來抵擋強勁風暴的。最終，我們的主角發現自己騎在一種像木樑的東西上面，就在激烈的狂浪波濤中。然後，這狀況又過了兩天，在寒冷與海水相逼交迫中漂流，不吃不喝地，他明白，再也躲不過了，自己快要沉下去了。這時，是依諾，一位海洋的亞神，前來拯救他：她遞給他一條白圍巾，叫他脫掉身上最後的衣服，再以這塊布圍住胸部，並且要他相信她不會害他，照著她的話潛到水裡去。尤里西斯猶豫了一下，自問——你設身處地想看看——這會不會是波塞冬設下的另一個騙局，另一個讓他輸掉的新花樣。然而，到最後，他的確是再也無路可走了，就照著話做。總之，不是淹死就只好姑且一試了。

奏效了：最後他沒有碰到太多麻煩，就在一座美麗的島嶼靠岸，這座島上住著一群法伊耶克人，國王阿爾齊諾斯和皇后雅瑞蝶（Arété）都相當仁慈，待人和善。在這裡必須插一段話，在這段場景登場時，雅典娜一直守護著，為尤里西斯做任何她能幫上忙的事，以便讓他毫髮未傷地脫身。阿爾齊諾斯和雅瑞蝶有一個女兒瑙西卡（Naucica），約十五、六歲的可愛女孩。在尤里西斯全身髒亂又疲憊不堪時，她接待了尤里西斯。尤里西斯蓬頭垢面，頭髮糾結而臉頰浮腫，佈滿污垢和鹽巴，樣子看起來更像嚇人的鬼怪，而不是什麼英雄。不過，當時，雅典娜還是一樣緊緊盯著，並施法力讓瑙西卡沒有因此而嚇倒，而是從這樣悲慘不幸的外表看到「真正的」尤里西斯。瑙西卡讓他洗淨身體、穿上衣，把他打扮得體面，塗上油膏，好讓他恢復人的模樣，然後領他到她母親的宮殿去。在那裡，他們把他當成朋友，接納了下來。阿爾齊諾斯很快地明白了，他正面對著一位非同凡響的人。他甚至還建議尤里西斯娶自己的千金，可是尤里西斯以表明實情來婉拒他：他的妻子潘娜洛比，他的城邦以及他的兒子都等著他。不過，這裡同樣地，誘惑是那麼大，而遺忘的陷阱也差不多要起作用了。

居民送給他非常豪華的禮物，舉辦各種競技比賽、設酒席宴會，在這麼美妙的慶典上，有一位走唱詩人，而我已說過，如果少了這類吟遊詩人，則希臘歡宴慶典就不配有它的名字了，這位吟遊詩人正好講述著特洛伊戰爭。尤里西斯終於忍不住啜泣起來。儘管他掩著淚，但還是讓阿爾齊諾斯瞥見，不禁趨前問他為何落淚。就是在敘述故事這個時候，尤里西斯揭開自己真正的身世：事實上他是尤里西斯，就是吟遊詩人前來說唱冒險故事的特洛伊戰爭英雄。理所當然地，在場所有的人都屏息以待。可憐的走唱詩人在這樣的競爭中有必要閉上嘴。人們央求尤里西斯自己繼續說下去：有誰比他還更有資格回顧這些冒險經歷呢？

著名的倒敘就是從此處開始的。退回到過去，使我們能夠填充那些空白，得以知道，從特洛伊戰爭結束，直到抵達卡呂普索住的地方之間，到底發生了哪些事（我們已經知道，他抵達卡呂普索之後的事，但還不知道在那之前發生了什麼事）。因此，在國王、皇后面前，以及對即將登場的故事充滿好奇的賓客面前，尤里西斯開始傾訴整個過程……。

他從回想起最初的狀況，在某方面說來，是從最原始的場景開始說起：特洛伊戰爭剛剛結束，可怕的燒殺擄掠也剛歇手，由於他的關係，奧林帕斯山的眾神對希臘人感到憤怒不已。宙斯派下指令，我在前面跟你說過了，他發動狂風暴雨，並且在他與同袍之間埋下不和的種子。尤里西斯的回程，一開使就碰到這些不吉利的預兆。差不多在他回程時，或不久之後，他就與同伴在一個充滿敵意的地區上岸，在奇科聶人（Cicones）的國度，那裡的人們都是戰士，一群似乎不可能溝通的人。戰爭再度開啟了。尤里西斯與他的朋友們又將城市洗劫一空了——就像他們在特洛伊城幹下的大屠殺那樣——趕盡殺絕他們面對的新敵人，只放過一個男子和他的家人：一位名叫馬隆（Maron）的人，他是阿波羅的祭司。為了報答不殺之恩，馬隆送給尤里西斯幾個羊皮袋的美酒。這些酒不是普通的酒，非常甘甜，而且後勁強猛，不久之後就證實了酒的效應。不過，我們稍安勿躁，現在，尤里西斯和他的士兵們正在海邊飲酒作樂。戰士們趁此歡宴休息，可是這樣做太不謹慎了。有幾位逃過屠殺的奇科聶人就從內陸搬來救兵，趁著深夜時分回到營地四周，像獵鷹般埋伏，伺機行動。這回輪到他們攻擊，許多希臘人被殺，僥倖逃過追殺的人，都紛紛跑回船上，急於趕快離開這個除了馬隆的美酒以外，對他們一無好處的國家。我們處在一個總是充滿戰亂的時代。

不過，直到這裡，一切都還是很正常的環境：我們畢竟是跟一個真實的城市特洛伊有關係，跟一個真實的國家奇科聶、一艘真實的船隊、一群雖然帶著敵意卻真實，而且與尤里西斯和其同伴同樣「吃麵包的人」有瓜葛。的確，到處都充滿混亂，可是，還沒有什麼是神奇的事。接下來的這個階段，尤里西斯就要離開真實的世界，進入想像的世界。他會迎戰再也不是凡人所經歷的困難險阻，這些非人的世界既不自然，而且確切地說，是「超自然」的世界：他們的意義再也不是留待地理學界定，也非留待政治軍事戰略的詞彙來界定了，而得從神話學和哲學的詞彙來賦予意義了。

尤里西斯與他的夥伴們剛剛重啟海洋的航路，就像荷馬所說的：「帶著悲慟的心情，為他們死去的朋友哀傷落淚，但也為終於能夠死裡逃生而鬆一口氣……。」每次都是出於同樣的原因，讓宙斯很不高興：希臘人在打劫了一座城之後，又再洗劫另一個城，到處都被他們搞得混亂無序了，他們竟又再度騷擾破壞，因此必須終止這樣的狀況才是。於是宙斯再度發動可怕的強風暴，狂風強猛到極點，船帆因而爆裂成碎布，必須划槳才能前進了——那個時代的船舶是以這兩種方式推動前進的。尤里西斯和他的夥伴們日以繼夜地使勁划槳，用盡全力往前……直到他們再度靠岸在一大片堅固的陸地上為止。抵達時他們已疲憊不堪，所以就睡倒在沙灘上兩天兩夜，什麼事也沒做地拼命補眠。然後，到了第三天，他們重新上路，可是途中的巨浪狂濤和颶風讓他們迷路了。他們不知身在何方，完全迷路了，失去方向感，也無法測出方位來了。原因是：宙斯將他們帶到越過世界以外的海域中。就在這個地方，我們將會明白這座小島的特性，知道他們在漂流十天之後，終於再次精疲力竭地上岸了。

這座島嶼的住民個性怪誕，他們不像普通凡人那樣吃麵包，吃肉，而是只吃一種果子，一種叫做蘿佗果的花。因此人們就稱這裡的住民是「蘿佗法各人」，在希臘文裡，意思很簡單，就是「吃蘿佗果的人」。你不要為了想知道這是什麼植物而去查字典：你絕對找不到的。這是一種想像的奇妙花朵，類似椰棗，也是一樣具有神奇的特性：一嚐到它立即喪失記憶，他就會完完全全遺忘一切記憶，再也想不出什麼了。忘記自己從哪裡來，忘了自己在此做什麼，更不知道自己要往哪裡去了。這樣他很幸福，但也僅只如此，再也沒有別的了。對他而言夠了。當然，介於花朵的香嫩可口，與花朵對尤里西斯的可怕威脅之間，對比很極端。萬一他很不幸吃了花果，掉入陷阱，則他的命運就整個改觀了：他會忘記家園，甚至連回家的想法都不會產生，則獲致一個美好人生的可能性，就會從他手中溜走了。更何況，他的三個同伴已經嚐過苦頭，結局就是不幸。那些人是沒辦法再被接納了，整天只是像個白癡，傻乎乎地笑著。對於活在目前這件事，他們感覺很幸福，於是他們就不想再聽到談論回家的話。尤里西斯說得好：

「當他們其中一人才嚐了一口這種甜得像蜜一樣的水果，就不想回家，也不願給訊息了，他們全部都想定居在這個食椰棗的人的國度，沒命地吃這些水果，再也想不起回程的日期了……。我費盡力氣才把他們抓回船上，邊流淚邊將他們拖到船底艙的長板凳上，套上鐐銬。然後，刻不容緩，我讓忠誠的人重新登船出發！上船，重新航行！我害怕其他人一旦吃到這些蘿佗果，就忘記返鄉之日了。」（第九首詩）

誠然，蘿佗法各人都是和善可親的人，就像他們的水果那樣甜美，不過，尤里西斯很清楚，他好不容易才從千鈞一髮中逃過一劫，而最惡劣的威脅，還不是我們以為的：花朵有著友好的面孔和如蜜般的香甜那樣。於是，他重新航行海上，為終於能夠擺脫險境，喘了一口氣。不過，下一個階段已為他預備了相當艱鉅的考驗了。過了幾天靠划槳前進的海上航程之後，尤里西斯與夥伴們停泊在一座「圓眼人」的島嶼，我們也叫它是「基克洛普斯人」。

這裡的人就像蘿佗法各人一樣，不過他們沒有那麼友善，問題是出在其他方面，因為他們既非人也非神，很難歸類。以下，就是尤里西斯在阿爾齊諾斯和雅瑞蝶的面前描述的情景：

「他們是一群無法無天的野蠻人，他們很有自信，根本不把神放在眼裡，不必親自動手種植農作物，也不必耕田。無須工作、也無須播種，自然就五穀豐收。有大地供應他們一切，大麥、上等的小麥、葡萄園裡成串葡萄可釀成的酒，都有宙斯的驟雨滋潤它們成長結成飽滿的麥穗和葡萄。在他們的國度，沒有裁決和審議的大會管束他們，每個人都不關心別人，與鄰人不相往來，只在高山上他們的岩洞裡，對著自己的子女和妻子發號施令。」（第九首詩）

很明顯地，這些人就像蘿佗法各人，都不是真正的人類。證據？他們並不耕作，也沒有法律。

因此，他們也不是神，不過我們根據各種可能而知道，以一種很有效的方式得知，他們被神保護著，因為他們根本不必為討生活而勞動工作。此刻我們處在一個介於兩者之間的世界，是凡人的世界與那些幸福者世界的中間狀態，從尤里西斯脫離現實之後的整個旅程中，以及在他與奇科聶人交戰的血腥紛爭後，一直到他回到旖色佳為止，這種居中的世界，就是後半段行程的特點。「圓眼人」的島嶼充滿各種食物，應有盡有。尤里西斯的同夥上岸後去打獵，帶回一大堆的糧食，把船艙底部都塞滿。每個人都迫不及待想出發了，唯獨尤里西斯的心態不同。從這一點跡象就看出他性格的本質了，他不只是精於謀略而已，他還很聰明，而且對了解各種事物興趣濃厚，他總是想充實在他前方一切足以擴大智識視野的知識和新體驗，永不厭倦。因此，他對著同伴們說出以下的話：

「全體忠誠的組員們，我們船隊的主力要停留在此。不過，我會帶著我的船和我的隊員們，去試探此地的這些人，看看他們究竟是沒有道義的匪徒，野蠻之輩，還是一群尊敬眾神而殷勤好客的人。」（第九首詩）

你看到了，探險的目的，不是別的，就是為了增長知識——這裡我們又看到希臘智慧的另一個面向：一個愚蠢的人，絕不會知道如何達到美好的人生，而且，如果最終的，是找到自己在宇宙秩序中最恰當的那個位置，那麼實現的過程，就不可能不提供給人一個開拓世界視野的機會，以及讓他理解組成該世界人群更豐富的機會。然而，這種有益健康的好奇心並非沒有危險性，一如尤里西斯和基克洛普斯人波呂菲摩斯相遇，就很悲慘地顯示出這一點。領著經過精挑細選的十二名士兵，尤里西斯登上這座島嶼。他在島上發現一處高地上被月桂樹遮蓋住的洞穴：這個地方，其實是獨眼巨人基克洛普斯的家，同時也是他養的山羊、綿羊等羊群在夜晚前來過夜、避風雨的棚廄：

「就是這裡，這個像妖怪的人的住處。就是在這裡，他一人獨居，放牧他的羊群，不與任何人打交道，總是離群索居，成天想為非作歹。噢！這怪物太神奇了！他沒有一點吃麵包的人類所具有的特徵：我們倒不如說，他是某一座突出於山頂的森林巔峰。」

其實，波呂菲摩斯高大得像座山一樣。光是他額頭正中央那隻獨眼，和他如泰坦神般巨大無比的力氣，就相當懾人了。尤里西斯則暗自忖度，到最後，好奇心會不會是很嚴重的錯誤。而尤里西斯就是想弄清楚這件事。他看到波呂菲摩斯不在家，家裡空盪盪的——波呂菲摩斯正在附近的草原牧羊——尤里西斯便讓他的同伴進到怪物的洞窟裡。有一個細節很重要：他小心翼翼地帶來十二個酒甕，甕裡裝滿阿波羅的祭司馬隆為感謝對他一家人手下留情而贈與的頂級美酒。這個岩洞裡堆著滿滿的糧食：柳條籃裡放著非常多可口的乳酪，羊圈裡更擠滿了羔羊，牛奶從擠奶的桶子或砂鍋裡溢出來……。但是尤里西斯的夥伴只有一個念頭：搶奪所有食物，轉身拔腿就溜。可是，尤里西斯卻想看看，到底是誰住在這麼奇怪的地方。不見波呂菲摩斯一面，他就不離開洞穴。真倒楣，尤其是對於會以慘不忍睹的下場，將生命永遠留在這裡的同伴們來說，這真是最大的不幸。因為，波呂菲摩斯是如假包換的怪物。

尤里西斯一夥人為了等主人回來，就待在山洞裡。入夜了，於是他們生火，偎在一堆熊熊烈火旁取暖，還吃了一些乳酪來打發時間。波呂菲摩斯一回到家，看見這個場面，馬上就違反一切好客的禮節了。在希臘人的家裡，至少在與凡人一樣「吃麵包而且尊敬神」的家裡，一般的習俗是在詢問最起碼的問題之前，先端上吃的喝的給客人。波呂菲摩斯卻讓他們先接受審訊：他想知道他們的名字、他們究竟是誰，打從哪裡來。尤里西斯察覺到他們是在很糟糕的情形下碰面。他沒有回答，反而要求波呂菲摩斯好客對待他們，並且提醒波呂菲摩斯應該敬畏神。這個基克洛普斯人放聲大笑：神，即使是所有神當中最傑出的宙斯，都跟他沒有任何關係！在他眼中，他與他的同類比宙斯他們要強太多了。為了表示言行一致，他順手就拎起尤里西斯兩個同伴的腿，將他們頭朝下重重往地上摔，不待他們的腦漿迸裂，就扯斷他們的四肢當晚餐……，然後安靜地睡著了。

尤里西斯看到這光景感到很沮喪，既傷慟又悲哀，而且深感內疚——都是他的好奇心使然，才讓他的同伴們喪命——他首先想以劍殺死波呂菲摩斯，可是他改變了主意：這個基克洛普斯人，一如我跟你提過的，他力大無窮，他已經把一塊巨岩石堵在洞穴的入口了，即使尤里西斯一行人的力量全部加起來，都不可能將巨石挪開半寸。縱使尤里西斯殺得了基克洛普斯人，他也逃不出來，勢必會永遠關在洞穴裡，因此必須想其他的辦法才行。他們在等待另一個可怕的一天到來中，很難受地熬過夜晚。而這一天的確如此，波呂菲摩斯準備他的早餐，照樣以血淋淋的儀式吞下尤里西斯的兩個同伴。然後，心滿意足，帶著他的羊群出門，而且沒有忘記用巨岩緊緊封住大門口。不可能逃走了。尤里西斯絞盡腦汁，然後他想出一個辦法。他發現在羊圈裡的一根木樁，是橄欖樹幹的棍棒，長度大約和他船上的桅杆一樣，他和同伴們就合力以利劍把木樁削得很尖銳，像一隻巨大的鉛筆。削尖後再將木桿放到火裡烤，直烤到最堅硬的程度。

波呂菲摩斯終於回來了，同樣地，再抓來兩個船隊的成員當晚餐吃。尤里西斯，依照計畫的第二階段，他為巨人倒酒，而我跟你說過，馬隆送給他的這個酒香醇強勁，有一天會派上用場。這個基克洛斯人從來沒有喝過這麼香甜濃烈的美酒，一杯又一杯地喝，把三桶或四桶盛滿的酒一飲而盡。現在他整個人醉醺醺了，問起尤里西斯的名字，並承諾只要尤里西斯講出自己的名字，他就送給尤里西斯一份豐厚的禮物。尤里西斯立刻編出一個故事，這是他精心計畫中的第三段，也是最後的一部分：他叫「梅友仁」，沒有人。烏提斯，*outis* 這個希臘文，讓人不禁聯想到另一個很接近的字墨提斯 *mêtis*，足智多謀。厚顏無恥的基克洛普斯人宣佈他的贈品：既然尤里西斯告訴他「梅友仁」這個名字了，那麼，他就送給尤里西斯一份大禮——他會最後一個被吃掉！接著放聲大笑，獨眼巨人才一躺下醒酒，準備消化他剛吃掉的人肉，立刻就昏沉沉地睡著了。

尤里西斯和他的夥伴們趕緊重新取出木樁烘烤，現在，木棒已堅硬得像銅鐵，尖銳得像長矛。木頭也變得通紅，出擊的時機到了。尤里西斯在同伴的協助下，抓住他的新武器，邊旋轉邊戳進怪物的眼睛裡。這一幕，鏡頭變得更恐怖了：獨眼巨人的眼窩裡霎時噴出血來，不斷沸騰，連他的睫毛也都燒焦，他大吼大叫，痛不欲生。然後他把木桿從眼睛拔出來，在洞穴裡不停地東摸西索，想要幹掉這些罪人：然而，徒勞無功，因為他現在眼睛已經瞎了，根本什麼都看不見，而你想得沒錯，他們是那麼渺小，都悄悄地躲在山洞最隱密的角落裡。波呂菲摩斯雖然張著手到處亂抓，但沒有用，一個人也沒抓到。於是，他推開岩石，開門求救，他的兄弟聽到他高呼救命之後連忙跑過來，問他到底發生什麼事：他受傷是因為被騙還是因為武力？是誰？當然，波呂菲摩斯回答他是被「梅友仁」騙的——他以為，這個名字就是尤里西斯的名字。他們一聽，沒聽出來，快快地說：「既然『沒有人』殺你，那麼我們也沒辦法幫你了，自己解決吧！」

波呂菲摩斯被大家遺棄後，緊緊地守在洞穴的入口，決心不讓任何人逃出去，沒錯，他要以最殘暴的方式對付梅友仁。不過，尤里西斯早就通盤計畫好了。他編好繩索，並將每三頭羊綁在一起，讓夥伴們都鑽進綿羊的肚子底部，緊緊抓住羊毛，等待放牧時逃出去。最後他們終於冒險脫身，而沒有引起巨人的注意。他們個個加快腳步，以最快的速度飛奔，回到山腳邊等著他們的船上。

然而，尤里西斯不想就此罷休。他忍不住對著波呂菲摩斯大喊，以發洩對他的恨意：如果不告訴他自己是誰，懲罰就不完美。所以就得讓波呂菲摩斯知道他是被誰打敗的。就在已確保安全的途中，尤里西斯回頭，朝波呂菲摩斯的方向大聲喊話：「聽好，可憐的笨蛋！是我，尤里西斯把你弄瞎的，不是『沒有人』懲罰你，你成了瞎眼，是惡有惡報。」這麼做大錯特錯了。尤里西斯實在不該讓誇口吹噓這種潛伏性的狂妄自大溢於言表。他應該要住嘴，趕快離開，一如他的同伴苦苦勸阻他的那樣，可是，應該說他像珍惜自己的眼珠一樣地珍惜他的一致性：畢竟，在整個旅程當中起作用的，正是這一點。怪物拔起一座山峰，朝他剛聽到的話傳來的方向扔去。船身差一點就被砸爛了，不過，更壞的結果是，他跑去乞求父親波塞冬，哀求父親懲罰那個膽敢惹波塞冬兒子的無恥之徒。以下就是他說的那些話——我引用在這裡，因為，這些內容清楚地標示，等著尤里西斯的險阻有怎樣的輪廓：

「噢！大地的主宰（波塞冬是海洋之神，但他也統治大地，因為全部的河流都屬於他。他也能夠以他那支三叉戟發動地震。）噢！身披蔚藍的神啊，噢！波塞冬！請聽一聽！如果我真的是你兒子，如果你認為自己不愧於父親之名，請為我復仇，讓這個伊雍（這是特洛伊城的希臘名）的強盜，這個家住旖色佳城的尤里西斯，萊爾特斯的兒子永遠回不了家！就算他好狗運，終會回到家人身邊，回到他高高在上的家園，回到他父祖的國家，至少也要他嘗盡千辛萬苦，失去全部的夥伴，叫他靠一艘借來的船，孤零零地回到只有悲慘不幸等著他的家！」

其實，就是這樣的未來，正等著尤里西斯。的確，他終於回到家了，卻歷經千百回的慘痛經歷。隨從全部喪命途中，無一人倖存。他的船遇難，沉到海裡，而且他還是靠著一艘跟法伊耶克人借來的船，才能夠回到旖色佳島。但是該島，波呂菲摩斯的願望也實現了，果然到處無法無天，紊亂到極點。自從這個詛咒一發出，我們就得依照如下的制式說法了：尤里西斯一行人重啟海上的航程，「帶著悲慟的心，慶幸僥倖從死裡逃生，但也為他們死去的夥伴哀悼落淚……。」

我很快地總結接下來的四個階段，這樣你自己讀起來就輕鬆多了。

首先，尤里西斯來到風神埃歐樂斯的家，受到他熱情的歡迎。風神極其熱烈地款待尤里西斯，甚至還送給他一份最珍貴的禮物：一個緊緊密封的牛皮袋子，裡面裝著所有不利於他航行的逆風。很明顯地，尤里西斯只消讓海上的順風吹動他們的船就可以了：由於這些風非常溫煦，整個將他們帶往所要前往的方向，所以很肯定的是，他們一定能夠平安無事回到旖色佳島。再也沒有什麼比這個還更好的事了。尤里西斯語帶哽咽地謝過他，回到海上，雙手緊緊拎著這份寶貴的禮物。可是，他的船員們卻不是細心的人，他們認為尤里西斯想獨吞手上的寶貝。好奇心惹得心癢癢的，他們趁英雄不注意時——尤里西斯被睡眠征服了——正當旖色佳島海岸已在望時，他們打開袋子。實在很遺憾！所有的颶風、逆風都衝出來，船隻抵抗不住強風而被刮走，他們迷失了方向，在浩瀚大海上茫無頭緒。尤里西斯簡直氣瘋了，尤其徹底地失望。他懊悔萬分，實在不該睡著，不該鬆懈戒備的：向睡眠繳械，就是一種遺忘的型態。當然，只是短暫地遺忘自己、遺忘世界，就足以讓一切再次轉為悲劇。當尤里西斯退回到風神埃歐樂斯的島時，哪怕尤里西斯苦苦哀求，可是風神卻始終裝聾作啞：如果尤里西斯運氣真的這麼差，那麼，顯然是有一個更強的神在左右這件事，對此，我也愛莫能助了……。

因此，尤里西斯和他的隨同再度迷航，完全迷失了方向。在他們經過六天疲憊不堪的航行旅途之後，偶然地在一塊陸地靠岸，萊思楚貢人（Lestrygones）的國度。在這個階段的旅行當中，尤里西斯都還是好多艘船艦的船隊總指揮，他們即將停泊在一處自然形成的港口，這處海灣的一切看似平靜。不過，尤里西斯倒很謹慎，他將自己的船隻以堅固的纜繩栓在另一個小海灣的岩石上，與陸地保持一段距離，並且派三人當先遣隊去偵察，就在他們接近村莊時，他們發現一位女孩，老實說，她體格像個巨人，正在泉水處汲水。雖說她很年輕，但她身軀龐大得像一棵壯年的梧桐樹。她是萊思楚貢這地方的國王安提法帖斯（Antiphatès）的女兒，她提議帶這幾個人到她父親的宮殿。在那裡，這幾個不幸的人見到她的父母，兩個像山一樣的龐然大物。安提法帖斯根本就不把時間浪費在無益的交談上，一把就抓起船員中的一位，讓他遭受與遇上波呂菲摩斯的同伴一樣的命運：他把他的頭朝地上摔，然後活生生地吞下。就像荷馬說的，這些巨人不是「吃麵包的人」。很顯然地，他們不是凡人，而是怪物，必須趕快溜。可是，為時已晚。坐落在港口上方村莊裡全部的巨人，都紛紛跑到他們的船停泊的港口，也想生吞新鮮的人肉。這些食人魔抓起大石頭，朝船隻的方向擲去，把船員、桅杆和船體整個砸爛。殺戮的場面非常殘暴。所有的船隻都在剎那間毀損，留在船上的人都在當下被吞到肚子裡。只有尤里西斯和他船上幾個同伴逃過一劫。看到這個慘狀，尤里西斯毫不猶豫立刻以劍砍斷繩纜，儘快出海，依照荷馬的說法，他們非常傷心又慶幸自己倖免於難，但又為犧牲的同伴哀痛落淚，而這顯然已變成一再重覆的說法了。

又過了幾天的航行，另一座島出現在地平線上。尤里西斯依然不知道身在何方，可是，必須要找到食物，可吃、可喝的東西才行。首先是下決定。經過兩天兩夜之後，精疲力竭的尤里西斯和他的船員們都恢復了體力。他們待在岸邊，但沒有訪問這座島。第三天，好奇的尤里西斯忍不住了：

他派了幾個船員去偵察，遠處看得到從一棟房子的煙囪冒出的炊煙。在他們往該處靠近的途中，遇到幾隻自由走動的獅子或野狼。一開始，他們覺得有些恐怖，他們手緊握著利劍，準備隨時開打，可是什麼都沒發生。此外，這些普通的野生動物卻有一種相當奇妙的神色，我們差不多可以說，它們帶著一種眼神：深摯而哀求的眼神，看來很像人。它們溫馴得像小狗，而且還跑到尤里西斯夥伴們的腳邊磨蹭，上岸的這些人簡直不敢相信自己的眼睛。接著他們繼續走，聽到從屋裡傳來美妙神奇的聲音。

是琦爾珂的聲音，這位魔法仙女是美狄亞（Médée）的阿姨，後者也是會施法術的魔法仙女，稍後我們會在其他的故事裡提到她。琦爾珂一個人在島上感到有些無聊，她很希望擁有伴侶，最好還能夠把他們留在身邊。她邀請船員們坐下來，遞上飲料請他們喝。他們隨即感覺不舒服。這是一種神奇的藥水，誰一喝下就會變成動物。像仙女棒一點，尤里西斯的朋友就變成豬了。琦爾珂很親切地領著他們到豬舍，餵他們吃豬的飼料：水和一些豬吃的橡栗。他們外表看起來完全就是豬的模樣，可是他們的內心還是跟人類一樣。他們保留了人的心靈，這毋寧是最大的悲哀，因為只能眼睜睜看著自己變成新的面貌，完全無能為力。他們也因此立刻明白，他們在路上遇到的那些野狼和獅子，為什麼會對他們表現得那麼溫馴友善了：那些顯然原本都是人類，被琦爾珂施了魔法才變成陪伴她的動物。

很幸運地，先行偵察的船員中，有一位歐里洛克（Earyloque）察覺到那是圈套，就拒絕喝琦爾珂遞給他的藥水。他大步飛奔逃走，找到尤里西斯，並跟他們描述他看到的所有情形。尤里西斯拿起矛和劍，立刻去解救同伴。這麼做很勇敢沒錯，但老實說，他根本也想不出什麼對策。就像每次碰到克服不了的問題時一樣，奧林帕斯的神總會想辦法讓他振奮起來。赫米斯，這個專門為宙斯傳令的信使，來到他眼前。赫米斯給尤里西斯一瓶裝了草藥的解藥，只要喝下它，就能百毒不穿，化解琦爾珂的魔法。赫米斯還建議他：當他見到琦爾珂時，他必須喝下她遞給他的飲料。什麼事情都不會發生，尤里西斯依然會是原本的模樣，那麼，琦爾珂就會明白他是誰了。他還必須站起來，以劍威脅她，作勢要殺她，則她會釋放他的同伴，讓他們恢復人的模樣，只不過有一個交換條件，就是尤里西斯必須跟她同床共枕。而他得以另一個交換條件來接受她的條件：她得向斯提克斯（Styx）發誓，她絕對不會傷害尤里西斯。

一切都如預期進行得相當順利，而且琦爾珂也像卡呂普索般，都是高雅的仙女，所以尤里西斯接受條件並與之達到琴瑟和鳴，經過這些，尤里西斯整整一年在魚水之歡當中度過，終日吃喝作樂，日復一日重覆同樣的劇情。你一定已經明白了，再一次在他身旁虎視眈眈的，正是遺忘的誘惑。琦爾珂想盡辦法使他不再思考，尤其是讓他再也不會想到潘娜洛比或是旖色佳島，好讓他留在身邊，待在她那張纏綿火熱的床上。再一次，尤里西斯差一點就又遇難了——這場災難確實溫柔難擋，卻也會造成禍患無窮。這一次，是他的船員們使他擺脫困境，因為他們已經受不了，無法像尤里西斯夜夜都與琦爾珂在一起。因此，他們要見尤里西斯，催促他趕快上路。

出乎意料之外，琦爾珂很明理。畢竟不能用暴力留住情人，況且，如果尤里西斯一心要回鄉，那麼就該讓他如願以償！這些差不多就是她對自己說的話。尤里西斯為出發做準備，可是他依然不知道置身在什麼地方，也完全不曉得該怎麼回到他們的島上。琦爾珂協助他，但是她給的指點，卻讓他感到戰慄：他們得深入到通往地獄——黑底斯統治的死者國度的入口，去那裡找到泰瑞斯，這個最著名的神會給他們建議。唯有他能告訴尤里西斯，接下來有怎樣的旅程等著他，以及怎麼做才能重返家鄉。不用說，聽到魔法仙女預告的前景那麼不吉祥，尤里西斯當然興奮不起來，可是他也別無選擇，只好照著話做。

於是，接下來，就是尤里西斯留在黑底斯的著名場景，一般又稱之為與亡魂通靈。當尤里西斯一看到這群鬼影幢幢的幽魂時，他們發出陰森森的混亂嘈雜聲帶給他的恐慌不安，我就不再重述了。我只再一次強調，死者的特徵，同時也是嚇倒這位英雄的，是在於他們都喪失了他們的個性。為了讓這些鬼魂恢復一點元氣和體力，以便能夠開口說話，只有一個方法：殺一隻公羊獻祭，然後必須讓他們吞下一杯公羊的鮮血。尤里西斯就是透過這個儀式與泰瑞斯交談，然後，與他的母親安提克勒亞（Anticlée）交談。尤里西斯很想擁抱她，卻只是徒然：當他試著上前攬住她的手臂時，他撲了空。死者僅剩幽魂陰影，不再是真實的存在了。同樣在這裡，尤里西斯遇到阿奇里斯招供可怕的事：他歸結，戰士的英雄主義，終究只是一場虛幻罷了：他寧可在人間當一個像奴隸般勞動的活農夫，也不願在地獄當神勇的英雄。就如我說過的，泰瑞斯告訴他，最後他會平安回到家鄉，不過是在目睹他全部的同伴喪命和船沉之後。儘管他這趟旅行的最終結果已經確保了，可是神祇也很明確地宣告了，這會是一段坎坷的路程，全是由於波塞冬誓言為他被戳瞎的兒子復仇。

接下來的故事都相當有名，經常被提起，所以就沒有必要再概述了。尤其，與其讀許許多多以兒童為對象而添加不少甜味的版本，還不如直接讀原來的文本。這樣獲得的樂趣才是無窮的。

尤里西斯與他的夥伴首先遇到一群賽芒（Sirènes），這些身體像鳥一般的女妖（不是通常人們所以為的美人魚），歌聲迷人卻會致人於死地：她們的歌聲充滿誘惑力，任誰也無法抗拒，船員控制不住船的方向，就會撞上海中的暗礁而沉船。她們有最吸引人的外貌，卻是相當可怕的女妖，就如在她們身邊，時常圍繞著一堆化成白骨的骷髏和腐壞的肉身所證明的那樣。倒是有一個細節值得注意：尤里西斯為了保護船員的安全，他把融化的蠟一一塞到他們的耳朵裡。如此一來，他們就可免於陷入女妖的美貌和歌聲誘騙的危險中。但是他自己則沒有這麼做，就像他對待波呂菲摩斯和琦爾珂那樣，不論付出什麼代價，他都想知道她們的歌聲：他渴望知道一切、體驗一切的意志依然健在。因此，他讓同伴將他綁在船的桅杆上，並且命令他們，一旦他瘋狂得想追隨她們歌聲的誘惑，就得把繩子繫得更緊些，讓他動彈不得。當然，尤里西斯對賽芒女妖歌唱的內容並非無動於衷。幾分鐘過去，他差不多整個人就要掙脫繩索，隨歌聲而去了，不過，這一次，他船上這些男人們明白了。他們把繩索拉得更緊，一如先前的承諾，將他牢牢地綁在船桅上。最後，他們終於擺脫了糾纏，安全地駛離那個地方。現在，尤里西斯是唯一聽過賽芒的歌聲還能活著的人，就像他是極少數在最終回到死者國度之前，曾經拜訪過地獄又生還的人。

尤里西斯再度短暫停留琦爾珂的島，在她補充泰瑞斯所說的話，並給予忠告之後，他再度回到海上，然後進入「漂流岩壁」這一段故事。這些浮動漂流的岩礁會砸碎通過的船隻，更危險的場景還在後頭，兩隻可怕的怪物就躲在附近：卡呂迪絲，一隻女海怪，她的嘴巴奇大無比，不放過來往於附近海域的船隻，將它們一一捲進海底的大旋渦。當然，只要駛離這個地方，就可以避免慘死，可是，這樣一來，又會碰到另一隻女海怪史庫拉（Scylla），她那恐怖的身體有六個令人毛骨悚然的狗頭。一點都沒錯，「才脫龍潭，又入虎穴」的典故就是出自這裡。尤里西斯的六位船員被怪頭突然逮住，很悲慘地喪命在史庫拉海怪喉裡。泰瑞斯的預言正一一實現。尤里西斯明白，他最後很可能真的孤零零地回老家。

為了補充體力，尤里西斯停泊在太陽神赫利歐斯的島上。這座島上住有一群神奇的牛，不過牠們都是具有神性的動物，不僅歸赫利歐斯所有，而且絕對禁止動牠們一根寒毛。實際上，這群牛的數量帶有宇宙的價值：它們的數量與一年的日子一樣多。由於赫利歐斯看管一切，因此若是放縱的話，絕對是很荒謬的事。琦爾珂為尤里西斯他們準備的糧食夠他們吃的了，但是，一陣南風阻撓船隻繼續前進，長達一個月。船員們都因為食物日漸短缺，無法再忍耐了。有一天晚上，當尤里西斯警戒地盯著他們時，他卻不小心睡著了——再一次，睡眠是遺忘的誘惑的象徵——他們犯下無可彌補的過錯：把牛放到火裡烤，一隻又一隻，大開饗宴。尤里西斯聞到燒烤的味道驚醒過來，連忙趕來阻止，卻為時已晚，只能眼睜睜看著災難，束手無策。他命令大家立刻上路，當然宙斯懲罰了那些罪人。宙斯再一次發動一次狂風暴，尤里西斯的朋友全都命喪於這次海難。唯獨尤里西斯一人生還，靠著緊抓的一截木板，在海上漂浪浮沉，最後漂至卡呂普索的島嶼，這位可愛迷人的寧芙仙女，將他囚禁在島上好幾年。

始卒若環的圓終於繞成一圈了：我們又回到故事的開端。在停留卡呂普索的島之後，尤里西斯終於離開了，就我們所知的情況，他停靠在法伊耶克人的島上，而且最後終於回到旖色佳島，在此期間，雅典娜一直協助他，直到殺光所有求婚者，使他與妻兒、老父重逢，並且重整家園與王國的秩序——走到這裡，我們現在要離開我講述的旅行故事了。

我提出另外兩個須注意的重點當作結論，以便突顯出這段具前瞻性與啟蒙性的歷險故事在哲學意義上的射程，其中之一，是真實或荷馬作品中假設的「鄉愁懷舊」，另一點，則是尤里西斯承受來自他周遭的誘惑，尤其是女色誘惑的考驗。

可以談「鄉愁懷舊」嗎？若可以，又是在什麼意義上談？

我們可以像常常在談及奧德賽時所做的那樣，為了要給尤里西斯的動機下定義，而談「鄉愁懷舊」（nostalgie）嗎？乍看之下，我們應該會被誘惑而這麼做。「鄉愁懷舊」（nostalgie）這個字本身與希臘文同韻，因為這個字以 nostos 開頭，源自 nestai，即回來、回家的意思。這個字來自 Nestor 這個名字，凱旋歸來的人，以及 algos，痛苦：nostalgie 鄉愁是一種痛苦的回家欲望。難道不是嗎，精準地鼓舞尤里西斯的不就是它嗎？難道不是一種非常熱切卻受挫的，回歸起點、來自之國度的意願，或者說得像在鄉愁方面卓越出眾的前輩德國浪漫派那樣：bei sich selbst，與自己一起的意願？

然而，在此最好還是謹慎一些，不要被字彙的魔術引誘上當了。因為，首先，這個字並不包含在當時希臘人使用的詞彙裡。翻遍《奧德賽》通篇，我們看不到這個字，即使在其他古代的文本中，也同樣找不到。原因不必說了，這個字一直到西元一六七八年，才由一位叫做哈爾德的瑞士醫生造出來，當時是為了翻譯一個幾世紀以來愈來愈重要的詞彙：Heimweh，在十九世紀，其重要性特別顯著，而這個詞彙相當於當時法文所稱的「思鄉病」（mal du pays，這個詞直到十九世紀才首次出現，但是在十八世紀已經開始論及「對家鄉與家園的病」）。如果我們跳脫語文學和歷史的範疇，進到哲學的範疇，則我們首先會看到三種型態迥然有別的鄉愁，它們充斥在米蘭昆德拉（Milan Kundera）優美的書裡，但都難以清晰辨明。首先，有純粹感傷情懷的鄉愁懷舊，是懊悔一切已失落之幸福的情懷，而不管失落的是什麼，如家裡熟悉的霾藹、童年的假日時光、或是逝去的愛。我們每個人都曾感受過這種情懷。然後有歷史政治的鄉愁懷舊，就詞彙本身來講，是一種推動所有

「復辟」的反動式懷舊，同時也往往表現在死語中，例如在這個拉丁語 laudator temporis acti 的說法上，同時它也是一本精美小書㊱的書名，我們可以將它譯成「往昔時光的頌辭」，或者，更簡單地，就是「昔時皆美」，可以是亞特蘭大的時代，可以是現代文明、工業化和大都會發展、個人主義、污染以及資本主義等等盛行之前的時光。就在這個看法下，在十九世紀的德國與瑞士，浪漫派的人就在花園深處建造模仿的古代遺跡，而不是建造凡爾賽宮幾何造型的花園小徑。他們喜歡從中激發出一種理念，說過去都是美好時光，一切過往的文明或人性都比今天的更美更好、更高尚、更有教養、更偉大、更勇敢等等。總之，即使這個字並不恰當，是時代錯誤的一個字，但是有著希臘人的鄉愁和尤里西斯的鄉愁，都是對宇宙的鄉愁，而且自成一格，這裡容我借來偉大哲學家亞里斯多德的說法：大自然是運動的法則（phusis archè kinéséos），換句話說，就像在《奧德賽》裡看到的，運動是為了歸位，為了回歸到我們被不恰當地挪移前的自然之所（旖色佳島）。而旅行的目的，對於英雄來說，即是重新找回他跟宇宙秩序之間失落的協調。

推動尤里西斯的動力，並不是愛——他從來就沒見過鐵雷馬科斯，況且他把潘娜洛比遺忘得差不多了，再說，只要外遇的機會來到面前，他也不斷地做出對她不忠的事來。至於政治復辟的計畫，則更不是促使他行動的主因了：假如他想重整家園的秩序，那也不是因為革命或世界的現代觀建立，使得某個什麼因此式微沒落，而必須奮戰。不是，深深地鼓舞尤里西斯前進的，是回家的欲望，是跟宇宙和諧共處的欲望，因為這樣的和諧，遠勝於卡呂普索承諾給他的永生不死。換句話

㊱哲學家潔法農的一本書，他寫了一些很有必要一讀的書。

說，如果說他接受他生命有限的必死條件，絕非因為那是萬不得已的下下策，相反地，而是為了要生活得更好。就如我所說過的那樣，提出永生不死這個選擇，以切斷他與其他人以及世界的關係，到最後，就是切斷與他自己的關係，最終也將奪走他的個性。因為，他並不是卡呂普索的情人，他並不是那樣背叛親愛的人的那種人，也不是會遺忘自己同胞的人，不是隨便哪裡的生活都能接受，在無一處的中間，與自己並非十分喜愛的女人生活在一起。不是，這樣絕不是尤里西斯！而且，為了成為真實的他自己，他必須接受死亡，不是在屈服的形式下接受死亡，而是將死亡當成一種推動生命前進的引擎：促使他不惜任何代價都要回歸起點。這就是一個有智慧的人在宇宙結構中應該過的生活方式。而在此之前，我們從來都只考慮神祇的觀點。因此，這就是希臘神話故事要傳給哲學的，對生命有限的人類而言的智慧之第一個面貌，以及世俗精神的第一個面貌。而且，毫無疑問地，在文學領域裡，尤里西斯是第一個完美體現這個智慧的人，而他擁有的智慧，我們必須承認，確實有很大的魅力。

拓展的思想或者尤里西斯的魅力

我們知道，尤里西斯很狡猾。我們也曉得，他強壯有力、精明靈巧，而且熱忱、有膽識。這一切都讓人驚訝。但是，還有更讓人嘆為觀止的：尤里西斯是一個人，一個「真實的人」，就像我們在皆大歡喜的愛情小說裡看到的，他既不是神，也不是對他所處世界漫不經心的人，而是一個身歷各種體驗的明智者，也由於這個理由，他迷人得難以置信。我跟你報告過了，尤里西斯的個性是對一切都充滿好奇。他喜歡學習、明瞭、認識和發現各種國度、各種文化和與他相異的人。在《奧德賽》最初的幾行，我們就已經知道，他不只是一個像荷馬所說的「花招百出的人」而已，而且也不是「特洛伊城的屠城者」。他擁有康德後來所稱的，最大程度的「擴展的思想」：對他人的好奇心，這個恆常不變欲擴展地平線的意志，將他帶到獨眼巨人波呂菲摩斯那裡，經歷慘不忍睹的災難，不過，到最後，還是使他成為一個真正的人，讓任何一個女人都無法抗拒的男人，因為他是那麼堅強，又有成千上萬的故事可以敘述。

有一天，一位巴西的記者詢問我一個問題，在我看來這問題很奇怪。由於我當時藉著提起尤里西斯和雨果，而跟她談及這個著名的「拓展的思想」，她問我，為什麼「拓展思想」在我眼裡是那麼重要的事？她使我注意到，靠近我們談話的地方，就在可巴卡巴那海灘，有許多年輕人，他們有著健碩結實的肌肉、古銅色般的肌膚，無憂無慮，盡情地享受，歡度似乎永不停止的天真無邪的生命：為什麼要他們離開這麼舒服的消遣嬉戲？尤其，就算萬一讓我找到答案，但是要怎麼說服他們離開海灘，停止戲水？連讓他們離開海邊都大有困難了，更何況要他們去讀荷馬的書這類閱讀的旅行來拓展思想？我馬上想到一個答案，絕對可以拿來應用在尤里西斯和雨果的例子上：沒有一個女人可以跟一個任性卻什麼都不懂、也沒有任何故事可敘述的孩子長久地生活在一起。假如他年輕又英俊，那麼她可以把他安置在床上，就像那些寧芙女神，以許多伴侶陪伴尤里西斯那樣。可是，碰到像琦爾珂或卡呂普索這樣的女神，或碰上像潘娜洛比這樣有頭腦的女人，他就行不通了。尤里西斯取代所有的求婚者，原因也就在此。所有這些年輕人既富裕，而且無疑地，他們也都英俊挺拔又強壯，而尤里西斯能取代他們，不只是因為他擁有來自神的狡黠與精力，而且還因為他身上充滿一個臻至完善的男子魅力，這個魅力是來自他本身、他經歷的旅行和考驗，以及他深諳處世之方，這一切只來自於他，別無他處可覓。尤里西斯原本可以永遠保持年輕貌美和強壯，別忘了，他在親眼面對死亡之後，明知道死亡的面貌，卻還是選擇了衰老逝去的路，因為，縱使這個命運看起來很不幸，它終究是獲致人性的唯一條件，是讓人成為一個真實獨特的存在，且因此讓人變得可愛迷人的唯一辦法。

雖然尤里西斯是最深思熟慮的人了，但是他作此抉擇還是需要最大的勇氣。沒有人能夠這麼做，就如我們從他整個漫長旅行經歷的考驗所看到的，智慧並不是立即從天而降，唾手可得。毫無疑問地，就是從此處，狂妄驕傲的誘惑和混亂無序與驕縱妄為的傾向，都讓我們相信，尤里西斯是有可能取得永生不死的神祇地位，而無須有功於他。你待會兒就看得到，希臘人絕不原諒這個弱點。

第四章
驕傲妄為：飽受重回混亂威脅的宇宙，或者缺乏智慧將如何擾亂人的生命

我曾對你指出，在彰顯阿波羅光輝最著名的紀念建築物之一的德爾菲神殿門楣的石頭上，銘刻著希臘智慧中最重要的諺語。至少，有兩句千古名言，一直流傳到今天：「要自己去認識你自己！」這句話標示在很恰當的地方，就在與它一對的另一句話旁邊，那句看來似乎更像謎語，但事實上是表示相同意義的銘文：「適可而止」。就如我跟你提過的，這句話的意涵隨著時代而變得晦暗，然而到今天，人們常常誤解它真正的意義。我們這個時代的人總是傾向於將神話故事看成「心理分析」，往往傾向於藉著精神分析的圖示，以現代的意涵詮釋古代智慧的寓意。這一切很簡單，都錯了。尤其是遠近馳名的「要自己去認識你自己」，蘇格拉底[37]這位奠定哲學重要基礎的哲學之

---

[37] 在蘇格拉底處的公式用語並不帶有任何「心理分析」的特性，在當時已經具有另一種不同於古代希臘文化的意義：他的用語連結了相當獨特的真實理論，日後更由柏拉圖擴大、並發展出多面向且具有深度的結論，依據這種學說，我們在過去認識一個事實，然後我們會忘記它，因此知識就像「回想」一樣，在第三個時段來臨時，回憶起某個已存在我們身上，但自己卻渾然不覺的東西。蘇格拉底正是以這個宛如「再——

父，也採用這個句子作為他思想首要的箴言，通過此，表示人對知道自己是什麼抱有全面的興致，就像在心理分析的術語裡說的：「假如想要讓生命往前走，而不怕退回到壓抑中，就得讓無意識變得清晰明白。」事實上，在希臘世界，這句格言跟現代課題之間並沒有任何關聯。重要的是重新建立它真實的、原來的本義，並非基於迂腐的理由，而是因為，它確實提供了一項非常寶貴的線索，而且老實說，為了理解接下來我要談的一系列古代偉大神話故事，它更是不可或缺的線索，這一點，不久之後你就會看到了。

在希臘文化中，最初，即使是對最卑微的市民來說，慣用語都有明顯的意義：要知道待在自己應該待的位置，而不要像今天我們在鄉間談到驕傲自負的人時所說的「自以為是」。除此，另一句像蠶絲慢慢吐出隱喻的法文句子，也恰好完美地對應著這句話：當人們「好好地給一個人教訓」時，說「使之就範」是「將他放回他的位置」。就像「適可而止」，慣用語邀請人們尋得他們自己在宇宙秩序中行為舉止最恰到好處的尺度，以便提防驕縱、狂傲妄為，提防這個缺乏智慧的原型，提防這種藐視神的虛榮或越級與過度。基於神與宇宙乃是一體之故，因而人又將因藐視神而藐視整個宇宙秩序。對於終將一死的人類來說，驕縱自大與放縱妄為總是導致悲慘的災禍，而神話故事所

認識」的關於真實的理論，答覆詭辯派學者的著名悖論。依照後者的悖論：會去尋找真實，是因為他並不擁有真實，則尋求事實真相的人永遠都無法找到事實真相。因此，為了從幾乎到處濫用的不真實意見中認識到真正的意見，他就必須要有一個標準——而它本身必須是一個真正的標準！因此，在這層有些獨特的涵義上，就必須先掌握真實才能夠認識虛假。然而，正是回想的理論容許我們確信這件事：是的，我們已經擁有真實在我們身上了！很單純地，我們只是把它遺忘了，因此，認識（connaissance）是確認（reconnaissance），是回想。而這個關於真實的看法也將橫掃整個哲學史。

上演宣告的災難，正是現在我們有興趣一讀的內容。

我們已經一起看過了行為失去節制而**驕傲狂妄**的第一個典型例子：就是普羅米修斯的故事。在某方面說來，透過塑造希臘人眼中因這種過錯而釀成災禍的故事，這則故事是作為舉證所有故事的原始型態。不過，這個故事也讓人隱約看見它所激起的誘惑。因為，很顯然地，必死的凡人之所以會因驕恣狂妄而犯錯，那是由於其中有吸引他們之處。普羅米修斯是第一位因為自大狂妄和驕縱而被懲罰的人，人類則跟著他一起受罪。透過潘朵拉這位「總是貪得無厭的女人」，我們已經看到人類如何以及為什麼被懲罰：因為藉由普羅米修斯從赫菲斯托斯及雅典娜那裡偷來的武器，火種、藝術和技術，人類於是極有可能不再安份地待在他們的位置，而自以為終有一天能夠與神平起平坐。對當時的希臘人來說，這一點就已經鮮明地劃分人類與動物的差別了。你記得，當埃庇米修斯為生物物種一一分類，他分配各種特徵和優點給各種生物，使其能夠存活時，我們看到，各種動物在世界秩序中，都清楚地擁有它們各自的位置。動物不可能有機會狂妄自大，因為，他們在他們所屬的物種當中，都受到一個共同的本能天性引導，因此它們一點也沒有不在其位的危險性存在。我們根本無法想像一隻兔子或一隻牡蠣反抗它的命運，或企圖去神那裡偷取火種或技術！相反地，人類卻富含某種自由的天賦，某種過度無節制的能力，那毫無疑問地使他們比動物來得更有趣多了——人類在許多詭計花樣方面，很有能力而且嫻熟——而且包括最致命的**驕傲自大妄為**的能力在內也都熟練自如。

在經過好幾個世紀之後，在現代人文主義裡，我們再度發現對此同樣的確信：動物各自擁有清楚生活型態，不可能像越獄般從該生活型態逃脫，但人類與動物截然不同，人類在最初沒有任何事是確定的，一切對他都是潛在的，因之他可以成為任何一種人，可以為所欲為地做任何事，這個具有可能性的生物，在眾生物中是最卓越出眾的——就在埃庇米修斯的故事裡，象徵了人類與動物相異的事實是：人類在最初可以說是「赤裸裸」：人沒有像熊或狗那樣的毛可以禦寒，也沒有像烏龜或犰狳的甲殼足以抵擋太陽光。在跑步方面，人類也不夠敏捷靈活，如狡兔那樣，也不像獅子那樣，最初就裝備著尖銳爪牙等武器。總而言之，他在最初就一無所有，這件事表示了，假如他想在這麼一個充滿敵意的宇宙存活，想在這個後黃金時代的世界殘存的話，那麼，他就一切都得自己創造出來。儘管神話故事對此並沒有說得很明確，但是，神話料想並且以之為前提，而提出一種創造發明的能力，如果我們想從這裡說，人類並不像動物囚禁在埃庇米修斯最初且永遠為各種物種規定的角色的話，那麼人類確實擁有某種形式的**自由**。然而，**驕傲自大**和**狂妄**的根源正是這份自由：沒有自由，人類絕無法離開他的位置，絕不可能從他被規定的身份地位脫離。它就不可能犯錯，而且正是這個過錯的歷史，以及因過錯所引起的，由眾神使之「乖乖就範」的內容，是這些關於驕傲狂妄的偉大神話所要敘述的內容。

因此，人類是能夠走得太遠的卓越生物。他可能變瘋狂也可能變得睿智。他有選擇。無窮無盡的生活型態開放在他面前：他可成為醫生、木匠、水泥工人或哲學家，英雄或奴僕，一開始什麼都沒說。作決定的在於他自己，至少，一部分是如此——此外，往往就是這類的選擇，讓年輕時代變成一段很重要但很困難的時光。而且，顯然地，也是這種自由，將人置於藐視眾神，甚至威脅整個宇宙的可能性之中。而且，在哲學家和希臘詩人們譴責**驕縱狂妄**的罪行很久之後，讓生態學家依然非難的是：人類是唯一有能力摧毀地球的物種，因為人類是唯一擁有創造發明能力，和可能反抗大自然，以致於真實地擾亂宇宙，使之動盪不安的物種。再一次，這裡我們很難想像兔子或牡蠣蹂躪地球，更別說它們發明破壞地球的方法了。可是，相反地，至少從普羅米修斯帶給人類科技與藝術之後，人類的確能夠，或者倒不如說，的確以無節制的方式破壞地球。從這裡就構成了對已被諸神保證的宇宙秩序恆常不斷的威脅。

驕傲的罪惡，是在基督教的意義上？毫無疑問，但不只如此。在某些方面，驕傲狂妄走得更離譜：她並不限於以一種主觀的過失，或一種個人的怪癖傳染給人而使人變壞。在超乎我們從基督教觀點下談及純粹是驕傲或貪婪欲念的罪惡之外，驕傲狂妄本身就帶著我剛才提過的宇宙級的能量範疇：她總是很可能摧毀由宙斯在對抗混沌暴力的戰爭中好不容易建立起來的良善美好的世界秩序。當諸神懲罰**驕縱狂妄**時，都是基於這一點：很單純地，他們就是試圖維護、保有宇宙和諧以對抗人類的瘋狂。總歸就是對抗人類當中的某些人。這就是為什麼希臘神話故事充滿了故事，那些情節都在向我們描述恐怖的懲罰，而膽敢藐視諸神所告誡之智慧的人類，則都是懲罰的對象與犧牲者。這不單單像一般神職人員[38]的講話那樣，只是關係順從馴服的事務而已，而是牽涉到對世界的敬重或關切的問題。

在進入主題之前，我提出最後一點注解：無疑地，由於古希臘時代，每個人都必須一開始就看透真正的意義，這些講述驕傲狂妄的故事之間，有時連接得有點勉勉強強、極不順暢，既沒有修飾，也不見在文學特有的想像力上特別著力。看來似乎每個讀者或聽眾理所當然地立刻就領會意義，所以無須特意地強調。每一次，劇本都一樣：有一個凡人，有時是一隻怪物，或甚至就是一個次要的神祇，很強烈地自以為能跳脫自己的角色，與奧林帕斯的神祇較量。每一次，沒有失誤，絕

---

[38] 當然，在許多偉大的宗教裡，同樣有對世界的關懷，但是罪惡卻似乎幾乎總是屬於一個「個人的」過錯而已。

對都是用殘暴方式教訓他該安分守己。只要是企圖冒險犯下這類罪過的笨蛋，都是被威嚇的方式對待。沒有失誤，乃是因為都是宇宙透過神來懲罰，奪回它的權利。因此，這些故事往往就顯得相當簡略，至少流傳到我們手上那些寫下的版本大多是如此。它們都堅持一個很基本的框架：在故事裡導演一齣**驕傲狂妄**反抗宇宙的劇情，然後，後者在一種可以說根據純粹化學原理的狀態下，未添加任何華麗詞藻的點綴，便獲得壓倒性的勝利。這個情形出現在伊克西翁（Ixion）㊴、薩爾摩紐斯（Salmonéus）㊵、費頓（Phaéton）㊶、歐拓斯（Otos）與艾爾法特（Elphate）㊷、妮歐貝㊸以及貝

㊴當伊克西翁與戴伊歐尼的女兒迪雅結婚時，他曾經承諾要送給岳父一份大禮。然後他將岳父帶到一個花園，騙說花園就是禮物，但他早已在花園挖了一個相當深的洞，裡面還有木炭燃燒著。他就這樣，將岳父推下，解決了他岳父。他犯下這麼殘忍的罪行，除了宙斯，沒有人願意滌清他的罪惡。宙斯憐憫他，決定給他機會。伊克西翁被邀到奧林帕斯，為感謝宙斯援救他，他發現沒有比拉攏赫拉還更好的事了。赫拉將會向他抱怨自己的丈夫，至於宙斯，對他的企圖已心裡有數，於是製造了一個赫拉的幻影，伊克西翁掉入圈套，他想追求赫拉，甚至企圖染指堅貞的赫拉。這實在太過份了，宙斯便將他打入地獄的塔爾塔羅斯，讓他永遠被蛇纏在一輪不停轉動的火輪上。

㊵以下就是阿波羅鐸魯斯描述的故事，在內容與形式上都是枯燥乏味的好例子：「薩爾摩紐斯最初定居在特薩利，然後前往艾里德建立自己的城邦。由於他驕傲自大，想跟宙斯比排場，因大逆不道而被處罰。他說他自己是宙斯，撤回對神的獻祭，要求向他祭祀，並在他的馬車後面拖著一個乾羊皮袋和一個銅鍋，宣稱那是雷聲，並對著天空拋出火炬，說那是閃電。宙斯便以閃電將他擊斃，並摧毀他建立的城市和所有居民。」結束，句點！

㊶費頓的故事，特別是在奧維德的《變形記》裡，記敘的細節很詳盡。不過，雖然詩人竭盡所能地描寫，但故事的情節之簡單，還是情有可原：費頓，是太陽神赫利歐斯的兒子，他對此很自豪，可是同伴們都不相信他。他母親准許他與父親相見，由於虛榮心，他請求父親向他的朋友們證實自己確是他的父親。赫利

勒羅豐（Bellérophone）[44]和卡西歐佩（Cassiopée）[45]等等故事，以及許多其他相同範例的情形。由於其中一些故事相當有名，也很適合講給你聽，所以我就以說明為由，指出這些故事的情節，而且如有必要，我會指出哪些著作是你最容易找到的。不過，還是有必要記住一件事，就像為我們一般的童話故事而寫，那些專業或業餘講故事的人，都會為故事加油添醋，細膩地描繪細節，為劇情增

歐斯承諾願意滿足他的任何要求，費頓於是要求讓他駕駛一天那輛著名的太陽馬車，那是一輛每天都從東方跑到西方，從太陽升起跑到太陽下山的馬車。赫利歐斯對兒子的請求感到很詫異，因為他很清楚，這輛馬車並不好駕馭，讓兒子駕車，表示對整個宇宙秩序會有潛在性的危險。但無法避免的事發生了：神駒從年輕的自負者手中掙脫，離地球太靠近了：每當馬車刮到地面時，地表上種植的一切就燃燒起來，河流也乾涸，動物都燒焦。宙斯面對這樣一場威脅宇宙的毀滅場景，一如每次的反應，他以雷電對付這個冒失的年輕人，最後將費頓化為御夫星座。

㊷ 荷馬在《奧德賽》為我們敘述這兩位彪形大漢曇花一現的生命：「在種麥子的人間大地，還不曾養育過這麼魁梧的人，其中唯有奧瑞恩具有最高貴的儀表。九歲時，他們的身材就已經超過九個手肘到中指這麼長的寬度了，而身高則高達九個手臂的長度。他們威脅眾神要展開對奧林帕斯的攻擊：為了攀升到天空，他們打算堆積歐薩山到奧林帕斯，然後把搖搖欲墜的沛璃昂山與歐薩山疊在一起。如果他們長大成人，或許他們會成功，但是，還沒等到他們的鬍鬚長出來，在初生之犢細嫩的鬍毛還來不及遮住他們的臉頰前，他們兩個就被有一頭漂亮頭髮的蕾托與宙斯所懷的孩子以利箭射死了。」換句話說，是被阿波羅射殺。

㊸ 妮歐貝是坦塔羅斯的女兒，裴羅普斯的姐姐。她與她父親一樣驕傲，不停地誇口，說比起雙胞胎兄妹阿波羅和亞特蜜絲的媽媽蕾托，她更值得接受人們對奧林帕斯眾神獻祭的牲禮。她要求從此以後都要祭祀她，而不是蕾托！她特別誇耀，自己比女神擁有更多兒女，六個女兒和六個兒子。（根據各種不同的版本，甚至還說有十個女兒和十個兒子。不過，其實數目對這整件事並沒有任何影響。）蕾托唆使兩位神射手解決事情，阿波羅與亞特蜜絲便大開殺戒：他們那些無情的箭，就這樣一支一支射穿妮歐貝十二個子女的身體。他們在母親面前遭受慘不忍睹的痛苦折磨而死。宙斯將妮歐貝化為岩石，據說從岩石上汨汨不斷地流出眼淚來……。

添高潮，讓人在家裡，夜晚時分讀起來，倍覺有趣——由於那些悲劇作者們都以自己的風格呈現，因此故事顯然精彩、高潮迭起，他們都致力於為神話故事的局部插曲賦予莊嚴高貴的頭銜。

不過，很幸運的是，其他同樣以驕縱妄為作為主題的故事，流傳到我們手上，已經是經過擴大發揮的版本了，就文學與哲學的觀點來看，它們都已經發展得相當成熟，已具有真正戲劇的形式架構，調和了豐富而深厚的智慧教誨，不論是喜劇或悲劇，都隨時間而變得更加豐富。我們已在彌達思的故事中看過一個範例了。我要再跟你講述其他幾個值得一說的故事，它們往往沒有被真正理

---

44 貝勒羅豐是薛西弗斯的孫子，最初他是一個很和善、勇敢的人，但是就跟他的祖父一樣，最後他卻被**驕傲自大**所征服。同樣地，他也為此付出相當高的代價。在他殺死科林斯的暴君之後，貝勒羅豐在普羅伊托斯（Proitos）家避難。後者是另一座城提林斯的國王，兩人變成好友。可是，對他來說，很不幸的是皇后卻愛上他。他基於對朋友的忠誠，拒絕了她對他的挑逗，不料她卻在她丈夫面前反咬貝勒羅豐企圖勾引她。很愚蠢地，普羅托伊斯相信妻子的告狀。不過，因為他自己不願意親手殺貝勒羅豐，於是將貝勒羅豐送到萊希地方的國王那裡，請這位朋友代他下手。但是這位國王眼見他一表人才的堂堂相貌，自己也不願意犯罪玷污乾淨的手，寧可借刀殺人，於是要這位年輕的英雄去執行一項不可能的任務，料想這樣一來他必死無疑。國王命貝勒羅豐殺死喀邁拉（Chimère〔s〕）。為此，他就必須先馴服神駒佩嘉索斯（Pégase）才行。佩嘉索斯是一隻帶有飛翼的飛馬，在美杜莎被斐修斯殺死之際，從美杜莎的脖子冒出的飛馬。雅典娜協助貝勒羅豐，使他輕易地殺死喀邁拉。這其間，他還發動過一場凱旋戰勝海盜的戰役，他竟然都度過這些難以置信的難關。雖然這是靠眾神幫忙才有的成就，然而貝勒羅豐卻開始「自以為是」，被**狂妄驕傲**征服了。於是他想就此登上奧林帕斯山，與眾神列位坐在一起，變成一個…為什麼不呢，永生不死的神！宙斯便派遣一隻虻蟲去叮佩嘉索斯，過於傲慢自大的貝勒羅豐就摔死在地上。

45 卡西歐佩之所以被處罰，是由於她吹噓，她和女兒比那些妮蕾伊德（Néréides，即波塞冬的女兒們）還更漂亮。

解，即使我們現代的神話傳記作者，也沒有察覺到。直到今天，這些故事依然被遮蔽在基督教道德教化的假金假銀的俗豔之下，或者簡單地說，就是中產階級，或甚至就是當代心理學使它們喪失原來的趣味和真正的意涵。有必要將它們放回他們原本應該置身的宇宙誕生論及哲學的範圍，這也將使你現在就能開始領會它們真正的意涵。因為，神話最豐富的意涵，與必死凡人終將面臨、且等在他們前方的死亡問題，恰好有直接的關聯。

（一）、驕縱妄為的故事：「欺矇死亡」的例子，阿斯克勒皮奧斯（艾斯庫拉普斯）與薛西弗斯

這一組插曲告訴我們，凡人犯下不知節制的罪過而遭遇怎樣的挫折。這些故事上演「欺矇死亡」的劇情，像薛西弗斯和阿斯克勒皮奧斯，想盡辦法以他們的才能智慧——以計謀或以技巧，欲逃過凡人有限性的命運。這些故事實際上在神話中佔有一席特別的地位，很值得我們加以注意。不僅因這些神話故事的文學價值普遍而言相當傑出，同時，這些故事在宇宙觀方面的意義，以及故事產生的後代子孫之繁多，都重要且可觀。因為，如彌達斯所顯示的，他們的問題並不只在於驕傲狂妄，好像只關係到他們個人的怪癖作祟而已，實際上他們的惡並不限於此，而是已確實威脅到宇宙的秩序了。我們就從醫學創始者阿斯克勒皮奧斯（拉丁文稱之為艾斯庫拉普斯）說起吧。神話故事的內容有時相當歧異，而使我們會在彼此相容的版本中有所偏好。在此，我將依循最基本的版本，即品達和阿波羅鐸魯斯所敘述的內容。在他們以外有幾個變化的版本，不過對內容毫無影響，彼此互補而且具有一致性，讓人一讀就知道是來自共同的傳統。

醫學怪人神話的起源：阿斯克勒皮奧斯，讓死人復活的醫生

小阿斯克勒皮奧斯的生命以獨特而相當粗暴的方式開始。他是阿波羅的兒子，我提醒你，阿波羅不只是音樂之神而已，他還是醫學之神。像一般常發生在眾神之間的事，阿波羅愛上一個可愛的凡人，名叫科羅妮絲（Coronis）的女子。你會發現，眾神特別喜歡凡人，並非她們比女神漂亮，完全相反：不管怎麼說，後者的美貌都凌駕凡人之上。正因為如此，尤其牽涉到女性美，神祇對與有限性相關的不完美都很敏感，對於女性之美如曇花一現這件事，眾神的感受都相當敏銳。但很弔詭的是，這一點反而成為讓眾神為之瘋狂的魅力，這是那麼珍貴而脆弱，使神抵擋不了地、永遠地為之感動。這些特點，都是永生不死的神身上從來看不到的魅力，讓他們因此而愛上凡人。阿波羅會瘋狂愛上科羅妮絲，就是因為這個緣故。

究竟他是追求她還是強迫她，不得而知。但故事內容總是凡人抵抗不了神，到最後都讓神與美女共享一張床。而他們的結晶，就是小阿斯克勒皮奧斯的誕生。到此為止，沒有什麼非比尋常的事值得一提，不過事件不久就發生了。科羅妮絲似乎並不喜歡阿波羅，而她自己竟膽大包天，懷著阿波羅的孩子，卻更愛她父親後來不認同的另一個人間男子伊斯科斯（Ischys），並成為他的女人。這場婚禮，你料想得到的，對阿波羅來說是天大的恥辱：自己所愛的人膽子這麼大，竟然偏愛一個平庸的凡人而不愛神？再怎麼說，阿波羅都是奧林帕斯山所有的神當中最英挺、最帥的啊。

阿波羅如何知道他被騙、也就是「戴綠帽」的事？應該這麼說，他是最先來的，怎麼後來有人竟鳩佔鵲巢了。這個地方，幾個故事版本呈現不太一樣的內容。依據某些故事，說他是靠自己著名的預言占卜術發現祕密。不過，若根據阿波羅鐸魯斯的描述，則是阿波羅派一隻烏鴉，或者更確切

地說，是派一隻小嘴烏鴉（希臘文是Coroné，名稱跟阿波羅的情人名字是那麼像）。去監視美貌的科羅妮絲。而這隻鳥就把它看到的情形一五一十稟報給主人：伊斯科斯和科羅妮絲兩人激情地翻雲覆雨。阿波羅妒火中燒，失去理智，於是拿信使出氣，將鳥全身變成黑鴉鴉的——依照這個神話看，在這個惱羞成怒的故事發生之前，烏鴉和小嘴烏鴉原本都跟鴿子一樣是白色的鳥。此外，我建議你思考這則到今天都還挺管用的教訓：這件事看來有點不公平，但的確常常如此，當某個人帶來對方期待的壞消息時，即使那消息跟他無關，對方卻往往把氣出在他身上。首先，因為當事者會忍不住懷疑，他暗地裡或多或少是幸災樂禍的心態。接著，畢竟，假如沒有烏鴉嘴帶來壞消息，阿波羅原本可以繼續過他幸福或至少相安無事的日子，因為，尤其是關於愛情的事，當自己被蒙在鼓裡時，是天下太平的，我們從來不會感到痛苦，只有等到揭開了，才會天下大亂。所以第一個到處傳播壞消息的你或妳，好好保持緘默吧。因為其中就是有不被原諒的事！

不管怎麼樣，懲罰過可憐的小嘴烏鴉，阿波羅顯然怒氣未消。他拿起他的弓箭，而你知道的，他和他雙胞胎妹妹亞特蜜絲，是所有神祇當中最神準的兩位弓箭手。他射向伊斯科斯與科羅妮絲，他們立即遭此殘忍的酷刑，一箭穿心。可是，阿波羅想起，他的情人身上還懷著自己的骨肉。依照希臘葬禮的習俗，必須在守靈之後，並將一枚銀幣放在死者眼睛或口中，以便之後陰魂抵達冥河時付錢給渡船夫卡戎，並且在完成前兩項儀式之後，須將死者的屍體火葬。正當科羅妮絲被放在木柴堆上，火已燃起，火苗已舔著她的身體，阿波羅清醒過來了。很快地，他從科羅妮絲的肚子裡取出嬰兒——依照某些說法，是赫米斯被派定負責這件有點討人厭的任務——然後，他將兒子託付給歷來最偉大的教育家喀戎（Chiron）。這位人頭馬怪物，是克羅諾斯的眾兒子之一，也是宙斯的堂表兄弟。他是智者中的智者，幾個名聲響亮的人物都是他一手調教的，例如阿奇里斯這位特洛伊戰爭的英雄，或者伊亞宋，日後將帶領阿爾戈號英雄出征去尋找金羊毛。在教育方面，喀戎是無人匹敵的參照範本。甚至有人說，是喀戎將醫術傳授給阿波羅的。總而言之，是喀戎教育日後被尊為醫學之父、以及如果我們相信神話所傳說的那樣，那麼也是由他指導古今最偉大醫生的阿斯克勒皮奧斯。

你大概已經注意到了這一點，而這點對理解接下來的故事很重要，就是在阿斯克勒皮奧斯誕生的故事與戴奧尼索斯誕生的故事之間，有很多相似處：這兩位，都是被從遭火燒死的已逝亡母肚子裡挽救起來的。也就是說，阿斯克勒皮奧斯，如果不是誕生兩次，像戴奧尼索斯被宙斯放到自己大腿裡，直到滿懷胎月份，才再從宙斯的大腿上取出來那樣，至少，阿斯克勒皮奧斯是在**臨終那一刻**從死亡中救出的。從一開始，阿斯克勒皮奧斯的存在，就是在復活以及幾乎像奇蹟般地，生命戰勝死亡的特徵之下。

這一點將是阿斯克勒皮奧斯日後成為醫師的特徵。他不只變成舉世無雙的外科醫生，而且從神的意象上看，他還成為真正救命的救星。人們說他收到雅典娜送的禮物，有了這個法寶，他便能夠實現所有醫生深藏在心的夢想：讓死者復活、痊癒的天賦。雅典娜是這樣一個女神：她與赫米斯協助斐修斯對抗面目猙獰的葛爾歌女怪之一美杜莎，後者能夠在一瞬間就讓人化為石頭——也就是石化這個字的本義：不論是誰，一旦眼光與美杜莎殘酷的眼光交會，他就立即變成石頭。斐修斯才砍下美杜莎的頭，就在她斷氣的剎那，兩種液體從她張開的血管中流出，這時，佩嘉索斯這匹帶翼飛馬，從美杜莎的脖子冒出來。從美杜莎左邊的血管流出一種毒藥，毒性強烈到足以使人在幾秒內死去；反之，從它右邊的血管則流出一種可以讓死者復活的奇蹟般解藥。身懷這兩種使人平步青雲的法寶，阿斯克勒皮奧斯不只專心地治癒生者，同時也竭盡心力地起死回生。以致於掌管死者國度的地獄主宰黑底斯向宙斯抱怨，他的顧客數越來越少，讓他不禁擔心起來。一如普羅米修斯盜走火種及雅典娜之技藝的例子，宙斯也開始擔憂，凡人會有以為能與眾神平起平坐的念頭：事實上，假如前者自己身懷跟後者同樣可以永生不朽的方法，則人神之間究竟還有什麼差別？如果任其發展的話，那麼整個宇宙秩序的原則就要變得亂七八糟了，首當其衝的，就是必死的人類與永生的神最根本的區別會混淆不清。

我們現在正面對的，是我跟你提過的科學怪人神話的最初版本。就跟科學怪人這個醫生一樣，阿斯克勒皮奧斯在雅典娜的協助下，成功地讓自己為生死自由作主。雅典娜在此扮演的角色，也的確，與她在普羅米修斯處所扮演的角色類似。因此可以說，就如同神一樣。在視生命乃唯一至高存在者之特權的基督徒眼中，這不啻是驕傲妄為到極點。然而在一個希臘人的眼中，會認為這是絕對的傲慢，乃是從下述的尺度衡量：不僅僅是應該受到尊重與服從的神祇飽受威脅，更是整體宇宙的秩序。試著想像一下，假如在這個地球上，再也沒有人死去，會是怎樣的景況。很快地，就沒有足夠的空間和足夠的食物供給所有的人了。更糟糕的是，所有家族關係都會因此被攪亂：子女將與父母一樣，世代的意義也變得模糊不清，一切到最後就會秩序大亂。

宙斯擔憂最後會落得這個光景，於是，就如他的慣例，訴諸手中的武器，解決了這個憂慮。他就是以電光、霹靂將阿斯克勒皮奧斯擊斃。品達描寫說阿斯克勒皮奧斯事實上是在利益薰心的誘惑下被收買，為了讓死者復活，使自己賠上了命運，但沒有人知道是否該相信這種說法。不過，這是枝微末節。重點是，宙斯敲起回歸秩序的響鐘。一如往常，宙斯為擔保宇宙的永恆而介入作用，因為阿斯克勒皮奧斯「躲過死亡」的神話故事關係到的就是宇宙的秩序。阿波羅深愛他的兒子，從他慎重其事，將兒子的教育託付給智者喀戎就可證明。當阿波羅得知宙斯的反應時，他傷心欲絕，而且憤怒到極點。阿波羅鐸魯斯描述，為了報復，阿波羅殺死那幾個獨眼巨人，也就是說，你記得的，就是將閃電霹靂等大禮送給宙斯，幫助他打敗泰坦諸神，而終於平定大亂，重整宇宙秩序的那些怪物。其他的說法則是，阿波羅殺死的並非獨眼巨人，因為他們永生不死，而是他們的子女。不管怎麼說，宙斯對阿波羅接二連三的反抗行徑評價很差，決定要讓他安份些，並且打算像對待泰坦神一樣，將他關到塔爾塔羅斯去。不過，阿波羅與亞特蜜絲雙胞胎神祇的媽媽蕾托出面干涉這件事。她哀求宙斯展現他寬大為懷的胸襟，宙斯遂將他的刑罰減輕為一年的奴隸：阿波羅自己也是基於狂妄與自負而犯下**驕縱妄為的罪過**。因此，他必須重新學習謙遜、尊敬萬神之王。為此，再也沒有比做這樣的事更恰當的了：阿波羅到指定的凡人阿德墨托斯（Admète）家裡看管牛羊整整一年，並且大大地幫了他主人的忙。

因此，必須秉公處事的宙斯，還是向阿斯克勒皮奧斯的才能致敬：畢竟，後者求的只是為人類好。他也沒犯下什麼大錯，至少，並不是有意犯的錯。因此，宙斯讓他化為星宿，也就是蛇夫星座，以便使人們永遠記得他。蛇夫座，原來的意思是指「拿著蛇的」。注意看，在這層意涵下，還是讓阿斯克勒皮奧斯自己目睹他冀望在人們身上實現而此後只賦予他卻禁止他傳給人們的永生不死。他明白希臘人所命名的「apothéose」是什麼意思——這個字，字面上的意思是指「神化」，轉化為神（apo=朝向，théose=神）。這就是為何人們不只將他尊為醫學之父，還視他為醫師之神的緣故了。直到今天，人們幾乎還是將手持蛇之權杖作為艾斯庫拉普斯（Esculape）的形象，而他的權杖是蛇環繞著一支手杖的形狀，也稱之為「神杖」，總是用來象徵操作該項艱難技術的人。

也許你會問：為什麼是一條蛇，而你還可以在所有醫護車的擋風玻璃上看到的這個著名神杖，有什麼故事？而且，待會兒我會告訴你，為什麼它跟藥局門面上的形狀有些微不同。我再告訴你多一些訊息，不至於一點用處都沒有，因為，有很多混淆不清的部分，都跟這個象徵有關係，把事情解釋得更清晰，也沒什麼不好。

實際上，在希臘神話故事裡有兩個不同的神杖。其中一個只與醫術有關，但有時卻因時代的演變而與另一個混為一談了。

「神杖」（caducée）這個字來自希臘文的 kérukeion，表示「使者的權杖」。並非指打贏戰爭和探險的英雄（héros），而是指宣告消息的信使（héraut），像赫米斯那樣，是神的使者。第一個神杖，很清楚地擁有它自己的名字，因為它是赫米斯的象徵。它的形狀是兩條蛇盤繞在一支手杖上，手杖的上方有一對小翅膀。神話就從這裡開始分歧。根據某些人的說法，阿波羅拿他那支金黃的權杖與赫米斯的橫笛交換。後者日後則發明了里拉琴。根據其他人的記載，赫米斯有一天看到兩條蛇正在搏鬥——或者在交配？於是將一根棍棒（阿波羅的神棒？）丟過去，打算把牠們架開來，這兩條蛇卻纏繞住這根棍子，赫米斯便在上面添上一對屬於他自己標誌的小翅膀，因為這對翅膀可以使他不費吹灰之力就以最快的速度橫越全世界。奇怪的是，直到今天，這同一個赫米斯的神杖，在美國卻最常用來作為醫學象徵的標誌。然而，事實上，這個神杖跟這門學科一點關係都沒有。顯然我們的美國朋友把它跟阿斯克勒皮奧斯之權杖混為一談了，很可能是因為古老醫術（甚至連今天的醫術也是）屬於一種「煉丹術」，使用一些有學問的詞彙，像在莫里哀的作品裡那樣，講一種費解隱晦的行話，尤其還因為最初幾個醫學院都與神祕結社走得很近的關係。因此這是可以理解的錯誤，不過，錯的就是錯的。

第二個神杖，真正象徵醫學的神杖，不是赫米斯的神杖，而是阿斯克勒皮奧斯的神杖。這個神杖的神話也是模糊不清，版本又多。最主要的神話描述有兩條發展相異的線，彼此較勁：根據第一條的描述，阿波羅囑咐喀戎教導阿斯克勒皮奧斯醫術，在此期間，阿斯克勒皮奧斯碰到一個很奇特的經驗：在路上他遇到一條蛇，於是殺了牠……他卻很驚訝地看到，另一條蛇嘴裡銜著的一片小葉子，趕來搭救牠，讓牠吞下這片藥草後，牠就從死裡蘇醒過來了。從這個經驗，阿斯克勒皮奧斯獲得如何讓死者復活的啟發。根據另一個說法，阿斯克勒皮奧斯之所以會以蛇為他這門技術的象徵，理由更簡單：因為這種動物當牠移動、蛻去牠的外皮時，象徵著全新生命的開始。只要在希臘那些石礫遍佈的土地散步，就可以看見到處都是被拋棄的蛇皮。從這裡得出一個結論，即死亡的動物深諳且經歷復活再生，阿斯克勒皮奧斯所要克服的，就是再往前的一步而已。你看到了，基本上這兩條路線的故事是殊途同歸的：其實，在這兩個例子中，蛇都象徵復活重生，與第二生命的希望。當宙斯擊斃阿斯克勒皮奧斯，讓他化身為狀似手抓蛇的蛇夫星座，正是藉此讓阿斯克勒皮奧斯永生不朽、使他「神化」的方式。與美國的醫學不同，歐洲的醫學和醫生很正確地採用了阿斯克勒皮奧斯之杖，作為他們這門技術的象徵。只是他們又加上一面鏡子，用以象徵操作這門行業必須持有的審慎與嚴謹。

在那之後，又發明了第三支神杖，是藥局的神杖。老實說，它只不過是從阿斯克勒皮奧斯之杖延伸出來的形狀。它的造型也是一隻蛇盤繞著棍棒，差別在於，這裡這條蛇的頭高出於盤子之上，並向盤子吐出毒液。這個盤子是歸海吉所有，她是阿斯克勒皮奧斯的女兒。也是潘娜瑟的姐妹，而盤子上的毒液象徵著配藥的準備工作，只有藥劑師才知道那些藥的祕密。

我再詳細說明最後一點，來結束這個故事：希臘最偉大的醫生希波克拉提斯曾經聲稱，他是直接承襲自阿斯克勒皮奧斯的後代。直到今天，所有的醫生在操業前，都必須宣誓秉持良好的品德，這個誓言就稱為「希波克拉提斯宣誓」。很遺憾地，他們並非總是能讓我們想再見到的人都起死回生。然而他們從此明白，當人自以為是神明，當人驕傲地認為自己操生死於手中的能力，因而威脅到宇宙秩序時，那麼就有必要讓一個更強有力的作用，使他安份守己。

以下，詭計多端的薛西弗斯「欺瞞死亡」的故事，正是要來證明這件事。

薛西弗斯的兩種技倆

乍看之下，薛西弗斯的態度與阿斯克勒皮奧斯的涇渭分明。首先，薛西弗斯只是為了他自己：他要拯救的不是別人，就是他自己，不像他的醫師夥伴。其次，他並非借重科學，而是詭詐。可是，這兩件事情，都是與極端的**驕縱自大妄為**有關，在這層意涵上，薛西弗斯跟阿斯克勒皮奧斯一樣，他們的行動對於宇宙秩序都有潛在性的威脅。在這一則故事裡，我照例根據阿波羅鐸魯斯的描述來談，只補充一兩點來自雅典的佩雷奎德斯的著作。後者是西元前五世紀活動於雅典的神話傳記作者。

關於薛西弗斯遭受的懲罰，已經有過許多評論：他去世後被宙斯懲罰推動一塊巨石到一座山丘，每當石頭推上山頂就又滾下，如此他必須永不止息地重新開始，而永遠無法結束這項艱辛的苦差事。反之，我們始終不清楚，為什麼他會遭受這麼悲慘的刑罰。一位法國偉大的作家卡繆針對這個神話故事寫了一本書。在他眼裡，這個神話象徵了人類存在的荒謬。但是你會看到，在希臘神話故事裡，這則薛西弗斯的故事卻象徵另一種意義，與凡人生命真實或臆測的荒謬不僅無關，而且迥然不同。

整個事件是從薛西弗斯跟宙斯惡作劇開始。你要知道，我們的主角跟尤里西斯有點像，是個詭計多端的人。甚至有人認為，薛西弗斯是尤里西斯的真正生父：薛西弗斯有個狡詐的習慣，就是在新人結婚當天，搶先在新郎之前就戲謔新娘，這一次，他又成功地鑽進新人的床，搶在萊爾特斯之前就與安提克勒亞（這一點可以確定，她確實是尤里西斯的母親）上床了，而這次偷腥的結晶就是尤里西斯。這個插曲，不管是真是假，我們認為只會更凸顯出他的形象，是一個在道德方面並不值得稱道、而且隨時都準備惡搞的人。

即使是牽涉到宙斯也一樣。在這裡所指的情況則是，宙斯一如往常，好色成性，剛擄走一個可愛的年輕女孩愛琴娜（Egine），她是位階較低的亞神河神阿索波斯（Asopos）的女兒。河神既擔心又氣憤，到處焦急地尋找他寶貝女兒的行蹤。他只知女兒失蹤，但並不曉得這是宙斯搞的好事。此外，為了更清楚掌握事件的梗概，你必須了解一件事：薛西弗斯建立過所有希臘城市中最繁榮之一的科林斯。為了他的城邦，就跟任何時代的任何市長一樣，他需要水源。於是他向阿索波斯提出一項交易：「如果你肯為我的城市引來乾淨的泉水，我就告訴你，是誰奪走你的女兒。」交易達成，薛西弗斯供出是宙斯，而犯了這樁相當不謹慎的錯誤——你想像得到，宙斯當然老大不高興囉。

為了懲罰，他先以武力，即他最拿手的霹靂電光，使河神阿索波斯回歸到河床。人們認為從那之後，河川的河岸邊都是被燒灼過，河流就不斷地沖刷著黑炭的石礫。不管怎麼說，宙斯不讓這父親的憤怒留下深刻的印象，於是把愛琴娜挾持到一座無人島上，在那裡與她結合。之後生下了一個小男嬰艾亞哥斯（Eléonte），但因為這座島一片荒涼，於是宙斯就將一群螞蟻變成島上的居民，以便讓他們與男嬰作伴。不過，顯然宙斯沒有就此罷休。現在他要找薛西弗斯算帳。在這裡，我們找到兩個版本，一則很短，另一則較長。根據較短的版本，宙斯就是以電光將薛西弗斯擊斃。薛西弗斯一死，就將他打入地獄，對他的懲罰，就是我們所熟知的永遠推動巨石到山頂的事。

較長的版本則有趣多了，是由佩雷奎德斯描寫的。薛西弗斯安心地待在位於科林斯的豪華王宮，盤算阿索波斯供應他水源。這時，宙斯要將他送上西天，是死神塔那托斯（Thanatos）來陪他前往地獄。但是，薛西弗斯臨死前還是滿腦子詭計。他看到塔那托斯遠遠走來，於是就在拐角處等塔那托斯。薛西弗斯丟給塔那托斯一個內含玄機的漂亮東西，死神果然上當了，薛西弗斯跳到他身上，用繩子將他緊緊地捆綁，關進巨大王宮裡的一個櫃子裡。就跟阿斯克勒皮奧斯的神話故事一樣，世界開始失調了。塔那托斯被關起來，此後再也沒有一個人死去。黑底斯這位眾神中最富有的神，不再富裕了：他再也沒有來自亡故者的現金了，如果宙斯不將秩序整頓一下，那麼，地球就會壅塞擠爆，不再安全。於是，戰神阿瑞斯就要來負責這件任務。你很容易就能猜到為什麼：如果不死人的話，那麼還打什麼戰爭呢？戰神找到了塔那托斯，把他解開，並交給他必須下地獄的可憐薛西弗斯。我們會相信薛西弗斯完蛋了，那可不！這一次他還是有花招可以耍！

薛西弗斯臨死前，在告別他的王宮、下到黑底斯的王國之前，很謹慎地叮嚀他太太：「聽話！不管怎麼樣，千萬別為我舉行任何喪葬的儀式，別像所有的賢妻為她們的丈夫所做的那樣。別問為什麼，日後我自然會告訴妳。」於是，梅洛沛（Méropé）這位迷人的妻子就照著她丈夫交代的話：既不為她丈夫的屍體守靈，也沒有舉行習俗上該辦的任何喪事儀式。因此，當薛西弗斯來到冥府深處，急忙衝向黑底斯，向他吐苦水，很傷心地抱怨另一半多狠心、多惡劣。黑底斯聽了他的話相當震驚，居然會有這麼不知禮數的妻子，於是，黑底斯就讓薛西弗斯回家懲罰這個不盡責的太太。當然，條件是他得承諾儘快回來。你可以想像，薛西弗斯回家……然後信守諾言，回到地獄？正好相反，薛西弗斯大大地感謝妻子，還跟她生了很多孩子。最後的結局很簡單，就是他活得很長壽，才因衰老而亡。之後，而且只是在那之後，他才不得不回到那個地底的世界，在那裡被黑底斯處罰，永無止境地一再推動那塊著名的巨石，使他終無絲毫機會再次犯錯。至於刑罰的意義，總是與他犯的錯有直接的關係：生命，對生命有限的物種來說，是永恆的重複：生命不是一個永無止息的旅程，而是有始有終的生命。至於企圖以人為方式拒絕或延遲宇宙秩序規定之期限的人，他終將受到教訓而學會，在他完成之後，所有的過程又必須歸零重來。換句話說，這與尤里西斯故事的寓意殊途同歸，沒有人可以從人類最根本處境的有限性中掙脫。

（二）、復活失敗與復活成功：奧菲斯、蒂美特以及厄琉西尼亞神祕儀式

奧菲斯（Orphée）與蒂美特的故事，與驕傲自大的故事並沒有真正的關聯。然而，我之所以在此談到他們，是因為這幾則相當獨特的故事，在一個基本的點上，涉及薛西弗斯的故事及阿斯克勒皮奧斯故事提到的主題：實際上，在這裡也是關係到從死亡掙脫，或至少是從死亡回到人間與光明之中的主題。你會看到，這個對人類來說絕不可能的行程（就我的了解，在希臘神話故事裡只有過一次真正的例外[46]），對神來說同樣相當不容易，即使他們永生不死，他們也會被關在死者的王國。透過復活的主題，它同時也是在質問，有神人共處其間的宇宙，它的秩序法則，實際上究竟是

---

[46] 是一個年輕女人阿爾克絲提絲（Alceste）願意代替丈夫阿德墨托斯死的例子。她深深感動了黑底斯的妻子珀絲鳳，而決定讓這個女人回到人間去。當然，後來的赫拉克勒斯、奧菲斯或尤里西斯他們也都從地獄歸來，但他們卻是以活人的身份下到地獄，又再活著回到人間世界，而不是亡者。當然還有塞墨勒的例子，戴奧尼索斯的母親死於他誕生之際，後來被戴奧尼索斯從冥府帶回，以便親自將她封為神。不過，塞墨勒早就是女神哈摩妮雅的女兒，而且又是奧林帕斯神的母親了，她早經選定為不朽的神：因此，她的例子在一開始就不似阿爾克絲提絲那麼絕望。

什麼特性：人類會死，是秩序中的法則，沒有人可以掙脫而不造成破壞宇宙整體運行的混亂。因此，我們必須接受死亡，並且在這個框限內，必須尋求自己的美好人生。

奧菲斯前往地獄，或者為何死亡比愛更強

我們從奧菲斯的故事開始談。這個故事也是極少數深刻影響基督教的神話之一，或許因為它談論的故事，圍繞在一個日後成為福音書核心的問題吧：介於死亡與愛之間，無可避免且無解的矛盾問題[47]，這個矛盾，總是帶給人類復活的想法和對復活的果敢欲望。在我們之間，誰不是以全靈魂冀望至愛的人再活過來？在福音書裡，當耶穌聽聞好友拉撒路的死訊時，開始哭泣，原因也在此：即使是神，當他所愛的人逝世，一如你我，他也經歷無比悲傷哀慟的經驗。但是，顯然地，耶穌基督很巧妙地被安排來，使人明瞭，依照他自己的說法——至少這是基督教信仰的基礎——「愛比死亡更強。」他以讓他的朋友復活來證明這件事，不過，因為拉撒路已過世一段時間了，以致他的皮膚都已進入腐爛的狀況，就像福音書所記載的那樣。但不管怎麼說，愛已經征服一切，復活的奇蹟

㊼在進入問題的要害之前，再指出明確的一點：奧菲斯到陰間的神話故事，儘管也是很古老的記載，但是卻不見記載於荷馬或赫希歐德的書裡。雖然我們知道，在西元前六世紀時，這個神話已經相當知名，不過卻直到羅馬時代，西元一世紀時，在維吉爾與奧維德的著作裡，才看到結構最完整、描述最細膩的版本。基本上，我在此處根據的就是這些版本，有時候為了補足的需要，會從最古老的希臘作者那裡尋找資源，特別是歐里庇得斯著作的《阿爾克絲提絲》，以及羅德島的阿波羅尼歐斯，或迪歐多羅斯，甚至柏拉圖的著作。而每一次，阿波羅鐸魯斯的《圖書館》也都證明，是一部很管用而且珍貴的工具書。

完成了。

然而，這則奧菲斯神話故事寫就的年代，是在希臘人的時代，不是基督教的時代。而且這個復活故事所蘊含的意義，看來是完全超過凡人的意義射程以外。當這個可憐人親眼目睹妻子被一隻毒蛇咬死而失去她，因而傷心欲絕。不過，我們先別操之過急，在進入故事主旨之前，讓我們再靠近一點，看看這段與我們息息相關的部分。

首先，奧菲斯是一個真正的音樂家。根據希臘人的說法，他甚至是比阿波羅都還更優越的音樂家。後者則發現，他這麼值得仰慕，在其藝術才能方面稟賦是這麼優異，於是將他弟弟赫米斯發明的里拉琴介紹給他。里拉琴是一種由七根琴弦構成的樂器，然而奧菲斯判斷，如果要彈奏出美妙的和弦，這樣還不夠，於是又加上兩根弦，這麼一來，這個樂器的九根弦，同時就與宙斯的九位女兒，繆思女神們的數目「一致」了。況且她們恰好被認為是創造出主要藝術的女神，給予藝術家們創作的靈感。在此要指出的是，繆思之女王卡莉奧佩（Calliope）正是奧菲斯的母親。因此他在藝術上的天賦是站得住腳的。人們說當他以他的樂器伴唱時，那些猛獸如獅子和老虎都安靜下來，全都變得像綿羊一樣溫馴；魚兒則跟隨里拉神琴的韻律，飛出水面；岩石本身，大家都知道，像石頭般的堅硬心腸，也開始注入感動的淚珠。也就是說，奧菲斯的音樂很神奇，而且，他的歌聲因他那九弦琴的伴奏而更加和諧，誰也抗拒不了。當奧菲斯參加由伊亞宋領導的阿爾戈號出征探險，他們乘的是一艘由阿爾戈建造的船艦（阿爾戈船員團的名字即由此而來），在尋找金羊毛的歷險過程中，是奧菲斯將他們從賽芒的歌聲中救回的。這些海上女妖怪鳥，每次都以奇妙的歌聲，誘惑可憐的水手們，他們因沉浸在殘酷無情的海妖金嗓奪魂的歌唱，而必定喪命於海難中。奧菲斯是世上唯一掩蓋過她們不祥聲音的人。

不過，讓我們回到引領他下去冥府的故事來吧。

奧菲斯瘋狂地愛上歐麗笛克（Eurydice）。歐麗笛克是一位高雅的寧芙女神，甚至，很可能像有些人所認為的那樣，是阿波羅的女兒。她美豔動人，更甚於此的是，奧菲斯是真的愛她，怎麼也不能放棄她。沒有她，對他來說生命再也沒有任何意義。維吉爾在他的詩集《農事詩》，以很長的篇幅鋪陳他們的故事，依據維吉爾的描述，有一天，當可愛的歐麗笛克在一條美麗的河岸邊散步時，卻突然遭某個亞里斯陶斯（Aristée）猛烈地襲擊。為了逃避他，她拔腿就跑，邊跑邊回頭以確認他沒有追上來，卻因此沒注意到她嬌嫩的腳踩著一隻蝰蛇。她的猝死讓奧菲斯悲慟難抑，沒有什麼可以阻止他一再哀號痛哭。最後，他決定試圖向不可能挑戰：親自到地獄尋找歐麗笛克，企圖說服黑底斯及他的妻子珀絲鳳，請求他們讓他與他心愛的妻子離開那裡。

關於奧菲斯穿越地獄的情形，維吉爾和奧維德提供的描述，很值得在此稍微兜圈子。這則故事，直到今天，仍然是許許多多畫家、音樂家和作家創作的靈感泉源。首先，必須先找到地底世界的入口，這並不容易。奧菲斯終於找到頭緒，辨認出一處地面噴出泉水的所在，那裡就是四條冥河中的一條，自地底深淵處通到世界的出口位置。他必須穿越或沿著四條河流走才能到達陰界。首先，有一條阿刻戎河。要抵達黑底斯的王國前，所有的死者都必須穿越這條通往冥府的河。在這裡，可怕的擺渡者卡戎（Charon），這位令人厭惡、全身髒兮兮的老人，會要求付一文錢，是將死者的亡魂從河的此岸過渡到彼岸的過船費——我跟你說過，為什麼古代的人要在死者的眼睛或嘴裡放一枚硬幣，如此一來，他們才有錢付給擺渡的老人。如果沒有這麼做，那麼，亡魂就百年都只能遊蕩在這些岸邊，之後才會輪到他們渡河到彼岸。其次，得沿著科庫托斯河走，這條冰冷的河流沖刷著冰岩塊。然後是險峻的皮里弗勒格同河，這是一條熔化了火與熔岩的巨大湍流，最後是斯提克斯，眾神發誓時，掬的就是這條河的水。

可是，在令人驚恐的景象裡住著的一群則更讓人戰慄。首先，這些死者，這些沒有臉孔、無法辨認的亡魂相當恐怖，毫不節制地騷擾來訪者。更糟糕的是，奧菲斯遇到了看管地獄的一群怪物：有克別洛斯，是一隻長有三頭怪腦的兇悍惡犬；有人頭馬身的半人馬怪；有百臂巨人；有難看的七頭蛇，會發出足以使人聞之喪膽的嘶嘶聲；還有高興怎麼折磨人就怎麼折磨的哈爾比亞（Harpys），以及喀邁拉、基克洛普斯。總而言之，下地獄有多可怕？遠比人所能想像的還殘酷千百倍。奧菲斯基於對歐麗笛克的愛，他已準備接受任何的考驗。沒有什麼能阻止他。另外，在這趟險惡萬分的歷險過程中，他隨身帶著他的里拉豎琴，就像在其他地方，他的音樂也在此發揮最高的效果。那些被處以死刑的亡魂，都感受到些許慰藉，即使不是幸福——說幸福，顯然言過其實，但至少也讓他們的苦痛暫時緩和些。坦塔羅斯聽到音樂，霎時也不飢不渴了。而火燄車的伊克西翁巨輪也停止轉動，薛西弗斯推動的巨岩，在逆行的中途停了下來。克別洛斯自己則像隻溫馴的鬈毛狗一樣，蜷縮在一角，讓音樂輕輕撫摸牠。復仇女神埃里尼斯也暫時歇手她們鞭打罪孽者的工作，嗚遍整個冥府世界的嗚咽嘈雜聲，都安靜了下來。至於這裡的主宰黑底斯與珀絲鳳，也深深地沉醉在音樂的魅力之中。他們很仔細地聆聽奧菲斯，甚至，也許還帶著些微善意。他的勇氣留給他們深刻的印象，他對歐麗笛克的愛無可取代，真摯不渝，感動了這對向來就冷血、無情，平時對凡人的一切情感都不為所動的冥府夫婦。

似乎珀絲鳳最先被說服。奧菲斯可以帶歐麗笛克回到人間與光明的世界——唯一的條件是：歐麗笛克必須默不出聲地跟隨在他後面，尤其是，尤其是在完完全全離開地獄之前，奧菲斯絕對不可以回頭看她。奧菲斯欣喜若狂地答應了。他帶走歐麗笛克，而她也乖乖地退後幾步，跟隨在他後面，如珀絲鳳交代過的那樣。但是，我們不知道究竟是為什麼——維吉爾認為，奧菲斯是被某種瘋狂與深切的愛沖昏了頭，才迫不及待地回頭；至於奧維德，則傾向於認為，奧菲斯是基於某種隱隱約約的焦慮不安，讓他懷疑神祇對他的承諾——總之，奧菲斯犯了不可饒恕的過失：他忍不住想回頭看歐麗笛克。這次，眾神卻鐵石心腸了，兩人從此生死乖隔。歐麗笛克永永遠遠地留在死者的國度了，再也無法挽回，再也沒有商量的餘地。可憐的她，就這麼最後一次、不得上訴地死了第二次。

你猜想得到的，再一次，奧菲斯再也無法獲得安慰了。他傷心透頂地回到家，整天關在屋裡不出門，拒絕見任何女人：有什麼用呢？他只愛一個人，歐麗笛克。他再也無法像從前那樣去愛了。不過，我們的拉丁文詩人說，奧菲斯因此得罪了他那座城的所有女人。她們不明白，他那麼有魅力的男人，歌聲又吸引人，為什麼他連她們看也不看一眼。再說，如果我們相信某些作者說的，則奧菲斯不只在性趣方面一百八十度大轉變而已，而且，他從此只對年輕男子感興趣。他甚至招呼居住在他那一區域的丈夫們到他的寓所，與他們分享針對男孩的新穎誘惑。夠了，這已經超過那些女人所能忍受的程度了。根據這個版本的神話描述，奧菲斯最後死在嫉妒他的婦人們手中：她們手持石塊、棍棒和農夫留在田裡的農田用具為武器，衝向他，將他活活撕碎。她們將他的頭砍下、身體大剁八塊之後，丟到最近的河裡，任河水沖刷流向大海。奧菲斯的頭與里拉豎琴，就順著水流到雷斯波斯島，那裡的居民後來建了一座墳墓安葬他。依據某些神話傳記作者的說法，奧菲斯的豎琴後來被（宙斯？）化為星座，他的靈魂則被帶到冥界香榭麗舍，差不多等同於希臘人眼中的天堂，說得更確切些，是回到黃金時代。

詳述這一段細節，並非毫無用處，因為這一段讓人能更明白，為什麼奧菲斯的神話產生一種玄秘的崇拜儀式，如果不算是一種宗教的話，就是稱為「奧菲教派」。「奧菲教派」的神學，自稱吸收奧菲斯在冥界歷險過程中發現的祕密，儘管他們的命運依然是難逃一死，但那些祕密，最後能讓他們在神所降福的天國找到救贖。你等一下就會看到，這一點與我要講述的蒂美特故事是結合在一起的。在蒂美特的城厄琉息斯，建有一座祭祀她的神殿，祭祀的內容就稱為「厄琉息斯秘儀」。

不過，在這之前，我們其實更應該詢問，奧菲斯向死亡抗戰的故事，具有什麼意義？尤其是，珀絲鳳詭異地叮囑奧菲斯絕不可回頭，該如何解釋這件事？再者，更奇怪的是，奧菲斯可是經歷過千辛萬苦才到陰界，差不多就要達到目的時，怎麼會愚蠢到轉頭向後看？不可思議的是，關於這則神話，沒有任何文本提供一個最起碼的解釋。維吉爾將整件事歸因於愛，認為是愛使奧菲斯按捺不住，使他盲目而神智不清了。關於奧菲斯之失誤的假設，就算是接受上述的說法，神為何訂下這個特別規定的意義，卻沒有因此就變得更明朗：實際上，為什麼向後看對相愛的人是致命的事呢？雖然有人替這個問題提出各式各樣的解答，但內容都很冗長，帶到這裡來，也顯然太枯燥無趣。而且，老實說，在我看來，沒有一個說法能真正讓人心服口服。人們往往帶著一種基督教的眼光看待這則神話故事，解釋奧菲斯之所以會回頭，是由於他懷疑神說的話，既然如此，一旦不信任，他就失去信仰，而唯有信仰可以拯救一切云云。最終，我倒相信，就只是很簡單地，必須遵循神話故事的主旨：不論奧菲斯在他的意圖裡注入再多的希望，對必死的凡人而言，愛與無法超越的死亡之間就是存在著矛盾。如果奧菲斯因回過頭而再一次失去歐麗笛克，如果她絕對必須待在他後面，而且特別是不能走在前面，甚且，顯然地，如果神規定這個投標須知之初，已確切地知道，很合情合理地，投標的細則不會被履行（否則，為什麼要有這個考驗？），那麼，依然鄭重其事地告誡他，全然是藉著奧菲斯自己回頭望，他才會恍然大悟：在他身後的，就是在身後的了，過去的就是過去了，逝去的時間永不可逆轉。藉此，他才終會明白，一個難逃一死的凡人，就該像尤里西斯對待卡呂普索那樣，接受他自己作為一個凡人的條件與命運，一如薛西弗斯的岩石一樣，認清他自己的生命，在一個出發點與一個到達點之間轉動，沒有人可以更動一分一秒。

我們的誕生與我們的死亡都不屬於我們。對於我們這些難逃一死的凡人，時間是堅決不倒回的。我們的共通命運，就是無法挽回的命運，無法與悲慘和不幸達到和解：最好的狀況是，悲傷終於撫平、緩和，沉靜下來，使我們能夠在我們的生命存在中重新出發前進，但絕無法藉著從我們身後過去的點出發去改變命運。由於此問題的狀況往往跟基督教的說法很接近——愛總是用盡手段，想顯示它比死亡更強——儘管如此，但希臘人的態度卻相反：永遠都是死亡戰勝愛，因而如果我們確實想要獲致唯一讓我們可能擁有美好生命的智慧，那麼，我們有必要在一開始就清楚地明白這件事。不管怎麼樣，沒有什麼能改變那奠定宇宙秩序最堅固基礎的原則，最初就已發好的牌，就如閻羅王的生死簿，都無法改變。在這樣的宇宙秩序下，介於必死無疑的與永生不朽之間的差異，介於凡人與神祇之間的差異，已經確立。至於自稱奧菲主義的那些教士宣稱他們可以向基督教徒透露的神祕儀式，我想，每一次都一樣，恐怕在最初的時候，早就永遠無可奉告了。

直接連結我所要談的穀物與四季女神蒂美特的神話故事，你將會看到，永生不死的神如何改變已發出的牌：有別於可憐的必死人類，那些幸福的神，永遠有可能離開黑底斯的冥府王國，即使黑底斯已決定讓那位留在他身邊。

蒂美特，或者當那是永生不死的神，從地獄回來如何變得可能

雖然蒂美特與她女兒珀絲鳳的神話故事[48]場景，再次拉到地獄來，但卻與奧菲斯的故事截然不同。實際上，此處的主角都是永生不死的神，而不是絕望地企圖掙脫死亡的必死凡人。也就是說，基本上他們與地獄的關係是不一樣的。然而，黑底斯的地獄王國和宇宙秩序之間彼此相關聯，關於此，這兩則神話雖然建立在截然不同的型態下，但蒂美特的故事本身，也不缺乏對這一點的描寫。希臘人特別著力於此，以便解釋宇宙建構的基本元素：四季的誕生。在一切死寂的秋季與冬季結束時，就是春天與夏天的來臨，一切回春、再生，該開花時花便開了。你稍後就會看到，季節更迭交替，與蒂美特的女兒下到陰間地府，有直接的關係。現在我就要來講這段故事。

蒂美特是克羅諾斯與瑞雅的女兒：因此她就是宙斯的姐姐，但也是黑底斯的姐妹。作為穀物之神與季節女神，她使穀類結穗，這也是為什麼羅馬人為她取了色列斯的名字，從這個名字衍生出穀類（céréales）這個字——人們就靠穀類製作麵包和很多其他的食物。此外，也是蒂美特使人們懂得耕耘土地的技術，農業。蒂美特是一個權力相當大的神，因為她賦予生命——至少對植物、蔬菜水果和花草是如此——而且，也可以收回它們的生命，如果她想這麼做的話：讓草原、農田和果園裡不再長出任何植物。由於人類能否存活，深深地依賴食物，這與永生神祇的存在迥異，從一開始，蒂美特就與死亡保持相當獨特的關係。

---

[48] 這段故事的描寫，基本上是出現在《荷馬史詩》裡。長久以來都將這部著作的作者歸於荷馬，但一如我說過的，今天我們雖然已確定作者非荷馬本人，但仍無法斷定真正的作者。儘管如此，基本上此處我是根據這個文本來談，毫無疑問的，不只是因為這個文本是最早的版本之一，同時也是最豐富最有趣的一個文本。

然而，蒂美特與她的弟弟宙斯卻生了一個女兒，她名字是珀絲鳳，有時人們也稱她為蔻荷，在希臘文裡的意思是「年輕女孩」，後來羅馬人又為她取了普羅賽萍這個名字。在那個時代，至少在眾神之間，兄弟姐妹之間生下孩子是很常有的事——再說，在最初，根本沒有任何其他的可能性：就像泰坦眾神和奧林帕斯諸神，在當時還沒有任何其他對象之前，他們不得不與兄弟姐妹結合為夫妻。因此，蒂美特有一位神的女兒，且她愛女之深切，你絕無法想像。她就是很鍾愛獨生女。根據描述，珀絲鳳是個很討人喜歡的小女孩。就像其他所有的女神一樣，她當然擁有完美的美貌，不過她更擁有少女的清純溫柔與天真無邪，而且非常地漂亮。正值珀絲鳳的母親到世界各地，巡視糧食收穫與稻穀等收成時，珀絲鳳乖乖地與幾位寧芙仙女在草地嬉戲。她摘下花朵，準備做成漂亮的花束。然而宙斯早就心懷一個計畫，偷偷不告訴他姐姐蒂美特：想要讓他的女兒珀絲鳳成為眾神之中最富裕的冥府主宰黑底斯的妻子。黑底斯又稱為「普呂東」（Plouton），即表示「有錢的」，羅馬人後來把這個名字變成 Pluton。他掌管所有的死者，換句話說，統轄一群從古到今數量最多的一群，（因為，也的確，人類的構成，死者確實比活人還要多得多了）。如果我們以一個國王擁有的臣民來計算他的財富，那麼，顯然地獄的主宰是宇宙中的最大富豪。

宙斯為了達成他的目的，他請求他祖母蓋亞讓一朵最奇異獨特、最漂亮的花朵長出來：在這朵唯一的花梗上，伸出一百個令人讚美炫目的頭，從花朵散發出的芬芳，濃郁香甜，讓天空都綻開了笑容。不論是凡人或神祇，只要看到她，就立刻為她著迷。當然，珀絲鳳被這朵神奇的、將成為獨一無二絕美花束的花朵吸引，趕緊奔向花去。就在她正準備摘下花時，大地裂開來（由此可確定蓋亞確實插手管這檔事），亡者的老爺隨即駕著由四神駒拉的黃金馬車出現——別忘了，他是真的兆億富豪！黑底斯將珀絲鳳緊摟在強而有力的臂膀下，旋即劫持走了。珀絲鳳驚惶地高聲尖叫，她想到恐怕再也看不到她母親，絕望地嚎啕大哭，哀鳴迴聲響遍全宇宙。因為，她也同她母親一樣，對母親的感情極深厚。在這世界上，只有三位聽到這可怕嘶啞倉皇的氣喘聲：赫卡特（Hécate），一位職權相當神祕的女神，但常常會向遭受到痛苦的表示善意；赫利歐斯，太陽神目睹一切發生的事，無一能逃離他的眼線；當然，還有蒂美特，她一聽到女兒受驚的聲音，就驚愕不安起來。

蒂美特花了九天九夜，到處尋找她鍾愛的女兒，從東方到西方，從日出到日落。一到夜晚時分，她就手持巨大的火炬，照亮黑暗的大地。九天九夜，她不吃不喝，也不沐浴換裝：她心焦如焚，整個人都癱瘓了。沒有任何人，神也好，凡人也好，沒有一個跟她說實情，也沒有任何一位前來幫忙找尋女兒的下落。除了一位，就是這位好心的赫卡特，帶她去見太陽神赫利歐斯，因為一切都逃不過他的耳目。赫利歐斯憐憫她，決心要告訴她事實：珀絲鳳就是被她伯伯黑底斯，這位陰曹地府的王子擄走的。當然，蒂美特馬上就明白，這個行動絕不可能未經她弟弟宙斯的同意，甚至很可能宙斯就是共犯。為了報復，蒂美特隨即離開奧林帕斯山。她拒絕再列席眾神大會，決定下凡到人間大地。她心甘情願放棄女神的美貌，就像童話故事裡的那樣，她以一個又醜又窮的老婦人模樣出現。然後，她來到厄琉息斯城，在此，她遇見四位到清泉源頭處汲水的女孩，是這座城的國王塞列（Célée）的四千金。她們打開話匣子，但蒂美特繼續隱瞞她真正的身份，只對她們表示，想找一份例如奶媽的工作。剛好這四千金有一個年幼的弟弟：於是她們跑去問媽媽，墨塔尼拉，能否讓這位老太婆當奶媽。事情馬上有結論，蒂美特就在塞列國王的皇宮裡待了下來。在那裡她認識了皇后墨塔尼拉，以及一位侍女亞母貝（Imabé）。亞母貝察覺到蒂美特鬱鬱寡歡的神色，便想逗她開心，遂講了一大堆不太正經的玩笑話。亞母貝拼命講趣聞笑話，也真的讓愁眉不展的蒂美特微笑甚至開懷笑起來！——她已經好久好久沒有這麼笑了。從此以後，她負責照顧小男嬰，這使她漸漸重燃生活下去的意志，不管怎麼樣，就照顧男嬰來說，這點意志也足夠了。

在這裡有一段同樣有意思的插曲，因為這一段也是由死亡主題貫穿整個神話內容。話說蒂美特再一次扮演母親的角色，決心讓剛託付給她的小男嬰變得永生不死，因而就是一個神能給予凡人的最佳禮物。她塗抹眾神服用的食物在他身上，即可以讓凡人擺脫生命有限性的眾神之果。因此小嬰兒以最快的速度長大、變得又美又可愛，讓他的父母嘖嘖稱奇，因為，他什麼也不吃。其實，神祇只要有神果仙飲，就很滿足了，他們從不碰供給人類養分的麵包和魚肉，而小男孩幾乎就是一個神了。每天晚上，蒂美特都很細心地在壁爐裡燃起神聖的火，將小男嬰浸在神火當中。這些火苗，也有助於讓生命有限的凡人變得永生不死。然而，嬰兒的母親不放心，躲在門後窺探蒂美特，擔心她會對兒子搞什麼玩意。當她目睹這位女神竟然將她自己的兒子放在火舌當中，她立即驚叫起來。

小孩運氣太差了！蒂美特將孩子丟在地上，他馬上就變回終究會死的凡人了。至此，相當具有象徵意味地象徵了她再一次喪失母親的角色。可以說，她第二度的母性和母親的身份再次受挫。於是，蒂美特恢復她原本的神祇模樣，重新恢復女神的光彩與美貌，在墨塔尼拉和她的女兒們面前顯現她真正的身份。她讓她們明白，墨塔尼拉犯下的過錯，利害程度有多嚴重：如果不是她突如其來地闖入，本來小男孩可以列身在永生的神祇當中。現在，為時已晚，小男孩和她們都活該！然後，她向他們下達命令，要厄琉息斯的居民建造一座與她名實相副的神殿，以便祭拜她。而且，如果她認為祭禮夠虔誠，則她會向他們啟示她所掌握（關於生命與死亡）的祕密儀式。後來就從這裡誕生了人們所稱的「厄琉息斯秘儀」著名祕密祭典：與蒂美特的回憶相連的新興宗教的信徒，冀望藉由看透生命與死亡的祕密儀式，獲得救贖，以及——為什麼不呢——達到永生不死。就這樣，你看到蒂美特的神話故事與奧菲斯的故事連結起來，後者同樣也發展出一種祕密儀式（奧菲主義），同樣也都期望借助來自穿越地獄者的教誨，見識永生不朽之生命的祕密。

不過，讓我們回到蒂美特來。再度失去孩子的蒂美特，變得很壞心，甚且可以說是鐵石心腸。她發覺這個玩笑實在太長了，該是要回她女兒的時候了。於是她決定使盡身上的一切力量。由於她也握有生命與死亡的祕密，至少在支配植物的世界是如此——是直接且專屬於她的權限——她決定，只要宙斯一天不還她公道，她就一天不讓大地上長出一草一木來。說到做到。整個大地都凋敝枯萎，不久就是宇宙全體，包括神居住的最神聖領域，都置身在蒂美特的威脅中了。

以下就是在《荷馬史詩》的詩，自西元前六世紀起，就一直向我們傳達這則神話：

「蒂美特帶給人們整整艱苦的一年，對那些靠土地長出的東西作為食物的人類來說，實在是難熬的一年。土地上不再長出稻麥等穀類，因為蒂美特這位女王一心一意把它們都藏起來。好多次，曳著垂下的犁鏵在土地上犁田的牛都徒勞無功。好多次，大麥因空殼無穗，麥梗無力地垂落地面。要是宙斯再置之不理，也不想想辦法，毫無疑問地，在一片淒慘的饑饉中，蒂美特會讓具有語言能力的人類整個人種毀滅，則沒有人負責以祭品和犧牲酬神，獻上榮耀給奧林帕斯山的住戶了……。」

實際上，每當宇宙秩序確實遭遇到危險，宙斯就會介入調解，依照當初他分配規劃世界時作出的裁決那樣，提出一個公正無私的解決方案，也就是說公平、穩定的解決方案。順帶一提，我們注意看，在這首詩裡，是以怎樣的方式說明人類的存在：人類可能消失這件事，從來不曾像此處所呈現出來的，讓眾神感到挫折，猶如降臨他們身上的重大災禍一樣。換句話說，對神而言，人類之所以存在，首先就是為了娛神、拜神而存在。假使沒有人類在宇宙秩序下導入的生命與歷史，則宇宙秩序就永遠僵滯不動，因而讓他們煩惱死了。不管怎麼樣，宙斯趕緊請奧林帕斯眾神輪流到蒂美特面前，試圖規勸她別再讓無窮的禍患繼續下去。但是，沒有發揮任何作用。蒂美特可是吃了秤錘鐵了心：只要他們不將她女兒還給她，就別妄想大地會長出寸草，甚至不惜讓生靈塗炭，直到萬物滅絕。這當然讓其他的神懊惱起來。再說一次，如果沒有人類準備牲品、祭拜酬神的話，永生不死的神可就煩惱死了。沒有生命，換句話說，沒有象徵人類誕生與死亡的歷史與時間，沒有人類世世代代的更迭，宇宙整體都會變得枯燥乏味了。因此，宙斯使出他最後的武器赫米斯，就像他交由赫米斯下令卡呂普索，要她釋放尤里西斯那樣。每一位都必須遵照赫米斯的命令，因為大家都明白，他是宙斯的傳令官，是以宙斯之名發言。赫米斯下達命令，要黑底斯讓珀絲鳳回到她母親身邊的光明世界。順帶一提，黑底斯雖然是以暴力擄走珀絲鳳，除此，黑底斯則非常殷勤體貼，盡可能地運用他握有的權力，溫柔地對待她。

黑底斯必須執行宙斯的命令。無論如何，企圖逃避或靠武力都於事無補，不過，相反地，一點小小的技倆，對誰都無傷大雅：黑底斯偷偷摸摸地解決了這件事，表面上看來似乎沒有觸犯命令——他在珀絲鳳跟著赫米斯離開陰間之前，讓珀絲鳳啃了一粒果實的種籽。由於種籽很好吃，所以珀絲鳳根本不疑有他。她不曉得，這該死的種籽決定了她此後將永遠留在黑底斯了。因為這表示她吞下了來自陰間地府的東西，就由這不起眼的食物，註定她與這塊土地再也分不開，永遠屬於下界的存在了。

宙斯從此必須找出一個解決方案，可以平衡兩造，讓他將女兒許配給黑底斯的決定兌現，同時又能讓母親確保擁有女兒的權利。如果我們可以這麼說的話，他必須將西瓜對切得剛剛好，以便重整公正的秩序。以下就是關於這段的描寫，還是根據《荷馬史詩》來的：

「宙斯以傳遍四處的聲音咕噥，要他們將珀絲鳳的美麗髮絲交由特使瑞雅（即他們的母親），好將滿面愁容的蒂美特帶回神祇家族中。宙斯還向她承諾，讓她選擇她在眾神中想擁有的特權。他要他女兒，在一年的循環中三分之一待在幽暗的冥府，三分之二則與她母親和眾神相處。雖然宙斯這麼承諾，但女神卻提防他不遵守諾言……。」

其實，萬神之王的命令是不能不服從的。尤其是，他的解決方案都具有公平正義的深層意義。你看到，這個介於兩者之間的解決方案，可以說在根本上是與「宇宙的」主題息息相關：一方面是生命與死亡的主題，另一方面，則是以季節劃清分居的兩個世界。當珀絲鳳與黑底斯待在死者王國時，一年的三分之一，大地寸草不生：不開花結果，也沒有蔬菜水果。這時是冬季，寒冷與冰雪，將人如植物一樣關住，寸步難行。這時，死亡主宰著植物的世界，就像珀絲鳳被鎖在闇黑的世界時所發生的景象。當她回到光亮的世界，重歸她母親的懷抱，時序是春天、夏天，直到美麗的秋季……。這期間，萬物再度成長、開花，生命恢復旺盛的生機。

於是，關於世界和整體宇宙規律法則之分配，就獲得保證：死亡與生命在律動中交替，這個律動與上層下層相應，也與地上地下的一切相對應。沒有不伴隨死亡的生命，也沒有不伴隨生命的死亡。換句話說，宇宙的穩定，不能沒有具體顯現人類必死生命的世代傳承——一旦缺乏它的存在，穩健的宇宙就遲滯不動，再也了無生氣，沒有運動，最後只剩下一片死寂了。同樣地，沒有季節的更迭，沒有冬去春來及生死的循環，宇宙就不完美。同理，在阿波羅與戴奧尼索斯之間也是一樣：

他們彼此不可或缺。為了讓宇宙變得豐富與充滿活力，必須要讓穩定性和生氣盎然並存，沉靜與歡鬧都是必要，理性與狂亂都必須兼顧。需要人類，好讓必死之身的人與永生之神共處的世界，得以進入歷史的運動當中；必須擁有季節，好讓大自然明瞭，它本身也需要生命與多樣性：這則神話故事深層的意涵就在這裡。你看到了，老實說，這則故事並不屬於前述那些**驕傲狂妄**為主題的故事。可是，我還是把它與前面的神話連結起來。因為，它本身也密切關係著一旦眾神之間不公不義佔上風時（黑底斯就是不義），宇宙同樣受無節制與不協調威脅的問題。因此，宙斯就必須再度調停，藉由奠定世界新秩序的宇宙判決，結束失序的現象：在珀絲鳳缺席的季節，萬物枯萎無生機，她出現人間的季節，一切復甦。如此，凡必死的一切，就依此生息在大地上，一旦這些闕如，神祇可有得煩惱了。

第五章
公平正義和宇宙英雄的首要使命：保證宇宙的秩序，抵抗混亂失序捲土重來

我曾跟你說過，在希臘人精神世界，英雄主義和追求豐功偉業，是居於多麼重要的中心位置（而追求豐功偉業，對於達成該目標的人來說，跟永恆的光榮相等）。關鍵就在於，恰是藉由輝煌的功勳事蹟戰勝人類世界重要特徵的死亡，而贏得某種形式的永恆。而且就是透過書寫，讓英雄獲得長存的形式：如果他能夠成為某個神話或傳說的對象，能夠被神話傳記作者或歷史學家終於以白紙黑字寫下來，那麼，他就會被人們長久地記得，甚至永遠記住，那麼與一旦死亡就抹去所有記憶了無痕跡的凡常人有所區別了。因此，英雄就是一種獨特的存在，與必死之身的凡人所遭遇共通的命運不同，他不像凡人會被死亡除去其單一性，落得沒沒無聞。那些在黑底斯王國神出鬼沒的，都是無名、無面孔的，他們都喪失了個性。如果想永遠成為一個人物，就只有留在別人的記憶中，但必須要有所貢獻才行：榮耀得之不易。也許透過戰爭可以贏得榮耀，像阿奇里斯那樣，成為全希臘有史以來最驍勇善戰的戰士。像尤里西斯，靠著他的才智謀略，終於一一擺脫波塞冬在他歷險的過程中設下的考驗和陷阱。然而，更崇高偉大的榮譽，則是英雄致力於以神聖使命的名義，以**正義**

（dikè）之名捍衛宇宙秩序，並對抗永遠可能復出的古老混沌暴力所造成的對宇宙秩序的恆常威脅。現在，我就要從這樣的英雄主義來談希臘神話故事中幾位最偉大的英雄：赫拉克勒斯、鐵修斯、斐修斯及伊亞宋。你會知道，他們那些宇宙層次的冒險經歷，的確值得我們一讀。

（一）、赫拉克勒斯：半神人如何除去為害世界和諧的怪獸，接續宙斯的志業？

赫拉克勒斯（到了羅馬時代，他的名字變成海克力斯）的傳說，是所有希臘神話故事中最古老的傳說之一。荷馬和赫希歐德都已向我們描述過了，這一點證明，的確，早在西元前八世紀到七世紀之間，他的故事已廣為人知了。而且，自古以來，赫拉克勒斯也是希臘英雄中最有名的英雄。由於他身懷傳奇的力量、展現出無以倫比的勇敢果決和驚人的冒險患難經歷，以及他所彰顯的 dikè，即正義意涵，而讓他贏得這樣的聲名。成千上萬的篇章，著墨在他的功績上，許多繪畫、雕像、詩歌、書籍和電影，幾乎無以數計的創作，都一再以他為歌頌對象。從古希臘時代起，所有的神話故事作者、詩人、悲劇作家甚至哲學家，都以各自的手法描寫，展現赫拉克勒斯一生的插曲故事，以致於那些讓神話節奏明快地進展推演的赫拉克勒斯冒險經歷的事件，無一例外，都成為各家精彩豐富異本藝術表現時的主題，更經由眾家之手，整體因而呈現出絢麗可觀的多樣性，令人嘆為觀止。我們這位英雄，他冒險患難的歷練，沒有一次不是被眾家作者拿來當描寫的題材；他的一生，甚至包括他的名字，沒有一刻不是被拿來當成故事的主題——在希臘人的想像裡，關於他的主題幾乎是無限。

所以，為何你不該信任以線性方式工整地描述他一生的那些書或電影，因為他們只會讓人誤以為那是一則結構完整、適用於所有版本的單一故事。在此關於那些欺瞞，我們就點到為止。從眾多版本裡，匯聚出三個關鍵性的主要事件，而且也僅是概述性的：即他的誕生、赫赫有名的「十二項英雄偉績」，以及在他從生命有限的凡人轉為永生不朽的神之「神化」之前，如何去世的故事。我就是要講述這三個時刻，盡可能以連貫一致的方式談，但也不會隱藏那些異本內容不提，同時附帶舉出我所參照的文本資料，以便日後你自己可以找來讀。我盡量依據那些看來在希臘世界裡已經引導出一種共同文化，而最具深度、內容最豐富的描寫版本。因為，如果我們想知道，為何赫拉克勒斯的傳說能在很多方面提供智慧的典範，讓哲學，特別是斯多噶學派透過為它賦予一種理性的形式，而接收了它相當多的精華，那麼，參照上述的版本顯然是很重要的事了。

赫拉克勒斯的誕生、其名字的由來

最初以細膩手法描述這則著名神話主角赫拉克勒斯誕生的故事，是一卷歷史相當悠久的詩集。這卷詩集大約寫於西元前六世紀，長久以來都被誤認為是赫希歐德所寫（雖然有誤，但在此與主旨無關）。這部詩集題名為《盾牌》，因為該書主要的部分都在描述這位英雄戰士裝備的零件。從最初的詩篇一開始，我們便知道，宙斯以什麼詭計，當然在此不得不坦承，是相當厲害的詭計，成功地調戲一位有夫之婦阿爾克墨涅，而成為赫拉克勒斯的父親。凡人阿爾克墨涅的丈夫是安菲特利昂。阿爾克墨涅生下的孩子就是個「半神」，以希臘人的說法，這意指：神祇父親與人類母親所生下的兒子。尤其是，這首詩告訴我們宙斯心中一個非常重要的祕密。很不尋常地，宙斯找一位漂亮的人間女子來調情，對他而言並不（只）是為了享受魚水之歡而已，而是像赫希歐德指出的：

「眾神與眾人之父，暗地裡圖謀策劃：他要同時為眾神與人類創造出一個抵抗危險的防衛者。」

一個「抵抗危險的防衛者」：這就對了，實際上這就是我們的英雄最主要的角色。這麼說，到底是哪方面的危險？為什麼宙斯需要一位「輔佐」，像西部片裡的治安首長那樣？其實，在真正的意義上，藉由赫拉克勒斯，宙斯想要創造一個「副手」，不只是在天上，而是一個有能力在地球「代替」眾神之王，協助他在這個世界上打擊承襲自遙遠的泰坦諸神那些不斷再現的混沌暴力。理所當然地，這個危險的問題就此經常出現在赫拉克勒斯的傳說裡。或許你會問我，我們怎麼辨認出這些勢力？這麼做難道不會顯得太簡化了，跟那些政治人物一刀劃分是非善惡的手法不就沒什麼兩樣了？一方是「邪惡軸心」的「撒旦」，而另一方則是善良的，也就是說，可真巧哪，就是他們自己這一方。事實上，根本不是這麼平板簡化的事。因為，必須看清，那個時代，當然是很傳奇的，那個時代的神還沒有真正遠離人類——證據就是：神依然跟人類睡覺、生小孩。人們依然跟原始世界、最初的混沌，以及距離導致宇宙建構的那些「泰坦眾神」大戰的時代都很接近。宙斯才剛打敗堤豐這個企圖毀滅世界的最後怪物，可是，我們卻不斷看到無數的「迷你堤豐」無時無刻不到處威脅著要奪權，於是就得想辦法使他們就範。然而，由於他們的力量與威力，從凡常人類那裡獲得不少啟發，要制服他們，可不是一件輕鬆的事。

看吧，這就是宙斯要託付給赫拉克勒斯的基本天職：從這個觀點看，在這個塵世，赫拉克勒斯要以另一種全宇宙的規模繼承眾神之王從事的志業。他的一生都將以正義之名，以公正法則之名，致力於對抗不公不義，對抗經常來自堤豐本身的荒誕凶惡的存在，雖然那些往往以各種奇形鬼樣出現，但總是很具體地顯現可能死灰復燃的混亂失序。因此，這個課題就讓人將關切目標全聚焦在此要點上了。在這裡，「混亂失序」這個概念，如果是從現代的、幾乎是「警政觀點」的角度看，如我們慣於用來描述鎮暴警察或鎮壓示威抗議時，那些「擾亂公共秩序的動亂」等角度來解讀的話，那簡直是天大的錯誤。因為，這裡所指的是宇宙生成的這層意涵，與上述者無關。問題核心在於太一的和諧，但混亂失序的力量指的不是示威抗議，而是往往由神所孕育的怪誕生物，威脅到宙斯當初分配宇宙所秉持的秩序與公平正義。至少，必須清楚知道，此處說的維持秩序法則，是以終會一死的人類之生活與人類的有限性作為賭注，跟警察維持秩序法則毫不相干。其實，對我們而言，如果美好生活在於從宇宙秩序中找到自己最適當的位置，就尤里西斯的典範來看，就算是不惜任何代價，都要回歸那個安身立命的位置，那也得讓這個秩序先存在，而且還被保留下來才行。一旦宇宙秩序闕如，則人類生命的意義便瓦解、蕩然無存。追求智慧的一切可能性，都伴隨宇宙秩序而來。

代表希臘思想巔峰的斯多噶學派哲學，之所以從赫拉克勒斯這號人物看出一種守護神、教父的形象，原因也就在這裡。促使斯多噶學派發展的基本理念，認定世界、宇宙都是神聖的。在這層意涵下，世界和宇宙很和諧、美好、公正而且良善㊾。再也沒有比大自然的秩序還更精湛完美的了。我們渺小的人類在地球上該為我們自己肩負的使命，就是維護這個秩序，並在其中找到我們自己安

㊾關於此學說更完整的介紹，請參照《給青年的幸福人生書》。

身立命的所在，並且使自己的言行舉止依循在這個秩序之內。斯多噶學派的始祖們就是透過這樣的眼界，將赫拉克勒斯納入作為參照他們思想理念的祖先之一。克雷安賽斯（Cléanthe）是該學派最早的奠基者之一，喜歡人們稱他「赫拉克勒斯第二」。埃比克提特斯（Epictète），在他的著作中，曾多次強調赫拉克勒斯是地球上活生生的神，是眾多曾經參與起草設計、維護世界神聖秩序中的一位。因此，赫拉克勒斯冒險經歷所代表的哲學挑戰顯然是相當可觀的。在這樣的條件下，他的歷險會滋養過那麼多類型的著述，並激發出豐富的想像，也就沒什麼好訝異的了。我盡量要讓你先有個概念，明白版本相當豐富多樣，理由也在此。當然，這麼一來，有時讓故事敘述會顯得不那麼簡單和線性般流暢。

不過，讓我們暫且回到故事的最初，看看宙斯為了孕育赫拉克勒斯，運用什麼著名的計謀吧。因為，荷馬三番兩次提到，這個原始場景，別小看它，它在未來赫拉克勒斯的遠征路程中，很多次都掌握舉足輕重的後果。

話說阿爾克墨涅，這位即將成為赫拉克勒斯之母的凡人女子，才剛嫁給安菲特利昂。他們夫妻彼此是堂兄妹。雙方的父親是兄弟，都是另一位希臘名英雄斐修斯的兒子。因此，斐修斯既是赫拉克勒斯的外公，又早以殺死怪物而聲名遠播。斐修斯在他參與的一連串冒險中曾戰勝可怕的葛爾歌之一的美杜莎，稍後我們會再談到這段冒險故事。不過，阿爾克墨涅的兄弟，卻在一場對抗當時稱為塔菲人及鐵雷伯伊人的戰役中喪命。我們來看看詳細的情形：阿爾克墨涅雖然愛著安菲特利昂，但在他為小舅子報仇以前，她嚴禁他與她同床。安菲特利昂出發迎戰著名的塔菲人及鐵雷伯伊人，原因也就在此。在此期間，宙斯從奧林帕斯山的高處俯瞰這一切進展，看到安菲特利昂在戰鬥中英勇善戰的表現，他凱旋、準備返鄉陳述戰績給妻子。安菲特利昂當然期望能夠因此進入洞房，也就是在這個當下，宙斯興起製造赫拉克勒斯的念頭。你注意看，宙斯變成安菲特利昂的模樣。很簡單，他化身為安菲特利昂完美的分身，一點破綻也沒有，然後宛如阿爾克墨涅的丈夫，大剌剌地走進她家。宙斯甚至還厚著臉皮跟她講述戰果，好像那些都是自己完成的戰役。假如我們相信某些故事的記載，那麼宙斯甚至還送給她珠寶和從敵人手中搶來的戰利品。當然，阿爾克墨涅既對丈夫報了手足之仇感到很欣慰，同時她也為眼前這位英勇的男人深深著迷，終於接受了他。換句話說，事實上她是與宙斯同床而懷了小赫拉克勒斯。

在許多文學作品裡，這一幕有各種令人印象深刻的描寫，不過，所有的神話傳記作者筆下的基本框架都大同小異，就是我剛才提到的。在此也必須指出，真正的安菲特利昂在回家後，也與太太同床，後來也生了一個兒子伊菲克勒斯（Iphiclès），他就成了赫拉克勒斯的雙胞胎兄弟，雖然他們並非同一個父親。某些神話故事的其他版本則說，宙斯將時間拉長，讓夜晚變得比平常的一個夜晚還長三倍，不用說了，是為了與美麗迷人的阿爾克墨涅相處得更久，同時，也為了拖延安菲特利昂歸來的時間。有的書也描述了安菲特利昂迫不及待趕回家，卻發覺他都還沒告訴他的妻子，她竟然早就知悉他的豐功偉業；這位丈夫也似乎無法理解，她為何已經擁有他的戰利品……那些是他想送卻還沒送的呀！這些細節其實都無關緊要，重要的是，赫拉克勒斯出生了，而他卻不是宙斯的正房妻室赫拉所生。而且，赫拉發現阿爾克墨涅懷了她丈夫的種之後，氣得快發瘋了。

也許你已經注意到，赫拉與赫拉克勒斯，這兩個名字很接近，或者不如說，其中一個只是另一個的一部分：實際上，他們彼此之間關係密切。就詞源來說，赫拉克勒斯這個字表示「赫拉的榮耀」。在此我必須告訴你為什麼會這樣：神話中這一部分也帶有一些意涵，可以幫助你理解這位英雄的主要冒險故事。

最初，而且人們也都同意這一點，赫拉克勒斯原本叫做阿爾克德斯，意思是指「阿爾克的兒子」——為紀念他那位名字表示「強者」的外祖父。不過，跟所有赫拉克勒斯一生的主題一樣，從這裡開始，好幾個相異版本的故事就爭相解釋他的名字之所以改變的原因。大致而言，有兩個早先的主要解釋，相當有趣。因為，大家像是真有這號歷史人物般煞有其人地談論他，可是，我要提醒你，他當然只是個傳說神話人物，從來就不曾存在過。這不禁讓人思索，除了在實質意義上希臘人確曾贊同過這些故事，至少，也從他們認同故事蘊含的生命智慧上，的確很認真嚴肅地看待過這些故事。

第一個解釋來自詩人品達[50]，他認為是赫拉自己為我們的英雄命名，而且是在一個合情合理的理由下命名的：由於她妒火中燒，受不了宙斯一而再、再而三地拈花惹草背叛她，於是對剛出生的小嬰兒恨之入骨。想出名聲響亮的十二項苦差事的就是赫拉。她算計著儘早讓赫拉克勒斯嚐嚐苦頭，於是派他去挑戰無一人類戰勝過的怪物。然而，赫拉克勒斯卻從層層關卡考驗脫困，不僅凱旋榮歸，而且還是帶著前所未見的榮耀光環歸來。此外，這位半神的人與女神最後以和解告終，就在赫拉克勒斯死後，變為真正的神，奧林帕斯諸神接受了他。因此，或許可以這麼說，「多虧赫拉」，使赫拉克勒斯的聲名遠播，傳遍全世界。這顯示兩層意義：赫拉克勒斯的榮耀全部獻給宙斯的太太，而且，雖然看來有些矛盾，但確實，赫拉對他有恩。他的名字即是從這裡而來：Héra-kleios，赫拉的榮耀。

---

[50] 至少他似乎是第一位談論這件事的人。

我們發現另一種稍微不同的解釋，尤其是在阿波羅鐸魯斯的著作裡，不過最後與品達的解釋還是兜在一起了。在赫拉克勒斯還沒開始進行他那些著名的苦差事之前，他甚至有機會幫底比斯的國王克利安（Créon）大忙。後者繼承自另一位希臘神話故事中鼎鼎大名的人物伊底帕斯。為了回饋他，或至少為了表示感激和友誼，克利安便將女兒蜜格拉（Mégara）許配給他。赫拉克勒斯娶了她，並且跟她生了三個孩子。他們似乎過得很幸福美滿，直到赫拉在嫉妒心的驅使下，施了魔法，使赫拉克勒斯變成躁狂的瘋子。魔法奏效了，赫拉克勒斯在一股忍不住的妄想危機作祟下，突然發狂起來，將他的三個孩子丟到火裡。那樣的瘋狂是他本人根本無須負任何責任的。不僅如此，赫拉還變本加厲施以一項法術，讓他再殺兩個外甥，即他的「半雙胞兄弟」伊菲克勒斯的孩子。當他回過神來，才驚覺自己釀成覆水難收的大禍。為了懲罰自己，於是決定自我放逐流浪。他前往鄰近的城市，依照習俗，是為了讓自己到那裡能夠「滌淨罪惡」：實際上在一場典禮中，祭司或神能夠為他「滌淨罪惡」，換句話說，曾經犯下重大的罪過，例如殺人，可以藉此洗淨身上與心靈的罪愆——有點像彌達思在他的帕克托洛斯所做的那樣——一旦儀式完成，赫拉克勒斯便前往德爾菲城，以便請教阿波羅神殿女祭司給予指引。當時說出「赫拉克勒斯」這個帶有預兆的名字——赫拉的榮耀——的人，就是她。因為她交代他，須以十二項功勳為女神服務。這十二項不可能的任務，則是女神透過赫拉克勒斯的表兄弟，即殘忍的凶煞尤里士修斯（Eurystée）迫使他完成的（稍後我會再跟你說尤里士修斯這個人）。預言又說，赫拉克勒斯在完成這些任務之後，會永生不死，不只是藉由他的光榮永垂不朽，而且也因為他將被化為真正的神。

不管怎麼說，比起最初的印象，這兩個版本相差無幾。在此二例中，其實，赫拉克勒斯都為了赫拉的榮耀而努力，而他的榮耀也與赫拉基於嫉妒心，懲罰他完成難以置信的任務有直接關係。赫拉所求，就是要報復他的存在，因為他的存在本身證明，而且是永久地證明宙斯的不忠。

在進入赫拉克勒斯最初的事蹟之前，再留意兩點具有補充性質的事。一則是在他通過十二項考驗之前，在他幼小的時候，就以幾近奇蹟的方式完成的事蹟。

首先，這雖然是段軼聞趣事，不過這些故事之錯綜複雜說來話長，你注意，儘管這乍看下顯得有些奇怪，赫拉克勒斯既是斐修斯的外孫，同時也是斐修斯的弟弟！實際上，他們兩個都有同一位父親，就是宙斯，雖然隔了好幾代的差距，不過，因為永生不死，使在凡人難以理解或想像的事在天界都變成可能。充滿象徵意義的是，永生不死，也讓神話間的故事串連起來，得以將各種人物結合在一起，就像「七家人」的撲克牌遊戲一樣，在此，就是將斐修斯與赫拉克勒斯這兩位有類似特徵的人物連在一起：兩位都是勇猛追殺怪物的彪形大漢，同時，就他們的程度而言，當然，都是父親志業的後繼者。

第二點則牽涉到銀河的海克力斯的起源[51]。照例，這則關於英雄出生才幾個月發生的著名傳說，可以用好多種方式來敘述。其中之一，似乎是人們最常接受的版本，該版本提醒讀者，有一天主角會變成神——而這也的的確確是赫拉克勒斯的命運，一如德爾菲神殿的預言所諭示的那樣——他必須吞下神的食物，尤其是奧林帕斯眾神所吃的神食仙飲。而且，我告訴你，這個神食仙飲的希臘文，ambroisie，意思很單純，就是指「不死的」（a-[m]brotoi）。從這個觀點看去，赫米斯就銜宙斯之命，負責在赫拉睡覺時，將小赫拉克勒斯放到赫拉的胸前吃奶。可是，半睡半醒眯著眼的赫

---

[51] 這則傳說很早便以很片段的方式呈現了，到了保薩尼亞斯、迪歐多羅斯及尤基努斯手中，看到較多的發揮。

拉，每次看到眼前這個小嬰兒，就讓她想起宙斯出軌偷腥的事而憤恨不已。她厭惡地一把推開他，滴落在天空的乳汁，銀河就這樣誕生了。迪歐多羅斯則描述了內容稍微不同的版本：赫拉克勒斯被雅典娜抱到赫拉的胸前，可是小赫拉克勒斯實在長得太壯、太貪吃，而吸奶吸得太用力了！於是女神將他猛地甩開，於是誕生了這道著名的銀河。這些相異內容差不多都回歸到同樣的結局。在兩則故事裡，這條星光大道的創造是相同的。我之所以會指出這些異本，只是要讓你有個概念，知道從古希臘時代開始，這些神話故事就依時代、作者及區域的不同，呈現很多元的面貌。不過，雖然如此，但就大方向來說，至少從多樣性裡，也產生了一個有意義的共同文化，而讓神話傳給哲學——有點像在我們傳統中的童話故事，也從相異版本中認出共同的肥壤沃土：總之，格林兄弟所描寫的灰姑娘和佩羅的灰姑娘故事，雖有細微差異，但故事情節，基本上都相同。

現在我們就來看看，我們這位英雄早期引人注目的幾項功績，這些英勇傳奇甚至早在他既榮耀赫拉也使自己永垂不朽的十二項考驗開始之前，就已奠定了。

半神人最早的功績

基本上我們列舉出五項功績，以下就是基本的概述[52]。

首先，有著名的兩隻蛇的故事。這個故事顯現赫拉克勒斯神聖的出身——唯一解釋他早熟到難以置信的插曲，此外，同時也解釋他在世上的任務：消滅不吉祥的生物，尤其是在希臘人的想像

---

[52] 這裡我依照的是阿波羅鐸魯斯的描述。他的版本看來是最「被接受」的。

裡，會使人聯想到堤豐的那些怪物。下述就是阿波羅鐸魯斯從神話故事最普遍的兩個版本中描述的內容，也就是說，這證明了古代的神話傳記作家早已明瞭，這些傳說的異本有多麼重要，因為它們為同一個故事帶來不同的觀點，而讓人更容易領會故事的意涵與影響：

「當赫拉克勒斯八個月大時，赫拉為了考驗小嬰兒，就抓兩隻巨蛇到他的搖籃。阿爾克墨涅急得驚呼安菲特利昂，然而赫拉克勒斯卻坐起來，用兩隻手制止蛇並將之殺死。佩雷奎德斯說，是安菲特利昂自己把蛇放到搖籃裡，因為他想知道，到底哪一個才是他真正的兒子：看到伊菲克勒斯趕緊躲避，而赫拉克勒斯勇敢面對，他便知曉，伊菲克勒斯是他親兒子……。」

在這裡，有一點可以確定的是，這個小嬰孩英雄的一生很順利地開始了。此外，古代繪畫以一種令人印象深刻的方式呈現這一幕：我們看到赫拉克勒斯，還只是個小貝比，就兩手各掐一隻被他制止的蛇。你會同意我的意見，才八個月大，這件事宣告，他確實擁有超乎常人的力量。

接下來的兩則故事是圍繞著獅子的故事。

從前，在一個靠近底比斯的地區，是赫拉克勒斯的誕生地，有一隻可怕的獅子，大量虐殺赫拉克勒斯的人間父親安菲特利昂所養的畜群，以及他們鄰居朋友特斯皮歐斯的畜群。我忘了告訴你，安菲特利昂是一個非常英勇的人：既勇敢又高尚。他接受妻子的兒子有個神界父親這樁壞消息，一如當時常見的事：畢竟，阿爾克墨涅並非心甘情願背叛他，況且宙斯又擁有全部的權利，法則就是，無論如何都必須遵照他的決定，無可爭議也不可冒犯。何以安菲特利昂像對待自己的兒子般養育赫拉克勒斯，原因就在此。後者則非常敬愛他的父親，眼見他父親及特斯皮歐斯的牛羊都被殺死，此時赫拉克勒斯已經十八歲了，不僅體格魁梧，而且身懷驚人的力氣，他毫不猶豫：帶著他的武器，很勇猛地前去追捕獅子。赫拉克勒斯為了更靠近他欲圍捕的野獸，於是他前往特斯皮歐斯住處附近，這讓後者喜出望外，非常熱情地招待他。赫拉克勒斯不知疲倦地圍捕了五十天。每到晚上，他便回到特斯皮歐斯家。特斯皮歐斯每個夜晚都安排一個女兒悄悄縮進英雄的床上。赫拉克勒斯鎮日在山間拼命地追捕野獸，因此粗心到根本沒注意看：他以為每天都是跟同一個女孩睡覺。錯了，特斯皮歐斯有五十個女兒。很巧的是：恰好這是赫拉克勒斯待在他家的天數，同時也是他從找到獅子，到最後激戰殺死野獸所需的時日。而且，就在這五十個媾合的夜晚之後，生下了五十個兒子！

因此，你大概也會同意我的看法，他已經完成三項功績了：八個月大時殺死蛇，十八歲時殺死一隻獅子，並且在同樣的年紀時，五十夜之後就變成五十個孩子的爹。這個人真是厲害！

另外的兩個成就，老實說，並非正面意義上的成就。倒不如說，這兩項成就證明了赫拉克勒斯的陰暗面，是他傾向泰坦神的那一面，不僅呈現他強壯的一面，也呈現他殘忍暴力的一面。這一點相當重要，我們在所有的神和所有的英雄身上都找得到這一點，可以說戴奧尼索斯就是最純粹具體呈現這一面的代表：絕對沒有一個為秩序而戰的戰爭不具備粗暴的本質。絕對沒有一個為宇宙而戰的戰鬥不帶有盲目的暴力。赫拉克勒斯瘋狂的衝動和他對血腥的欲望，證明了他能夠無畏地殺戮、一再殺戮，毫不忌憚也不知節制。

在赫拉克勒斯獵殺獅子的歸途，他遇到一位比俄提亞地區國王埃爾吉諾斯（Erginos）的信使。埃爾吉諾斯在打敗底比斯人的戰爭之後，要求他們在二十年以內，每年都必須以貢品一百頭牛當作戰敗的賠償。碰到來自底比斯的赫拉克勒斯，只能說埃爾吉諾斯運氣太差。作為底比斯居民，赫拉克勒斯判斷這樣的奉獻顯然很不合理：他二話不說，從那些使者的背後揪住，不由分說就狠狠地痛宰，割下他們的耳朵、鼻子和雙手，然後做成項圈套在他們脖子上，將這些血淋淋的人送還埃爾吉諾斯，並撂下一句話，告訴他那是今後底比斯人唯一奉上的貢品！你大概猜想到了，埃爾吉諾斯老大不高興，他再次聚眾發動挑釁底比斯人的戰爭。就這樣，這次底比斯人有赫拉克勒斯作伴，一下子，他們就將埃爾吉諾斯的軍隊重重包圍住。不過，很不幸地，在這次的抵抗戰役中，安菲特利昂卻犧牲了。但我先前跟你扼要地提到一段插曲，也是發生在這個時候：底比斯的國王克利安提議赫拉克勒斯娶他女兒蜜格拉。

第四項功績留給人不少想像：當然，根據各種可能，赫拉克勒斯在某種程度上是以正義之名為家鄉和國王做事。但是，我們也看到，他有些殘暴，更不用說是血腥了：他一生的特徵就在無止盡的謀殺和殺人。

至於最後的「成就」，更指出了他生命中陰暗的部分。在赫拉克勒斯童年時，他接受很完整的教育，安菲特利昂教他如何駕車，波呂克斯（Pollux）傑出的兄弟卡斯托耳（Castor）教他操縱各種武器，各領域令人仰慕的戰士傳授他射箭的方法、徒手搏鬥，以及其他作戰的技術⋯⋯。至於今天我們所說的「人文學」，換句話說，在文學與藝術等方面，赫拉克勒斯並非很擅長。他有一位音樂老師利諾思（Linos），是最傑出的音樂家奧菲斯的兄弟。然而，有一天，利諾思不留情面地訓他，激起年輕的赫拉克勒斯老大不高興，他竟然就以豎琴把這個可憐的老師打死了！雖然赫拉克勒斯的表現合情合理，辯稱他是正當防衛——利諾思對他的學生在音樂上缺乏天賦感到惱怒，而打了赫拉克勒斯一記耳光——最後宣告赫拉克勒斯無罪。赫拉克勒斯太強壯、太勇猛了，甚至強壯得有點過火了。在某層意義上來說，他總是很正直、非常地盲勇。但是，他既不溫柔，也不是詩人，而是徹頭徹尾宙斯的戰士，就像那之後，在赫拉指派他接受十二項考驗，最終以輝煌成果所證明的那樣。

十二項彪炳的豐功偉業

一開始，先以幾句話來說這些著名神話的正確由來、意義和數目。全部這些豐功偉業，無疑地，是所有希臘神話故事中最家喻戶曉的神話故事。

首先，我們說赫拉為了確保她對赫拉克勒斯的權力，並算計他會在她所交付他完成的那些任務途中喪命，她也精心策劃一個很稱心如意的計謀。宙斯看到寶貝兒子快要誕生了，卻在奧林帕斯眾神大會上太早宣佈，第一個出生的斐修斯後代將成為邁錫尼的國王。邁錫尼可是伯羅奔尼撒一帶最重要的城邦之一，傳說這座城就是由斐修斯建立的。宙斯會這麼說，當然是為赫拉克勒斯設想，為他的未來準備了一個尊貴的命運。可是赫拉一聽，基於嫉妒心，就從中搞鬼，馬上讓阿爾克墨涅延遲分娩，然後讓同是斐修斯的子孫，即赫拉克勒斯的表兄弟尤里士修斯提早出生。突然，早產的尤里士修斯七個月就生出來了，而赫拉克勒斯則在他母親肚子裡待到足足十個月才出生。因此，成為邁錫尼國王的人，反而是他的表哥而不是他。依照習慣，赫拉克勒斯必須服從。赫拉就這樣武裝起她的武器：從此以後，就是由尤里士修斯命令赫拉克勒斯，派遣他到世界各地去迎戰最危險的事，冀望他會死於非命。在這則神話故事裡，尤里士修斯都被描寫成一個不同於他表弟的人，是卑鄙膽怯、微不足道，可憐而非智力出眾的人物。他明確地扮演壞人和懦夫的角色。

其次，「赫拉克勒斯的任務」所具有的「宇宙性」意義，將被加倍地證實，一方面從那些戰役中他使用的武器中證明，同時，也透過無恥下流的尤里士修斯每次指派他的那些目標中證明。就如大部分神話作者所強調的，是眾神賜給赫拉克勒斯武裝配備——不是隨便的神，而是奧林帕斯山的神。根據阿波羅鐸魯斯的說法，雅典娜是最初提供他武器的神，其次赫米斯教導他射弓箭的技巧，而且，當然，送給他弓箭和箭筒，讓他帶在身邊使用。至於赫菲斯托斯，這位鍛冶之神，慷慨送他一套親自打造鍛鑄的精湛禮物：黃金製的護胸胄。雅典娜為了表現大方，更奉送給他一件萬無一失的披風。我們的英雄就這樣全副武裝，整裝踏上嶄新的冒險。有一點是不容忽略的：眾神為他撐腰，很顯然地表示，赫拉克勒斯確確實實是眾神在世上的代表。其任務很神聖，是再明白不過的事了。或者，這回同樣地，在希臘人的精神世界裡，這是宇宙級的任務：不僅他的父親宙斯，同時全奧林帕斯山的眾神全都是他的後盾，都支持他。[53]

至於交代他去對付的目標靶子，你稍後會看到，它們幾乎全都出現在一個非比尋常的境界裡，一個差不多是超自然的世界——呈現了赫拉克勒斯戰鬥的要務，就是再度對抗非比尋常的破壞，那些都是混沌、泰坦諸神甚至是堤豐等等宙斯本已壓制的原始暴力之復活萌生。

最後，至於牽涉到任務的數目，直到西元一世紀，十二才變成標準數字，最後被所有的希臘神話作者所接受。在古希臘時期，關於他接受多少考驗，對數目的說法有很多歧異。在阿波羅鐸魯斯處，原本只有十項差事，可是尤里士修斯這個沒風度的輸家，卻拒絕赫拉克勒斯的兩項工作——殺死九頭蛇海德拉，以及清洗奧格阿斯（Augias）的牛廄——原因是赫拉克勒斯曾接受救援或重新受

---

[53] 最後再提一個小小的細節，說說他的武器裝備。赫拉克勒斯自己製造了他最得意的武器：他用來殺死無數怪獸的著名狼牙棒，是以橄欖樹枝做成，在希臘陶瓶中常常看到對這項武器的描繪。

考驗。他忽然又增加兩項任務，還是使我們湊到了十二的數目，接下來，就再也沒有人偏離這個數目了。

現在讓我們進入故事的核心吧。[54]

首先，且毫無疑問地，最有名的故事就是清洗奧格阿斯的牛廄、以及對抗位於亞戈司地區的涅墨亞之獅子這場著名戰役。尤里士修斯這位赫拉的傀儡，現在是邁錫尼的國王，要求他那卓越的表弟為他取來獅子的皮。在這個故事裡，值得我們注意的是，赫拉克勒斯所要挑戰的是動物的天性。當然，獅子相當兇殘可怕。不只蹂躪亞戈里得地區，殘殺牛群，而且他也吞噬途中遇到的人。但重點不在這裡，其實更重要的是，這隻野獸非比尋常！赫拉克勒斯面對的這隻獅子，是一隻如假包換的怪物，牠的雙親都不是獅子，牠父親是堤豐，至於牠的母親，根據某些人的說法，是耶克德娜（Echidna），一個長相恐怖的蝰蛇女充當堤豐的太太。重點已經很清楚了：赫拉克勒斯以力量所證明的戰鬥事實，其特點既野蠻又危險，與普通獵殺一隻動物迥然不同。赫拉克勒斯是宙斯的縮影：如果說後者必須對抗堤豐，那麼，現在就是輪到前者來挑戰牠的後代。足以證明涅墨亞獅子的天性是怪獸和超自然的，就是它的皮。也是尤里士修斯豔羨得不得了的東西。它的皮有幾個特點，世間普通的動物，沒有一隻擁有這種特色：弓箭也好，利劍也罷，磨得再尖再銳利的匕首利器，通

---

[54] 基本上，這裡我所依據的版本，故事內容很集中，包括迪歐多羅斯的，不只是為了避免在太多的異本中迷失，而且在西元前一世紀，他是第一位提供內容完整一致的十二項考驗故事的歷史家。另外，我還依據阿波羅鐸魯斯的版本，該版本其實也很接近前者。（不過，兩位作者安排那些考驗的先後順序不同。）

通都無法穿透它，這也讓這隻怪獸變得更勇猛無敵，因為對獵人來說，刀槍不入，簡直無懈可擊。

儘管赫拉克勒斯在射箭方面有很傑出的天份，他也不得不放棄他慣用的武器：射出的箭都從野獸的皮上反彈回來，揮劍刺到獅子身上，就像水碰到滑溜溜的鵝毛，英雄全無用武之地。那麼，赫拉克勒斯就必須靠他底子最深厚的本領中最特殊的那一部分：他的力量和勇氣，而它們也是超自然的，而且差不多就是神聖的。話說獅子住在一處洞穴裡，那是有一道長長的隧道相接兩端入口的岩洞。我們的英雄先以一塊巨岩堵住其中一個洞口，然後，毫不猶豫地從另一個洞口進入。在伸手不見五指的一片漆黑中，他移動前進，尋找怪物的蹤跡。當後者撲向他的時候，他一把揪起怪獸的脖子，緊緊地掐住並夾在他的胳臂下，久久不放，直到怪獸掙扎到最後一口氣才罷休。然後，赫拉克勒斯拉著牠的尾巴，將牠拖出了洞穴。這時，怪物已死，於是赫拉克勒斯把牠的皮剝下來，以毛皮製成一件風衣，他也將這件風衣作為防身之用，至於頭的部分，他拿來做成戰鬥用的盔甲。

當尤里士修斯看到赫拉克勒斯以這樣奇裝異服的裝扮凱旋歸來，他差點沒昏倒。他嚇得不得了：赫拉克勒斯居然能在與涅墨亞的獅子打鬥後，安然無恙地回來，那麼顯然地，最好是當心著點才好。這個沒水準的國王，在忐忑不安中下達命令，禁止他從此踏進城裡：從今以後，如果赫拉克勒斯回到城牆外邊的話，那麼他必須繳出他拿回來的獵物。阿波羅鐸魯斯甚至還特別指出，尤里士修斯基於恐懼感，甚至在地底下建造了一座巨大的銅甕，萬一情況對他不利時，打算當成避難之處。㊺

㊺ 到最後，尤里士修斯在一場對抗雅典人的戰爭中被殺死。有人說，在他死後，人們將他的頭帶到赫拉克勒斯的母親阿爾克墨涅的面前，他的眼睛因而被她挖出來。

如果要解決掉赫拉克勒斯的話，那麼就必須找到其它辦法，比第一個考驗還更厲害的第二個考驗。於是，尤里士修斯要求赫拉克勒斯去殺位於勒尼安地區的一隻水蛇海德拉。這一次，這隻蛇也非普通的蛇。實際上，到今天我們仍然稱呼海德拉的水蛇，是一種淡水裡的小真蛸——大約有一點五公分長——有點像海葵，長有十來個會引起蕁麻疹的觸角，而且一割斷又會再冒出。再也沒有比這種事還更討厭的了。但是，這隻海德拉的習性，可跟我們一般看到的小東西不同。牠是一隻如假包換的怪獸，非常魁梧，有九顆頭，一斬斷又立刻長出來——甚至我們如果砍掉一顆，很不幸地，牠會長出兩顆來！牠也蹂躪整個地區，殘酷地殺害經過其地盤的任何人或動物。赫希歐德在他的《神譜》裡提供我們在這主題上兩個非常寶貴的資訊。首先，這隻怪物就跟獅子的身世一樣，又是堤豐與耶克德娜的子女：這件事很明顯地與宙斯的志業有關。其次，赫拉懷著對赫拉克勒斯的嫉心，所以栽培牠有朝一日對抗赫拉克勒斯。

以下，就是阿波羅鐸魯斯講述赫拉克勒斯戰勝海德拉的內容：

「作為第二項任務，尤里士修斯要求赫拉克勒斯去殺勒尼安的海德拉。這隻在勒尼安沼澤地帶長大的海德拉水蛇，溢出平原摧殘當地居民，傷害牛羊群。它有非常魁梧的身體，和九個頭，其中八顆頭可以殺死，最後一顆，位於中央卻是殺不死的。因此，赫拉克勒斯與愛歐拉（他的姪子）登上一匹馬車，準備前往勒尼安火拼一場。他讓馬停下來，在一處靠近怪獸藏身之處的阿彌莫內丘陵地區，發現海德拉。然後拋出火團，逼它出來。趁它出來的一瞬間，立即逮住它，緊捏著不放。可是，它也以一隻腳緊緊纏住赫拉克勒斯，赫拉克勒斯雖報以重重的一擊，砍斷它的頭，但沒有用，因為他每砍掉一顆頭，就馬上冒出兩顆頭來。一隻巨螃蟹趕來救海德拉，往赫拉克勒斯的腳上狠狠地咬下去。赫拉克勒斯也不甘示弱，在殺死巨蟹之後，換他呼來救兵愛歐拉，後者剛到附近的森林放火，試圖拿火炬從怪獸頭頂處燒，想藉此阻止頭再迸出來。他最後就以這個方法，終於砍光一再竄出的頭，將中央唯一不死的頭割斷後，將它埋在勒尼安通往艾力翁提路邊的地底下，再以大岩塊重重地壓住。至於身體部分，赫拉克勒斯一把劈開，將他的箭浸泡在蛇的毒液裡。然而，尤里士修斯硬是宣稱這次的任務不算數，認為他是靠愛歐拉的幫忙，並非一個人獨力完成的。」

完成這兩次功績之後，縱使尤里士修斯是那樣不義，但兩項考驗為赫拉克勒斯帶來的名聲傳遍全希臘，隨後，赫拉克勒斯將以同樣的模式殺死，或至少制服一系列化為動物的妖魔鬼怪。我不會把這些情節脈絡一再重複的故事全部告訴你，況且你到處都找得到這些內容。包括西里尼（Cérynie）的金角公鹿、艾力曼色斯山的大野豬、史塔弗勒斯地區的鳥群、克里特島的野公牛、達奧米迪斯的食人牝馬、克別洛斯犬（位於黑底斯，三頭蛇身，是負責地獄入口的看家狗）……等等。在此必須說明的是，這些故事都沒有太多的情節，所描寫的情節幾乎千篇一律——有隻怪獸蹂躪地方，然後赫拉克勒斯都有辦法除害，到最後將牠們一一擺平——赫拉克勒斯所挑戰的生物，都是超乎自然的不祥之物：只有艾力曼色斯山的大野豬除外，牠並非特別的生物，只是擁有異常強大力氣，真實世界中具攻擊習性的野獸罷了，而且在西元五世紀以前的古代文本裡，根本就一字不提。除此，其他的野獸都既凶猛且神奇：高大的金角公鹿就有一對特別的金角；而鳥群的羽毛是青銅做的，像剃刀的薄刃那麼銳利；至於野公牛，古老的神話傳記作者們，不是說牠乃波塞冬放出來，而讓彌諾斯（Minos）成為國王的那一隻；不然就是認為，是宙斯擄走漂亮寧芙女神歐羅巴作為他的情人時扮演助手的那一隻，再不然，就是認為乃彌諾斯的妻子帕西法埃（Pasiphaé）愛上的那一隻，有的則認為是馬拉松的那一隻公牛：稍後我會再告訴你牠們的故事，不過要明白，此處所有的例子，都牽涉到超自然的生物，牠們的父母都非真實自然界常見的母牛或公牛，而是想要與凡人嬉戲作樂的神。達奧米迪斯的食人雌馬則等而下之：都是吃人肉的馬，因為牠們被施了魔法——從來沒有一種馬的習性是這樣，因為只要是普通的馬，都一定是草食性動物。克別洛斯犬也不屬於人世間的動物。傑里昂的牛並非怪物，不過牠們的主人卻是波塞冬與猙獰的美杜莎的兒子，赫拉克勒斯必須對付他以便取回那些動物。至於看管牛羊群的歐特魯斯（Orthros）雙頭犬，當然，這隻怪物般的生物，也是赫拉克勒斯必須打敗的對象，牠也不是普通的狗，因為牠有兩個頭，而且牠也是堤豐與耶克德娜的兒子，因此也連繫了赫拉克勒斯與宙斯念茲在茲之志業的主題。

也就是說，赫拉克勒斯所挑戰的，無庸置疑，都是超自然的力量，甚至是具有神性的力量，想像一下，宙斯本身在進行世界分配及宇宙最終創造之前所迎戰的那些暴力即是。神性的力量，不一定就是善良的：有惡神，如卡厄斯，如泰坦諸神及堤豐。此外，也有九頭怪獸海德拉，牠身上有一個永生不死的頭。牠被征服的方法，恰好就是依照宙斯對付堤豐那樣：與宙斯最後打敗堤豐時如出一轍，宙斯並非將牠殺死（況且他也殺不死牠），而是將牠埋到一個廣闊的愛特娜火山裡，赫拉克勒斯則是將海德拉那顆不死的頭壓在巨岩石底下，才完成了為宇宙除害的大業。我們再補充一下，有時，赫拉是以很清晰的角色出現，提及她時，如果不是製造兇惡「動物」的創造者，至少也提及她讓動物出現、橫阻在這位英雄冒險的途中，一心一意要置他於死地。

涅墨亞的獅子、九頭怪獸海德拉、艾力曼色斯山的大野豬、西里尼的金角公鹿、史塔弗勒斯地區的鳥群、克別洛斯犬、達奧米迪斯的食人牝馬、克里特島的野公牛、被兇殘的歐特魯斯看管的傑里昂之怪牛：我們已數到九件苦差事了。

我還沒說的三件：亞馬遜女王希伯利特的腰帶、赫斯玻里得斯（Hespéride[s]）的金蘋果、清洗奧格阿斯的牛廄，這三個故事獨樹一幟。故事不再是對抗化為動物為害世間的怪物，而比較單純（如果我們可以這麼說的話），是完成一件不被看好的不可能任務。基本上，我們看到這三則故事比其他幾則更符合真正「苦差事」的概念：首先就是關係著一項繁重艱苦的勞動，當然，關係著的是一件既危險又不可能的任務，不過其中出現的怪物並非首要、亦非故事唯一的特點。它跳脫了征服直接或間接承襲自堤豐的凶煞這類慣性的凱旋圖式。

然而，混沌暴力始終蘊含在故事深處。當然，亞馬遜人的故事就是一例。這些女戰士很難對付，她們從很小的時候就將一邊的乳房壓扁，用意是防止發育後干擾她們射箭和射標槍。這一次，並非尤里士修斯本人額外處罰赫拉克勒斯，而是他女兒阿德墨托斯的任性，讓赫拉克勒斯受苦：她偏偏要立刻擁有亞馬遜女王希伯利特漂亮的腰帶。然而，這件飾品卻是戰神阿瑞斯親手贈與亞馬遜女王的。因此，讓人不禁以為，赫拉克勒斯一定很難從她身上取得這件禮物。出乎所有意料之外，在他經歷過無數冒險之後，當他來到女王腳下，女王很樂意解下腰帶送給他。然而，赫拉卻不肯輕易放過他，她喬裝成亞馬遜女戰士的模樣——神隨時都可以變來變去——然後在眾人當中造謠，說赫拉克勒斯其實是敵人，目的是要擄走女王。突然，一場相當激烈的火拼在赫拉克勒斯與女戰士們之間開打起來，同時，在這場戰鬥中，希伯利特也被赫拉克勒斯殺死。

至於著名的赫斯玻里得斯的金蘋果，也是關於不見於自然界的神奇果實的故事——你大概還記得，在忒提斯與裴琉斯的婚禮上，厄莉斯丟出一顆蘋果，而這一顆是其中之一。這些蘋果很特別，是直接從樹上長出來的貴金屬蘋果，原因當然不必說了：在赫拉與宙斯婚禮當天，蓋亞送給赫拉的禮物。天后後來發現，它實在太棒了，於是在真實世界邊緣阿特拉斯山的花園裡，種下長出這些金蘋果的果樹。至於阿特拉斯山，就是肩上扛著世界的著名泰坦神阿特拉斯，也是埃庇米修斯與普羅米修斯的兄弟。赫拉老是擔心別人會偷走她的蘋果，便派了兩組守衛在果園入口看管。首先，有三位稱為赫斯玻里得斯的寧芙仙女。赫斯珀里得斯，在希臘文裡，意思是指「赫斯玻里（Hespéris）之女」。赫斯玻里本身則是夜神赫斯玻羅（Hespéros）的女兒。這三位女神的名字，都讓人聯想到白天結束時的色彩：「燦爛」、「紅霞」與「夕陽的愛蕾蘇思」。但是赫拉並不太信任她們，於是加派第二組看管：一隻不死的怪龍，牠當然是堤豐與耶克德娜的兒子，目的就是要阻撓赫拉克勒斯，使其不得越雷池一步！此外，就是在這次尋找金蘋果的冒險期間，赫拉克勒斯解救受制於枷鎖的普羅米修斯：他一箭射死終日啄食普羅米修斯肝臟的那隻有名的老鷹。這一隻老鷹本身也是堤豐與耶克德娜所生的兒子。令人好奇的是，赫拉克勒斯是智取赫拉的金蘋果，而不是靠蠻力到手的。這點證明了，他確實是宙斯的兒子。

以下就是他如何智取的經過。普羅米修斯被赫拉克勒斯解救後，毫不費吹灰之力就指引出赫拉克勒斯已找了一年多的目的地之位置：赫斯玻里得斯著名花園的確切地點。這很簡單，因為他的兄弟阿特拉斯就在那裡。普羅米修斯建議他，別親自去取金蘋果——這會變成不可饒恕的偷竊行為——最好派阿特拉斯為他尋找。赫拉克勒斯來到阿特拉斯的家，跟他交涉一項交易：當阿特拉斯幫他去取回蘋果期間，他會代替泰坦神扛地球。阿特拉斯同意了，可是他早就對老是肩扛著世界這件重擔感到不耐煩了，他回來之後，體會到卸下重負多麼輕快自在，誰都能了解！阿特拉斯已打好主意，跟赫拉克勒斯說，他要親自送蘋果給尤里士修斯。別忘了，在這段期間，赫拉克勒斯肩膀上一直扛著整個穹蒼。他必須立刻想出辦法，把它放回阿特拉斯的肩上。他很好心地說同意，而沒讓真正用意被察覺出來，並說，只要勞駕阿特拉斯再扛一下下，好讓他拿個墊子放到頭上，以便扛得舒服一些。阿特拉斯很壯卻有些笨，他上當了，扛回穹蒼。這一次，當然，赫拉克勒斯對他說抱歉後，就拿著金蘋果衝往尤里士修斯家了，留下可憐的阿特拉斯，繼續承受他那地獄般苦刑的命運。

故事的結尾意味深長：尤里士修斯看了看一眼捧在手上的金蘋果，立刻就還給赫拉克勒斯了。這證明，如果真有需要，他就不會退還東西了。他的目的不過是想在任務中害死赫拉克勒斯，因此對拿回來的戰利品當然一點也不感興趣。此外，這些蘋果，絕對禁止偷拿，它們必須要確實留在宇宙的花園裡。赫拉克勒斯將蘋果交給雅典娜，她立即放回原位，好跟宇宙其他一切重新和諧共處。

阿波羅鐸魯斯將清洗奧格阿斯牛廄的故事列在第四項苦差事，但我把它留到最後才說，原因是這個故事與其他幾則大異其趣。沒有怪物，沒有堤豐與耶克德娜的孩子，也沒有任何超自然物，但是，對抗混亂無序的戰鬥，不僅一點都沒有少，而且是無時無刻。

首先，從奧格阿斯這位人物說起，他是艾里德這個地區的國王，不只粗暴而且是個處事不公的統治者。他擁有他父親太陽神赫利歐斯留給他的一大群牛群。可是自從他接收那些牛群以後，從來沒有讓牛廄清洗過。現在，牛廄髒得很不像話，只消想像一下，臭氣沖天的程度，已把整個當地都污染了。那些糞便廄肥從來都沒有剷過，已堆積得又高又厚，棄置在旁邊的土地，因此，那些土地也變得很貧瘠。所以這件差事，就與大規模的自然界紊亂無序有關。赫拉克勒斯不跟奧格阿斯說自己是受表兄弟之託前來清掃，其實，赫拉克勒斯打算要求他為這件工作付薪水，過程中，赫拉克勒斯開始了解到，這回指派他做這件事，非比尋常，並非企圖殺他——在此情況下，這位英雄的生命，就不像其他冒險那樣會受威脅——而是要羞辱他，貶低他，同奴隸一樣用雙手抓爛泥和糞堆。

因此赫拉克勒斯期望有工資，根據阿波羅鐸魯斯的描述，如果他能在一天之內清洗所有的牛廄，他要求擁有奧格阿斯的十幾頭牲畜——奧格阿斯會接受，並非因為他愛乾淨，想要整頓清潔當地，而是因為他視赫拉克勒斯是個古怪的人，根本就不信他的任何承諾。他只是想見識赫拉克勒斯會怎麼著手，如此而已。我們在此補充，赫拉克勒斯剛獲得報酬，他不想弄髒雙手。他也不是奴隸，而是半個神，是宙斯的兒子。在此，他結合了智謀與力量，在上游開了一個缺口，就在沿著牛廄的主要牆面旁邊，但他也沒有遺漏將下游圍成封閉的區域後，再闢一個缺口。接著，他改變附近兩條河流的流向，阿爾菲河與沛內河，再從第一個缺口引進洶湧的河水。河水流過之處，便帶走一切，然後從第二個缺口流出去，幾個小時之內，整個區域沖刷得乾乾淨淨，牛廄煥然一新！

不過，就如我跟你提過的，奧格阿斯並不只是個卑鄙的人，他也是個大騙子：當他得知赫拉克勒斯是被尤里士修斯派來的，便拒絕支付合約中談妥的酬勞。為表明自己的立場站得住腳，奧格阿斯舉辦一場歪曲事實的辯論會：他聲稱，反正赫拉克勒斯無論如何都得幹活，所以他根本不必付他任何工資。實際上，要是赫拉克勒斯沒有隱瞞這件苦勞役的緣由和意義，奧格阿斯根本不會付給他酬勞，不管付不付，他都必須完成這件差事。由於這場辯論很特殊，現在大家都聚集在法庭前，準備為爭論做個了結，奧格阿斯便不得不撒謊：他撒下一個天大的謊言，發誓宣稱自己並沒有為赫拉克勒斯的任何事情許下任何諾言。他運氣不太好：他自己的兒子是從頭到尾的證人，當場就反對父親所言，站在赫拉克勒斯這一邊為他作證。奧格阿斯這位沒風度的敗者，等不及裁判宣告的判決，就急忙地將赫拉克勒斯與他兒子驅逐出他家。這次他倒大楣了。赫拉克勒斯記在心上，最後，赫拉克勒斯找到他並且殺了他。如此，赫拉克勒斯終於可以凱旋回到他表哥的城邦。後者不得不放棄再千方百計找他麻煩的念頭，因為一切都只不過是徒然，至少，從他構思置他於死地的意圖上來看，確是如此。

在完成十二項冒險事業之後發生的故事，有很多種說法。我們保存到現在的描述內容也非常多樣，甚至歧異甚大，所以，若嘗試想以線性發展及結構一致的傳記般描述，簡直是荒謬可笑。我偏好直接來談大部分神話故事作者都會再次認同的這個故事：英雄與迪亞妮拉（Déjanire）的最後一次婚姻，他生命的最後一刻，以及他的神化過程。

逝世與復活——赫拉克勒斯之「神化」

若要談赫拉克勒斯生命最後的故事，最古老而且也是最豐富的原始資料，是索福克勒斯所寫的《特拉基斯婦女》，也就是說，特拉基斯城的婦女們。特拉基斯，其實是最終以悲劇方式將英雄的最後妻子迪亞妮拉、及他最後情人愛歐樂（Iolè）聚集在一起的地方。導致赫拉克勒斯駭人聽聞的死亡事件，演變發展雖然顯得有些模糊零亂，但基本上各版本都很一致。而且，在稍晚出現的神話作者如迪歐多羅斯、阿波羅鐸魯斯以及尤基努斯的作品中，這段故事結構基本上很一致。如果遵照基本情節脈絡的話，這個故事可以分成六幕主要的場面。

第一幕：赫拉克勒斯與迪亞妮拉相遇在卡呂冬，但某些書將這部分撇開不談。話說赫拉克勒斯對迪亞妮拉一見鍾情，隨即打算娶她為妻。但是，迪亞妮拉已經有一位求婚的對象，名叫阿克魯司。阿克魯司既是神也是一條河流，有點像阿特拉斯本身既是一座山，同時也是泰坦神。除此以外，阿克魯司帶著相當古怪的特徵，無疑地，那都是因為他的流動性使然：他能夠自由自在地變形成各種各樣的生物，而且一個比一個還更難以應付。有時候，他以本來的河川原貌出現，但有時則變形成大公牛或者巨龍。赫拉克勒斯必須對抗他以便救出迪亞妮拉。當時的情況是阿克魯司化身成公牛，而赫拉克勒斯已搶先扭斷他頭上的牛角。阿克魯司無論如何都想要回他的牛角，於是只好承認輸了，哀求赫拉克勒斯還他牛角。在眾多版本的神話故事中，有一則描寫阿克魯司為了換回他的牛角，送給赫拉克勒斯另一個著名的羊角——當宙斯還在襁褓時，最初照顧他的奶媽，山羊阿瑪爾忒亞的羊角。這隻羊角是宙斯的祖母蓋亞在藏匿宙斯的岩洞裡做的，目的就是要掩蓋嬰兒的聲音，好轉移宙斯的父親克羅諾斯的注意力。你還記得吧，克羅諾斯打算吞掉宙斯。阿瑪爾忒亞的羊角也稱為「豐饒的牛角」，因為它具有魔力，能夠讓擁有它的對象滿足在飲食上的所有欲望。附帶一提，這隻母羊的羊皮，刀槍不入，後來就用以製作雅典娜赫赫有名的盾牌（égide，這個字本身代表的意義即是「山羊製」）。

不過，讓我們回到我們的故事來。第二幕：在戰勝阿克魯司之後，赫拉克勒斯橫刀奪愛，與新婚妻子迪亞妮拉留在卡呂冬好一陣子。但很不幸地，在一次由這個城邦的國王俄諾涅（Oenée）招待的晚宴中，赫拉克勒斯很不巧地，竟然「在無意中」（就像小孩子說的那樣）打死一位前來服務他的侍者，後者碰巧是國王的雙親之一。很顯然地，對人世間而言，赫拉克勒斯的力氣確實也過於強壯了，以致於他在立下著名光榮事蹟後的所做所為都變成傷害與破壞。經過這個事件，人們了解，也許是他回歸另一個世界的時候了。神界會更適合他的天性。由於這是一場出乎意料的意外，俄諾涅終究還是原諒赫拉克勒斯。然而赫拉克勒斯卻無法原諒自己，他內心受罪惡感的譴責，同時在很嚴肅的正義感驅使之下，決定讓自己履行嚴苛的放逐刑罰。因此，赫拉克勒斯帶著迪亞妮拉離開卡呂冬，到另一座城特拉奇斯，打算在那裡定居下來。

途中——第三幕——他們來到河岸邊，必須涉水渡過這條艾福諾斯河。這時，有一位渡船夫，名叫涅索斯（Nessos）的半人半馬山杜爾怪物，收取渡船費，以他的小舟載乘客渡河。赫拉克勒斯自己涉水渡河，而讓擺渡人載迪亞妮拉過河。這位擺渡人趁這大好時機，企圖非禮她。迪亞妮拉驚呼起來，赫拉克勒斯聽到她的尖叫聲，遂拿出弓箭朝涅索斯射，一箭射中涅索斯的心臟。自從赫拉克勒斯將箭頭浸泡在九頭怪獸海德拉的毒液之後，他所射出的箭，支支都蘸了毒。這段細節，稍後就會被證實為何這麼重要了。事實上，涅索斯在斷氣前，企圖死後還能報復赫拉克勒斯，於是佯裝人之將死其言也善，騙迪亞妮拉：要迪亞妮拉從他傷口取一些流出的血液，將來萬一赫拉克勒斯移情別戀，那麼，這些血做成的春藥，可以讓他回心轉意，重回迪亞妮拉身邊。她深信不疑：果然相信臨終之言。很遺憾地，事實後來證明，這一切都是涅索斯的復仇之計。

第四幕：赫拉克勒斯與迪亞妮拉，終於來到特拉奇斯。赫拉克勒斯先將妻子安頓在這座城的國王克宇克斯家中。克宇克斯是赫拉克勒斯的朋友和親戚（他是赫拉克勒斯在人世間的父親安菲特利昂的姪子）。赫拉克勒斯待不住，馬上又出發迎戰另一系列的冒險患難，在此期間，他還殺了幾個壞人，也掠奪好多城市。我就略過那些細節不說，只跟你提他幾次搶奪中的一次——這類打家劫舍的洗劫行為，在那個時代是習以為常的事。在那個時代，每個人都這麼做。當戰爭一結束，幾乎千篇一律地劫掠戰敗的城市，就像特洛伊戰爭那樣——赫拉克勒斯俘虜了漂亮的愛歐樂，似乎打算納她為妾。在被押送前往特拉奇斯的戰俘當中，赫拉克勒斯對她特別嚴加看管，並打算讓她跟迪亞妮拉一起住在克宇克斯家。他自己則隨後才會踏上歸途。他希望暫時待在克尼恩海角的高坡處，獻上牲品酬神，感謝宙斯。同時，他請押解愛歐樂及其他俘虜回城的傳令官帶話給迪亞妮拉，請她寄一套祭拜用的全新錦緞長袍給他，好讓他能在進行祭神儀式的時候，穿上乾淨的新衣。因為，他將施行的是滌罪淨身的行為，因此必須穿著與舉止相符的服飾。

當迪亞妮拉一看到愛歐樂，立刻意識到她對自己的威脅：很明顯地，這位年輕女孩非常迷人。

索福克勒斯在《特拉基斯婦女》裡描述這一幕，我們可以看到事情如何發生，話說迪亞妮拉一剎那之間就明白，她可能會失去丈夫。於是她想起涅索斯和他的藥水。說時遲，那時快，她趕忙去找來以血做成的藥水，很小心翼翼地將藥水灑在祭服長袍裡面，由使者交給她丈夫。她冀望能因此讓赫拉克勒斯回到她身邊，再一次愛上她，一如涅索斯對她許下的承諾。當然，那是一個陷阱：沒錯，這個毒藥很神奇，只要身體碰到這個毒藥，不管是誰，都會被狠毒地凌虐好久之後才死去。赫拉克勒斯雙手接過迪亞妮拉為他攜來的錦緞長袍，穿了起來。正當藥水透過他的身體而發熱，衣服便著火了。當然，赫拉克勒斯試圖脫下衣服，但衣服已緊緊黏住他的皮膚。旁人忙將衣服從他身上扯下，灼燒過的皮膚碎塊混黏著布料一起被撕開。被陷害的赫拉克勒斯痛不欲生，可是誰也愛莫能助。此外，赫拉克勒斯曾經聽過一個神諭，說他將會被一個死者殺死，現在他恍然大悟了，死者不是別人，就是被他以蘸毒的箭射死的半人馬涅索斯。

後來，赫拉克勒斯垂死卻還無法立即解脫，於是命令他兒子，為他搭一座巨大的焚屍用柴堆，好讓他可以藉淨化所有罪愆的火堆來結束生命。但他兒子已為這一連串的事驚嚇過度，拒絕了他的請求。最後，一位侍從接受這項工作——為了報答他，赫拉克勒斯將自己的弓箭送給他。赫拉克勒斯登上火葬堆，侍者為他點燃火盆。就這樣，赫拉克勒斯結束他在人世間的生命。他應該會死的，就跟所有的凡人一樣，但故事卻還沒有真正結束。根據阿波羅鐸魯斯的描寫，而且在其著作中表達了許多相異神話作者們最常見的一種看法，即一團烏雲忽然從天空降臨。雲團很輕巧地飄到燃燒中的赫拉克勒斯身體下方，托著他緩緩地升上天空。就是在那裡，奧林帕斯山，赫拉克勒斯即將化為神。也是在那裡，赫拉將原諒他，並與之和解。這是他的神化過程——apo/théos：轉化成神——是對他終其一生為對抗混亂暴力而戰，不曾中斷之神聖豐功偉績的報償。

（二）、鐵修斯如何對抗混沌無序的暴力，接續赫拉克勒斯的志業？

鐵修斯是赫拉克勒斯的表弟、仰慕者，以及他的接班人。他也是個矯健善戰的勇士，曾打敗過無數兇猛的怪獸。此外，大多數的神話作者筆下都很明確地寫下他最初所參與的冒險經歷，是以赫拉克勒斯在世間任務後繼者姿態出現。當赫拉克勒斯由於犯罪，被懲罰到翁法勒女王（Omphale）身邊當奴隸的那幾年，無法執行他的任務，便由鐵修斯代替他。可以說，如同伯羅奔尼撒、亞耳戈、亞耳戈里德等地區的赫拉克勒斯，鐵修斯是史上最偉大的英雄，至少，在所謂的「阿提喀」是如此，換句話說，就是雅典和其周邊一帶，鐵修斯是這樣的一號英雄人物。當然，鐵修斯與赫拉克勒斯一樣，都只是神話中的傳說人物，並非真實存在過的人物。然而，我們也透過宛如對待真實歷史人物那樣的「傳記」[56]所描繪、談論的一生，而了解鐵修斯的英勇功績。他應該是屬於特洛伊戰

---

[56]最初的一部（至少，在保留至今的所有著作中最早），是西元前五世紀的偉大希臘詩人巴克禮德（Bacchylide）所寫。很幸運地，這部著作在十九世紀時再度被發現。當時，世界最大博物館之一的大英博物館很偶然地獲得兩卷紙莎草紙的古代文獻，其中，二十多首詩幾乎完美地保存無缺。有關「讚美酒神之歌舞」（dithyrambes）的內容，就出現在這些詩篇當中。「讚美酒神之歌舞」，換句話說，就是歌頌酒神戴奧尼索斯帶來豐饒的榮耀讚歌。一種當時代深受希臘人喜愛的詩作競技活動舉行時，透過唱詩團在露天的圓形劇場表演、歌頌酒神戴奧尼索斯的讚歌。就在這些出土的詩篇中，發現一部關於年輕鐵修斯最初的幾則探險故事（至少有五則）。除此以外鐵修斯一生的故事，必須參照我們慣於參考的作家阿波羅鐸魯斯，一如往例那樣，以及另兩位也是後期出現的作家普魯塔克（Plutarque，西元一世紀），以及西西里島的迪歐多羅斯（西元前一世紀）。

爭之前的世代——從他的兩個兒子都參與該戰爭，足以證明此事。因此，鐵修斯儘管比赫拉克勒斯還年輕，但他與前者屬於同一個時代。此外，根據好幾個傳說，他們有機會相遇。但很不幸地——或者，很慶幸：這些版本內容之多樣性，也讓神話故事變得更有魅力——這些神話傳記內容，彼此之間往往相當歧異，而相異點，從他誕生之初的故事就呈現出來。

根據某些作者，特別是普魯塔克——就英雄一生的資料來源來說，儘管普魯塔克的著作出現得較晚，卻是最重要的傳記作者——鐵修斯是一位公主愛特拉（Aethra）的兒子。愛特拉乃是特雷鎮這地方的國王皮透斯（Pithée）的女兒。而鐵修斯的父親，將是埃古斯（Egée）——這位雅典國王曾經統治整個埃提卡地區。因此，一如人們所說的，鐵修斯「出身高貴」。依照這個傳統說法，埃古斯與幾位妻子之間都沒有子嗣，於是他決定啟程前往德爾菲，以便聆聽阿波羅的名預言者女祭司的神諭。但預言者的神諭，始終隱晦難解，不容易理解。她對埃古斯說，在他回到雅典的家以前，千萬不要打開羊皮袋裡的酒。以下，就是在普魯塔克筆下，女祭司所講關於未來英雄的一番話：

「噢，偉大的王子，在您回到雅典以前，不要解開羊皮袋溢出來的腳。」

我順便提一下「像神諭般晦澀難解的話」的由來，以及「神諭」這個詞本來的意義。希比勒（Sibylle），其實就是一個女預言家，專門負責使人明瞭阿波羅提示之諭言的女祭司。由於這位希比勒生前講的神諭受到非常高的評價，因此，在她死後，決定將她的名字拿來當成普通名詞。當我們說「一位」女預言家，就表示在德爾菲或其他地方，那些繼承她的志業預示神諭的女祭司。不過，神諭都有一個普遍的特徵：並非直接了當的指示，總是晦澀難解、曖昧不清，對凡人來說反而像謎團般不易解讀。所謂「像神諭般晦澀難解的話」，就是由此而來，意思是指艱澀曖昧而不夠清晰的話。

所以，埃古斯完全聽不懂女預言家話裡的意思，他決定在回程中順道去看看朋友，特雷鎮地方的國王皮透斯，詢問他建議。而後者，反倒毫不費力就聽出預言的意涵，也就是說，必須灌醉埃古斯，讓他的女兒愛特拉到埃古斯的床上，跟埃古斯生孩子。你一定覺得很奇怪，尤其是一個作父親的，怎麼會有這樣的舉動。今天，我們很難想像，一個父親會故意把客人灌到酩酊大醉，好讓他與自己的女兒上床！這種災難，都唯恐避之不及了，哪裡還會特意安排撮合呢？的確沒錯，不過，在皮特斯那個時代，看事情的眼光，與當今不可同日而語：在特雷鎮國王眼裡，他的好友是雅典城的國王，作為他女兒的另一半，是再好不過的事了。能夠擁有埃古斯所生的孩子，對他的家族來說，是一件很光榮的事，說不定有機會生個傑出孫子，甚至這就是一個絕對的保證了。因此，不管怎麼說，鐵修斯後來誕生了。根據其他的資料（巴克禮德，似乎阿波羅鐸魯斯也算在內），他確實是愛特拉的兒子——在這類的情況下，母親這一方永遠都很確定——但真正的父親卻不是埃古斯，而是波塞冬。波塞冬自己就在同一天晚上，跟埃古斯一樣，與愛特拉發生關係！所以，鐵修斯的出身，就更高貴，更神聖了。

但這些其實沒什麼太大的影響，可以確定的是，鐵修斯從一開始就註定有當英雄的料，或者至少像當時貴族階級世界常藉以認定的那樣，他的直系尊親來頭不小。然而，鐵修斯在童年時期，一直沒見過他父親。實際上，他的母親拒絕說出他的身世。不管怎麼說，一旦神與凡人發生關係，通常作為丈夫的人（或者，是情人伴侶）不能生氣。他必須把孩子當成自己的親生骨肉來養育，或請人養育，而埃古斯在爛醉如泥的夜晚，與愛特拉發生關係之後，他說，要是他會有個兒子的話，等他長大到夠強壯時，可以讓孩子來與他相認。最後，在他出發前往雅典以前，他將自己的一雙草鞋和一把劍藏在洞穴裡，再將洞口以一塊幾乎搬不動的巨岩堵住。他告訴這位年輕的公主，要是很幸運地，她能夠與他擁有一個兒子，那麼，等孩子長得夠大、強壯到能夠移動大石，並且拿到洞穴裡留給他的禮物時，她便可以跟兒子說父親的名字及暗藏的祕密。好讓兒子帶著這些證物，前往雅典與父親相認。因此愛特拉與皮透斯全心全意地養育男孩長大成人。

你也許會問，為什麼埃古斯不帶著愛特拉與他未來的兒子回雅典呢？這個父親是不是很壞，不管他在外地留下的種？完全不是這回事。事實是這樣，他不得不小心地隱瞞任何跡象。其實，埃古斯一生當中，唯一冀望的一件事就是有個兒子。而這也是他旅行到德爾菲聽取預言的目的。但是，他期望讓兒子平安地長大成人，再來承認他，並相認彼此的父子關係，以免在他還幼小的時候，就被他那些堂兄，即埃古斯的弟弟巴拉斯（Pallas）的兒子們殺死。你馬上就會明白理由：在雅典，每個人都知道埃古斯膝下猶虛。那麼，鐵修斯的那些堂兄，即巴拉斯的兒子們（Pallantides）就會說：「太好了，那麼就是我們繼承雅典的王位寶座啦！」而且，你大概可以料想到，萬一很不幸地，他們聽說埃古斯生了個兒子，那麼，錯不了的，他們一定會千方百計地幹掉他，無論如何他們都會不擇手段拔掉眼中釘，絕不讓他阻撓他們早已盤算好即將到手的雅典國王寶座。再說，他們人數有五十多位，而且肆無忌憚——沒錯，埃古斯的兄弟生了五十多個兒子！——這個小男孩絕沒有機會從他們手中逃脫的。這就是為何埃古斯要交代愛特拉保持緘默，在鐵修斯還沒長大以前，在他有能力搬開岩石，使用藏在裡頭的利劍當作武器以前，絕口不談其出身的原因了。

鐵修斯很快地長大了，而且長得健壯魁梧！在他十六歲時，他身材已經很高壯。不只像個成人般體格結實，而且比當地所有的人都還要壯，他甚至擁有像赫拉克勒斯般的力量——人們說，從他很小的時候，赫拉克勒斯，這位與他有遠親關係的大力士就是他崇拜的偶像，他的英雄。時機已成熟，愛特拉決定向他揭開隱藏在心底很久的兩個祕密：第一個祕密，他的父親（不管怎麼說，就是他在人世間的凡人父親）是埃古斯，雅典城邦的國王。第二個祕密，他父親留給他一些東西，就藏在一塊巨岩堵住的洞穴裡。然後她領他到山洞前，想知道自己的兒子是否強壯到有辦法挪開巨石。你大概也猜到了，對他來說易如反掌，鐵修斯毫不費力就把巨石搬開了。他拿出那把劍，穿上草鞋，向他的母親宣稱，他馬上要啟程到雅典去尋找他父親。在此，你或許會問，作父親的，留給兒子一把很好的劍，讓他用來保護性命安全，同時，也是作為成年禮的象徵，這點，我們能理解。可是，這雙不太中用的草鞋，能拿來做什麼用呢？還有，如果是鞋子，他的母親和祖父一定早就都給他了。為什麼是草鞋這麼普通又沒價值的東西呢？其實，草鞋本身具有非常清晰的意涵：這表示，鐵修斯必須從特雷鎮以走路的方式旅行到雅典，而不是經由海路前往。為什麼草鞋在這則神話故事裡是很重要的物件呢？

因為，你知道，覬覦鐵修斯王位的巴拉斯之子，亦即他那些惡劣的堂兄，無時無刻不威脅他的性命，但其威脅再也沒有比此刻更逼近眼前的了。除此以外，愛特拉與皮透斯都為他擔心不已。他們想盡辦法勸告他別走陸路到雅典，因為，陸路實在太危險了。不只是巴拉斯之子對他構成威脅，一路上危機四伏，有強盜土匪騷擾，甚至於，這麼說好了，自從赫拉克勒斯淪為奴隸而無法繼續執行任務為世間除害以來，到處都是可怕的怪物壞蛋，四處猖獗作亂。況且，在通往雅典的路上，有好多相當殘酷兇惡的生物，鐵修斯這樣羽翼未豐的初生之犢，毫無經驗，就要去跟牠們硬碰硬，未免太魯莽、太不謹慎了。的確，這些都是智者之言，確實是謹言慎行者的忠告。可是，看哪：這雙草鞋就擺在眼前，不容辯駁的，而且，他父親將草鞋留給他，動機很可能就在此。埃古斯會藏起草鞋，就表示他希望兒子會穿上它：因此，很明顯地，他必須走陸路到雅典，而且，要是怪獸在途中阻擋鐵修斯的去路，牠們就會發現，對方的來頭不可掉以輕心，因為從今以後，他已經像赫拉克勒斯那樣擁有大力士的力量，而且還佩帶了一把利劍。

換句話說，這趟旅程，帶有更象徵的意涵，是一趟洗禮儀式之旅，在這趟旅行途中，鐵修斯必須發現自己身上真正的天賦異稟是什麼：英雄的特殊天職，不僅限於充分發揮肢體力量與勇氣膽識而已，也包括他為世間除害平亂的能力、剷除企圖統治宇宙的怪物、平息忍無可忍之無序混亂的能力。結果非此即彼：鐵修斯不是失敗就是成功。假如他失敗了，那麼，他根本就不是當英雄的料。如果他打贏了，那麼，他就會像他的堂哥赫拉克勒斯，將是繼宙斯打敗泰坦諸神與堤豐之後，繼續維護宇宙秩序志業的偉大繼承人之一了。他將會是一個生命有限的人，當然沒錯，不過卻是神聖的凡人。雖說是在他能力所及的凡人範圍內，不過也像神那樣戰勝混亂無序的暴力，致力於宇宙的和諧和平。

鐵修斯恰好就要迎戰這樣的混亂與暴力。在他前往雅典的行程中，他會在路上遇到六隻可憎的怪物，牠們摧殘生靈，令科林斯地峽地區的人都聞之喪膽。一如赫拉克勒斯在他的任務中遇到的那樣，鐵修斯碰到的怪物，也都與恐怖的怪物有直系的血緣關係。總之，處處充滿危險和恐怖。

首先，從珀里菲特斯（Périphétès）說起，如果我們信任阿波羅鐸魯斯的記載，那麼，他就是鐵修斯在旅程中碰到的第一個對象。基本上，我也是遵照阿波羅鐸魯斯描寫的故事[57]來談。話說鐵

---

[57] 很奇怪地，在六段故事當中，只有這一段故事，是唯一未出現在巴克禮德的《讚美酒神之歌舞》裡的故事。

修斯在埃比多魯斯城附近，遇到這位實在又髒又醜的怪物。據說，他是赫菲斯托斯的兒子。赫菲斯托斯是跛腳的神，也是奧林帕斯諸神當中唯一長相醜陋的神。他的兒子就像他，雙腿短而且瘸了。由於珀里菲特斯的腿很虛弱，他假裝撐著一根拐杖，但其實，那是一種像狼牙棒或鐵棍的東西，用來博取過路人對他的同情，引誘他們上前幫他。鐵修斯也很好心地這麼做了。惡煞珀里菲特斯卻以反撲攻擊回報鐵修斯的善意，欲攫取他身上的武器，企圖殺他。但鐵修斯身手比他更矯健、更靈巧，以搶回的劍一刀刺穿他的身體，把他解決了，並且奪取珀里菲特斯的狼牙棒。據說，從此以後，這根棒子就再也沒有離開過他。

第二幕：鐵修斯在途中遇到卑鄙的惡徒辛尼斯（Sinis），據說他的綽號叫「皮堤歐坎貝」（Pityocampès），在希臘文裡的意思是指「把松樹扳彎的人」，你待會就會明白為什麼。辛尼斯是個大力士，力氣之大超乎常人，從這裡我們已看到他之所以恐怖的跡象了。根據阿波羅鐸魯斯的記載，他是波呂佩蒙（Polypémon）的兒子，不過，有時人們聲稱他擁有神的血統，而說他是波塞冬的兒子，但無疑地，這都是為了解釋他多麼強悍駭人的緣故。為了方便理解辛尼斯使的小技倆有多麼殘暴，就必須參考當時的肖像畫——繪畫的圖像，尤其是陶瓶的繪畫所呈現的場景，有時甚至比文字的描述更清晰。只要旅行者經過辛尼斯的地盤，他就饒不過那些可憐人，會故意要求他們協助他扳住兩棵旁邊的松樹枝幹，讓兩邊的枝幹彎到地面的高度。趁無辜的好心人牢牢抓緊樹的頂端壓到地面時，辛尼斯旋即將他壓住樹幹的左手左腳與樹幹綁在一起，另一邊也是同樣的技倆，然後放開，旅行者就這樣被猛然從地面反彈的樹幹活生生地五馬分屍。辛尼斯帶著冷笑作弄人，而且樂此不疲，因為看著路人慘死竟是他最大的消遣，直到鐵修斯遇到他。我們的英雄假裝中他的圈套，但並非鐵修斯被惡魔綑綁，因為鐵修斯如法炮製，將扳松魔的雙腳分別固定在樹幹上，然後放開他，於是他也遭活活撕裂成四塊，終於嘗到自己殘害別人的酷刑滋味！

第三幕，如果可能更糟的話，那麼這一幕就是了：克羅米翁地區的野豬，或者不如說是一隻母野豬。而且它不是普通的野豬，跟今天我們所知道的野豬都不同，牠是堤豐與耶克德娜的女兒。而耶克德娜不僅是塔爾塔羅斯的女兒，也是地獄的看門犬克別洛斯的母親，有張女人的臉，但下半身並非一雙腳，而是蛇的尾巴。你可以想像，這隻豬跟她的上一代有多像。牠也以殺人為消遣：欺凌地方，對每個經過牠地盤的人都不放過，因此人們終日惶惶不安，直到鐵修斯出現，以利劍將牠從地表除掉為止。顯然地，這位年輕人既英勇無畏又善戰。

鐵修斯在墨加拉城附近遇到第四隻怪物。雖然牠有凡人的外觀，但絕不可對牠掉以輕心。這位名叫史基龍（Sciron），再一次就像某些人說的，他的直系血統可以上溯到神，甚至說他是波塞冬的兒子。不過，另一些則確信他是裴羅普斯的兒子。裴羅普斯自己則是以在地獄裡餓死出名的坦塔羅斯的兒子。不管怎麼說，這個人並非平凡的人。在沿著海邊的路上，他將靠近一個我們恰好稱為「史基龍岩石」的海角處，劃定為自己的轄區。在自己的地盤上，他很有耐性地等待旅行經過的人，想想看，當他捉住一個，他就逼對方為他洗腳，手上總是拿著一個大盆子，可是一旦這可憐的人乖乖地蹲下來做這件卑賤的事，史基龍立即將他一腳踢到懸崖下，讓他變成魚餌，被海中一隻同樣兇殘的巨龜活活地吞噬。鐵修斯遇到他，一點也不驚慌失措。依據某些繪畫描繪的場景，他一下子就奪下史基龍的大盆子，將他從懸崖高高扔進大海裡，讓他到海底與巨龜碰頭了。史基龍，**退場！**

鐵修斯繼續他險峻難測的旅路。當然，他再次碰上一個滋擾地方的害人精。這一次，場景發生在厄琉息斯。你記得，這座城就是蒂美特的城，以及舉行她那神祕儀式的地方。在這座城，有一個很怪異的人擋住鐵修斯的去路。他名叫克爾奇翁（Cercyon），也不是普通的凡人，據說也是波塞冬的兒子，或者就像珀里菲特斯，可能是赫菲斯托斯的兒子。他也身懷超人巨無霸的力量，向來把為非作歹當消遣，純粹只是為殺人而殺人，為戕害而戕害，以殺戮為娛樂的怪物。他攔阻每個過路的旅人，脅迫他們跟他決鬥。很顯然地，由於他的出身跟神有關，而且力大無窮，所以他當然每次都佔上風。可是，他還贏得不高興，他還以殺死輸在他地盤的敗者為樂。在他阻擋鐵修斯前進的當下，胸有成竹。你想想看，鐵修斯不過是個剛滿十六歲的年輕小伙子！他心想，兩三下就可把乳臭未乾的小男孩幹掉了。只是，鐵修斯的力氣也異於常人，十六歲的他靈敏矯健得像一隻豹。他以單隻胳臂和單隻腳就擒住克爾奇翁，把他高高舉起過頭部，然後重重地把他摔到地上。這只會嚇唬人的東西，終於叫他見識到比他更高段的師傅了！他當場摔得血肉模糊，一墜斃命！

就如所有精彩的故事，都把最惡劣的留到最後，這段冒險的最後，碰到的是普羅克斯提斯（Procruste，他的名字或綽號不少：也有稱他為達馬士提斯、波呂佩蒙或者普羅克勒斯提斯〔Polypémon〕，在這個背景下意思似乎是指「鍛造鎚打的人」，等一下你就會明白原因了。）某些作者在這個人身上找出非人類的出身——特別是尤基努斯，將普羅克斯提斯歸在波塞冬的兒子這一系——那麼我們就有口實，說他如強悍又冷血的其他那些無情的後裔那樣。普羅克斯提斯有兩張床，一張大床，一張小床，就放在他那棟從特雷鎮到雅典的路途中的房子裡。普羅克斯提斯若無其事，殷勤招待路過他家附近的旅客。可是，他總是很小心翼翼地搬大床給身高較矮的人，搬出小床給身材高大的人使用。如此，對身高矮的人來說，睡大床就顯得太長了，而對後者來說，剛好相反，頭和腳就會超出小床。等他們睡著以後，這個面善心惡的壞蛋就偷偷將他們緊緊地綁在床上……，對付身高較高的人，他就全部削斷突出於床兩端的部分；至於怎麼對付身高較矮的人，則是以重重的大榔頭將他們的腿打得稀爛，以便自由自在地拉長到與大床同樣的長度！不過，這次，鐵修斯也沒有輕易上當，他從一開始就不信任這位主人，識破主人心懷鬼胎的陰謀詭計。鐵修斯捉住他，這次輪到他嘗嘗平常自己拿來對付客人的酷刑。

最後，當鐵修斯平安抵達雅典時，他那除害英豪的名望已經家喻戶曉了。人人熱烈歡迎他，衷心感激他解決了令人聞之喪膽、從來不敢挑戰的惡霸，或許只有赫拉克勒斯才可以跟這位除暴安良的新英雄相媲美。鐵修斯現在要尋找他的父親，雅典城的國王埃古斯。然而，還有兩項障礙橫亙在他眼前：你記得，他叔叔巴拉斯的兒子們，也就是他那些堂兄弟，他們會殺害他，以便阻止他將來登上王位寶座。不過，還有另一個阻礙，恐怕就是更令人望而生畏的美狄亞。她是魔法師，後來成為埃古斯的妻子。美狄亞外表看起來極有魅力，相當漂亮美豔動人，但實際上卻心狠手辣，是個殺人不眨眼的惡毒女人。她也是另一位施魔法的仙女琦爾珂的姪女。琦爾珂就是將尤里西斯的夥伴們施法術變成豬的魔術仙女。美狄亞同時還是科爾克斯（Colchide）的國王埃爾特斯（Aeétès）的女兒，埃爾特斯擁有伊亞宋後來前去尋找的金羊毛。這個尋找金羊毛的探險故事，我稍後會告訴你。而就在後面這一則故事中，美狄亞為了幫助她愛上的伊亞宋從科爾克斯帶著金羊毛逃脫，她竟毫不猶豫地殺死自己的親弟弟，殘忍地將他斬成數塊——這段插曲可以讓你對這個人物的特性有個概略的認識，明瞭沒有什麼事是她做不出來的。此外，當美狄亞為伊亞宋生了兩個兒子而伊亞宋最後竟然拋棄她時，她妒火中燒，只為報仇洩恨，親手以匕首刺死親身的骨肉。因此，無論如何要小心防範這個女人。

美狄亞當然清楚知道鐵修斯是埃古斯的親兒子，這個人的存在如芒刺在背，會奪走她的權位。於是她向埃古斯進讒言，說他是個危險人物，無論如何都得解決掉才行。我提醒你，這時的埃古斯還不知道鐵修斯就是自己的兒子：埃古斯只耳聞一個男孩因平息兇猛的惡霸與怪物而聲名大噪，如此而已。埃古斯就像大多數的丈夫，對太座的話百依百順，因此他言聽計從，如果我們相信阿波羅鐸魯斯的描寫，那麼接下來就是他首先找藉口要鐵修斯去殺一隻恐怖的野牛，好借刀殺人。這隻馬拉松野牛，蹂躪城市危害性命，已有多時，擾得居民不得安寧。當然，這個年輕的勇士在殺死野獸之後，以凱旋的英姿歸來。在美狄亞的唆使之下，毫不知情的埃古斯於是又準備毒死親生兒子。美狄亞則親自調配了她最在行的劇毒毒液。埃古斯在宮廷設宴招待鐵修斯，他手持斟滿毒液的酒杯，遞給鐵修斯，正當鐵修斯接過杯子正要喝的時候，埃古斯驚見他腰側掛的皇家佩劍，認出是自己親自藏到岩洞，作為父子相認的信物！他再看一眼年輕人的腳，認出那也是他的草鞋啊。埃古斯立刻以手背推他手上的杯子，毒酒隨即打翻在地。埃古斯熱淚盈眶抱住兒子。鐵修斯得救了，埃古斯當下也將美狄亞趕出國外。剩下的威脅就是巴拉斯之子了：我們說，很快地，後來當埃古斯去世之後，鐵修斯毫不費力地對付他那些堂兄弟，一個一個將他們都解決，到最後，對他來說，終於不再有阻撓，而他也將成為雅典的新國王。

然而，這還不是故事的尾聲，因為，在他迎向權位寶座之前，有一個難關，最困難、最可怕的考驗正等著他。他必須要先挑戰一隻怪物，相對於這隻怪獸，剛才我跟你提的那些，只不過都是餐前開胃的前菜罷了。問題出在一隻彌諾陶洛斯（Minotaure），他是半人半牛的怪獸。彌諾斯（Minos）國王將他關在一座為此而設計的大迷宮，是當時名聲最響亮的建築家代達羅斯（Dédale）所設計建造。然而這一回，不用說，事先是贏不了的了：因為從來沒有人打敗過這隻待在著名迷宮裡的猙獰怪物。一旦進入迷宮，沒有人能順利找到出口活著逃出來。

為了讓你明白接下來發生的冒險內容，我必須先講一下，這隻出身稀罕的怪物的故事。

鐵修斯在代達羅斯砌建的迷宮挑戰彌諾陶洛斯

這件事上溯到很久很久以前，必須從彌諾斯這個人物說起。克里特島的國王彌諾斯是宙斯的兒子，並非很友善。宙斯為了誘拐迷人的歐羅巴，而化身為……一隻公牛，就像常有的情況，可愛的女孩一下子就愛上了他。我在此順帶一提，好讓你明白這些故事之間的脈絡是多麼交錯縱橫。歐羅巴是卡德摩斯的姐妹，而卡德摩斯，你回想一下，他曾經協助宙斯打敗堤豐，而天王後來因此將愛芙羅黛蒂及阿瑞斯的女兒哈摩妮雅許配給他。

讓我們再回到我們像綿羊般柔順的女主角，或者我們的男主角公牛來說吧。宙斯想在不被赫拉察覺的情況下拐走美豔的歐羅巴，於是變成一隻很壯碩的野牛，一隻潔白無瑕的白公牛，頭上還戴著一對新月型的牛角。儘管宙斯喬裝成動物，他還是很帥。歐羅巴與其他女孩正在海灘戲水，據說她是唯一沒辦法在公牛出現時逃開的一位。公牛慢慢挨近她，理所當然地，她還是大驚失色。不過，由於公牛看來溫馴和善，不像會嚇人的樣子──要知道，宙斯想盡辦法表現出他最友善的態度！於是，歐羅巴開始逗它，宙斯也報以溫柔的眼神。牠跪到她面前，一副很討人喜歡的表情，她再也忍不住，就坐上牛背……，說時遲，那時快，宙斯／公牛隨即起身，以飛快的速度載著她越過重重波浪，一直飛到克里特島，才變成凡人的面貌，強暴著擄來的女孩，一個又接一個地生了三個孩子：彌諾斯、薩爾佩冬（Sarpédon），以及拉達曼提斯。

跟我們這個故事相關的是彌諾斯。假如我們信任阿波羅鐸魯斯的記載──在此，基本上我照樣是依照他的版本──那麼在這座克里特島上，是他奠定了島上的法令規章，因為他企圖成為當地的國王。於是，他娶了一位年輕女孩帕西法埃，她也是出身高貴，原因無他，據說她是太陽神赫利歐斯的女兒。彌諾斯後來與帕西法埃生了幾個孩子，其中女兒亞莉阿德妮、菲德爾思兩人後來也都出了名，等一下我再告訴你詳情。當沒有子嗣的克里特島國王去世後，彌諾斯便決定占據空出的王位，因而向傾聽他的人們聲稱，他擁有眾神對他的加持。如何證明？如果這麼詢問他，很簡單：他堅稱他從波塞冬海那裡獲准讓一隻神奇的公牛自海浪中現身。為了討好海神，彌諾斯顯然已經向他獻上好多頭牲畜作為祭品，尤其，他向海神承諾，一旦能夠允諾他的請求，只要讓一隻公牛出現在海上一下下就好，他就會立刻獻祭牲禮酬謝海神。再也沒有比牲禮還更讓神喜歡的了。神祇喜歡人類向他們虔誠崇拜和所有為神舉行的祭典儀式，而且，沒有特別禮遇地，他們也同樣喜歡聞炭火上燒烤的香噴噴牛大腿的燒肉。因此，波塞冬答應彌諾斯的要求：讓一隻神奇的野公牛從海裡冒出，然後騰空飛向天空，叫聚集觀看的克里特島民個個看得目瞪口呆！

奇蹟大功告成，彌諾斯當上國王了。實際上，克里特島居民也不知道該怎麼拒絕一個擁有奧林帕斯神之寵愛的人。不過，就像我先前已指出的，彌諾斯並不是個好人。除了其他的缺點，他還不守信用。當他發覺波塞冬的公牛是那麼結實又漂亮，便決定將牠留在身邊，當作自己的牛群的種牛，而不依其諾言獻祭給海神。這個過失可嚴重了，幾乎到傲慢妄為的地步了。波塞冬怎麼會不對此加以制裁呢？很難得被激怒的神，決心要好好懲罰這個厚顏無恥的人。

以下內容，就是阿波羅鐸魯斯筆下描寫的這段插曲：

「波塞冬被彌諾斯惹火，因為彌諾斯並沒有殺公牛獻祭給他，於是讓這隻野獸變得很激烈，而使帕西法埃（彌諾斯的太太）激起對牠的慾望。她找來代達羅斯當共犯。代達羅斯是一位建築家，因一場謀殺案，被驅逐出雅典城。代達羅斯製造了一隻木公牛，為它安裝了輪子，然後並刨空內部，再以事先剝下的牛皮縫在外面，然後，就將它放置在公牛慣常吃草的草地，然後他讓帕西法埃坐在上面，公牛上前與她交媾，就好像一隻真正的牛那樣。因此，帕西法埃後來生下了阿斯特里雅，又叫做彌諾陶洛斯，牠除了長相是牛，其餘都是人身體的模樣。彌諾斯按照預言的指示，將牠關在迷宮深處。這座代達羅斯建造的迷宮，設計得蜿蜒迴繞，路徑迂迴曲折，使迷路其間的人從未能走出迷宮。」

我們來注解一下這一段。

首先是波塞冬的復仇。我們承認，報復的手段未免太殘忍了。很簡單，他決定讓彌諾斯戴綠帽，而且還不是隨隨便便怎麼做：竟然就是拿該當成牲品來答謝他的公牛！一如往例，處罰的內容就是依據其犯的罪過而定罪：彌諾斯既然是以公牛來欺騙，那麼，他也將被公牛欺騙（即外遇）。於是波塞冬向他太太帕西法埃施以魔法，讓她愛上那隻動物，然後跟牠生下彌諾陶洛斯——這名字一字不差地表示「彌諾斯的公牛」，儘管如此，除了……父親不是他，名字可是再貼切不過了。

然後，我們來看看，詭異的天才代達羅斯扮演了什麼角色。阿波羅鐸魯斯附帶告訴我們，他因為犯下一樁命案，被驅逐出雅典城。你一定會問，問題出在哪裡？以下就是答案，儘管他擁有無人能及的聰明才智，但他也是一個心地不太善良的人。他不只是一個建築家而已，而且還是今天我們說的「創造者」。他就像迪士尼漫畫人物中，那個天生的發明家吉羅，同時也像是達文西：人們問他的任何疑問，他都有辦法解決，不管要他造出什麼機械，他就是有能耐很快地造出來。他聰明得可怕，沒有什麼能夠阻擋他。只是，他有很多缺點，尤其是很容易嫉妒。他忍受不了別人比他還聰明。他在雅典有一個工作室，有一天，他收了一個學徒。假如我們相信西西里島的迪歐多羅斯（Diodore de Sicile）所描寫的話，那麼這個學徒就是他的侄子：塔羅斯（Talos）。迪歐多羅斯對這一段插曲著墨較多；反之，阿波羅鐸魯斯只簡短暗示而已。對代達羅斯來說很不幸，因為他的侄子雙手靈巧，而且難以置信的是他極有天份，甚至可能超越他師傅，而威脅到後者。因為，在沒有任何外力的協助之下，塔羅斯就一個人獨力發明了轆轤——這種機器很棒，可用它來製作出精湛的陶器、碗盤、帶耳的陶甕……等等。而除此之外，塔羅斯還附帶發明了金屬鋸子。代達羅斯眼紅得不得了，由妒生恨，而把他的侄子殺了（根據阿波羅鐸魯斯的描述，將他侄子從位於雅典高地的城衛高高地往下扔）。後來他被當時希臘雅典的著名刑事法庭起訴。這個法庭之所以名聞遐邇，是因為先前曾經審判過戰神阿瑞斯。經由這個極有權威的法庭，審判他有罪，而判處流放的刑罰。

在你看來，也許這個判決很輕。犯下駭人聽聞的殺人罪，而被判以驅逐出境，遠離自己家鄉，這樣的刑罰，對我們這些現代人來說，似乎太輕了。然而，在當時對多數人來說，流放外地的刑罰，可是比死刑還更嚴重的刑罰——這與我從這本書一開始就跟你提的希臘人觀點一致。如果一個美好的生活就像尤里西斯的故事所證明的，是在宙斯所奠定的宇宙秩序下，和諧地生活在自己來自的所在，那麼，被驅逐出境，就形同被判處過悲慘的一生。有什麼可以證明？你記得，卡呂普索為了留住尤里西斯，提出使他永保青春不死的條件，但他斷然拒絕了。因此代達羅斯被驅逐離開雅典時，他當然知道得很清楚，自己從今以後就是一個如入地獄的漂泊靈魂，終其一生都離不開鄉愁了。

於是他前往克里特島，在這座島，到底還是物以類聚，他回到接納他的彌諾斯身邊為他服務。而且，你看到他毫不猶豫地矇騙他的主人，為帕西法埃製造一隻假公牛，然後讓她與波塞冬的公牛交媾。你等一下也會看到，他再次欺騙彌諾斯，協助鐵修斯，從他自己親手設計建造，用來關彌諾陶洛斯的迷宮中脫身。不過，我們先別操之過急，到此為止，我們只知道彌諾斯被波塞冬狠狠地懲罰，其實，彌諾斯還有其他的煩惱。他幾個兒子當中，有一位叫安德羅傑（Androgée），前往雅典參加一場非常盛大的大會，稱為「泛雅典大會」：這場大賽有點像奧林匹克運動會，各地區的年輕人都應邀來參加，與其他人在各種包括擲標槍、丟鐵餅、賽跑、賽馬、摔角等等的比賽項目中較勁。但是，安德羅傑在幾個假設與推測的理由下被殺了。根據迪歐多羅斯的描述，是埃古斯唆使人殺他的。因為他是那些巴拉斯之子的朋友，會威脅到鐵修斯。但根據阿波羅鐸魯斯的說法，埃古斯派安德羅傑去殺馬拉松的野牛，在那場戰鬥中被殺。不過，這一點也不重要。重點是彌諾斯的兒子待在雅典的期間死了，不管是對或錯，彌諾斯都認為埃古斯應該負最大的責任。因此，他向雅典人宣戰，接著，如果我們相信迪歐多羅斯的說法（阿波羅鐸魯斯在這一點上，顯然口才文筆都不及他），隨後又發生了一連串的乾旱，對雅典城構成嚴重的威脅。於是，埃古斯向阿波羅請示該怎麼辦，神告訴他，要想解危的話，唯有聽命於彌諾斯的要求。

我跟你提過，彌諾斯不是個好人。為了結束對雅典的圍攻，他要求每年必須獻上七對少男少女當犧牲，進貢到迷宮去餵怪物彌諾陶洛斯。我一再說了，他是個兇狠殘暴的人。那些不幸的人使盡一切力量，想辦法從魔爪中掙脫，但事實上，他們根本不可能在錯綜複雜的迷宮找到出口，於是，一個個慘死在怪物的蹂躪之下。根據某些作者的描述，鐵修斯的名字在下一批送往獻祭的名單當中，但是根據大多數的其他版本，當然是勇敢的鐵修斯自告奮勇前往，而非被動參加。他帶領著十四位年輕人登上載著他們航向克里特島的船艦。在那座島上，一個恐怖的命運正等著他們。接下來的故事發展，大部分的版本都一致。以下就是眾多最早的版本之一，由佩雷奎德斯所寫的內容[58]，

[58] 我在這裡引用的內容是由卡里耶（Jean-Claude Carrière）與瑪松尼（Bertrand Massonie）合譯的版本。該版本忠於阿波羅鐸魯斯的《圖書館》，並註解提供許多珍貴資料。

它也提供給大多數神話作者這段故事的原型與骨架：

「當他抵達（克里特）時，彌諾斯的女兒亞莉阿德妮對他一見鍾情，並為他帶來建築家代達羅斯拿給她的一個線團，叮囑他一進入迷宮時，先將線頭綁在門高處的門閂上，再一邊前進，讓線團沿路鬆開，當他走到迷宮最裡面時，就會找到睡著的彌諾陶洛斯，他可以打敗怪物，然後以怪物頭上的毛髮獻給波塞冬，最後，再將線團慢慢捲起，就能回到出口了⋯⋯。鐵修斯在殺死彌諾陶洛斯之後，帶著亞莉阿德妮和少男少女們登船。對那些年輕人而言，把他們交給彌諾陶洛斯的時候還未到。當一切就緒，鐵修斯在午夜啟程出發。他停靠在狄亞島，然後上岸，睡在海邊。這時，雅典娜來到他身邊，命令他留下亞莉阿德妮，然後返回雅典。他立刻起身，並且照做。愛芙羅黛蒂出現在傷心的亞莉阿德妮面前，為她打氣，勸她振作起來：她將成為戴奧尼索斯的妻子，而且變得有名。然後，神出現，贈給她金皇冠，後來眾神將她化為星座，好取悅戴奧尼索斯。」

對於這一段，我們還是來注解一下。

首先你再度看到，代達羅斯就跟帕西法埃一樣，毫不遲疑地做出違背彌諾斯的事。再怎麼說，彌諾斯還是國王與庇護他的恩人啊：當亞莉阿德妮觸電似地對鐵修斯一見鍾情，而跑去請問代達羅斯該如何幫助鐵修斯脫困時，他竟無所顧忌，告訴她讓心上人解危的方法。也多虧這個線團，鐵修斯才能夠找到路，而成為第一位展現出有能力從這詛咒的迷宮回到出口的人（當然，「順著亞莉阿德妮的線團」這句話就是從這個故事來，後來用以表示可幫助解決一件錯綜複雜事情時的辦法或線索）。鐵修斯為了回報亞莉阿德妮的大力幫忙，向她承諾，如果他殺死彌諾陶洛斯，那麼，他就會帶她走，並且娶她為妻。當然，鐵修斯達到他的目的。他走進迷陣裡面，而且赤手空拳擊斃彌諾陶洛斯。

你也會注意到，其他許多神話作者認為。鐵修斯後來將亞莉阿德妮「遺棄」在中途停靠的島。佩雷奎德斯的說法與他們截然不同，他邀我們思考英雄並非這樣的人，阿波羅鐸魯斯也因而採用他的說法。鐵修斯並非忘恩負義的人，他甚至也愛著亞莉阿德妮，只是，他遵從雅典娜的命令，將亞莉阿德妮讓給一個神，因為即使他有意反抗這個神——戴奧尼索斯，終究是白費功夫。顯然地，我偏愛這個版本，因為這個版本所描述的，與鐵修斯在其他地方所表現的人格形象比較符合協調——這麼一個勇敢、忠誠且服從於神的人，實在讓人很難想像，他怎麼會對才救了他一命的女人做出不懂人情世故的舉止。因此，與他認定為未來妻子的亞莉阿德妮被硬生生地拆開之後，他非常傷心地回到雅典。

而這一點足以解釋導致他父親去世的悲劇。事實上，當鐵修斯出發前往克里特島與彌諾陶洛斯決鬥之前，他登上懸掛黑色船帆的船。當時埃古斯與他相約掛白帆的約定，並且提出一個攸關人命的重要懇求：如果他在打敗怪物後活著回來，千萬不要忘記將黑色的船帆換成白帆，那麼，他的老父便能在最早時間內安心——因為，經常警戒觀察船艦靠近的那些哨兵，會即刻通報他船上揚起的是白帆，可在最短時間內知道兒子平安無事。但鐵修斯卻因亞莉阿德妮不在身邊而失魂落魄，忘了換上白帆布，埃古斯在絕望中，從伸向海港的岩石高處縱身跳下，從此以後，他墜海處就叫做「埃古斯之海」（即今名愛琴海）。

彌諾斯之死，以及代達羅斯之子依卡魯斯的故事

在我們回到鐵修斯探險後續的故事之前，再說一下代達羅斯與彌諾斯。首先談代達羅斯。當彌諾斯聽到彌諾陶洛斯已死，年輕的雅典人已逃走，再發現他女兒亞莉阿德妮也失蹤的消息，他已經對代達羅斯和他的背叛行徑感到不耐煩，說得更明白一些，他恨得咬牙切齒，萬般準備就為了報復。因為他一點也不懷疑，唯有代達羅斯才可能協助亞莉阿德妮和鐵修斯走出迷宮，也唯有他才可能聰明到提供他們脫身的妙方。沒辦法讓他給彌諾陶洛斯解決掉，於是他將代達羅斯與他的兒子依卡魯斯關在迷陣裡，發誓絕不會讓他走出這恐怖的監獄。當然，這是因為他沒把代達羅斯所向無敵的聰明算在內。你或許會想，他既然是發明這個迷宮的人，那麼他一定知道自己所在的位置。你錯了！儘管代達羅斯自己設計這難度極高的花園，但是他手上並沒有設計圖，該怎麼從迷宮走出來，他也一點辦法都沒有。因此，他只好從他所發明而帶著祕密的發明物裡找出辦法來。當然啦，我們的馬蓋先想出一個絕佳的解決策略。他以蠟和羽毛做出兩對相當棒的翅膀，一對給自己，另一對給他兒子，然後父子兩人就飛向天空，逃出監牢了。

在起飛前，代達羅斯跟他兒子千交代萬交代：你尤其不能飛得太靠近太陽，否則蠟會融化，則你的翅膀就會剝落；可是，也不能飛得太接近海面，因為濕氣會使你插在蠟裡的翅膀鬆弛掉落，那麼你就很可能會掉下來。依卡魯斯跟父親說好。可是一旦飛上天空，他就得意忘形了，而聽任自大妄為與驕縱的擺佈了。他陶醉在新的能力上，自以為是鳥兒，搞不好更自以為是神，完全不顧父親對他的叮嚀。他實在抗拒不了縱情翱翔在天空最高處的樂趣。可是，太陽光燦爛地照耀，小男孩也確實飛得太接近了，以致於支撐他翅膀的蠟已開始融化。忽然間，翅膀脫落，掉入海裡，小男孩也

是，就在他父親眼前消失，而他父親卻只能淚水滿面，眼睜睜地看著他滅頂，束手無策。從此之後，一如愛琴海，人們為這片海取了這位逝者的名字，稱為依卡魯斯海。

你大概猜想到了，當彌諾斯察覺老奸巨猾的代達羅斯越獄脫逃，他再度暴跳如雷。他不擇手段也要找到一再背叛他、不可饒恕的人。這一次，他確實是信心十足。無論如何，他都要揪出使他太太紅杏出牆的主兇，同時使他的怪物喪命，使鐵修斯和他女兒逃跑的同謀……，總之，代達羅斯該為這一切負責到底。另一方面，代達羅斯成功地脫險，平安無事地逃到西西里島的卡密科斯處。彌諾斯到處追他：真有必要的話，追到天涯海角也在所不惜。為了找出背叛者，彌諾斯把焦點集中在一個很露骨的詭計上：他每到一個地方，都帶著一個螺旋狀的小貝殼，然後向任何人提出很高的金額，只要對方能將一條線從小貝殼裡穿過。這個貝殼只不過是個迷你迷宮罷了。彌諾斯的確承認，只有代達羅斯夠厲害，可以想出解決的方法。同時，他也確信，像代達羅斯那樣驕傲虛榮的發明家，再大的難題都難不倒他的，絕對抗拒不了展現無所不能的樂趣。

這一次並沒有落空。代達羅斯就住在西西里島上一位科卡羅斯的家裡。有一天，彌諾斯偶然地經過他家，向科卡羅斯請教這個小問題的解決之道。科卡羅斯保證一定可以給他一個解答。然後建議彌諾斯不妨隔天再來，在此期間，他當然請教他的朋友代達羅斯為他解答。代達羅斯當然二話不說，就抓來一隻小螞蟻，在牠的腳上綁上一條線，並將貝殼頂端鑽一個小洞，把螞蟻放進洞裡。螞蟻很快就拉著線從另一個孔鑽出來了。彌諾斯看到科卡羅斯給的解決方法，深信代達羅斯一定在他家，於是立刻要求將代達羅斯交出來治罪。科卡羅斯佯裝遵命，邀請彌諾斯在家裡吃晚餐。並提議他在晚餐前不妨先好好洗個澡再說……，而讓他的女兒們以沸水將他活活地燙死。這麼一個鐵石心腸的人，終究落得慘死的下場。接下來的傳說則說他下地獄，跟他的兄弟拉達曼堤斯，死者的審判官之一一起待在黑底斯的王國。

最後的冒險經歷：希波里托斯、菲德爾思及鐵修斯之死

至於鐵修斯，在他父親去世後便成為雅典的新國王。就如我說過的，鐵修斯已解決了那些巴拉斯之子，再也沒有障礙需要他鏟除，也沒有怪獸必須平息征服，因此他便運用高明的睿智展現權力。他甚至是立下雅典式民主的主要奠基者之一，而且他也是最早關懷最弱勢、最貧窮的孤苦無依者的君主。不過，我們還是要誠實：既然他生平最後的經歷眾說紛紜，版本之多，眼花撩亂，那麼要以一致的方式來描述他的晚年，根本就不可能。如果我們相信普魯塔克筆下描寫的鐵修斯一生，那麼，我們的英雄後來還參與一場對抗亞馬遜女戰士的戰爭。在這場著名的戰役中，他與赫拉克勒斯並肩作戰。然後，他與他的好朋友庇里托斯（Pirithoos）投入另一場對抗怪物半人馬山杜爾（Centaure[s]）的戰鬥。在那之後，他跟尤里西斯一樣，下到地獄，目的是要擄走珀絲鳳──這個企圖最後很明顯地是以慘痛大敗清償了一切。他還參加另一次的拐誘行動，對象是才十二歲的少女海倫，並經歷了其他的冒險奇遇。

但在他顯赫的一生當中，有一段插曲特別值得說一說：鐵修斯與菲德爾思的婚禮，以及他與兒子希波里托斯（Hippolyte）的爭吵。

在對抗亞馬遜女戰士的戰爭中，鐵修斯擄走她們的女王，或者，至少是她們的首腦之一，然後將她帶回雅典。他與她生了一個兒子希波里托斯，鐵修斯也深愛這個兒子。然而，不久之後，他卻與亞莉阿德妮的妹妹結婚，即彌諾斯的女兒菲德爾思。這既是一段愛的羅曼史，但同時也象徵他與敵人盡釋前嫌，不再啟爭戰。鐵修斯愛著菲德爾思，但後者雖然敬重丈夫，卻發覺自己對希波里托

斯的情感之瘋狂，更甚於對丈夫的愛。希波里托斯顯然拒絕了他後母主動接近他，有兩個理由。首先，他並不喜歡女人。他唯一的消遣是打獵和戰爭遊戲。任何跟女性有關的事，都令他很厭惡。而另一方面，希波里托斯又深愛著父親，因此絕不會興起任何與父親之妻子同床共枕而背叛父親的邪念。年輕男孩拒絕菲德爾思的示愛，讓她感到極度不快，同時她也開始擔心，他會向父親揭發控訴，於是她先下手為強，打算先發制人。趁著某天天氣晴朗，希波里托斯剛好在附近，她故意打破她的房門，扯破自己的衣物，然後開始尖叫，聲稱年輕人企圖強暴她。希波里托斯為這突如其來的事驚詫不已，他試圖為自己辯護，但他父親，就如常見總聽命於老婆的丈夫，相信老婆的話，心碎地將兒子趕出家門。鐵修斯在盛怒之下犯了致命的錯，乞求極可能就是他父親的波塞冬海神將希波里托斯弄死。年輕人已經在路上了，他駕著身手矯健的雙駿馬車，以最快的速度離開家。就在他來到通往海邊的途中，波塞冬讓海浪中再次竄出一隻野牛。馬在慌亂中失控衝出路面，馬車也斷裂毀成碎片，希波里托斯在這場意外中喪生。菲德爾思難以忍受這樣的悲劇，最後和盤托出，告訴鐵修斯實情，然後上吊自殺身亡。

這齣悲劇給予無數傑出劇作與故事創作靈感，是所有希臘神話故事中最悲慘的故事之一，也深深地烙印在人們的記憶中。從此，鐵修斯形如槁木，度過淒涼的晚年。基於很多理由，我在此就不描述了，他後來不再統治雅典，被驅逐並且逃難到一個遠房表堂兄弟呂科墨德斯那裡。根據某些版本，呂科墨德斯也許是基於嫉妒，也許是害怕他向他討土地，反正是在原因不明的情況下殺了鐵修斯。但依據其他的說法，鐵修斯是在島的山上散步途中去世。無論如何，他的晚年實在淒慘，就如這些故事裡的英雄常遇到的情形，晚年都平凡無奇，甚至也不得善終，與他勇武的英雄事蹟毫不相稱。他就跟所有必死之身的凡人一樣，臨終時，死去就是死去，很簡單。不過，稍後雅典人找到他的墳墓，收回他的遺骸，並且像尊崇神一般的儀式祭拜他。

（三）、斐修斯，或者從葛爾歌女妖美杜莎擺脫的宇宙

從斐修斯的人物，我們還要再來看看，這個希臘神話英雄之一，如何以正義感全心致力在鏟除危害宙斯所建立之宇宙秩序的生物。第一個結構嚴謹地記述有關斐修斯冒險的故事，是來自佩雷奎德斯。根據各種可能，阿波羅鐸魯斯則接續該版本，除去幾個細節，他的版本是後來其他神話作者發揮演繹成多種版本的母型。接下來我就要講他的故事，基本上也是依照這個原始的版本。

從前有一對雙胞胎兄弟，名叫阿克里休斯以及普羅伊托斯。據說他們打從在娘胎裡就一直都是死對頭！為了避免兩人長大成人之後再有爭端衝突，兩人協議好劃分勢力範圍。普羅伊托斯後來變成泰林斯的國王，至於我們這裡要談的阿克里休斯，則統治美麗的阿爾戈城——不要把這個城市名跟其他三個同名的人物搞混了：首先，有尤里西斯的狗阿爾戈；其次，是百眼怪物阿爾戈，赫拉派它去監視被宙斯變成一隻母牛的美麗寧芙仙女愛歐（Io），但這隻阿爾戈後來被宙斯的兒子赫米斯殺死，根據某些說法，那百隻眼睛後來就印在孔雀的羽毛上；最後，是造船建築家阿爾戈，他建造了伊亞宋與阿爾戈號英雄們出征的阿爾戈號船艦，船艦即是以他的名字命名。

不過，讓我們回到漂亮的阿爾戈城國王阿克里休斯的故事來吧。阿克里休斯有一個長得很標緻的女兒戴娜雅（Danaé），但他沒有兒子，而在遠古時代，必須要有兒子來繼承王位。因此，阿克里休斯就遵照習俗，前往德爾菲神殿請教神諭，想確認自己到底會不會有兒子。照例，神諭立即回答了他的疑問，只說他會有個孫子，但是當孫子長大後，會將他殺死。阿克里休斯聽後相當沮喪、

驚愕：德爾菲的神諭從來沒有騙過人，他剛剛從預言者口中聽到的，是對他死亡命運的判決。儘管他無法違抗命運，但人類就是會無法克制地盡全力掙脫命運。雖然阿克里休斯很愛女兒，他仍然決定將她與一位服侍她的侍女監禁起來，地點就在宮廷裡一座為此特製的地下銅牆監牢。實際上，這類監獄是模仿古代邁錫尼地區地底深處的墳墓所建造，再以鍍金的牆壁包圍得密不透風。他只要求建築師在屋頂留一個小小的縫隙，好讓戴娜雅不至於窒息而死。當工程一結束，他立即禁錮女兒與僕人，忐忑不安的心也終於稍可寬慰。

不過，那是因為他沒把宙斯的淫慾好色算在內。宙斯從奧林帕斯天庭一眼就認出美麗的戴娜雅。宙斯依然不改他偷腥的習性，決定與她來一場翻雲覆雨。為了達到目的，宙斯化身為黃金雨，自天空降下，從監牢頂端的縫隙小心翼翼地滲入。閃閃發亮的黃金雨淋灑在戴娜雅身上，僅僅是這輕微的接觸剎那，不久之後，戴娜雅便生下小男嬰斐修斯。除非發生其他的事，否則宙斯既然潛到地底，他當然會再次化身為凡人模樣，以便跟戴娜雅再好好地享受魚水之歡。不管怎麼說，他們有個愛的結晶，斐修斯誕生了。他乖乖地在那個黃金鳥籠裡長大，直到有一天，阿克里休斯的耳朵聽到小孩牙牙學語的聲音。他驚訝地趕緊打開監獄，發現眼前難以置信的事實：儘管他已盡全力提防，他還是有了一個孫子。預言也開始慢慢地、一步一步走向兌現。怎麼辦？他先是殺了可憐的女僕，但她是無辜的，況且殺她也於事無補。不過，他錯認了佣人，以為她是讓這要命的小孩出生的共犯。在他王宮裡為宙斯而設的私人祭壇前，他用手將她的喉嚨割斷，冀望因此可以獲得眾神之王的保佑。接著，悻悻地盤問女兒：「到底是怎麼弄出這個嬰兒來的？父親是誰？」戴娜雅供出實情：「宙斯是孩子的爸爸。他化身為黃金雨，從天空降臨」等等。「好，是這樣，然後呢！」國王高聲地叫喊。你設身處地為阿克里休斯想一想，他根本聽不進一句話，認為根本是女兒鬼扯、瞎掰的故事。然而，他也不能對他女兒下手，讓她跟女僕落得一樣的下場，連斐修斯也是……，因為一個是他女兒，一個是孫子，如果他殺了他們，則專門懲罰家族間凶殺犯的女神埃里尼斯很可能會來找他麻煩。

於是，他叫來一個技藝精湛的細木工匠。要求他打造一座能漂浮在大海上的大箱子，然後命他女兒和他孫子進到箱子裡，再將箱子密封得滴水不滲，就這麼一推，一切聽其自然了！他們就這樣被遺棄，隨波逐流。後來的一些畫家和詩人都練習以各自的手法表現這一幕。戴娜雅是個了不起的母親：她在這麼艱困的處境下，還是將小男孩照顧得很好。箱子依它應該會有的結局，最後擱淺在某個地方。那是一座叫做塞里佛斯的小島，遇難的兩人被一位漁夫狄克提斯（Dictys）收留。他是一個善良的人，寬厚仁慈得沒話說。他以對待公主那樣地對待戴娜雅，養育斐修斯，視同己出。然而，狄克提斯有個哥哥波呂迪特斯，卻不像他那麼正直、莊重有禮。波呂迪特斯（Polydectès）是塞里佛斯島的國王，當他一看到戴娜雅時，馬上就喜歡上她。說得更露骨些，他其實就是在打她的歪腦筋。唯一的麻煩就是戴娜雅不願意，且斐修斯已經長大了，這個少年時時保護著他母親，所以這眼中釘也不是那麼好解決。波呂迪特斯想到一個辦法，無疑地，是要轉移斐修斯的注意力，也或許是要設陷阱害他，我們並不太清楚。總而言之，他就是要支開斐修斯。他大力宣傳即將舉辦一場宴會，屆時將邀請島上所有的年輕人參加。他告訴他們，他將娶一位愛馬的年輕女孩希波達米（Hippodamie）。依照傳統習俗，這些年輕人得帶一份禮物來。因此，每個人想討國王的歡心，都帶來他們所能找到最駿逸的馬。唯獨斐修斯，什麼也沒有。這很自然啦，他當然窮，因為他是逃難來的人。基於補償的心理作用，或者只是在打腫臉充胖子的一時興致下，他向波呂迪特斯保證，無論如何他一定會帶美杜莎的首級來見他。沒有別的，竟然是恐怖的葛爾歌！他之所以會這麼誇下海口，或許是要引起國王的興趣，也或許是他在自己身上感覺到英雄的使命吧。就這一點，故事並沒有說明得很清楚。

事實是波呂迪特斯的確也把話聽進去了，本就巴不得親自找到最恰當的機會把眼中釘解決掉，想不到他竟然自投羅網。實際上，因為從來沒有人能靠近葛爾歌而還能保住性命，因此，他要娶（或者搶……）走戴娜雅的門已敞開了！

我跟你說過葛爾歌和她們妖魔鬼怪的長相，現在，我必須再多告訴你一些關於她們的事。她們是三姐妹，根據某些作者，尤其是阿波羅鐸魯斯的說法，認為她們原本很可愛，但由於她們有點厚臉皮，聲稱她們比雅典娜還漂亮，而這類的傲慢狂妄，你現在已經知道了，是不可原諒的事。雅典娜為了報復，或者說為了使她們安份些，於是她將她們徹底毀容。她們被弄成眼珠凸起，嘴裡冒出像是豬或綿羊的舌頭，加上從嘴裡外突的野豬獠牙，咧嘴的模樣相當嚇人。從手臂到手都是青銅做的，背後還長有金翅膀，更可怕的是，從她們凸出的眼睛散發出的目光，足以使每個與她們四目交會的生物，無論是動物，植物或人類也好，在一轉眼間就化為堅硬的石頭。在這裡，我們發現一個與先前讀到的彌達思著名的金手指類似的特徵，但情況是等而下之：在這兩個例子當中，能夠讓有機物變成無機物，讓生物化成石頭或金屬的神奇天賦異稟，顯現出對宇宙秩序全體和諧與維護該狀況的直接威脅。而最極端的狀況就是，這樣的存在，只要他高興，或者放任不顧的話，那麼他就能摧毀宙斯辛苦達成的志業。因此，對宇宙來說，如有必要，必須使他們乖乖就範，因為這件事攸關宇宙的存亡。不過，這三位葛爾歌當中，兩位是不會死的，只有一位會死。解決至少可以消滅的魔女，現在是時候了，而斐修斯就要擔當這個責任。

但問題就出在這個可憐的小伙子話說得太快，也太自負了，甚至連該怎麼著手他也毫無頭緒。

要開始，最起碼也得先知道美杜莎藏身之處，但他根本一無所知。況且，據說這些神祕又鬼怪的葛爾歌並非真的住在地球上，而是宇宙的的邊緣。到底在哪裡？似乎沒有人知道，至少，斐修斯並不曉得。其次，就算讓他找到了，要怎麼殺她而不被變成永遠動也不動的石雕像呢？你仔細想像一下，她飛得像鳥一樣快，而她的眼睛以三百六十度全方位地迅速轉動，只要一眼，與她目光交集，遊戲就玩完了！更不用說了，這場挑戰可不是輕輕鬆鬆可以接受的，而斐修斯該想一想，或許他還是像其他人一樣，找來一隻馬送給波呂迪特斯就好了⋯⋯。不過，他是英雄，而且，別忘了，他還是宙斯的兒子，就跟赫拉克勒斯一樣。事實證明，他在地球上的任務非常神聖，所以，赫米斯與雅典娜這兩位奧林帕斯最有權力，也最親近他父親的神，會來幫助他。

對斐修斯來說，第一階段要完成的，是去找「葛萊亞」（Grées）。她們也是三姐妹，也是葛爾歌姐妹們的姐妹，因為她們有共同的巨無霸海怪雙親，福耳庫斯（Phorcys）與刻托（Céto），長相也都奇醜無比。葛萊亞的任務就是監管通往葛爾歌的路，假如她們不清楚葛爾歌她們住哪裡，至少她們認識那些曉得住處的寧芙仙女吧。只要斐修斯有辦法跟那些葛萊亞說話，則他就能前進到挑戰的第二階段，去詢問寧芙仙女。可是，我們知道，葛萊亞可不好應付。她們也是如假包換的怪物，只是方式不同罷了，但同樣得提防她們才好。她們最有名的，就是嘴饞時會抓年輕人來吃。至少，這些神奇鬼怪的東西，不論是永生不死的葛爾歌，還是她們的怪獸雙親，又或者是她們同樣醜陋得讓人倒胃口的姐妹們，他們通通都屬於前奧林帕斯的世界：都是混沌時期的生物，而不是宇宙和諧的生物。如果我們要避免宇宙的毀滅，就像下棋一樣，則必須了解如何將死這些不得不時刻提防的原初而古老的暴力。

證據就是，這幾位葛萊亞有兩個駭人聽聞的特徵：第一，她們一出生就很老了。想像一下，她們從來不曾年輕過，更別說是嬰兒或小孩的模樣了。她們打從出生就是佈滿皺紋的老太婆、老巫婆了。第二個特徵，她們三個人共用一隻眼睛和一顆牙齒！想像一下這種景象：她們就將獨眼和單牙一直傳來傳去，不曾間斷過，如此圍成一個永遠的圓圈。因此，她們有點像百眼怪獸阿爾戈，儘管她們只有一個視覺器官，但那隻獨眼卻永無休止地守衛戒備，因為她們三位從來不曾同時睡著過。同樣地，她們唯一的牙齒隨時準備切斷東西，誰要是太靠近她們，那顆牙就會立刻咬住。所以，得像躲黑死病那樣躲得遠遠地才好。

凡爾農比較葛萊亞將眼睛與牙齒傳來傳去的過程，與以此命名的一種輪流的遊戲。他的想像很豐富，不過，我不曉得為什麼，這個故事反倒讓我聯想到三張牌的猜牌遊戲。你知道這種遊戲嗎？三個小碗倒蓋在桌上，玩遊戲作莊的人，老實說，像是變戲法的魔術師，將一枚硬幣（或一張鈔票、一個戒指等等）藏在其中一個碗裡。然後，他很老練地一邊打開碗旋即飛快地蓋住，一邊不斷地將碗移來移去，讓你到最後再也分不清哪一個碗藏了東西。你必須猜，但大多數或者每一次你都會猜錯，然後作莊的人就收走你的錢。這跟斐修斯面對葛萊亞的狀況有點像。他必須在她們傳給下一位的剎那抓到眼睛與牙齒，而且，不是從一個碗傳到另一個碗，而是從一個老巫婆傳給另一個老巫婆的時候！這幾乎是不可能的事，因為她們隨時保持警覺，而且動作迅疾如風。不過，斐修斯是個英雄，你大概已猜到，他成功地完成這第一個冒險。他閃光電擊般的速度，一下子就扒走兩個器官。現在，換這三個老婦害怕起來了，她們開始驚駭地尖叫。她們雖然是永生不死的，然而，少了眼睛和牙齒，她們的生命與在地獄沒兩樣。老老實實地說！斐修斯這麼做有點卑鄙，可是他沒辦法，他進行著要脅勒索她們的勾當：只要她們供出，了解葛爾歌行蹤的寧芙仙女在哪裡，那麼他就把她們的財產還給她們。否則，她們就要永遠看不見也無法吃東西了。這場買賣很簡單、很清楚，也無從上訴。老太婆們雖然咕噥抱怨，但只有遵命。她們指出寧芙仙女看管的路。斐修斯見她們誠實，就還她們眼睛與牙齒，然後急忙趕往他下一個路程了。

寧芙仙女與那三個巫婆截然不同，她們很親切、很好客，以最大的熱忱款待斐修斯，沒有刁難他，並且立即告知何處可找到葛爾歌。同時，她們還送給他極珍貴的禮物。若非靠著那些具神奇魔力的禮物，老實說斐修斯根本就沒有贏的機會。首先，她們送他一雙與赫米斯穿的草鞋同樣的帶翅飛鞋。這雙鞋可以讓他像鳥一般，甚至比鳥還更快速地飛在天空。然後，她們送給他黑底斯著名的帽子，那是一頂由狗皮做成的帽子，有隱形的作用——這頂帽子，讓斐修斯可躲過不死的葛爾歌為替妹妹復仇而對他的追殺。最後，她們贈他一種獵物袋，獵人會將獵殺的獵物裝到這種背包裡，這個袋子讓斐修斯可以在割下葛爾歌的頭之後，好好地將它收進袋子裡。實際上，要知道，即便她死了，她的眼睛還是永遠地將與其目光交錯的對象轉瞬間化為石頭。因此，不用說，如何處置砍下的頭顱可是攸關性命的事，必須很謹慎地收起來。在這三份禮物之外，赫米斯又添上一把刀子，是一種小鐮刀，如克羅諾斯拿來砍下他父親烏拉諾斯的性器時所用的鐮刀。總之，這是一把很銳利神奇的刀子：堅固鋒利，削鐵如泥，任何東西都會在刀刃下落地。

斐修斯帶著這些配備，再度上路，前往葛爾歌的國度。但這次的任務更加艱鉅難應付，他必須尋求雅典娜的協助。實際上，該如何避開美杜莎致命的眼神，順利砍下她猙獰的頭？為了執行這項任務，必須要親自看人家是怎麼做的。但這麼一來，就得有某個人犧牲了！幸好，雅典娜已想好通盤計畫。她拿出她那著名的盾牌，平滑、閃閃發光，當成鏡子使用。她站在沉睡中的美杜莎背後，這時斐修斯則像貓輕悄悄地靠近美杜莎，透過盾牌的反射，他看清美杜莎的臉龐：雖然美杜莎看著他，但那不過是鏡像，不是真的，所以沒有任何危險。在這之後，再也沒有比這個更容易的了：斬首美杜莎，俐落地將她駭人的頭顱塞進獵物袋裡。但是，另兩位葛爾歌醒過來，她們發出一聲淒厲的叫聲。這個慘叫聲，啟發雅典娜製造笛子的念頭。你記得，她發明笛子，被赫拉及愛芙羅黛蒂嘲笑之後，憤而丟掉笛子。這把笛子最後也留給可憐的馬爾西亞斯很悲慘的命運——也就是說，這裡讓你再一次看到，這些故事彼此之間都有關聯。斐修斯立刻戴上黑底斯的隱身帽，再穿著赫米斯的千里鞋，足以使他健步如飛。兩位葛爾歌雖然瞪大眼睛四處張望，鼓動她們的金翅膀遍野尋找，就是不見他的蹤影。而斐修斯早已暢行無阻地飛一般地逃走了。

為了與母親戴娜雅重聚，並且將美杜莎的頭顱呈獻給波呂迪特斯，斐修斯折返回塞里佛斯。在歸途中，他從天空瞥見一個美麗的女孩安卓美蒂（Andromède），即後來成為他妻子的女孩。她正陷於危急的處境。

這還用說！當斐修斯經過她上方時，事實上，安卓美蒂被繩子綑綁在一個懸崖旁。就在突出於海岸高處的斷崖上，在那之下是深淵巨渦，對著她虎視眈眈。很難想像比這個還更糟糕的情況……為什麼會這樣呢？她母親卡西歐佩是衣索比亞國王賽夫悠斯（Céphée）的妻子。卡西歐佩有個壞主意，就像美杜莎對雅典娜那樣，她竟然藐視不該藐視的妮蕾伊德女神。而她們卻是比波塞冬還更早的最古老海神聶柔斯的女兒。卡西歐佩大言不慚，聲稱她比妮蕾伊德女神們還要漂亮百倍——而現在你知道了，這樣就是犯下傲慢自大的罪過……。妮蕾伊德女神們的好朋友波塞冬也被這愚蠢的自命不凡激怒，為了懲罰這幾個傲慢放肆的人，海神波塞冬發動海嘯和一隻海中怪物蹂躪當地。只有一個方法可以平息盛怒狂濤：將國王的女兒安卓美蒂當成貢品。心如死灰的賽夫悠斯剛才決心做的，就是這件事。這就是為何安卓美蒂會被緊緊地綁在岩石上的緣故了，只待海怪一吞噬她，她的命就沒了。斐修斯一刻也不猶豫，立即對著賽夫悠斯承諾他會解救姑娘。他只要求一件事，即賽夫悠斯得答應將女兒許配給她。達成交易後，斐修斯帶著他的鐮刀、帶翼草鞋及讓他隱形不見蹤影的帽子，斐修斯毫不費力就殺了怪物，將美女身上的繩子解開，帶她回到地面。除了原本要娶她的叔叔菲紐斯（Phinée），每個人都好高興。菲紐斯試著跟斐修斯較量，但斐修斯從袋子裡取出葛爾歌的頭顱，立刻將他化成石頭。

以下就是故事的尾聲，我讓阿波羅鐸魯斯以他簡潔的手法來跟你描述（我注解在括弧內）：

斐修斯回到塞里佛斯後，找到母親。原來，她與狄克提斯為躲避波呂狄特斯的暴力，逃到廟裡避難。斐修斯走進王宮時，適值波呂迪特斯邀來一群朋友舉行宴會，他把頭別到一邊去（好讓自己不被變成石頭），他在他們面前出示葛爾歌的頭顱。在場的所有賓客（當然包括波呂迪特斯在內）都立刻化成石頭，每個人就保持著當時的姿勢，動也不動（想像一下桌前的情景：有的人正喝著酒、有的人很驚訝地看著歸來的斐修斯，而波呂迪特斯一定是充滿好奇和恐懼，諸如此類）。斐修斯安排迪克提斯成為賽里佛斯的國王之後（波呂狄特斯死了，變成石雕像，因此當然是他那正直老實的弟弟繼承王位），便將草鞋、獵物袋及頭盔還給赫米斯。並將葛爾歌的頭顱送給雅典娜。赫米斯將那些物品還給寧芙仙女，而雅典娜則把葛爾歌的頭顱放在她盾牌的正中央（別忘了，她同時也是女戰神。有了美杜莎的頭，她就可以徹底將她的敵手變成石頭）。

最後的話題高潮是躲不掉的：現在是預言兌現的時候，阿克里休斯惡毒的舉止和自私自利也該受到懲罰了。斐修斯帶著成為他妻子的安卓美蒂以及他的母親，決心回到阿爾戈去。這位善良的王子已經原諒他祖父了：他不怨恨他祖父，因為他明白了，阿克里休斯之所以會那麼做，是基於害怕預言有朝一日實現。他想讓祖父明瞭他已釋懷。然而，阿克里休斯聽到斐修斯在歸途中，非常害怕預言實現，便以最快的速度逃到另一座城特塔米德斯。可是，這座城恰巧剛舉辦競技活動。這類競賽，是當時希臘人醉心參與的活動，年輕人都爭相投入，參加各種比賽。阿克里休斯受朋友邀請來觀禮台觀賞表演。斐修斯一聽到有場比賽，而且就在阿爾戈的附近舉行，既然是途中經過的地方，於是他按捺不住參加了盛會。他在擲鐵餅方面是很厲害的，可是，運氣很不好，他擲出的第一面鐵餅就砸碎阿克里休斯的腳，他的外祖父當場一命嗚呼。

別問我一塊掉到腳前的鐵餅如何殺得了人？這不重要，重點是，正義獲得伸張，而命運——只不過是另一種方式表示宇宙秩序罷了——終歸是公正的。一切都回歸條理秩序，斐修斯終於能與母親、為他生了不少孩子的妻子以及孩子們平靜地過生活。在他死後，他父親宙斯很明顯地厚待他這樣一個必死的凡人：為了回饋他的英勇，以及獻身在維護宇宙秩序法令的努力，宙斯以星座的形式將他永遠地鑲在穹蒼下，據說這個星座還勾勒著他臉龐的輪廓。

（四）、再一則以正義之名的戰鬥：伊亞宋，金羊毛與阿爾戈號英雄傳奇之旅

這一則關於伊亞宋的故事，我們要遠離英雄除害這類神話。當然，伊亞宋在他的旅途中還會遇到幾隻怪物——出現一隻口吐火焰的野牛、從地上冒出的可怕戰士、哈爾比亞、一隻龍……等等——伊亞宋也同樣必須戰勝它們，不過，這些怪獸卻非伊亞宋故事的重點，不像赫拉克勒斯、鐵修斯或斐修斯的故事那樣。首先，在這個神話故事裡，伊亞宋是為了補償由邪惡的國王皮里亞斯

（Pélias）犯下冒瀆神與人的罪過。為了使一切重歸秩序，也為了從這個罪大惡極的君主手中奪回正義，伊亞宋必須遠征取得神奇之物金羊毛。在此我們得先說說金羊毛，當作這趟冒險故事的引言。

什麼是金羊毛？故事始於——至少在最常見的版本中，阿波羅鐸魯斯是這麼描寫的——阿塔瑪斯（Athamas）國王，他統治一個以農民居多的區域比俄提亞，這個地方也是赫希歐德的出身地。阿塔瑪斯國王剛娶了一位年輕女孩涅菲勒（Néphélé），並且與她生了一男一女，男孩叫做佛里克索斯（Phrixus），女孩則是赫蕾（Hellé）。可是不久之後，他又跟依諾（Ino）結婚。這個依諾，是底比斯的國王卡德摩斯與哈摩妮雅所生的女兒。而哈摩妮雅就是阿瑞斯與愛芙羅黛蒂的女兒。依諾後來會變成海洋女神，不過，目前她還只是一個女人而已，總歸一句，是個嫉妒心極強的女人：她無法忍受阿塔瑪斯的兩個孩子，於是佈局一個恐怖的計謀，欲除之而後快。我跟你說過，比俄提亞屬於小農民的地帶，都市裡的人鄙視他們，認為他們看起來未開化，沒有什麼文化。此外，直到今天我們都還以「比俄提亞的」這個字來形容一個太老實、不夠文雅的人。因此，依諾不費吹灰之力就捏造出故事，慫恿當地婦女，背著她們的丈夫，在播種前偷偷烘乾要播種的麥種。這樣一來，當然麥田就歉收了。

翌年收割季節到了，卻一片饑荒，阿塔瑪斯非常擔憂——他當然對他老婆的陰謀毫不知情——於是派人前往德爾菲，請示著名的神諭。可是，依諾這個詭計多端的女人在背後操縱，她硬是有辦法說服那些使者回報阿塔瑪斯，必須獻祭他的兒女佛里克索斯及赫蕾，才能平息天神宙斯的憤怒，讓土地再度肥沃、五穀豐收。阿塔瑪斯聞之變色，堅決反對，然而，在饑饉中，農夫們輕易地相信預言，並威脅要起來反抗國王。到處都聽到農民聲嘶力竭要求將他兩個孩子當祭品。阿塔瑪斯不得不讓步，他心如死灰，領著兒女來到要獻祭犧牲的祭壇。但在這時，他們的母親涅菲勒祈求宙斯幫忙，居中搭救。宙斯也對依諾的詭計很不以為然，於是派他忠誠的信使赫米斯趕緊搶救佛里克索斯及赫蕾。不過，神祇是透過赫米斯交給涅菲勒一隻神奇牡羊來進行這次的救助行動。這隻極不尋常的公羊，身上並沒有一般的羊毛，而是一身細緻黃金做的金羊毛，肩膀上還有一對翅膀。涅菲勒隨即讓佛里克索斯和赫蕾兩人坐到金綿羊身上，這隻公羊立刻凌空將他們帶往較少敵意的地方科爾克斯。很遺憾，小赫蕾在途中不慎掉入海中溺死：從此以後，人們將她溺斃的地方稱為「赫蕾橋」——今天稱為達達尼爾海峽，是歐洲與亞洲的分界。

而她的哥哥佛里克索斯則平安抵達目的地。在那裡，科爾克斯的國王埃爾特斯很熱情地接待他。為了感謝，佛里克索斯獻祭公羊，並回報他的款待——某個神話版本則說，是公羊自己要求當祭品，以解決牠這個生命有限的生物軀殼，好讓牠回到神聖的天上，這種說法顯然會更討你喜歡吧。不管怎麼說，佛里克索斯贈送金羊毛給埃爾特斯，而某些人則聲稱，這麼做可以保護地方；反之，如果佛里克索斯再帶走，或者讓它再離開，則會招來不幸。埃爾特斯把金羊毛釘在一棵樹上，派一隻從不睡覺而且極可怕的龍日夜看管它。伊亞宋要取回的，就是這個金羊毛。為誰？為什麼？要回答這個問題，就得從伊亞宋的童年說起。在此，我們引用的故事原典，還是阿波羅鐸魯斯的版本，不過，我們也須借助另一部傾全力在描述此故事的著作來作為補充：是西元前三世紀的詩人，羅德島的阿波羅尼歐斯撰寫的長篇詩作《阿爾戈號英雄》，這部描寫伊亞宋在科爾克斯探險的浩瀚詩篇，堪與荷馬史詩巨著媲美。

這個故事像童話故事般揭開序幕。從前有個男子埃宋（Aéson），他是愛歐爾卡斯（Iolcos）城的國王皮里亞斯同母異父的兄弟。我說過，皮里亞斯是個奸詐惡毒的人，愛歐爾卡斯的合法王位，本來應該傳給埃宋，然後由他兒子伊亞宋繼承，可是，皮里亞斯以武力非法篡奪了王位。伊亞宋有意要為他父親取回公道，當時機成熟，他就要從這位不公不義的叔叔那裡奪回原本屬於他們的王位。

皮里亞斯為確保他在愛歐爾卡斯城的寶座不會遭同母異父兄長剝奪，便將他害死。我一開始就指出這一點，好讓你知道皮里亞斯是怎樣卑鄙齷齪的人。老實說，他並非親手殺他，而是用更卑劣的手法：埃宋得知皮里亞斯有意暗殺他，反而搶先要求皮里亞斯讓他自我了斷。再也沒有這麼乾脆的事，可以不沾血腥地幹掉他，皮里亞斯求之不得。於是，伊亞宋可憐的父親就這麼死了。皮里亞斯卻還得寸進尺，連我們這位英雄的母親和他弟弟都不留情。我們起碼可以說，他是個壞心腸的人。

不過，我們也要指出，皮里亞斯不只對人不公不義，他還觸犯了幾位奧林帕斯的神，尤其是赫拉：皮里亞斯在一座天后的神殿裡殺死一位婦人。此外，他還很堅決地拒絕崇拜赫拉，全面禁止在城裡舉行赫拉的祭典，要求所有的犧牲都只能獻祭給他父親波塞冬。這個波塞冬不曉得跟凡人生過多少怪物和無賴了！所以啦，這就是為何奧林帕斯諸神決定派遣伊亞宋到科爾克斯的原因。他們不是要他去取金羊毛，那只不過是個藉口罷了，目的是要他帶著埃爾特斯的女兒，即琦爾珂的姪女，懂巫術的美狄亞，好讓她到愛歐爾卡斯城懲罰皮里亞斯——到最後，你會看到是那是多麼殘酷的手法。早在赫希歐德的《神譜》裡，他就如此解釋伊亞宋這趟旅行的意涵了。他在該書闡述，皮里亞斯是個**蠻橫無禮**、**肆無忌憚的人**，也就是說，皮里亞斯充其量是個受**驕縱傲慢**驅使而誤入歧途的人。赫希歐德指陳，眾神才是伊亞宋遠征之旅的始作俑者，帶回美狄亞才是旅行的目的，同時他又點出，這個國王「恐怖、目中無人、瘋狂粗暴」。實際上，依據赫希歐德的說法，是「由於眾神的意志」，將美狄亞從她父親埃爾特斯處擄走（她的確是在同意的情況下走的，因為她瘋狂地愛上伊亞宋，此外，根據某些神話作者的說法，或許這是愛芙羅黛蒂的傑作，她派了小愛神邱比特，當魔法女郎的眼神落在英雄身上的那一瞬間，將愛神的箭射到她心上）。

不管怎麼說，皮里亞斯是個可憎的人，在驕恣妄為中度日，不只是對自己人不公不義，對神祇也不恭敬，因此，實際上是經伊亞宋由美狄亞審判他，伊亞宋只不過是將她從科爾克斯帶來而已。不過，我們現在還只是在冒險故事要開始講的地方，你等一下就會看到，尋覓金羊毛既非易事，再從它的主人科爾克斯強悍的國王埃爾特斯處盜走它也非輕而易舉的事。

那麼讓我們回到伊亞宋吧。

如果說他是當英雄的料，絕非僅僅由於他的出身而已，還由於他所受的教育。教育他的是我曾提過的著名教育家喀戎，他是克羅諾斯的兒子，也以史上最偉大教育家而名聞遐邇。喀戎是半人半馬的山杜爾怪獸，最有智慧也最聰明。他不只是傳授伊亞宋醫術，像他調教阿斯克勒皮奧斯那樣，他也指導伊亞宋藝術、自然科學知識，以及操作各式武器的技巧，如他傳授給阿奇里斯的那樣。年輕伊亞宋與他的父母親住在愛歐爾卡斯的城外。有一天，他聽說叔叔邀他參加一場即將在海邊舉行的祭獻大典，照例是以彰顯他父親波塞冬的榮耀為目的的比賽。老實說，皮里亞斯並沒有特別邀伊亞宋：他不認識伊亞宋，也根本就沒看過伊亞宋，因為，埃宋一直提防他同母異父的弟弟，很謹慎地將兒子藏匿在隱密的地方，以保護他不受到潛在暗殺之威脅。皮里亞斯邀請整個地區的所有年輕人，伊亞宋是在這個背景下前往該城的，同時他很盼望，能聽篡位的叔叔給他一個解釋。為了明瞭接下來發生的故事，你還得先知道，皮里亞斯曾請示德爾菲的神諭，在他統治下會有怎樣的未來。神諭向來都晦澀難解，照例，預言要他防範一位「只穿單隻鞋的男子」，皮里亞斯並不明白話中的含意。不過，這一天，預言終於應驗了。

其實，在伊亞宋前往愛歐爾卡斯的途中，伊亞宋必須涉水穿過一條河川。他在河岸邊遇到一位老婆婆，也正要渡河，但是她太老弱了，沒辦法一個人涉水，需要有人幫她。伊亞宋受過很好的教養，也夠強壯，於是他雙手抱起老婆婆，準備渡河。他的腳被水裡到處滾動的石頭絆住，陷入泥沙中，在水裡滑來滑去，不過，並沒有太大的阻礙，到最後還是涉水到對岸了。這位老婦人，你或許已經料到了，不是別人，正是天后赫拉。她扮成這樣，就是為了試探我們的英雄會怎麼做，看他是否夠大器，足以遠征冒險患難，還能帶回變魔術的女孩美狄亞來懲治她的敵手。看來，她會在第一次接觸時就很滿意這未來將得寵的伊亞宋，也不無道理。你一定也已經猜到，伊亞宋的……鞋子掉在河裡了！當皮里亞斯見到這位單隻腳穿著鞋的年輕人，早已被他淡忘的預言立刻讓他想起來了。他質問伊亞宋的身份？要做什麼？到這裡有何目的……等等問題。然後，他明白了，預言的事就是跟他侄子有關。

如果我們相信阿波羅鐸魯斯的記述，那麼，場景是皮里亞斯在參加祭祀典禮的大庭廣眾下詰問伊亞宋，要伊亞宋站在他的立場上想想，假如他聽到一個年輕人要罷黜他，奪取他的王國，那麼他會怎麼做。受到赫拉的授意，伊亞宋也不太曉得為什麼，立刻回答說：「我會派他去尋找金羊毛，然後帶回來給我！」毫無疑問地，皮里亞斯比伊亞宋更驚訝，暗中竊喜這個回答，因為，他料想，想取回金羊毛根本就是作夢。光是完成這趟旅行就已經是荒謬至極的冒險了，至於還奢望從科爾克斯的國王埃爾特斯那裡偷走它，門都沒有。金羊毛被一隻龍嚴密地看管，所以，要從他那裡竊取金羊毛，得通過重重難關考驗才行。換句話說，皮里亞斯確信，剛才伊亞宋已犯下致命的錯誤：這個年輕的傻瓜，親手奉送給他解決心腹大患最確定無誤的手段。當然，他把伊亞宋的話當真，他和在場所有的人都可以作證，這個年輕小伙子一言既出，駟馬難追了。因此，小伙子必須接受挑戰。

為了前往科爾克斯，首先必須打造一艘船，並徵召一群英勇的船員，就算不是出類拔萃的團隊，起碼也得相當勇猛果敢的人才行。伊亞宋當下就招兵買馬尋找起來。船隻的事，他請佛里克索斯的兒子阿爾戈負責。阿爾戈這個男孩為了避開父親阿塔瑪斯獻祭金綿羊，而從科爾克斯來到這裡。阿爾戈是個很傑出的船舶建造師，不過，為確保安全，他接受了雅典娜很寶貴的協助。女神在船艦的製造技術方面給他建議，然後，她親自在船頭配置一個會說話而且在必要時還能導航方向的船首標誌。至於船員都勇武非凡，人們把船員稱為「阿爾戈諾特（Argonaute）」，亦即希臘文的「阿爾戈號船員」之意。為表示向製造者致敬，阿爾戈從此就是這艘船艦的名字。在這艘共有五十名船員的船上——因為阿爾戈號有五十隻船槳——我們算算有好幾位鼎鼎大名的英雄，以赫拉克勒斯為首，還包括鐵修斯、奧菲斯、雙胞胎兄弟卡斯托耳與波呂克斯，以及亞特蘭特（Atlante）這位全世界跑得最快的女人，也是船上唯一的女性。不過，還有其他很多人，他們的名氣也許不是很大，但他們的貢獻卻與那些大名鼎鼎的英雄一樣珍貴：歐菲摩斯（Euphémos），他可以在水上行走；裴里科律邁諾斯（Périklyménos），能夠化身成任何一種形狀；倫丘斯，視力足以穿越牆壁；風神的兩個兒子，波瑞亞德斯（Boréades），他們能像鳥一樣自在地飛翔——你將會看到，這些功夫讓他們得以驅趕哈爾比亞……諸如此類的貢獻。就在伊亞宋召集各路英雄好漢作為夥伴之後，一切就緒，等待啟程。同時，他們也在眾神的協助下出航——至少在赫拉與雅典娜舉足輕重的協助下，開始一趟漫長而危機遍佈的旅程。

整個往返的旅程分三階段進行，首先，是前往金羊毛所在地的科爾克斯島之旅，接下來，則是在當地遭遇各種必須克服的考驗——因為，埃爾特斯國王對金羊毛離開他的事，感到措手不及。然後，才是回程的旅行，但這一段旅程，同樣充滿障礙險阻。

不過，我們就從去程講起吧。阿爾戈號船員橫渡大海啟程之初就很不尋常，他們最先停靠在蕾夢諾斯島，這座島嶼的特徵就是：島上只有女人。附近連一個男人也沒有，這對我們這群探險家來說，實在太奇怪了。為什麼男性都不在？這群阿爾戈號英雄們，一問起這些女人，終於真相大白，但他們也因此得知聞所未聞而令人有些不安的事。原來，蕾夢諾斯人曾經拒絕崇拜原本約定好要祭拜的愛芙羅黛蒂。女神惱羞成怒，決定給她們一個教訓。她讓她們身上散發出一種很難聞的味道，真的是惡臭到她們的丈夫都紛紛迴避，自然而然地，所有的男人都跑到別的地方去了。這種體臭也真是太古怪了！島上的男人們發覺再也沒有比到別處還更好的事。他們到鄰近的色雷斯，在那裡很輕鬆自在地做著背叛他們妻子的事。她們為此非常生氣，一逮到機會，就把他們都殺死了。在那之後，她們就變得孤孤單單了。她們以貪婪的欲望熱烈歡迎阿爾戈號的人。某些書還說，除非他們承諾跟她們同床，否則絕不讓他們登陸下船。

或許是因為味道已經蒸發，也或許是阿爾戈號英雄們並不介意，反正他們照做不誤，甚至不像是有任何障礙的模樣。因為，伊亞宋就與蕾夢諾斯島的女王伊普西碧蕾（Hypsipyle）生了兩個孩子。順帶一提，這提示我們，這些英雄在島上待了不算短的時間，毫無疑問地，至少也待了兩年。在此期間，他們在島上做什麼？依據品達的描述，他們致力於各種田徑競技和戰鬥比賽等等：也就是說，有女人陪伴的這個階段，是他們全心全意為遭遇旅途各種險阻之前養精蓄銳的階段。

考驗從第二階段開始，也以很不尋常甚至就是惱人的方式考驗著他們。阿爾戈號英雄們終於再度上路了，不久就停留在多利翁人（Dolion）的國度。這裡的國王叫做基吉科斯（Cyzicos），是個善良的人，非常親切和藹，很熱情、很有人情味地款待阿爾戈號英雄。他們很快就打成一片，成為好朋友，共享晚餐，縱情享樂，彼此交換禮物，但離去的時刻終究來臨。他們為別離感到悲傷、真情流露。阿爾戈號再度出發了。很不幸地，夜裡，忽然一陣從外海處捲起的強烈海風，把船拼命逼向剛離開的海岸處，根本就束手無策。深夜時分，阿爾戈號不得不再度泊船在多利翁人的海邊。可是，到處一片漆黑，基吉科斯什麼也看不清，以為是鄰近地區的海盜來突襲，於是他叫醒士兵們，冷不防地就朝他們誤認的敵人猛撲過去——可是這一群人不過就是他們的新朋友阿爾戈號船員。後者的視線也同樣很模糊，他們也以為是海盜搶劫，雙方就在暗夜的陣仗中殺得你死我活，直到清晨天亮，陽光照在這片戰場，極目四望，不是倒斃屍陳，就是哀鴻遍野。伊亞宋隨即看到慘不忍睹的光景：他剛剛親手殺死了朋友——國王基吉科斯，而善良的多利翁人，好多好多都喪命在這場亂仗當中。絕望的啜泣聲和哀嚎取代了戰鬥時的狂熱與亢奮。將死者埋葬，為受傷的倖存者治療……但是這一切都不見奏效。根本無法為這件荒唐愚蠢的插曲賦予絲毫正面的意義——這慘痛的教訓便深印在他們腦海：此後的旅程中，絕對要像提防黑死病那樣，提防表象的一切，要竭盡所能保持最高度的清醒。然而，他們已為此付出了太大的代價。

無論如何，旅行還是持續進行，在經過不同的幾個階段之後，來到了由阿米科斯（Amycos）統治的柏布律西亞人（Brébyces）的地方。這個人絕對不是朋友，至少，跟這個人，阿爾戈號的船員們不可能會搞錯。他是波塞冬與一位寧芙仙女所生的兒子——只要是波塞冬留下的種，就一定會滋事生非——阿米科斯具有巨無霸的力氣，他的消遣就是找人比拳擊。不過，就他的情況，這可就不是運動，更不是遊戲一場，而是人命關天的對抗。他每次一定贏，而他最喜歡的事，莫過於殺死無法避免敗在他手下的那些挑戰者，除了這一次以外。這回讓他碰到了波呂克斯。阿爾戈號的成員推舉波呂克斯出來解決這件事，他可不是什麼阿狗阿貓，而是宙斯眾多兒子中的一位，就跟赫拉克勒斯及斐修斯一樣。他也是卡斯托耳的雙胞胎兄弟，兩個人被稱為「迪奧斯克羅伊拉」（Dioscures，意思即「宙斯的兒子」），在拳擊方面，他繼承了他老爸的所有優點。經過這一次，阿米科斯學乖了：波呂克斯狠狠地猛拍他的手肘，就把他弄死了（別問我，光靠一個手肘的力量，怎麼能殺死一個人？在神話故事裡，有很多這類怪誕荒謬的事，你不能想太多，必須接受它）。到底會有什麼等在英雄們面前，這段插曲其實也帶來了預感，在尋覓金羊毛的征途中，儘管搏鬥並非重點，但他們仍然得跟所有希臘英雄一樣，必須展現出他們有能力迎擊怪獸，並且能戰勝威脅生命的種種考驗。

接下來的階段，毫無疑問地，是最怪異的一段，不過，從某些角度看，也實在夠讓人捧腹大笑的了。在離開柏布律西亞——還殺死幾個企圖為他們死去的國王阿米科斯復仇的戰士——之後，阿爾戈號英雄們終於在一塊荒蕪的陸地靠岸。老實說，並非一片荒蕪。在那裡，有一個老人後來會幫他們一個大忙。人們說他是最能夠解答未來之謎的神祇之一。他是色雷斯的前任國王菲紐斯，而且眼盲。某些人認為是宙斯將他弄瞎，因為他洩露給人類太多只有神才知道的未來的祕密。菲紐斯眼睛已瞎，赫利歐斯卻還落井下石，派來猙獰的哈爾比亞對付他。哈爾比亞是兩隻女的人面鳥身怪物。菲紐斯瘦得皮包骨，據說他餓得要死。阿爾戈號的成員得知這位神祇很值得信賴，趕緊請他指點未來，並請他告訴他們，前方還有什麼困難險阻，和他們脫身的方法。菲紐斯回答說，他很願意告訴他們這一切，不過，他實在餓壞了，在餓扁肚子的狀況下，沒辦法正確地預卜前途。

首先，阿爾戈號的人不解他的困境，「你就吃啊！」他們這麼對他說：「我們會為你準備很豐盛的一餐。」很快地，他們佈置好餐桌，為這位年邁的神張羅美味佳餚。他們也立刻明白，在他身上的詛咒有多麼可怕了。每當食物一上桌，那兩隻哈爾比亞就盤旋在空中：一轉眼，她們飛撲而下，把菜吃得精光，不然就是凌空以利爪攫奪食物。不管怎麼說，還是有一點食物殘留在桌上。因此，阿爾戈號的船員們就請菲紐斯至少靠這殘餘來裹腹。但是，想像一下，這兩個污穢不堪的鳥女妖，從高高的天空甩下一堆屎在桌上，把剩菜弄得又髒又臭——馬上就變得無法下嚥！這故事不是很可笑嗎？可是，對遭受這殘酷命運的菲紐斯來說，可一點都笑不起來。這個故事可以跟好幾年以來被神處罰的坦塔羅斯相抗衡。

不過，他很幸運。在驍勇善戰的阿爾戈號裡，有稟賦相當優異的人，特別是風神波瑞耶斯（Borée）的兩個兒子，他們飛得跟鳥一樣快。當他們一識破哈爾比亞的伎倆，立刻以最快的速度追趕她們。很快地，其中一隻因精疲力竭掉落河裡，那條河流後來就以哈爾比亞的名字記下這凶惡的妖怪。不久，第二隻也撐不住而墜落，風的精靈要牠發誓，承諾今後不再糾纏這個老年人，否則就處死。菲紐斯終於能好好吃東西了，而且，英雄們更感興趣的是，他也能說話了。他告訴他們的消息卻令人無法安心：要平安抵達科爾克斯，他們必須穿越——假如他們能夠的話——奇怪的藍巖區。這些巖石叫做「互撞巖」，因為一旦穿越這裡，兩岸的巖石會瞬即闔起，任何夾在岩塊間的東西就被撞擊碎爛。從巖石下面不斷冒出龐大的濃煙霧團，震懾水手，也阻擋他們看清面臨的危險，當巖石聚攏時，撞擊粉碎的聲音令人毛骨悚然。因此，菲紐斯對他們提出簡單的救命忠告：在他們準備進入這層巒疊嶂的奇岩之前，先從船首處放一隻鴿子試看看，如果鴿子安全通過，表示互撞巖剛閉合，但還來不及將鴿子撞碎，那麼，巖塊馬上就會打開了。他們趁此時使勁滑槳，或許阿爾戈號就能平安無事地通過了。

當他們來到藍巖區，伊亞宋命令大家確實照著菲紐斯的話做。在船頭的水手放了一隻鴿子飛出去，鴿子奮力飛向巨巖，咻——絲毫不差，鴿子飛過去了，只掉落一片我們稱為「尾羽」的羽毛，即鴿子尾巴的羽毛。真是千鈞一髮！阿爾戈號等待巨巖再度開啟，然後，這次換他們盡全力猛衝向剛疏開暢通的海道。並沒有太久，當船首開始航行前進，巖石馬上又開始闔起來。這些男丁拼命搖槳，船槳以難以置信的力量很有節奏地拍打滑水前進。咻——再一次，船艦跟鴿子一樣安全通過。不過，也同樣只差尾巴的一小部分，老實說就是船舵的尾端卡住了，但沒關係，這部分可以修補。阿爾戈號這一次毫無困難地繼續他們的遠征之途。

在接連的一兩個階段後，他們終於來到埃爾特斯統治的科爾克斯城的港口。

伊亞宋到埃爾特斯家：尋找金羊毛

然而，煩惱卻還沒結束。還必須奪取金羊毛才行。伊亞宋是個老實正直的年輕人，不是盜賊之徒。他一開始先拜訪國王，很禮貌地詢問他能否給他金羊毛。當然，為了避免立即的衝突戰爭，埃爾特斯沒說不，只不過得履行幾個他開出的條件。你可以猜到，這些條件很明顯地就是要考倒人的難關，伊亞宋必須應付這些挑戰，埃爾特斯早就打好主意，認為伊亞宋必然會在迎戰時喪命——讓他既可以解決掉這個傻小子，還能保住他珍貴的金羊毛。有點像赫拉克勒斯為赫拉所做的，現在伊亞宋必須完成兩項極危險的任務。

第一項任務是將一對公牛套到車子上：必須馴服牠們套上牛軛，再犁埃爾特斯指定的田地。乍看下這沒什麼困難，除了這對公牛不是普通的牲畜之外。其實，這對猛獸帶有青銅腳蹄，而且像龍一樣會口噴火焰，從來沒有人能靠近牠們而不喪命的，所以，埃爾特斯很放心：他認為伊亞宋跟所有人一樣會失敗。之所以如此，是因為他壓根沒想到他女兒美狄亞，會愛上伊亞宋。我也說過，這個女孩深諳魔法。也許美狄亞受到赫拉的影響，而對他一見鍾情。她擔心年輕人會這麼被殺死，就趁機拉他到一個角落，跟他談一項交易：如果他答應帶她走並娶她，那麼她就告訴他，為兩隻凶悍的野獸套軛的訣竅。當然，伊亞宋答應她了。於是她調製一種有魔力的液體：他必須將液體塗抹全身及他的長槍和盾牌等等，這樣，刀槍和火燄就沒辦法對他起任何作用了。還有，駕馭公牛最好的方法，就是直接抓牠們的牛角——當然，唯有當身體不受公牛鼻孔噴出的烈焰燒灼，才可能辦到。翌日，伊亞宋走進鬥牛場，令人驚訝的是，儘管兩隻野牛臉上冒出熊熊烈火，儘管牠們鐵蹄粗暴地踢著，他毫不費力地套住牛軛，然後毫髮未傷地開始犁田，像駕馭兩隻溫馴的水牛一樣輕輕鬆鬆。

但故事還沒結束。第二項考驗顯然更麻煩：犁好田之後，他現在必須播種一隻龍的牙齒。這些牙齒也不是沒有來歷的東西：當牙齒一掉到地上，就會立刻長出恐怖的戰士。他們全副武裝，可隨即殺死任何靠近他們的生物。這些牙齒並不是偶然落到埃爾特斯手中的，它們的故事得上溯到卡德摩斯的時代。卡德摩斯即是底比斯城的創建者，也是初代國王。有一天，卡德摩斯決定將他的城邦選在由一隻龍守護的泉水地帶。可是，這隻龍是戰神阿瑞斯的。另外，我提醒你，卡德摩斯娶的太太哈摩妮雅是阿瑞斯與愛芙羅黛蒂所生，後者卻是赫菲斯托斯的妻子（也就是說，赫菲斯托斯對於自己戴了綠帽子的事相當生氣，不過，這又是另一個故事了……）。為了著手順利取得泉水，卡德摩斯不得不把龍殺死。雅典娜與阿瑞斯收回怪獸的牙齒——他們知道，只要將牙齒一播撒到地上，立刻就會長出可怕的戰士來。因此，他們將這些神奇的種子一半送給卡德摩斯，好讓他能夠為新的城邦增添生力軍，另一半，就送給埃爾特斯，我們科爾克斯城的國王，讓他在必要時，可以用來保護他的金羊毛。從土中冒出的戰士有個名字，叫做「斯巴提亞」——spartoi，即史跋拓人，希臘文的意思就是「被種出來的」，即表示像種子被播撒在地上，就可以長出什麼東西。這些被種出來的人，與大地有直接的關係（他們是「土著」，這個希臘文意指「來自土地的」）。這個字跟地面是很相近，使人不禁想到大地母神蓋亞的那些孩子——最初充滿暴力的神祇（並非每次一說到土地，就跟暴力有關，只不過在這個背景下，這個例子很吻合）。蓋亞在奧林帕斯眾神之前就已存在，非常接近原始的混沌力量，也受到這股力量的鼓舞。我們會在斯巴達城再度看到這個概念。斯巴達是一座致力於戰事的城市，那裡的男子，個個是身經嚴酷戰鬥訓練的精銳戰士，受過嚴苛的紀律，或者說是具有「乾脆、不拖泥帶水的」（laconiques）的性格——拉寇尼（Laconie）就是斯巴達地區的希臘地名。

因此，伊亞宋才撒下龍牙，土裡立即冒出一群令人望而生畏的戰士。不過，美狄亞早先再度獻上計策給他了，而這個詭計，卡德摩斯在他那個時代也用過[59]。沒錯，這些全副武裝的人幾乎所向無敵，不可小覷他們身懷的力氣，且他們對戰鬥的技巧也相當熟稔。反之，他們的腦袋可一點也不精明。說得明白些，他們實在蠢得叫人五體投地，粗暴、未開化，只顧眼前不想其他的事。只消丟下一塊石頭到他們面前，他們會認為是旁邊的人突襲，然後自然而然就大打出手，爭到你死我活才罷休，根本就不需要伊亞宋動一根手指頭。現在，一切順利無阻了。可是，賭品太差的國王死不認輸，說話不算話，決定趁天黑後放火燒了阿爾戈號，並且殺光所有的船員。既然國王拒絕地很不光明正大，伊亞宋只好靠武力奪回金羊毛。他只需除掉保護金羊毛的怪龍就行了。美狄亞以親自調製的毒藥讓龍昏睡過去，伊亞宋摘下吊在樹上的珍貴金羊毛，然後跑回船上，遠遠地駛離那裡，就大

㊾其實，卡德摩斯也撒過龍牙，一看到從土裡長出嚇人的史跋拓人，他丟了一塊石頭在他們當中，他們彼此像傻瓜一樣打了起來……一直打到只剩五個人活下來。底比斯城就是靠這幾個人開始繁衍人口的——因為卡德摩斯的很多夥伴被守護阿瑞斯泉水的龍殺死。

功告成了。

國王埃爾特斯得知他女兒幹的好事，氣得暴跳如雷，立刻動員速度最快的船隻，出發急追阿爾戈號。這時，美狄亞犯下一樁駭人聽聞的殘忍罪行，一樁所有神話故事裡最慘絕人寰的凶殺事件之一。她帶著弟弟登上阿爾戈英雄的艦艇，在看到父親的船已追殺逼近時，她毫不猶豫：殺了這個小男孩，將他屍體支解，一塊一塊投入大海，手臂丟這裡，大腿丟另一處，然後是頭顱……。血淋淋的肢體漂浮在海面上，可憐的埃爾特斯認出那是他兒子。理所當然地，他立即下令船停下來收屍，以便為他兒子舉行一場他盡可能辦得合體面的葬禮。這一折騰，他已錯失追捕的良機，讓阿爾戈號趁機逃之夭夭了。

返回愛歐爾卡斯，阿爾戈號英雄路坎坷，以及皮里亞斯的懲罰

然而，阿爾戈號英雄們的苦難並沒有因此就結束。他們還必須回到皮里亞斯的城市愛歐爾卡斯，交出原本承諾的金羊毛。歸途也不是一帆風順，原來，宙斯無法接受阿爾戈號船員們躲過埃爾特斯追殺的手段：美狄亞手刃親兄弟的舉措實在卑鄙難忍，因此，眾神之王就掀起狂濤怒波，以暴風雨對付阿爾戈號——這場風暴使他們不得不繞道而行。他下令伊亞宋與美狄亞到後者的阿姨、即魔法仙女琦爾珂住的島上滌除罪過。突然，伊亞宋的旅行，在好多方面都變得跟尤里西斯之旅很相似：兩位英雄都經歷同樣的考驗。

首先，必須先抵達琦爾珂住的愛愛耶島，並且遵照她的指示，完成所有可以洗淨美狄亞所犯屠殺親胞弟之罪的儀式。只有在此條件下，阿爾戈號才能再度起航返回愛歐爾卡斯。一如尤里西斯，船艦來到鳥身人面的賽荏面前。她的歌聲總是讓水手一聽到就無法順利掌舵，而使船失控遇難，必

死無疑。但這次不像尤里西斯讓自己綁在船的桅杆上，船員們也不塞蠟在耳朵，伊亞宋請奧菲斯唱歌。他那宏亮有力又溫柔的歌聲立刻掩蓋過賽荏的歌聲。雖僅此一遭，下不為例，但這次她的歌聲已發揮不了作用了。還是與尤里西斯的經歷一樣，阿爾戈號的英雄們在途中碰到兩個可怕的怪物卡呂迪絲和史庫拉，一個是會吞沒所有經過船隻的急流大漩渦，一個是有六張狗臉的妖女。船隻還碰上「漂流岩壁」，這些會移動的岩塊，其實是有火燄濃煙圍繞其間的暗礁，罕有船隻能逃得過它的吞噬。最後，一如尤里西斯，伊亞宋在島的四面八方，與赫利歐斯那些正在吃草的牛群錯身而過，就在他登陸法伊耶克人的島，受到賢明的國王阿爾齊諾斯熱情招待之前……。就在這座島上，伊亞宋娶美狄亞為妻，然後才再度啟程回到愛歐爾卡斯。阿爾戈號再次遇上強勁的暴風雨，阿波羅一箭射入洶湧的海浪，這才平息下來。隨後，他試圖在克里特島泊船。

但是這座島由一個可怕的巨人統治，名字叫塔羅斯。根據某些說法，他屬於銅人種的人類，是赫希歐德說的令人戰慄、所向無敵的金屬戰士。根據另一些說法，則是由赫菲斯托斯親自打造，送給彌諾斯守護他的島嶼之用。無論如何，塔羅斯是相當凶殘可怕的人就是了，他每天要巡邏島上三次，只要誰敢靠近他的領域，他就把他宰了。當他瞥見阿爾戈號，他撿了好多岩石，開始往船的方向砸去。不過塔羅斯有一個弱點，他身上只有一根筋脈，從脖子連到腳踝。美狄亞以她的毒藥和咒語使他在一種精神錯亂的舞步中變瘋，以致於他的腳被尖銳的岩石擦破，栓住他身上唯一筋脈的塞子隨之爆開，維生的液體——等同於血液的生命之泉——就從這個缺口洩出，最後，塔羅斯一頭栽到地上，突然就死了。

經過這最後的一次災難，阿爾戈號英雄們終於平安回到愛歐爾卡斯。

我跟你說過，皮里亞斯深信伊亞宋已死，於是逼迫伊亞宋的父親埃宋自殺，同時為了斬草除根，還暗殺伊亞宋的母親與弟弟。儘管如此，伊亞宋回到愛歐爾卡斯之後，還是交出了金羊毛。伊亞宋誓言為親人討回公道與復仇，但是正如旅行當初，眾神早已安排好的，是由美狄亞擔任懲罰的工作。她說服了皮里亞斯的兩個女兒，誆騙說只要將她們的父親斬成肉塊，然後放到大鍋裡煮沸，就能讓已上年紀的父親回春。顯然地，兩個女孩才不信這一套。可是，別忘了美狄亞是高明的魔法師，她變出一套把戲，就讓她們相信了。她先抓來一隻羊，叫人在皮里亞斯的女兒面前把羊剁成碎片，再將全部的碎屍倒入裝滿水的大鍋子，在她們面前煮沸。隔了一會兒，透過一些花招，從滾燙的熱水中跳出一隻可愛的羔羊來。這下子皮里亞斯的女兒可是信得服服貼貼了。她們趕忙跑去找父親，好接受與羔羊同樣返老還童的命運……，當然，差就差在對皮里亞斯來說一切都不靈驗，因為他將永遠是那煮沸的碎肉塊，再也變不回活人了！換句話說，瞧，死了就是死了，藉由美狄亞，伊亞宋和赫拉最後都報了仇。

伊亞宋與美狄亞在十年間過著很幸福的生活，生了兩個孩子。之後，美狄亞很不幸地被另娶他人的伊亞宋拋棄，為了復仇，她殺死親生骨肉。她也贈送給她丈夫的年輕未婚妻一件華麗劇毒的長袍，與赫拉克勒斯被害死的手法如出一轍。隨後，美狄亞前往雅典，在那裡嫁給雅典國王埃古斯，鐵修斯的父親。這段故事我先前已提過了。至於伊亞宋，他不像美狄亞是女神，他是必死之身的凡人，終究必須離開人世。據說，有一天當他睡在那艘舊船阿爾戈號上，從前雅典娜幫忙固定在船首的船頭雕像忽然鬆動打到他，他當場一命嗚呼。如此，船艦與它的船長一起結束了他們漫長的旅途。

你或許發現到，英雄的結局都不太光彩，跟英雄冒險犯難的驚天動地相比，一點也不相稱。這是因為，至少對他們其中大多數的人來說，在他們生命終了時，他們只不過是普普通通的人類罷了。與所有的人一樣，他們終有一天要死去，而所有的死者一去世，輕如鴻毛。不過，在他們消逝之後，他們終究還是被公認、被尊敬、被崇拜。這些並不是慰藉，但是其中有一種邏輯，一種可以理解的相稱度。

到此為止，如果我以有點粗略的方式歸結我們所見從尤里西斯之旅啟程的這些故事，那麼從某層意涵上說來，這些實在很「平淡無奇」。固然，尤里西斯的航程經過，充滿障礙考驗，但是，到最後他回到他的家鄉，重整故里的和諧秩序，然後，在心愛的家人朋友身邊過著很長一段幸福的生活……。如果我們細細端詳那些受**驕縱自大**所蠱惑的生命，也同樣可以理解他們的下場，結束的方式：他們犯下一個過錯，甚至是凶殺的罪，宇宙便以神的形象呈現，糾正錯誤，恢復公平正義，毫無疑問地，雖然手法粗暴強制，但都明白易懂。至於那些殺死怪物猛獸的英雄，儘管他們生命的結局與所有的人同樣難免一死，不過，至少人們祭祀崇敬他們。不像赫拉克勒斯，被尊為神或升天到極樂世界。

至今卻還有一個很嚴重的問題，完全或者至少表面看來都超出我們到此所讀過的本書故事範圍以外：亦即一個沒做過任何壞事或沒有特別事蹟的可憐無辜凡人，卻遭遇悲慘不幸，我們到底該如何理解這類的事？他們既非因驕傲狂妄而褻瀆神明，也沒有謀求異乎尋常的特殊冒險，更不用說以對抗凶惡怪物展現過什麼超乎常人的勇氣。為什麼這些災禍不幸要襲擊我們，讓我們束手無策？為什麼這些孩子一出生就是畸形兒？那些過早的消逝，為什麼要狠狠地從你身邊奪走親愛的人？為什麼災害摧殘生靈，讓土地柔腸寸斷，讓收穫不果，遍地饑荒？為什麼狂風暴雨和大自然災難要肆虐這麼多無辜的生命？這其中還有一個奧秘，在我們分析過的故事裡並沒有提供解答之鑰，但反而在伊底帕斯的神話故事，以及緊接著跟他有所牽連的一代，尤其是導致他女兒安提岡妮命運的這些神話，可以讓我們隱隱約約瞥見對這謎題的一種解答。

第六章
伊底帕斯與女兒安提岡妮的不幸遭遇，或者為什麼清白無辜的人類老是被「懲罰」？

這件事無庸置疑：並非每個人都一定活該得承受破壞其生活的災難。大自然的災禍、意外及致命的疾病，都一視同仁找上門，不管那是好人還是壞人。這些災禍沒有選擇誰，除非是陷在最蒙昧主義的信仰迷信中，不然的話，不幸的遭遇不能、也不該被解釋成來自神的懲罰。從此，我們再也無法規避這個問題了：在認為由公平正義與和諧主宰的世界裡，在神祇無所不在且無一事不參與其中的宇宙，到底該如何理解這樣不公平的事呢？當可憐的人類遭受的顯然就是不公不義時，如此奇恥醜聞的事情存在，還能說它有什麼意義呢？即使不公道具有許多其他延伸的意義——例如「協調的」——伊底帕斯神話首先要回答的，就是上述的問題。因而這則故事所探討的內容，明顯地是對前面幾章不可或缺的補充：這個故事清晰地指出，這個名震寰宇的宇宙和諧有什麼意涵，尤其還指出它的限制與極限。希臘人將這個「宇宙和諧」置於世界觀點的中心位置，至少在神的創造故事與神話故事裡是如此，它們都將其中極大部分傳給古代哲學。

伊底帕斯的人生轉為一場噩夢，可以說，或許他的反應態度欠佳，但就像以兒童的口吻說，他那麼做確實「不是故意的」。他是一個才智出眾的人，身上流露的勇敢與正義感也非比尋常，可是這些完全沒有獲得同等的回報，不只是他的生命存在變成實實在在的地獄，他擁有的敏銳洞察力也是徒然，因為他即將變成被事件與超出他理智之外的盲目暴力所玩弄的對象，而他永遠不解，為何生命要如此作弄他──至少，一直到他的悲劇人生終了，為他無法負荷的痛苦劃下句點前是如此。這麼缺乏公平正義的事，怎麼可能發生？要如何看待這麼具悲劇性又極不公平的命運，而不判定現實世界根本就與和諧宇宙是兩碼子事？而不認為世界像極了兒童高興就拔蒼蠅翅膀或踩死螞蟻那樣，只是被玩弄人類的惡神任意擺佈的瘋狂世界罷了？要嘗試給這個問題一個回答──你會明瞭，在希臘的宇宙誕生觀點架構上，這個問題遲早都該被提出來的──我建議你，開始細細閱讀伊底帕斯的故事和他女兒安提岡妮的故事。在第二個階段，我們可以試著領會其中蘊含的更深層意義，以便凝視、思索前幾章的神話讓我們逐步建立起來所理解的世界面貌。

不過，在更深入地探究故事本身內容之前，我還是一開始就先指出解決方式的普遍原則：一旦宇宙失常脫序，恢復宇宙秩序時，不可能不引起周圍可觀的損害。這就是為何一個父親犯下慘絕人寰的罪過，在他之後的後代得為他付出代價，並非因他們該為此負責或他們也有罪，而是因為秩序沒辦法一下子就回歸正常。當然，父母所做的事，子女並無代扛的責任，可是，不管我們想不想要，也不管我們知不知道，父母親的行為舉止會將子女牽扯進去，父母處世為人態度，會對子女處世為人的態度產生驚人的回響，卻都是千真萬確的事。比如說，假如他們因為傲慢狂妄而犯了嚴重的罪行，世界的秩序很可能持續受到影響，當宇宙受到損傷，他並不會一瞬之間就復原。需要時間，而這段時間恰好就是人類遭受不幸的時間，即使他是無辜者。這就是何以為了能確實理解伊底帕斯的神話，而不局限在老套的心理分析或現代哲學觀點上，必須上溯到伊底帕斯本人出身的原因了。從伊底帕斯誕生之前發生的事，我們會發現他所犯罪惡的源頭。

這種對世界的概念，或許會讓你不知所措，而且，很有理由地，以今天我們的道德標準觀點來看，它必然對我們造成衝擊。其實，我們已經很習慣地認定，從來就不該懲罰一個清白無辜的人：除了極權主義的國度，我們不會有為父母的言行舉止而處罰孩子的念頭。然而，我們會看到，這一點也不荒誕，而且直到今天，我們還是可以找出成千上萬說明這類事的例子，在一個社會性以及自然性的計畫下，一個失常的世界就將沒有任何特別值得責難理由的人們殲滅殆盡。此外，每個人也都知道，諺語俗話裡說的「大人酗酒，小孩就遭殃」。

不過，先別急，我們先看看，根據傳說，這個可憐的伊底帕斯的故事與他女兒安提岡妮的故事——因為兩個故事彼此離不開——到底是要講什麼。

伊底帕斯與安提岡妮：悲劇命運的原型，或者不幸能以如何盲目的方式打擊人？

一如所有的神話故事，這個故事也存在好幾個版本，而且伊底帕斯人生每一個階段的插曲，也是很多相異版本描寫的對象。不過，我們這裡所引用的是主要的古代資料，即希臘悲劇，特別是索福克勒斯（Sophocle）的版本：《安提岡妮，伊底帕斯王，伊底帕斯在科林斯》（科林斯，是在稍後要講的一系列慘絕人寰悲劇發生後伊底帕斯居留的地方）。當然，最好能兼顧到其他版本，有時那些版本也帶來一些很有趣的觀點[60]，不過，講述詮釋這則最出名的神話時，索福克勒斯的版本幾

[60] 在古代——西元五世紀以前，在荷馬、赫希歐德及品達的著作裡，我們看到有關伊底帕斯神話很寶貴的評語。歐利庇德斯在《腓尼基人》裡，也針對幾點提出與索福克勒斯截然不同的視角觀點。至於較晚期的著作，當然必須要提到我們這兩位「慣例的」神話作者阿波羅鐸魯斯和尤基努斯，以及保薩尼亞斯和西西里島的迪歐多羅斯了。

乎還是文學永遠援引的對象。因此，基本上，我在此引據的就是他所敘述的情節脈絡。

首先，先談一下小伊底帕斯出生前的事。他是著名的卡德摩斯直系的後代。我已經提過幾次這個底比斯國王卡德摩斯，他是宙斯之子克里特島國王彌諾斯的母親歐羅巴的哥哥。阿瑞斯與愛芙羅黛蒂偷情生下哈摩妮雅，卡德摩斯與哈摩妮雅結婚之後建立的底比斯城就是這齣悲劇的主要舞台。伊底帕斯的父親是萊歐斯（Laïos），母親是約卡絲台（Jocaste）。故事從他們兩人得知駭人的預言揭開序幕。預言說如果他們生下男孩，日後這個孩子會殺了父親，某些版本甚至說，這還會導致底比斯城的毀滅。在這個情況下，他們就像那個時代的人常有的舉措，傷心地決定拋棄小嬰兒——「遺棄」在光天化日之下，一如人們說的，因為，最常見的遺棄其實就是綁在樹上，吸引野獸來；不過有時也能蒙受神的寬大慈悲。萊歐斯與約卡絲台將嬰孩託付給他們的一個僕人，要這位牧人丟棄他。僕人像處理野禽一樣對待可憐的小嬰兒：他在小男嬰的腳踝打洞是為了穿過細短繩，以便能更容易背在他肩膀後，再懸掛到樹上去「暴露、遺棄」。由於這個經驗，伊底帕斯——Oedipus——的名字就是由此而來，在希臘文裡的意思很簡單，就是表示「腫脹的腳」（oidos，舉個例，在法語裡就有相關的字 oedème，表示「水腫」；而 pous 即表示「腳」）。途中，萊歐斯的僕人「偶然地」——不過，索福克勒斯的悲劇讀者知道地很清楚，所謂的偶然，只不過是神之意志的代名詞罷了——遇到鄰近城市科林斯國王的隨從。科林斯的國王叫做波利伯斯，他一直都夢想有兒女膝下承歡，但至今還未能如願。由於小嬰兒很可愛，波利伯斯的僕人就提議，不妨把孩子交給他們。為什麼不呢？畢竟，假如萊歐斯會遺棄他而不將他弄死，就暗示了給他一個機會。他們將孩子抱到統治者面前，國王也確實想領養他。故事就這樣發展，就在節骨眼上，小嬰兒得救了。

伊底帕斯遠離他出生的底比斯，在科林斯城國王與王后的宮廷長大，並且深信他們是他的親生父母。就這樣相安無事地過了很多年，直到有一天，孩童之間在玩時，他跟一位同伴起了爭執。問題其實很普通，就是小男孩之間都會發生的事。可是，他的對手嘲訕他的話，卻在他心裡迴盪，久久不去，而且讓他受不了：他們取笑他是「私生子」，讓他聽到自己只不過是撿來的，說人們一開始就騙他，其實他們不是他的「親生」父母……。他跑回家問「正式的」父親波利伯斯，然而，後者在尷尬與擔心之下，很從容不迫地否認，好讓他內心不再有絲毫的疑慮揣測。伊底帕斯自己則決定弄明白到底怎麼回事，為此，他前往德爾菲，如同他「生身」父母萊歐斯與約卡絲台那樣，以便請教阿波羅著名的女先知預言。他問自己到底是誰，從哪裡來的，誰是他的父母親……。沒有例外地，女先知的預言照樣晦澀難解，不回答他的過去，反而告知他的未來。然而預言相當駭人聽聞：根據神諭，伊底帕斯將弒父娶母。

當然，佛洛伊德就是從此處汲取他那著名的「伊底帕斯情結」（戀母情結）論點。根據他的說法，這種童稚的態度，無一變例，使小男生在無意識之間對母親產生性欲，進而使他有一天從他生命中粗暴地否決掉父親。可是，稍後你會看到，即使希臘神話裡出現這一面，但是這個論點無助於我們理解這則故事。不管怎麼說，很顯然地，伊底帕斯聽到神諭後驚愕萬分。為了避免預言應驗，他決心永遠地離開科林斯。他雖然滿心疑惑，但他依然認為是這座城住著他的父母親波利伯斯與蓓麗玻雅（Périboea，皇后的名字）：只要他遠遠地離開這裡，他就永遠可以躲過殺他父親、娶他母親的危機。唯獨波利伯斯偏偏不是他的父親，而蓓麗玻雅也偏偏不是他的母親——至少，就生物學和血緣上說來，他們不是他的父母。就這麼地遠離科林斯，可憐的伊底帕斯將以完全盲目的方式，無可避免地朝事與願違的方向前去：他正一步步接近完成神所諭示的預言。換句話說，他相信自己已經擺脫這個命運，在無任何意識下為命運實現做準備——賦予索福克勒斯這部悲劇極強張力的正是這個矛盾。當然，一如兩則神諭所證明的，那些不過就是他們命運的翻譯罷了，在這個神祇已預告的背景下，伊底帕斯終究是前往他生身父母萊歐斯與約卡絲台住的城市了。不過，為了讓事情變得更複雜些，自然就添了幾筆這樣的情節，話說在當時，底比斯城受到一種可怕的流行病侵襲，造成大量居民死亡。在此，即使並沒有明確地表明災禍就是神帶來的，但是這齣悲劇的觀眾還是得假設：必須思索，到底神所為何來？不過，讓我們繼續看下去：由於這場災厄降臨，於是萊歐斯也決定，就跟伊底帕斯一樣，前往德爾菲，為了再度請教預言，請示該怎麼做才能解救城邦的居民。

這一段悲劇的關鍵核心，應該會吸引所有在場觀者的注意力，屏息以待接下來的發展：想像一下，確信兒子已死的父親，與認為父親在科林斯，對此深信不疑的兒子，壓根兒也想不到對方與自己何干的情況下，竟然仇人路窄地相遇了！就本義與轉義來說，他們的命運在這裡交錯：在一處非常狹窄的三岔路口，萊歐斯的馬車與伊底帕斯的馬車迎面相對，他們被迫不得不停下來，必須其中一人的車隊退讓，退到路的一旁，好讓他對面的車隊過去。可是，這兩個人都傲慢得認為理所當然是對方先讓路，甚至認為對方有眼無珠：萊歐斯國王這麼認為，因為他是底比斯城的國王；伊底帕斯這麼認為，因為他是科林斯城的王子。口角衝突是這麼充滿敵意，服侍的隨從彼此叫囂辱罵，似乎是萊歐斯國王自己朝伊底帕斯重重地打了一下，他們終於打了起來，伊底帕斯在憤怒之下殺了他父親、馬車夫和隨從。只有一個僕人逃跑，倖免於刀下魂，這個人物隨後扮演很重要的角色，他目睹了發生的一切……。在此，預言的第一部分已經應驗！在伊底帕斯與他父親萊歐斯都不知道到底發生什麼事的情況下，伊底帕斯手刃親生父親。

既對自己和對手的身份都毫不知情，伊底帕斯就這樣趕著他的路前往底比斯。當然，這件插曲顯露出剛才發生的事很令人遺憾，可是雙方都有錯，伊底帕斯覺得自己是正當防衛，畢竟最先動手的不是他，因此，他最後就把這件不愉快的事忘掉，在蜿蜒曲折的漫長旅途後，抵達了他出生的地方。表面看來，瘟疫已經結束，可是另一場災難又起，當然這又是神引來的，正肆虐著這塊萊歐斯死後約卡絲台的哥哥克利安登基繼任國王的土地。沒錯，克利安也就是伊底帕斯的舅舅。這個禍患的名字是：斯芬克斯（Sphinx），是帶著一張女人臉孔和獅身與禿鷹羽翼的怪獸，對經過的年輕居民提出謎語，一旦猜不中，牠就立即將他們吞掉，以致於整座城漸漸像空城般空蕩蕩。以下就是它的謎語——雖然也有其他版本，但基本上大致相同：

「早上走路四隻腳，中午走路兩隻腳，到傍晚時卻三隻腳，而且有違常理地，當他用最多腳走路的時後最虛弱，這是什麼動物？」

伊底帕斯聽到人們在議論這隻斯芬克斯，毫不猶豫地跑到斯芬克斯面前，要求牠問他致命的謎題。當伊底帕斯一聽到問題，輕而易舉地解答了：當然就是人。在他生命的早晨時，他還是嬰孩，以手腳爬行，然後當他成年時，以雙腳走路，最後到了生命的夜晚是他最虛弱的時候，必須拄拐杖，所以用三隻腳走路。根據古老的預言，一旦有人解答出牠的謎語之一，斯芬克斯就得死。因此，斯芬克斯在伊底帕斯的面前從城牆高處跳下，跌得粉身碎骨。底比斯城就這麼解除了禍患。可以想見，伊底帕斯以英豪的雄姿進城。底比斯城全城都為此慶祝，贈送他華麗的禮物，所到之處都有群眾夾道熱烈鼓掌歡迎他。由於約卡絲台皇后剛剛恢復自由身——她是位年輕的寡婦，因為萊歐斯剛被殺——她的哥哥克利安就將妹妹許配給伊底帕斯，感謝他解救危城，並且讓出底比斯的王位給他。此外，伊底帕斯也留下王位給他，並保證自己只是暫時代理而已。

如此，神諭的第二部分也完成了：究竟什麼引導著自己的人生，伊底帕斯始終一無所知，卻已經殺死親生父親，現在又娶了自己的母親。他還與她生了四個孩子：兩個男孩，耶提歐克利（Etéocle）與波呂尼克斯（Polynice），他們兩個日後為了權位而兄弟相殘，同歸於盡。另兩個女孩是伊斯墨涅（Ismène）與安提岡妮。不過，他們一家過了將近二十年風平浪靜的日子。伊底帕斯有既是妻子又是母親的約卡絲台在他身邊，將底比斯治理得很好，後者則專注用心於教育孩子。

不幸地，當他子女長大將近成年時，一種可怕的瘟疫又再度蹂躪底比斯，無法遏止地四處蔓延。更甚於此，無法理解的意外接二連三地大量地發生。孕婦生下的不是死胎就是怪胎，難以解釋的猝死現象愈來愈頻繁，因此，伊底帕斯再次遣使者赴德爾菲神廟請示神諭。神的諭令這次倒很清楚地回答了，只要揪出殺死萊歐斯的人並且懲罰他，災禍就會停止肆虐地方百姓了。實際上，像這樣的凶殺罪，絕不可能讓兇手就這樣一直逍遙法外，卻不聞不問——在此附帶一提，這又再度證明，從一開始，這整個事件的每個細節，神一直都跟隨在旁，所有的反應都直接從阿波羅的代表口中宣告，不容置疑。

伊底帕斯萬萬想不到自己會是罪人，所以他當然聽從神的諭示，趕緊依指示進行調查，並採納克利安的建言，派人延請王國裡最出名的先知，就是大名鼎鼎的泰瑞修斯，我們在好幾個神話故事裡都提過他。自然而然地，泰瑞修斯知道一切真相——否則他就不是先知了。可是，對於自己掌握這麼一樁祕密，他既尷尬又驚惶，要在始終什麼都不知情的伊底帕斯面前，在大庭廣眾之下道破祕密，讓他感覺著實痛苦為難。見狀，伊底帕斯因此發飆起來，盛怒之下指控泰瑞修斯與克利安同謀策劃凶殺事件。簡而言之，伊底帕斯這樣誣蔑取鬧，迫得先知終於還是讓步了。泰瑞修斯直言不諱故事的始末：如果，的確想知道真相的話，沒錯，就是他，伊底帕斯，他殺了萊歐斯，而後者，誠如預言，的的確確就是伊底帕斯的父親。因此，我們可以說，他娶的是自己的母親！約卡絲台僅存的希望頓時破滅，她堅決地試圖說服自己，也說服伊底帕斯，先知所言必定是一派胡言。為了說服他，約卡絲台很清楚指出，萊歐斯是在一處三岔路口被一群盜匪殺死，而不是一個人殺的，所以不可能是伊底帕斯！為證明這一切是無稽之談，約卡絲台還提供其他線索，道出自己曾經有個兒子，但他早就被「遺棄」了。但這點只讓伊底帕斯稍微放心：她所描述問題中的交叉口，喚起他一些忐忑不安的記憶，不過真相依然模糊不明。

就在這時，科林斯城的使者到來：他來向約卡絲台及伊底帕斯告知波利伯斯的死訊。伊底帕斯始終認為波利伯斯是自己的生父，如今噩耗傳來，雖然讓他感到悲哀，但同時也讓他寬慰：至少，他沒有殺父！特使卻忍不住開口，是那麼清晰而致命：「你無須感到太痛苦」他宣稱，「再怎麼說，波利伯斯不是你的父親。你原是一個被遺棄的孩子，偶然被發現，然後被科林斯的統治者領養長大的。」真相大白！凌亂的拼圖一下子都拼對了。伊底帕斯想把一切弄得一清二楚，便傳喚曾經幫萊歐斯與約卡絲台遺棄嬰兒的牧羊人。此外，這個牧羊人，恰巧就是萊歐斯被殺時逃過一劫的隨從。從凶殺發生以來，他就逃到山林裡，為求相安無事，說底比斯國王乃是被一群土匪殺死的，也因此讓約卡絲台認定伊底帕斯不是弒父罪犯。可是，那是天大的謊言，此刻，牧羊人供出事實：棄嬰不是別人，就是伊底帕斯，而且千真萬確是一個人殺死國王的。到此每個人都恍然大悟了：恐怖的阿波羅預言終於應驗，而且公認無誤了。

悲劇到此已經夠悲慘，可是，不要以為事情就此了結，相反地，悲劇正朝更糟糕的方向前去。當約卡絲台一聽完事實，悲憤得自殺身亡。至於伊底帕斯，當他找到約卡絲台，見她已上吊在房裡，隨即以別在她衣服上的別針戳瞎自己的雙眼。他瘋狂地猛刺，如往例，懲罰的內容總是與他的

「罪過」有直接的關聯——在此我插一下話，事實上，發生的一切，從來都不是他所期望的。然而，他所有的悲慘不幸，全來自於他對眼前的一切視而不見。儘管他聰敏睿智，但他從頭到尾都是盲目的，由於他完全欠缺遠見與洞察力，所以就是從該處贖罪。現在是他形體上的盲目要回應他心靈上的盲目。

伊底帕斯晚年也是很悽慘，如果這裡我們依然根據索福克勒斯的版本，那麼故事發展就是這樣——有好幾個相異版本，不過這一個版本已變成最經典的版本了——伊底帕斯立即退位，再度由克利安以代理的方式接任權位。他流浪到克羅納斯，在那裡，這個底比斯人的救命恩人，這個被所有人民愛戴將近二十年的國王，將在該城過著流浪者的悲慘生活。伊底帕斯的女兒安提岡妮，非常善良，在家庭成員關係中顯現很尷尬的意義，由她陪伴伊底帕斯並且照顧他。然後，他們前往當時由非常賢明、仁民愛物的國王鐵修斯所統治的雅典。在前往的途中，靠近一處小樹林的地方，伊底帕斯明瞭，這裡是他辭世的所在了：實際上，這個地方屬於埃里尼斯管轄的區域，而這兩位可怕的女神埃里尼斯，即是烏拉諾斯的兒子克羅諾斯反抗父親而將他閹割時，從烏拉諾斯性器噴出的血液濺灑大地母神蓋亞身上所誕生的女神。在此必須想到，埃里尼斯女神從她們一出生就接收了懲處家族間謀殺罪的原始任務。從這個觀點來看，儘管可憐的伊底帕斯從來就不曾冀望這一切，但在家族罪犯的領域，他卻拔得頭籌，無人能及。於是，就這個條件下，他了結自己哀苦悲慘的一生於這兩位著名的「善良仁慈」女神手中，也是很自然的事了。可是，這片樹林是神聖的地方，雅典王的僕人欲將伊底帕斯趕出這裡，以為這麼做很好，於是伊底帕斯請他們去找鐵修斯來，這位向來都很友善的國王馬上趕到。鐵修斯帶著深深的慈悲憐憫伊底帕斯，並在他臨終之際陪伴在側：大地裂開，埃里尼斯將他帶走，但永遠不會有人知道他消逝的確切所在。鐵修斯為伊底帕斯舉行了葬禮，藉以表示對他的友誼，也表示寬恕他身不由己犯下的罪過。

這個神話故事的情節梗概大致是如此。悲劇牽連到他幾個可憐孩子所發生的事，還必須在此提上幾句。在索福克勒斯寫的《安提岡妮》裡，我們可以看到一部分關於後續故事的描述，不過，我們也能看到，在埃斯庫羅斯唯一的著作裡，就圍繞著這個主題發揮（他還寫了其他的著作，可惜到今天皆已佚失）：《對抗底比斯的七勇將》。耶提歐克利與波呂尼克斯，這兩位伊底帕斯的兒子在得知他們父親的事實真相後，表現得相當惡劣，他們羞辱父親、對他冷嘲熱諷，以致於到最後伊底帕斯乞求神制裁他們。果然奏效了：這對兄弟彼此變成死對頭。在伊底帕斯死後，為了解決他們在權位分配上的糾紛，兩人決定，每人輪流統治國政一年：第一年由耶提歐克利佔有底比斯的王位，第二年就由波呂尼克斯掌權，第三年再輪到耶提歐克利……依此類推。可是，一旦耶提歐克利握權之後，就拒絕交出王位給波呂尼克斯。因此波呂尼克斯為取回底比斯王位而起義，逼他履行約定。他聚集七名勇將以對應波呂尼克斯準備掌政之城的七個城門，這也是埃斯庫羅斯著作書名《對抗底比斯的七勇將》的由來。

概述故事的尾聲：底比斯在固若金湯的城垣保護下，即使七名勇將連番攻擊也毫無損害，七勇將最後陣亡戰場。這對兄弟仇家在七座城門附近短兵相接，最後在對決激戰中同歸於盡。突然又大權在握的克利安頒布嚴苛的命令，厚葬防衛城邦的那一位，也就是耶提歐克利；至於戰敗的波呂尼克斯，將受到最嚴厲的羞辱，不許任何人埋葬他：將他的屍首遺棄在野狗鳥獸之間。同時，如果有人膽敢違抗命令，將立即處以死刑！

安提岡妮的悲劇就是從這裡展開的。儘管她的故事很簡短，多少世紀以來，相關的注解、評論可以說無窮盡，數量之多相當可觀。然而，故事本身的情節卻很簡單——如果我們跟著埃斯庫羅斯著作到最後，那麼故事發展就是：安提岡妮表明，在這個賜予她誕生的環境，亦即她來自的這個家庭，無論有多少悲慘不幸加諸她身上，她都應該心甘情願地承擔、接受自己的地位處境。在她看來，私人領域應該是凌駕於城邦法令之上。因此，她不顧一切，違反她舅舅克利安的律令，為她哥哥波呂尼克斯辦喪事。當然，她被逮捕，判處死刑。埃斯庫羅斯的著作到此停筆。如果我們從索福克勒斯的作品繼續讀下去，則我們知道，克利安起初態度非常強硬堅決。繼而在身邊的人再三迫切請求之下，他半途收回成命，命人去釋放剛被捕關進牢裡，等待處決死刑的安提岡妮。為時已晚！在人們趕去釋放安提岡妮那一刻，發現她已上吊。為了讓劇情引人入勝，再添上一筆，克利安的妻子也自殺，留下老克利安一個人孤獨地沉思，他狠毒的決定所導致的後果……。不久之後，七勇將的兒子們，人們稱他們為「埃比岡尼」（Epigones），想為他們的亡父報仇。他們再次武裝起來挑戰，日後底比斯城遂被毀滅。

底比斯陰森不祥的循環悲劇，就這麼結束了。從伊底帕斯的命運到安提岡妮的反抗，幾十種詮釋呈現的神話內容，深深地吸引二十幾個世紀以來無以數計的讀者為之著迷慨嘆，直到今天，我們依然看得到它的影響，針對這個主題，幾乎每年都出現學術價值很高的新著作。在這樣的狀況下，當自己冒險提出一個最起碼的注解時，未免也太自以為是了。然而，在這裡，我卻不可能避免這麼做。因此，我抱持著最謹慎的態度，想向你提議，與其再加上一種現代文本的閱讀，不如回到希臘人自己觀看這段神話的方式來著手——至少，如果我們信賴埃斯庫羅斯所寫的神話，那麼想想他針對底比斯城的誕生，以很含蓄卻很明確的筆法影射時代背景的用意何在。

到底這些相異的神話故事要說什麼？首先，而且很顯然地，若以我們現代司法裁判概念的意涵來說，伊底帕斯並非「有罪」。很清楚地，對於發生的一切，伊底帕斯既不知情也不是存心故意的。很顯然地，就如處在事件關鍵位置的神諭和眾神所證明的，伊底帕斯縱使想方設法逃離命運，他卻只不過是那終究遏阻不了的更高命運所玩弄的棋子罷了。另外，由於我們常會犯下一個錯誤，忘記在這事件裡的「小人物」，所以我們也該考慮到，那些底比斯人，也不是該為蹂躪全城的災禍和其他直到埃比岡尼人滅城等等災難負責任的人——總之，那些居民，他們與此更是無關才對啊。

事實是，底比斯國王這一世系有一古老的惡運忽然當頭降臨，這個與最初放縱無度息息相關的不幸詛咒，唯有在重整家族和城邦的秩序之後，才可能平息下來。然而，這最後的不幸，到頭來很類似都喀隆或諾亞方舟的神話故事，都是通過全部的角色被毀滅殆盡才告終止。可憐不幸的人，面對這一切卻無能為力，而這才是悲劇所在。他們被捲進他們所無法掌握的命運裡，無論他們再怎麼努力，命運之輪一逕無情地將努力都粉身碎骨，只因這個命運上溯到很古老的年代。假如我們從伊底帕斯的前一個世代來看的話，那麼，這個惡運的詛咒，首先牽連他父親那一代，與萊歐斯對裴羅普斯的兒子所犯下的罪有關。要知道，裴羅普斯從前收留、養育萊歐斯，視他如家庭的一份子。因為某些原因，萊歐斯童年都待在裴羅普斯家裡，原因我在此就略過不談。可是，有一天，萊歐斯愛上裴羅普斯的兒子克律西波斯（Chrysippe），並企圖雞姦他。這個年輕人驚嚇到後來自殺身亡。裴羅普斯悲痛難抑，在憤怒交加之下，向眾神乞求：萊歐斯如果有兒子，就詛咒這個兒子殺了他——罪過與刑罰之間一定都是相對稱的——並讓底比斯城毀人亡。根據某些神話作者的描寫，赫拉與阿波羅絕不原諒底比斯人竟讓萊歐斯當城邦的領導者，卻想都沒想過，是否該懲罰他犯過的罪孽。

因此接下來的事，就免不了以毫不寬宥的方式跟整個悲劇串連起來了：阿波羅，經由他的神諭，預示萊歐斯與約卡絲台夫婦他們將會有個兒子，然後災難會上身。再者，萊歐斯本來就不是很喜歡女人，他更愛男孩子，因此，依照大多數的神話版本，受到酒精的作用影響，在接近酒醉狀態下，他與妻子孕育出小伊底帕斯。

以下就是在埃斯庫羅斯所寫的悲劇裡，唱詩隊針對這個主題詠唱的內容：

「其實，我想到那古老的罪愆，雖然馬上就被懲罰了，罪過的餘威直下第三代，我想到萊歐斯對阿波羅的聲音充耳不聞的罪過。天下無雙的阿波羅，在德爾菲預言的寶座上三次宣告，若他欲救其城，須無子嗣地死去。然他卻任令喪失理智的慾火擺佈（萊歐斯是在酒醉的影響下與約卡絲台交歡），種下他自己的死亡之種，伊底帕斯，此弒父娶母者，在他已身從出的母親神聖的田畦裡，膽敢播下可恥的種子。亢奮讓這對配偶在愛慾狂潮中結合（說明忘卻阿波羅叮囑的原因，仍然是酒精的作用）。罪惡海之巨浪已朝我們奔湧襲捲。當其中之一浪碎覆沒，她便捲起另三次更強的波濤，沸騰隆隆地逆反我們城邦原有的一帆風順⋯⋯。因為，久遠的祈神詛咒，此刻已駭人聽聞地履現了⋯⋯。」

在更遠的一段內容，我們又看到完全相同的邏輯。如果說「莊嚴的第七位勇將」波呂尼克斯被他兄弟殺死，其中恰有阿波羅的意志直接發揮作用。神自己將負責守衛第七道城門的權利保留給自己，那裡，正是兩兄弟互殘致死的地方，

「為了在伊底帕斯的血緣上完成萊歐斯昔日罪孽的懲罰。」

我們沒辦法把事情說得更清楚，而且，就算從別處某些不知是什麼心理學的因素去尋求理解，

只會徒勞無功。至少，這齣悲劇接下來的發展，已經多次堅持這個立場：萊歐斯的後代，都是不該為這個超越他們掌握之命運負責的無辜犧牲者。該命運乃是藉阿波羅呈現的眾神意志之應答。對安提岡妮來說也一樣，她沒有拐彎抹角地解釋，她忤逆克利安的禁令，堅決埋葬她哥哥的意志，就是一種心甘情願的抉擇，那固然是很自由的選擇，卻也是處在一種早就由眾神和宇宙命運決定在先的境況下，完全無能為力的背景下：

「她說：『作為一個受悲苦的母親和不幸的父親賜予生命而誕生的孩子，只能身不由己地相繫於該環境，與之相依為命。我的靈魂也是心甘情願地分擔他情非所願的不幸厄運，同時活生生地證明對死者（波呂尼克斯）的手足之情。他的屍骨將不會淪為餓狼的囊中物；縱使無人相信，但我，我只是一個女人，我將弄一處墳塚安葬他⋯⋯。』」

很漂亮的悖論，完美地概述了故事的悲劇性：安提岡妮做這件事，是出於自己的意願。自己冒著怎麼樣的危險，她自己在有充分的意識下決定，然而，她卻也是在完全無能為力，同時自覺到事實上她別無選擇的處境下做了這件事：她屬於她的家庭，更甚於她的家庭屬於她。頃刻間，她被扯進打從家族根源即套在她身上的厄運詛咒，沒有改變航向的餘地。

精神分析為這則神話作詮釋時，騰出一大部分內容在「無意識」、「女性主義」的議題上，不過同時也是「反女性主義」——因為，從埃斯庫羅斯的文本，可以讀出對立兩端的意涵來——無聊地長篇大論探討安提岡妮作為一個女人的事實，於是得出結論，說她可說是「自然而然」地具體呈現私領域裡的心靈法則；相對於此，是男人與城邦、陽剛與集體，這種毫無通融餘地的理性⋯⋯諸如此類。我再強調一次，當今所有這些意義的涵攝並非不可能呈現在神話裡。同理，下述也是很有可能的事：古希臘人並不見得比我們愚蠢，同樣地，他們也有他們自己對男人、女人的看法，對無意識、悲苦情愁的生命及其他當今心理學關注主題的看法見解。只不過，那些主題顯然不是這則神話的關鍵所在，而且，如果不是透過我們現代人或許合法的眼鏡折射而「變形」的眼光看的話，心理學家們所關注的議題其實根本不重要，因為，很明顯地這與希臘人關懷的範疇大異其趣。

我們實在沒有理由不相信埃斯庫羅斯：在這齣悲劇裡，焦點不在於心理學，而是跟宇宙論和盲目的命運有關——這跟個人的無意識毫不相干——問題其實是在於，要將被種種理由破壞掉的宇宙秩序重新恢復原狀。而且，自從有了人類的存在，自從潘朵拉與埃庇米修斯生下人類以來，無節制的逞欲妄為就漫溢人間：無可避免的事，因為就像我們現在已知的，這些都是形成本身作為歷史的生命原動力。如果世代不存在，則宇宙將因永遠僵化而了無生趣。而世代的存在，也意味著恆常發生悲劇性失控的危險。因此，實際上有必要敘述從卡德摩斯創建底比斯以來該城的歷史，以便徹底理解這個摧毀伊底帕斯的詛咒直到其根源處。我暫時就不再提萊歐斯，及他對斐羅普斯的兒子犯下的罪過。打從一開始，蛀蝕的蛆已內含在果實中了。

首先，卡德摩斯娶了哈摩妮雅，縱使哈摩妮雅有個好名字，也不改她作為某次縱慾妄為之果的事實，因為她是阿瑞斯與愛芙羅黛蒂縱慾劈腿生下的女兒——愛芙羅黛蒂卻是赫菲斯托斯的正妻——因此，哈摩妮雅是戰爭與愛慾的果實……。但還不僅止於此，猶有甚者：你記得，卡德摩斯為了建立他的城邦，求助於「撒種的」方式製造他的居民。這些著名的「史跋拓人」，就是從看守阿瑞斯泉水的那隻龍的牙齒長出來的人。當時卡德摩斯為了取得源泉，殺龍祭祀，感謝指引他建城位置的公牛。可是這五顆著名的「被種出來的」龍牙，卻是徹頭徹尾的戰士，一身全副武裝，擁有原始混沌的暴力，是接近原始卡厄斯、大地母神、泰坦神及堤豐惡神的人類。從中我們看到核心的宇宙論主題，若脫離這個主題，則我們絕不可能理解底比斯城的整個歷史，不論那是發生在伊底帕斯或其周邊的故事。此外，被種下的其中一人，曾參與伊底帕斯這一世系的建立，名叫耶克勇（Echiron）。他的名字必然地讓人想起耶克德娜這位堤豐身邊半人蛇妖怪模樣的伴侶。卡德摩斯的後裔就經常背負驚濤駭浪而悲慘的命運，像繼承祖父卡德摩斯王位的彭修斯，他的命運最後淪落到被戴奧尼索斯的巴肯特隨從活活撕扯至死的下場。

在此不談這個長篇故事的細節部分，不過，很清楚的是，加諸伊底帕斯與安提岡妮身上的命運由來已古，而且，他們任何一個人，無論是他們父女也好，被斯芬克斯吞噬的年輕人也好，或是被瘟疫大量奪走的底比斯人的生命也好，他們面對此一命運都無能為力，就是這樣。災禍被眾神從奧林帕斯山驅逐出境，至少，自從他們戰勝泰坦神以來，在宙斯基於公平正義完成對宇宙的分配，以便讓宇宙變得充滿和諧良善以來，至少，在天界，奧林帕斯山確是如此，但不是在凡塵下界！在我們的紅塵世間，必須有些失序混亂，因為有時間與生命：這些都是避免不了的。證據？如果不擇手段地欲阻止世上小小的混亂和不公正的話，唯一的手段就是抹殺歷史與世代交替，換句話說，就是抹除人類。所以，從著名的最初分配宇宙以來，所有的不幸都已保留給人類，人類也別無他路可走。老實說，某些人偏偏還自找麻煩，大家都很清楚，這些人就是活該！這是所有犯下驕縱妄為罪惡的人之例子。不過，這是另一回事（還有其他的例子），絕大部分的人根本就不該為它負任何責任。有些痛苦有時還是像疾病、遺傳基因上的瑕疵一樣，一代傳一代——但在此處則是例外，這個瑕疵則是連結到宇宙的失常脫序，必要時，某個祖先或多或少要負些責任，但這個瑕疵始終提醒人，由最初的混沌所呈現的威脅永遠不會消失：這個瑕疵與人的生命及歷史是同體共存的。有時候，神祇必須藉由先摧毀最初斷絕平衡之繼承者的世系，來重整秩序、恢復宇宙體系，儘管這看來似乎很殘忍、不公平。但至少在悲劇的觀眾眼裡，必定得解釋，如何以及為什麼最殘酷的悲慘痛苦像傾盆大雨從天而降。在這一章開頭我就說過：這些像雨一樣的災難不但不會選擇淋的對象，而且對於好人、壞人都一視同仁。有些飛來的橫禍根本就是無妄之災，並非人們活該承受的。很單純，事情就是如此，我們無能為力，因為這些不幸，基本上就屬於我們的身份之一：我們是浸身在無止盡地容許痛苦內含於生命與歷史中的必死人類，不得不學會將痛苦共構於生命與歷史當中。

你一定覺得，這樣的生命教訓，真是陰森不吉啊！我也明瞭，這種任其擺佈，當下投降，看起來似乎很讓人喪志絕望。不過，如果我們更深入地看，而不以我們現代人的眼光來感受的話，事實上我們很清楚地看到，伊底帕斯神話幾乎以一種誇張諷刺的手法很純粹地向我們闡明，這個悲劇的觀點充滿現實味，也蘊含豐富的智慧。我試著以幾段話告訴你原因，我也嘗試解釋，直到今天在我看來它之所以依舊深深吸引我們的理由。

首先，很簡單，因為這個故事說的是事實性的真實：的確，人類的生存雖不至於總是如此糟糕，但有時確實是很悲劇性的——在我們無法為之賦予任何意義的角度來說，充滿悲劇性。我們千方百計想要忘記這個悲劇性，但其實我們錯了。今天，一旦悲慘的不幸很不公平地襲擊我們，我們馬上就退縮到找出「負責人」這種現代的狂熱中。一條河川泛濫了，淹了幾個野營的人？當然，是市長的錯，是行政長官、部長的錯，且不說他們會害死人，但就是通通不夠格！一場空難？我們很快就譴責批評那些有過錯的人，然後將醜事公諸於眾，使他們啞口無言。不管是某間小學的屋頂倒塌，還是一場暴風將樹連根拔起，或一條起火災的隧道，我們想盡辦法都非得要得出一個人性的解釋，一條道德罪過，可以刻不容緩地烙印譴責出去。我們老實地說吧：再也沒有比這種態度還更能洞見**現代人**的瘋狂了。你會問我，這裡為什麼談的是一個大寫的**現代人**，好像他是一個完全不同於「古老的」人類的另一個人種類別那樣？當然，這有點過分，卻是為了使你明瞭當今時代很重要的特徵，就這一點而言，它是截然有別於古代的世界：人文主義／人本主義，這個我喜歡而且捍衛的人文主義／人本主義，已經變得無所不在，於是我們早已被深深說服，深信我們人類是世界絕對的主宰、是所有權力的掌權人，以致於我們終於難以覺察，甚至不再反省思考，以為我們連大自然的力量、災害意外等等一切都能操控在手！然而，很簡單，這實在就是一種本義上的狂熱、高度亢奮：對事實真相的否認與拒絕。因為，事實真相是另一回事：儘管科學使我們擁有相當可觀的能力，但依然無法改變命運從各個層面掙脫於我們的掌握之外的事實！不僅偶然屬於生命的一部分，連偶然性都是歷史固有的存在，面對降臨人類那些背景複雜又多樣的一切，我們卻聲稱是控制他們的收款人，這實在是太可笑了！

舉一個很極端但很明顯的例子，第二次世界大戰造成五億三千萬人死亡。你嚴肅地想過嗎？在這些可憐的人當中，都只是些「有罪的人」、該負責的人以及好人壞人而已？當然，就像伊底帕斯的故事，事實是，不幸以我們完全束手無策的方式打擊我們，而且以很粗暴殘酷的方式，蹂躪包括社會與政治在內的領域，但我們卻會認為，能將後二者掌控得比大自然更嫻熟些。受到出生於什麼地方的影響，人所擁有的機會就是不平等，而且有時更是天壤之別——沒有任何人能否認這一點。既然這樣，那麼怎麼做才能夠像希臘人對待這則神話故事，不試圖尋求一個解釋？脫序無度的世界，造成不公平的悲慘與不幸，這個想法完全正確，而且，至少就絕大部分來說，我看不出有什麼反駁的理由。

甚且，特別是它的背後蘊含了非基督教的智慧，因此，透過我們不管願不願意或是否意識到，都已受幾世紀基督教化而有定形定見的眼裡，這樣的智慧，乍看之下雖會讓人感覺相當奇怪，卻很值得省思。一個認為一切或多或少是神的意志所致、或至少是由神監督一切的基督徒，他總有一種幾乎無法避免的癖好，總在人類的瘋狂行為中尋找一個意義，尋找為那行為負責的一種解釋。假如上帝是全能的，假如他是善的，那麼，世界的悲慘與不幸就沒辦法以另一種說法理解了。而必須說成，那是來自人類的惡意，出自他們自己惡用的自由，於是，他們自己就在某個程度上集體地為臨頭的大難災禍扛起責任。我們恰好就置身在迷信的邊緣，為了避免落入這個迷信的陷阱，有時我們必須具備相當聰穎的辯證，以面對想要不掉入其中的基督教徒——當然，他們為數相當多：我並不是在譴責他們。

希臘人想的卻是另一回事：對他們來說，關鍵在於，接納世界如其呈現的怪誕荒唐，嘗試愛其原本面貌。這是一種當下的智慧，在某方面來說，是一種邀我們「共事」（faire avec）的智慧。這並非一種逆來順受的態度，而是激勵我們擴充包容接納事物，以及開向世界的能耐，並且鼓舞我們，把握當下生命所呈現的樣貌狀態，而那意味著與我們曾大量失去的當下有關。

我再說一次：我是一個**現代人**，一個人們口中說的人文主義者，甚至我將生命耗在致力於我所稱的「後形上人文主義」或者「後尼采主義」上。儘管如此，我們不該對古代世界的深度與重要性視若無睹，尤其對於古代世界的優點往往與我們的弱點吻合這件事，更不該無動於衷。在我們誤以為自己能夠全部掌握控制的這一點上，古代人提供我們另一種觀看方式，恰是我們應該汲取的。

那麼到底是什麼樣的觀看方式？關於這點，我在第一冊《給青年的幸福人生書》提及斯多噶學派時，已經談論過了，在這裡，必須再就這個神話學背景再說一下。無疑地，神話留給古代哲學尤其留給斯多噶學派的原始信念，很可能就在於阻礙人類充分發展去戰勝恐懼的人類兩大痛苦，在於鄉愁懷舊和期望，即對過去的眷戀執著與對未來的憂慮。將我們永遠往後拉扯的昔日時光，有一種我們自身強大驚人的力量發揮著它的作用，史賓諾莎稱之為「情苦受難」：懷舊鄉愁，當過去是很幸福的情況下是如此；但是，當過去只是痛苦時，則是一種罪惡感，一種內疚與悔恨。於是，我們逃難到未來的幻象中。針對這點，塞納克（Sénèque）在《給呂西流斯的信》裡已經說得很透徹了。我們以為一再地換東西，則一切都會變得更好，換房子、換車子、換鞋子、換髮型，渡假、換MP3、換電視或換工作，或者換其他你所能想到的東西。事實上，這些過去的魅力和未來的幻想，絕大多時候只是魚餌誘惑罷了。他們不停地讓我們錯失當下，禁止我們生活得豐富滿足。再者，他們還是造成我們極度焦慮不安和恐懼的根源，焦慮幾乎來自過去，而恐懼則是針對未來。然而，害怕憂懼卻是阻礙美好人生的最大障礙。

這個信念，在希臘智慧裡傳達得既簡單又深刻，尤其是斯多噶學派，將大大地普及傳開[61]。為了獲得拯救，為了獲得戰勝恐懼的智慧，我們必須學著不懷舊地生活，也不對未來杞人憂天。這意味著我們不再永遠安居於這種面向的時間，因為該時間根本不存在（過去已不再，未來尚未來到），以便盡一切可能地活在當下。就像塞納克在《給呂西流斯的信》裡說的：

> 「要消除這兩個東西：對未來的恐懼和對往日之痛的記憶。過去和我已經無關，而未來和我還不相干。」

[61] 關於這一點，請參見第一冊《給青年的幸福人生書》，論及斯多噶學派的章節。

因為，他又說，執著於關注這兩個虛無的時間面向，則無法活在當下，會「錯失生活」。可是，這一次你或許又會說，這種當下的智慧並非真的就暢行無阻，而且不管怎麼樣，我們並不覺得這種智慧已深印在伊底帕斯的心裡——也不見於安提岡妮身上——而很顯然地，他們兩人都感覺到神為他們保留的命運，是那麼卑鄙、齷齪，不堪忍受，甚至令人憤慨不平。再說，我們也可以想像，這齣悲劇的觀眾或多或少也想著同樣的事：很肯定地，人們會覺得這則故事太極端、太殘忍了，而現實世界，儘管是在神的意志和指引之下，但現實世界還是安心可愛的。換句話說，如何與現實之愛的希臘智慧和解，如何與當下及背道而馳的悲劇感受和解？尤其，當這個感受引發我們思索：即使那是神的意志，但無疑地，總而言之，這個經過協調的世界，對我們當中很多人而言根本就過不下去？

隨著這個很簡單的問題，我相信我們已觸及宇宙在宇宙生成與神性觀點上固有的最大問題核心部分了。在我看來，我們可以舉出三個不同的回答。

第一個，無疑地，這個讓對世界之愛的智慧與悲劇的真實達到最佳和解的回答，差不多就是在於：要知道，可憐的人類，以伊底帕斯為例，你的命運並不屬於你，且往往可能變糟，它把所有給你的一切都要回去。當伊底帕斯是底比斯城的國王時，二十年之間，他與約卡絲台和他們的孩子過著幸福快樂、輝煌騰達的日子。但這一切都被奪走。更甚於此的是：甚至他弒父娶母這件事，他從事參與建立起來的自身之幸福，卻變成絕對災禍的最基本原則。這個故事的精神是：當生命是美好時，當一切都順利時，應該要好好把握，絕不讓無謂的風暴摧毀它。要知道，無論如何，他的結局很慘，必須要把握眼前那二十年底比斯燦爛輝煌的歲月，依循詩人賀拉斯（Horace）著名的法則「把握當下」：利用並喜愛每個來臨的日子，勿詢問無用的問題。有智慧的人，是懂得活在目前的人。不是由於缺少聰明才智，或不知道有什麼事將發生；相反地，是因為有智慧的人太清楚，總有一天，一切都會走樣，因而必須明瞭，從現在起，好好把握賜給自己的一切。在某方面來說，這是斯多噶學派智慧中少數派的說法。

至於多數派的說法，談得更深入，如人們說的：這個版本的說法也邀我們喜愛真實的一切，不過卻是真實的所有層面，即便是悲劇性的，或令人心碎的真實。在這些條件下，智者就不侷限在只愛可愛的而已，這一點，每個人都做得到。智者是那種能夠在任何情況下「期望少一點，悔恨少一點，愛多一點」的人，就像有一天，哲學家安德烈・貢特-史彭維爾（Andre Comte-Sponville）為了找一句相應於這種希臘智慧的句子，而跟我說的這句話。事實是，這段話很完美地傳譯了在面對不長眼睛降臨到人們身上的大災大難時，必須表現出的從容與堅強。就在其中，有一個理念將貫穿好幾個世紀之久。我們已經從伊比鳩魯學派和斯多噶學派的著作裡看到，不過，我們也從史賓諾莎，甚至尼采那裡看到，而後者也很明確地邀我們去愛現貌的世界，不只是當它是可愛時才愛——這太容易了——而是當它殘忍粗暴時，像伊底帕斯悲劇的例子那樣：

> 「對於人之所以偉大，我的注解就是**對當下之愛**（amor fati）：只要當下的一切，其餘全都不要，不要之前，不要之後，不要世紀之後又是世紀。不要只滿足於承受那不可逃避者，更不要只是掩飾它——所有的理想主義只是在對於那不可避免者的一種自欺手段——而是要**愛**它。[62]」

[62]《瞧！這個人》中的第一章「為何我如此智慧」。

換句話說，要想成為我於此處姑且概稱為「多數派」的古老智慧的智者，就永遠不該活在過去或未來這些非現實時間的面向裡，應該盡可能地嘗試處在當下，懷著愛意對當下說「我願意」，縱使當下是那麼殘酷難堪——以一種「戴奧尼索斯式的肯定」，就像尼采在參照引用酒神、歡筵享樂之神時所說的那樣。

我真希望能喜歡上這種理念，但說真的，我從來就沒有一刻相信過這種理念可以行得通，從來就不相信可能對孩子的早夭、大自然的災害或一場戰爭以各自的方式滿心歡喜地說「我願意」。伊底帕斯淒慘的結局很清楚地證明了，希臘悲劇跟這些事物觀點沒有關係，沒錯，對此神話的討論篇幅之多當然很可觀，但是對日常生活來說，卻是荒謬透頂。我個人從來沒能真正理解，我們如何能夠以尼采的方式、以史賓諾莎的方式或斯多噶派的方式，對一切降臨身上的事說「我接受」，說「好」？況且，我甚至都不確定這是否恰當。如果跟奧許維茲說「我接受」，這意味著什麼呢？有人會說論據很庸俗。就算是吧，那麼我們就很庸俗而且心甘情願地承認吧：事實是，至今，從我那些斯多噶學派、史賓諾莎派或尼采門徒的朋友當中，針對這個其實很平庸的問題，我還不曾看到他們給過稍微可靠的起碼答覆。也因此，直到今天，我仍然無法認同他們的思想……。再說，我要重申，伊底帕斯他自己就跟你我一樣，也都沒辦法贊同這件可怕的事。

無論如何，最低極限的智慧和多數派的智慧之間——前者在我看來，要實踐他們所言，顯然有相當多的困難，而後者在人類現實中沒有任何意義——就只剩下最後一條路可以思考了。在我看來，希臘悲劇幾乎是以不著痕跡、不言明的方式暗暗闢出這條路了。很顯然地，伊底帕斯絕不會歡天喜地地對他的命運說「我接受」。況且，還必須要很不誠實，才能肯定地說宇宙神聖的秩序重新使用合法權力，以極殘酷的方式對付渺小的人類，將之粉身碎骨，是觀眾很樂於見到的事。拿伊底帕斯沒有像必會做出自然接受之反應的斯多噶學派、史賓諾莎學派或尼采門徒那般思考、那般反應作為藉口，就說伊底帕斯不是智者？我並不確定。因為，伊底帕斯似乎透露給我們一個比「對當下之愛」還更意味深長的訊息。當然，伊底帕斯是一個相信他所處的世界、信仰他的神的希臘人，他必然是部分接受自己的命運，他自我懲罰，就是一個有力的明證，否則他就不會挖出自己的眼珠、不會遜位，並很悲慘地結束自己的生命了。因此，他透過自己的生命本身，以及透過看不出有絲毫對當下之愛的眾所皆知之痛楚，他抗議、憤慨、控訴他不滿意這一切，而他女兒安提岡妮，更甚於他，但在同樣的意義下接續這把火炬。我再次重申，並非他們以很明晰的方式向他們身處的宇宙提出異議。相反地，安提岡妮表達得很清楚，她屬於她的家庭，所以她無能為力。然而，恰巧就是其中有什麼走了調：這些人都很了不起，伊底帕斯很明智，仁慈而誠懇，安提岡妮也很勇敢、高貴，對一種倫理上的高尚，顯現出她的忠誠貞潔。然而，這些美德與他們一起被粉身碎骨。這麼走也走不通，因此，必須徹徹底底地沉思才行。

他們苦難悲壯的故事，讓我們首先更明瞭人類的處境，讓人更透徹地領悟到，不幸是組成必死之身無可避免的一部分，也讓我們領會，為什麼悲慘苦難總是不公平，總是荒謬怪誕、不合邏輯。我們就這樣抓到了幾個以世界之愛的智慧為理由而辯護的理由，幾個邀我們禁絕自己反芻那些痛楚記憶的理由，好製造出未來一片光明的幻覺。然而，越過這最初且融會了「最低極限主義」智慧的教訓之外，如果說伊底帕斯和安提岡妮在我們眼中如同在希臘人的眼中，已經變成英雄，變成正面形象的傳說人物了，那是因為，他們以他們自身獨一無二的痛苦哀傷，證明了在宇宙秩序之內，人類處境有其獨特性。其中便有像人文主義的起因即將出現。同樣地，在埃斯庫羅斯的劇作中，普羅米修斯以人類之名反抗眾神，索福克勒斯悲劇的觀眾無法不在剎那間開始思索：縱使是這樣，但還是應該能夠改變、改善、轉化、改造這個世界，而不只是詮釋這個世界吧。不管怎麼說，在這個宇宙體系裡確實有一顆東西，它的名字就叫做：鞋子裡的石頭，那就是人類。安提岡妮，儘管她為一種心靈上的道德理由，而藉口神的名義，但她畢竟是革命家，是一個人文主義者——就她的情況來說，二者合而為一——或許她自己並不自知，但我們，我們卻不能不知道。安提岡妮激勵我們去批判事情其所是之一切，更甚於要我們對當下表示愛意，或對世界之所將往投降認輸。這一點正是在她身上顯現出的特有的人文，既不可將之還原到秩序，也不可被神或宇宙同化吸收。一直要等到人文主義的誕生，在盧梭、康德那裡以及法國大革命，才能夠完全公平對待這個普羅米修斯式的理念——而這個詞彙，在此取其所有的意涵，因為我們已經看到，根據柏拉圖的說法，普羅米修斯是第一個看出人類這種生物生來一無所有，然而接下來卻擁有包括反抗世界秩序的一切可能。在我看來，伊底帕斯與安提岡妮悲劇全部的偉大就在於這一點：無庸置疑是破天荒第一次，這齣悲劇就在當時的希臘宇宙論之中，公平地對待這個可能具有無限顛覆潛力的人文理念。

結論
神話與哲學：戴奧尼索斯的神話寓意及世俗的精神性

我就不再重複談日後傳給哲學的神話其宇宙呈現的結構了。從這本某方面說來既多樣又複雜的書裡，我們已經看得夠多了，至少，如果我們相信「只有當一個人的存在按其可能地生活在跟宇宙秩序和諧共處當中，才能獲得一個美好的人生」，是長久以來希臘文化的基礎理念的話。可是，從伊底帕斯的悲劇中，我們也開始領會其他的事：體系的機能障礙，哪怕是小小的沙粒就能影響它，向它提問，然後無論如何，至少在我們看來，人類就遭遇悲劇一場。我就是想要從這點來進行反思，繼續朝一般可概稱為宇宙及和諧之「另類」或「異類他者」——換句話說，就是我們自己，必死之身的人類——來思考，並為此書下結論。因為，希臘神話的偉大，並不只在於對壯麗宇宙的精彩描繪而已，它之所以偉大，同樣也與下述的努力有關：在一個凡事皆以和諧為優先考慮所主導的思想圖式裡，致力在將跟妥善安排之布局截然不同的一切整合、納入前者所投入幾近絕望的努力。宇宙論闡明了何謂秩序、公平正義、協調與身份同一，這是事實沒錯，但是，對於同樣造成混亂、差異、狂歡、迷醉等等乍看下會激起瘋狂而非理智的曖昧誘惑力，宇宙論並非就視若無睹。人們常說，這個對希臘思想而言「異端」的斜面，具體呈現在另一個哲學傳統裡，是有別於柏拉圖式或斯多噶學派那種宇宙論思想，而具體呈現在一種經由原子論者、伊比鳩魯學派和詭辯學派之理論的

「反文化」中——可以說，就是一種「解構」，而在此詞彙出現之前就已存在的這個解構，已經很清晰明快地表達了酷愛混亂脫序更甚於秩序和諧，對差異之迷戀更甚於對同一的喜好，對肉體的熱情更甚於對靈魂的情感。

如果我們從這個觀點上來看，那麼，讓宇宙論的結構看來確實驚奇美妙的，就是在於宇宙論的結構以令人難以置信的勇氣，公平對待事物的這個面向，並且透過將之具體呈現在我們接觸過的一個人物（以非常明確清楚的方式）來照應、思索這個面向。這個人物就是戴奧尼索斯，我也準備以談論他來當作本書的結論。我們先就從他說起：要不是有天大的膽子，否則怎麼可能弄出這麼一個罕見的奧林帕斯神，而且還是以鮮明耀眼且敞開心胸接納的方式，大大方方地將他納入宇宙的體系裡呢？

不為什麼，要接受戴奧尼索斯不容易。我已經指出，他是怎麼從「宙斯的大腿」上出生的，就在他那凡人而非女神的母親塞墨勒臨終時，從她渾身浴火的肚子裡搶救出來——就本義來說，那是在火燄中燒毀的身體——就在她的情人萬神之王面前。從一開始，戴奧尼索斯就是獨樹一幟的存在。首先，在所有奧林帕斯神當中，他是唯一凡人所生的兒子。這就暗示了在他身上帶有一部分混亂、基本上的相異，和一種不完美。然而不僅僅如此：人們說他具有一些東方的成分，說他的舉止不是「純粹始祖」的希臘人——我當然知道，「純粹始祖」這個詞很有爭議，所以我特意將它標上引號，以便特別強調出，在傳統的觀點下，戴奧尼索斯看來似乎是希臘人所稱的「老外」、一個外國人。「更差勁」的是，打從他最柔弱的童年開始，他就以女孩子的裝扮出現在只看重男生的公共場所。最初，那是阿塔瑪斯國王在赫米斯將幼小的神託付給他時，為了逃過赫拉的憤怒，不得不將戴奧尼索斯弄成這種裝扮。此外，依照好幾個說辭相同的資料，則說赫拉已經藉由極力慫恿戴奧尼索斯的母親，讓宙斯拗不過她的請求，現出天王真面目在她面前，以這方法燒死他母親了：赫拉知道得很清楚，這個年輕的凡間女子，絕對經不起一分鐘奧林帕斯主宰身上的光芒照射，因此她就會活活地被燒死。隨著時間，戴奧尼索斯喜歡上女孩子穿的衣服了。赫拉為了報復，日後只要一發現他的詭計，她就把他變瘋，以致於戴奧尼索斯必須努力以幾乎超凡人的淨化方式，才能擺脫宙斯的老婆加在他頭上發瘋似的狂熱亢奮。宙斯為了讓戴奧尼索斯擺脫對他老婆的仇恨，將他化為小山羊，老實說，這麼做反而讓他越變越怪異：**他不只是一個凡世女人的兒子，不只是很東方味、很女性又很瘋癲，原來他還曾經有過一段動物的過去！**不用說，打從一開始，他就一點都不像奧林帕斯神了。在雄糾糾的正義秩序和男子氣概主導的希臘城邦，當他與他那些半人半羊獸、巴肯特及西勒諾斯等隨從相處時那種想像不到的習性，又足以惹人討厭。那群跟隨他的瘋狂人獸隊伍，他們陶醉狂歡無度，放縱性慾和虐待狂似的亂性，簡直是驕縱妄為到極點！我再說一次：要將這麼古怪的人放進最合法的眾神典範的名單裡，確實必須要有無人能及的勇氣才行。問題，至少在表面上很簡單：為什麼？

為了更準確地掌握主題核心而不輕率地回答，或許必須先回想他的生命過程早期幾段很鮮明的插曲[63]——尤其是彭修斯的死，我先前只約略提過，並沒有詳述這件事的重點。戴奧尼索斯這個怪異神祇的特立獨行，能提供我們非常豐富的訊息。

---

[63] 基本上，我這裡依照的是阿波羅鐸魯斯的記載，不過，同時參照《荷馬史詩》和帕諾波里斯的拿諾斯所寫著名的《酒神》。

我已說過，當戴奧尼索斯一出生，赫拉就帶著恨意糾纏他，與她對待其他如愛歐或赫拉克勒斯等人一般，都是基於同樣的理由。在宙斯的命令下，他被赫米斯藏在一處安全無虞的地方，而且被打扮成女孩來照顧。當赫拉識破這個詭計時，她不僅把戴奧尼索斯弄瘋，而且還包括他的養父母阿塔瑪斯及愛歐（附帶一提，根據某些版本的描述，就是由此誕生了尋找金羊毛的神話，阿塔瑪斯的子女試圖遠離他們瘋狂的父親）。於是，宙斯再度把小男孩藏起來，這次將送他到遙遠一處叫做尼索的國度，由森林裡的寧芙仙女將他帶大。某些人就因而聲稱，這位年輕人的名字就是從這段插曲來的：戴奧尼索斯這名字就表示「宙斯或者尼索的神」。不管怎麼說，他遊歷很多地方，最後終於療癒了他精神的狂亂荒唐。因此，他嘗試回到色雷斯，然而這個地區的國王呂庫格（Lycurgue）卻斷然地拒絕了他。就像一個排斥異己的市長看到茨岡人或羅姆人（二者又稱為一般人較熟悉，但隱含歧視意味的「吉普賽人」）忽然冒出來，跑到他乾乾淨淨的城市，呂庫格拒絕了這個荒誕不經的隊伍，並且逮捕戴奧尼索斯和他的團隊。這個國王可倒楣了，因為，雖說這個神祇尚年輕，他卻已力大無比了。他對呂庫格施以魔法，這次換國王變瘋了：他的下場很慘，最後被他自己狠狠地五馬分屍，在極度瘋狂的狀況下自砍手腳。經過其他的遊歷旅行，戴奧尼索斯終於回到他的故鄉，至少，那是他母親塞墨勒的家鄉。而你記得，塞墨勒是底比斯城創建者卡德摩斯與哈摩妮雅的女兒。塞墨勒的姐妹雅高薇（Agavé）有個兒子彭修斯，是戴奧尼索斯的表兄弟。所以說，戴奧尼索斯就是卡德摩斯的孫子。彭修斯的父親在接下來的故事裡扮演很重要的角色，是我說過的赫赫有名的「被種下的」史跋拓人之一，其實也就是五人中最有名的耶克勇，一個如假包換的「土著」，從土裡長出來的人——實質上，這就是「被種下的」人的例子。因此，他跟戴奧尼索斯涇渭分明的是：他並非一個被放逐的人，而是一個土生土長的人；不是一個異鄉人，而是一個道道地地的在地人，一塊土地的後代。他的祖父由於年紀太老無法再治理國家，彭修斯便成為新的國王。然而，雅高薇向來就不把她妹妹塞墨勒——這個戴奧尼索斯的母親——看在眼裡：她從來就不相信宙斯恐怖的光芒故事，更不相信「宙斯的大腿」故事，她還到處宣傳這是騙人的無稽之談——戴奧尼索斯為此非常氣憤，理由有兩點：首先，他不高興別人誣蔑他母親；其次，因為這表示否認他與宙斯的血親關係。彭修斯與他母親將為此付出代價，而且是非常高昂的代價。

凡爾農早就很精彩地敘述過這段故事，我不敢掠美，只能引用他的話，至少藉此來呈現戴奧尼索斯抵達底比斯城的最初場景：

「底比斯堪稱古希臘城邦的模範城邦，當戴奧尼索斯抵達這座城時，他並非以戴奧尼索斯神的本尊出現，而是裝扮成這位神祇的祭司。他蓄著一頭披肩長髮，這位穿著女性服飾到處遊蕩的祭司，渾身是東方佬的模樣，深色的眼瞳，而且能言善道，充滿誘人的魅力……這一切都激怒在底比斯『土生土長』的彭修斯。他們兩人年紀幾乎相同。彭修斯是個相當年輕的國王，同樣地，自稱祭司的戴奧尼索斯則是個年輕的神。在這個祭司身旁，總是圍繞著一群年輕女孩及較年長的呂底亞（古代小亞細亞，今土耳其西部）女人，也就是東方女人。她們的外貌體型或生活方式都是東方人。在底比斯城裡，她們高聲喧嘩，在街上隨地而坐，大剌剌地在馬路上吃睡。彭修斯目睹這些景象，不由得勃然大怒。這群到處遊蕩的流浪者在這裡要幹什麼？他決心把他們驅逐出境……。[64]」

在凡爾農描寫的筆下，他清楚觀察到的事，也是我在此引用的理由，即戴奧尼索斯與彭修斯兩人，放逐流亡者與土生土長的人絕妙的對比反差；異鄉外地人與道道地地的本地人：我們馬上就意會到，他們一定無法相處融洽。戴奧尼索斯不久就以要命的方式作弄他。這位年輕國王對酒神隊伍的狂怒裡，其實帶有一種常見的無意識意圖。實際上，這些女人在大街上恣意搔首弄姿的淫蕩舉止，和自由豪放的作風和心靈，深深地吸引了彭修斯這種從小就很拘束，像陷在跳古典雙人舞中放不開的人，他從小就受嚴苛的「斯巴達」教育，在以「男子氣概」作為城邦典範價值的環境長大，這些人異樣的魅力令他著迷。戴奧尼索斯便利用他受魅惑這一點，邀請彭修斯——必須這麼說，是偷偷地——到森林裡參加著名的「酒神節」或「戴奧尼索斯祭典」縱情狂歡的祭神儀式。彭修斯經不住戴奧尼索斯的誘惑，爬上一棵樹，藏身在樹幹的暗處，觀看即將上演的那些令人瞠目結舌的光景。與他背道而馳的這一切（然而，他正是為這個理由而來），都悄悄地騷動蠱惑他的靈魂或許還包括了他的肉體。那些巴肯特——戴奧尼索斯隨行的女祭司，她們的名字，正是參考擁有多種面孔的戴奧尼索斯的另一名字巴科斯之名而來——她們開始狂顛亂舞、飲酒作樂，縱情性愛交歡，追逐幼弱的野獸，然後一一將它們生吞活剝。總之，這是酒神式瘋狂最原始的狀態，交錯著所有最晦暗隱蔽的激情與欲求，當然，看得到酒食色性，但也展現殘暴的性虐待狂、鬼魂附身的狂喜、恍惚出神……各種迷醉癡狂之態。不幸的是，彭修斯很快地就被認出來了——當然，戴奧尼索斯一直都監視著他。那些女人手指著他，他變成了她們的下一個獵物！她們拼命搖晃樹幹，逼他下來，而他自

64《宇宙、諸神、人：為你說的希臘神話》，頁190。凡爾農著，馬向民譯，貓頭鷹出版社，2008（最新修訂本）。

己的母親雅高薇，像個指揮官般地指揮著這個瘋狂的殺生祭禮，在眾女人手中，將她的親生兒子活活地撕成碎塊：在精神恍惚發瘋的狀態下，她只當他是一隻野獸，然後很驕傲地帶著戰利品回家，向她的父親卡德摩斯炫耀：血淋淋的彭修斯的頭顱，被她插在矛上面。

我們把接下來發生的故事擱一邊——老卡德摩斯，不用說，驚愕無語。雅高薇也是，當她回過神來，當戴奧尼索斯使人們認清他的身份，奠定他的權力時，她被眼前的景象震懾了。但是，故事的重點卻在別處：事實上，希臘人還必須通過這類接近最不能辯護、也最不宜的精神錯亂場景的補充，才能補足實現他們所有致力於和諧秩序之榮光的宇宙論神話與傳說。其中有一點很奇特，我們必須好好地質問，將這麼怪異的存在納入神祇的世界，用意究竟是什麼？再一次，我們要問：「為什麼？」

現在，答案可能相當簡單。首先，尤其不該弄錯，戴奧尼索斯不是泰坦神或堤豐那類僅僅是「混亂脫序」，「熱衷」於反對宙斯之宇宙結構的反對分子。否則，你也知道得很清楚，他就不會是一個奧林帕斯神了，反而會是像其他遠古混沌的暴力，被關禁在塔爾塔羅斯，被降級、棄置在蓋亞的肚子裡監督了。因此，即使我們已看到尼采對音樂作評論時，指出他身上當然帶有紊亂與泰坦神的暴力，簡而言之，他並不只是紊亂/宇宙這兩極的一端罷了。老實說，他是兩者的結合，是具有豐富意涵的綜合形式，因為這個形式向我們表示了：絕沒有一種和諧不意識到差異，無死亡之身就無永生不朽，沒有差異就不會有身份同一，沒有外地人的存在就沒有在地人，有異鄉人才會有居民。

為什麼這個訊息重要到必須很象徵性地安排在奧林帕斯山的核心？針對這個問題，人們常常以戴奧尼索斯兩種對立、但外表看來都合理的人格詮釋作為回答。再說，由於沒有確切可資辨認的作者，因此多種神話解讀的出現是很正常的事。就跟童話故事的情形一樣，這裡我們接觸的是一個

「統稱」的文學，是無法歸在一個特別且確定作者下的創作作品，因此總是很難想像，在這些作品中會有輕易就認出來的有意識企圖。而我們又不可能像今天電視上做的那樣訪問荷馬。不單單因為荷馬已過世，而且因為我們所接觸的很有可能是一個代號，也許是對應好幾個人物的代號，總之是無數的口述傳統，無任何個人能聲稱是自覺且為該內容負責的作者。因此，可以說，我們只有從「域外」才得以試著重建一個意涵出來，在這樣的條件下，很自然而然地，好幾個不同的觀點就變成可能，而且更甚於我們只將一部作品歸在單一「私人」的作者身上。那麼，如此重建一個意涵，也就會顯得更有趣了。不久前的過去常發生這樣的疏漏，往往藉口我們接觸的是「文本」而不是「作品」，因而只看見「結構」，卻不曾試圖得出其中的意涵，這實在是天大的誤謬。我們千萬不要再屈服於這種過而不入的穿越了。

根據最初的解讀，而我們可以稱之為「尼采式的」閱讀（儘管他們是以一種很模糊的方式呈現，老實說，還與尼采真正的思想大有距離），戴奧尼索斯具體呈現了生命節慶的這一面。他表現了這些瘋狂的剎那，確實有些亢奮狂亂，也確實放縱毫無節制，但同時也是作樂與遊戲，在一種狂喜出神中，簡單地說，一個「解放了的」生命，將親切的犯罪時刻獻給享樂主義、愉悅，和最私密的色情淫慾之激情滿足上。而認為有一個對酒神儀式的詮釋、一種預期的安那其主義，儘管不說是六八年五月的「左派」。此外，在已經相當接近的意義上，說羅馬傳統最後是這麼描繪巴科斯的：他是個老酒鬼，沒錯，毫無疑問，但很親切、很爽快，充滿幽默感與愛，而且到最後，就像他的伴侶西勒諾斯，是真正理智的人。「活得像火山」：在這個觀點下，這句話可能是戴奧尼索斯最後的座右銘。

但問題是，在戴奧尼索斯的生命裡，就神話故事所記載的，並沒能證實這麼一個誇張、刻板的形象是否屬實。很顯然地，事實是另一回事。酒神與祭典之神的生命不曾有過一時一刻快樂的時光。他出生時就很痛苦，他的童年動盪不安，當他被呂庫格驅逐，在他遊歷到印度或亞洲時，或是當他返鄉報復雅高薇及彭修斯時，他更常處在恐懼或仇恨之中，而不是愛與歡樂之中。至少，假如我們起碼花點時間，以很認真的態度思考那些最基本的著作所告訴我們的內容——毫無疑問地，事實一定有些不同——那麼，戴奧尼索斯的節慶：永遠更類似一部恐怖影片，更勝於一場快樂的酒神狂歡：野獸活生生地剝皮撕碎、折磨幼童、輪姦或殘暴地致之死地的那些景象，都緊扣著恐怖的節奏，這讓人想到，關於六八年美好的老節慶，或是羅馬式酒神狂歡的刻板圖式之說，根本離題太遠了。再說，就像我們看到的，戴奧尼索斯與他的表兄弟彭修斯，戴奧尼索斯盡可能地表現出不具同情心的英雄：他很有魅力，的確，他吸引人，不過卻是靠偽善和滿口謊言的方式，以陰險狡詐和告密的方式，總之，只要我們看得近一些，就會知道，他使的那些騙人把戲，跟擁護這種詮釋說法的人自己有意為他提高身價，根本就是兩碼子事。他們解釋成：過度和逾越，沒錯，不過是在歡樂與愛之中。然而實際上，在戴奧尼索斯身上當然看得到過度和逾越，但歡樂與愛，微乎其微。

另一種並非摻雜尼采式，而是啟發自黑格爾的詮釋，顯然已精準多了。大體上，這種詮釋在於認為，戴奧尼索斯具現「差異」的時刻[65]，這種想法是對應於必須給永恆及宇宙一點時間，以便含納整合不同於他們的一切。我就講得簡單明白些，不賣弄專業術語：這個狂熱的神，面對宙斯奠定並擔保的祥和神聖、永恆安定的宇宙，從此具體呈現了與秩序相反、有別，甚至就是反對秩序之一切是那麼必要：當然，並非在神祇方面的絕對紊亂失序（這是指泰坦諸神與堤豐的造反事件，他們

---

[65] 是黑格爾在三段式裡所稱的在己存有（en soi）、在彼存有（être là）和為己存有（pour soi）中的「在彼存有」。

本身就是神，甚至在宇宙還沒有完全建立起來時，他們就已被控制住了），而是在人間世界裡的機遇、雜亂、偶然性、撕裂苦痛和其他的不完美。就某方面來說，這一切必須被表達出來，以便在第三時間（第一時間是宇宙的創造）能夠被收回、納入普遍的和諧當中：戴奧尼索斯位居奧林帕斯的核心，正是由此而來。

無疑地，從第二種詮釋，我們已經更接近戴奧尼索斯傳說的事實了：是的，必須關注、照應另類他者、異類、混亂失序與死亡，簡言之，就是關照一切有別於神祇的事物。不過唯一細微但根本的差別在於，就我拿出的黑格爾式觀點來看，差別在於，最終並沒有快樂與成功的綜合。的確，必須創造出戴奧尼索斯，然後給他一個抉擇的位置。因為真實的生活，美好的生命，對我們來說一如對神來說，都是宇宙與混亂的結合，是生命有限與永生不朽共存。僅有宇宙，生命就僵化停滯；但只剩紊亂存在，也不會更好：生命會爆發毀滅。為自己帶來的紊亂脫序，會演變成災難與死亡，因此必須有另一種原則，讓他停下來。反之亦然，沒有人類的宇宙秩序，沒有了真實歷史時間下活生生的生命存在，那麼只不過是凝結不動的另一種形式死亡罷了。

正如尼采所稱的「大格調」（當然，在此我談的是「真正的」尼采，而不是「尼采式的」，更不是「左派的」），必須將敵人整合含納到自身[66]，不該將敵人留在外面，否則太危險了，而更糟糕的是，也太無聊了——這點解釋了這位德國哲學家何以對戴奧尼索斯的人格著迷，並從他身上看到自己。他在《悲劇的誕生》裡描寫的兩個時刻，阿波羅式的及戴奧尼索斯式的，彼此如一體兩

---

[66] 參見《給青年的幸福人生書》關於尼采的篇章。

面，都是生命之必要：同理，有宇宙就有混沌紊亂，有時間才有永恆，有差異才有同一。

戴奧尼索斯以他的存在不斷地提醒我們，世界的起源由來和他來自的黑暗深淵。每次一有必要，他就讓我們感受到，宇宙是如何從混沌之中被建立起來，而宙斯從泰坦諸神手中贏取勝利得來的宇宙結構，又是多麼地脆弱、不堪一擊，我們卻一意地忘卻其由來和不穩定性——此乃為何縱情玩樂的節慶會使人驚恐，一如瘋狂使人不安，因為我們感覺到，那恰與我們非常貼近，且說實話，它就在我們心中。所以，基本上，戴奧尼索斯的啟示，或者說他被整合到奧林帕斯眾神之列的啟示就在於：一如在悲劇裡，它讓我們領悟這整體結構就是由人類建造，且是為了人類而建造；不只是為永恆宇宙的成員而建立，而且也伸向生命有限性的世界，擴及這個戴奧尼索斯於任何情況下都對著他們訴說的撕裂、紊亂失序的面向。

然而，就如黑格爾式的詮釋，到最後，沒有最終的和解，沒有「從此過著快樂幸福的日子」。或許，就是這一點，使戴奧尼索斯的神話比其他神話更能讓我們明瞭，直到今天，為什麼這些神話架構，依然以很親切貼近的方式感動著我們吧。

這些神話對著我們談論我們生命有限的人類，以宗教絕不會談的另一種方式，對著我們談論我們自己：以世俗的靈性語彙，而非信仰的語彙；以人間救贖的語彙，更甚於神的教義來談。尤里西斯的旅程中讓人深深感動的，是他盡一切努力憑自己的力量擺脫一切危險，憑著嘗試使自己清醒、有自知之明，憑著留在自己的適恰位置，也憑著拒絕永生不死，拒絕神祇太過安易的協助，而獲得成功。誠然，像雅典娜及宙斯當然都給予援助，其他的神則拖垮他的人生——波塞冬是其例子。到最後，他是在充份自覺地接受死亡等在他前方的狀況下，憑自己雙手脫困並獲致成功的生命。從這方面來看，唯有哲學會再度做見證。我再說一次，我很清楚，如此堅稱，在一個性急的讀者眼中會是很矛盾的：神話故事，不是很肯定無疑地充滿了太多神、住了太多超自然的生物嗎？我們怎麼還不客氣地說是「世俗的」呢？

的確，沒錯。異議一目瞭然，可是恰恰不該停留在明顯的事實上。如果我們深入一點地看，就像我們嘗試在這整本書裡閱讀的，我們就會在這些神話故事裡發現與宗教完全不同的東西：一種企圖，那恰是戴奧尼索斯獨一無二所象徵的，即從人類有限性的現實來考慮人類利益的企圖，以及當眾神為了解決瘋狂，將宇宙和諧只留給他們自己，而將瘋狂全數丟到人類和易受影響的感性世界，從這樣的瘋狂之現實出發來考慮的企圖。就是如此的世界，如此刻記著時間的紅塵俗世，無論如何都必須想辦法為它賦予一種意涵，或者不如說，都應該在面對人類的他者，這個永生之神的宇宙時，盡可能賦予它星座般繁富的意涵。基本上，神話故事供給我們的養分，同時神話將留傳給哲學當作哲學出發點的內涵，是為了我們這些個體——置身在各方面都超過我們、早已安排的美好宇宙中的我們——而對充滿各種可能航線之種種生命的描繪。在當前這個各種宗教都日漸褪色的時代——我這裡所指，是歐洲的世俗環境，而非仍舊以政治神學為特色的那些洲——希臘神話探索的是一個與我們如此切身、前所未有的問題：超越神學的生命意義問題，事實上，恰是這個問題，還能讓我們拿來作為思考我們自身處境時的典範。

我在本書的尾聲，之所以想再度強調神話故事留給哲學的智慧或精神性的特徵，在於很矛盾的世俗而非宗教的，在於人性的甚至太人性的特徵上，原因就在這裡。

從論一般哲學如同宗教之世俗化，更論及希臘哲學特別如同神話之世俗化：世俗精神性的誕生

在我寫的其他著作裡，曾有機會論述如下的觀點：我認為哲學始終是，或至少在它最燦爛耀眼

的時候，與宗教世俗化的進程息息相關[67]。即使當哲學冀望的是物質主義，毅然地與宗教態度決絕斷裂時，在哲學身上，依然看得見與宗教保有不被察覺卻最根本的連續性。實際上，哲學是從宗教處接收到最根本的問題。那些問題，只有成形於一個宗教空間之後才變成哲學自己的東西。正是這個超越斷裂的連續性使人明白，哲學是如何接管從救贖角度看待美好生命這個問題，也就是說，完全放棄幻想狀態的宗教性回答，直視生命的有限性以及死亡。同時，哲學不針對信者卻針對所有人類提出它的抱負，並因而關心在力求超越特殊的論述，而朝向一個最初就抵制宗教社群主義的普遍性面向，也都是由此而來。

就算哲學誕生之初，在希臘就已證實了這個斷裂與連續，但我們所進行的神話分析，以及凡爾農眼尖地指陳揭示的，無疑都讓這一點顯得更加清晰。凡爾農從他一位致力鑽研希臘從宗教——神話——過渡到哲學這個研究領域的同事法蘭西斯‧孔佛（Francis Cornford）的研究成果中獲得啟發，他指出，古代哲學的誕生，並非像人們一而再、再而說的那般，屬於不可思議的「神蹟」範圍的事，而可以解釋是透過在希臘人生活其中的宗教世界裡的「世俗化」之動力結構。這一點很值得注意，因為，這種對世界的醒悟，這種破除對世界的幻想的序幕過程，顯現出雙面孔：一面是最早的哲學家們，將全盤接管部分宗教方面的遺產。這一部分，尤其是來自我們提及的神祇與世界誕生加以分析的那些神話故事。另一面，這個繼承下來的財產，即將在一種新型態的理性思想中，既如

[67] 我在《現代人的智慧》（*La Sagesse des modernes*）的第十章，以及《何謂成功的人生?》（*Qu'est-ce qu'une vie réussie?*）裡已詳細討論過這個主題。

實地被翻譯同時也被背叛地、大大地被改造。這個理性的思想，即將為他所繼承下來的一切賦予意義和嶄新的地位。依此，根據凡爾農的研究，他說，古代哲學，基本上：

「將宗教所制定的表象體系轉換到一個更抽象的思想層面非宗教的世俗形式中。哲學家們的宇宙論重拾、延伸了宇宙論的神話故事……。但這卻非一種模糊籠統的類比。介於一個哲學家阿那克西曼德斯的哲學與啟發自一個像赫希歐德這位詩人的神譜學之間，孔佛指出了，他們在結構上，直到細節部分，彼此都相呼應。[68]」

實際上，從哲學的黎明時期開始，這種以超越宗教來保留宗教的世俗化過程——保留了救贖與有限性的問題場域，所有宗教性質的回答則被放棄——已經清楚而堅決地展開來了。尤其特別有趣的是，我們可以從這個過程中，解讀出雙面的意涵：先於哲學並形塑哲學的宗教與哲學之間，我們可以多多少少看重他們相連繫的部分；相反地，我們也可以看重哲學擺脫宗教的部分，並且將那一部分描繪成世俗或理性的剎那。然而，孔佛比較關切的，是結合兩個問題場域的關聯問題；凡爾農既不否認宗教在哲學裡的父子關係存在，又嘗試突顯哲學與宗教相反的部分。他這麼寫，的確，那些最早的

---

68 參見《古希臘，從神話到理性》（*La Grèce ancienne. Du mythe à la Raison*），「觀點」，凡爾農、維達-納奎（Vidal-Naquet）合著。Seuil，頁198，1990。

「哲學家們沒有創造出說明世界的體系來；他們是找到它，已是現成的了。不過，幸虧孔佛的研究，今天宗教與哲學的父子血緣關係已被確認，問題也就很必然地以嶄新的形式出現。關鍵就不再是從古代哲學中重新找到，而是從中引出真正新穎的問題：哲學正是由此變成哲學，停止作為神話。[69]」

我們可以說，這是在連續性中的革命，它至少在三方面形成對比：首先，不再談血緣父子關係，如神話故事裡——宙斯是克羅諾斯的兒子，克羅諾斯又是烏拉諾斯的兒子……等等——理性而世俗化的哲學，將從說明性質、因果關係等方面來談：某個因素產生另一個因素，某個現象造成某個結果……等等。在同樣的這層涵義下，我們就不再談蓋亞、烏拉諾斯或龐多斯，而是談大地、天空、水和海洋：面對物理成分因素的事實真理，神性被刪除了——這一點是關鍵性的決裂——儘管如此，但這並不阻礙物理學家們的宇宙概念繼承所有存在於古代宗教與神話觀點的宇宙基本特徵（和諧、公正、美好等等），而這一點則是接續。哲學家的形象，終於以跟牧師、傳教者截然不同的形象顯現出來了：哲學家的威信，是來自他公諸於世的事實真理，而不是來自他擁有的祕密；是來自他所勝任的理智論據，而不是來自玄奧神祕的奧義。

如果我們更近地端詳第二點，也就是說，如果我們近察古代哲學家們經由剛才提到的從龐多斯到水、從烏拉諾斯到大氣、從蓋亞到大地……等等，致力在從希臘神祇中「萃取」出構成宇宙的

---

⑲ 同前，頁202。

「物質性」成分，抑或將它「抽象化」，那麼，即使尚未進一步分析，我們都能對這個由哲學思想引起的騷動有些許概念，而明瞭這個從神聖過渡到非宗教的方法是多麼驚天動地。細節部分更複雜，但我在此無法一一指出，不過，原則已經現形了：關鍵就是，終結神聖性與宗教性的實質存有，以便關心自然、物理的事實真理。我們發現，幾個世紀以後，西塞羅對這種「世俗的」革命做出饒富意味的回應。根據他自己的說辭，透過這個「世俗的」革命，「希臘神話的神祇被物理所詮釋」。西塞羅並舉薩圖努斯（克羅諾斯的拉丁名）以及天空凱耶勒斯（烏拉諾斯的拉丁名）為例，以下述的方式解釋，從古代神話故事「迷信」方面來看，非宗教化是由斯多噶派哲學導入的：

「長久以來，希臘沉浸在凱耶勒斯被他兒子薩圖努斯戕傷，而薩圖努斯自己又被他兒子朱彼德綑綁的信仰當中。一種稀有的物理教義就被禁錮在這些大逆不道的寓言中。這些寓言要講的是，以太創造出至高的天空，而天空的本質乃是火，這整體完全由她自己產生的本質，被必須與其他肉體結合才能生育的肉體的器官剝奪了。這些寓言想要藉由薩圖努斯來描繪一個包含了遍歷空間之循環運行與公轉，以及帶有希臘名之時間的這個事實真理。因為，我們稱薩圖努斯為克羅諾斯（Cronos），與表示「年代中的空間」的 chronos 是同一回事。可是我們把他叫做薩圖努斯（Saturne），乃是因為他被年歲浸透、充滿（saturé）。人們捏造說他有吃掉自己子女的習性，那是因為綿延（durée）會消耗時空。[70]」

這種解讀希臘偉大神話神譜的語文學事實價值，我們就把它擺一邊吧。此處重要的是，「世俗化」的動力結構，已從其原理中澄清得明明白白了：其斷絕宗教關係者少，著力在重新整理與宗教關係者多；其徹底破除宗教者少，從一嶄新視角看法使重大主題改道者多。而且，正是這種決裂與連續性之二元性，從一開始，就以不可磨滅的手法，呈顯出哲學與其唯一嚴肅的對手宗教之間的曖昧關係。我在別處曾經提過[71]，這個主題不該只受限於希臘思想的領域。這個主題富含很普遍的意義，從所有哲學歷史中，甚至包括宗教成份最少的名思想家的思想中，我們都能確認這一點。我暫時僅能以一種暗示的方式來說——在《學習人生》系列書的下一冊裡，我將會以更徹底、更清晰的方式詳論細節。期待我們再度徹徹底底回到這個主題來，我們就先這麼說吧，哲學傳統中所有偉大的作者都證實了這個主題，而且，無一例外。

也因此，像柏拉圖、斯多噶學派、史賓諾莎、黑格爾或尼采，他們之所以持續以各自的方法，同時關注在救贖與永恆的問題上，絕非偶然。當然，他們也都企圖同時與法定宗教一刀兩斷。在這層意涵上，如果說柏拉圖和亞里斯多德認為智者就是比瘋子少死一些的人，又或者，如果亞里斯多德在其偉大的道德鉅著《尼各馬科倫理學》（*L'Ethique à Nicomaque*）的末章說智者就是「盡可能使自己不朽的人」，則這些都絕非偶然。再者，如果說史賓諾莎的思想根基與前述者截然不同，卻也在相同意涵下，以他的《倫理學》聲稱，超越純粹理型的道德引導我們朝向「至福」——對史賓諾莎來說，同樣地，唯有擺脫了對死亡的恐懼，才有美好生命可言，宛如戰勝生命與戰勝死亡不過就是同一回事那般——這也不足為奇。唯有完全戰勝恐懼，才能生活得完善，要達到此目標的手

---

[70]《論神祇的本質》（*De la nature des dieux*），第二十四章。

[71]尤其是在《現代人的智慧》（*La Sagesse des Modernes*），同前揭書。

段，就是讓自己的生命變得這麼有智慧、遠離瘋狂，以便「最不可能地死去」。這個主題在史賓諾莎主義者中是相當著名的主題，也經德勒茲（Gilles Deleuze）長期而詳盡地分析。根據德勒茲對他的詮釋當中最著名的之一，我們再度看到「智者死得比瘋子少一些」。在黑格爾處，再度出現「絕對知」的定義，此黑格爾思想體系之至高點，繼承了基督教：一如在基督教義中，有限與無限，人與神，最終將和解——黑格爾的思想與宗教的差異主要在於，在他眼裡，這個和解必須在其專業術語所稱的「概念的要素」中實踐，而非在信仰的概念上達成。如果說尼采在導演他那「永恆回歸」教條的作品時，經常借用偉大的福音書最具特徵之比喻方式，也無足為奇：在尼采這裡，同樣地，牽涉到的問題是在於描繪出一個存有的標準，足已分辨出什麼是絕對值得過活的，以及什麼是一刻也不值得拖延的。在此，我們再度看到，隱蔽的持續性與時而激進的決裂，是如何清晰地突顯出哲學與宗教彼此結合與分離同時並進的曖昧關係。

我跟你說過，在《學習人生系列》的第三本書裡，我們會再回到哲學的這些重要時期及其他主題來談。這些觀察，就目前的階段來說，當然還只是很暗示性地，不過，已將我的思考很明快地導向最終的兩個特點來。這兩個特點，既確認在第一冊《給青年的幸福人生書》裡介紹的處理方式，同時宣告了指引下一冊的線索。

第一個特點在於，為理解哲學，必須禁絕最糟糕的錯誤，別像今天人們常犯的錯誤那樣，誤將哲學與道德或靈性相混淆。在某些我們談的意涵上，道德是尊重他人、尊重他人的自由、他人追求其所欲的幸福，道德始於不傷害他人之處。簡單地說，對我們來說，共同的道德憲章，大致上與我們的人權宣言混為一談。假如我們很完美地實踐這些，那麼，地球上就再也不會有強暴、竊盜、殺人，也不會有經濟明目張膽的不公不正行徑。那麼，這無疑是一場革命了。然而，這依然阻止不了我們老去、死去，阻止不了我們失去摯愛的人，阻止不了有時在愛中的不幸，或日常生活中的凡庸的苦惱煩憂。因為，全部這些問題——死亡、愛與煩憂——都不是道德的問題。你可以生活得像個聖人或聖女，很出色地尊重他人，與眾不同地傾全心在人權問題上……，然後，老去、死去、受苦。再說一次，這些都不相干。恰好就是這第二圈的問題，隸屬於我在此所稱的「精神性」，而跟道德對立。我在《學習人生系列》第一冊整本書裡指陳，哲學與宗教迥然不同，哲學基本上是一種世俗的精神性。換句話說，將哲學簡單地化約成道德是很荒謬離譜的事。

然而，將哲學化約到單一的理論面向，也同樣是謬誤。在我們的高中或大學的哲學課程中，我們太常教導學生，說哲學就是反思、批判精神、就是辯論。事實上，沒錯，最好多反思、多思索、批判、辯論，以便好好地思考，而這也的確是哲學的一部分。但這一點，也同樣隸屬於社會學、生物學、經濟或新聞學的一部分。第一冊《給青年的幸福人生書》裡，我已解釋過，批判性的反思絕不是哲學的特權。神話故事從其最深厚的底蘊傳給古代哲學的，以及古代哲學在這一點上作為其直接的繼承人的，即最根本問題，乃明明白白地關係著明瞭如何在宇宙中獲致一個美好的生命，縱使這個宇宙曾經一度在柏拉圖式和斯多噶派的方式下被世俗化和神聖化過。

如果說哲學誕生在希臘，那是因為，神話故事早已藉不可思議的深度思索宇宙中必死生命的處境，為哲學準備好肥沃的土壤了。因此，哲學家們最根本的提問，在哲學萌生之際已預先形成了：其牽涉到的問題就是，要知曉如何戰勝生命對有限性的恐懼，以便獲取智慧，也就是說，就詞源上的意義，達到祥和安寧這個救贖之唯一處境：意味著將我們從對死亡這個人類處境的焦慮不安中拯救。

所以，從神話到哲學這個過程的分析裡，各方面都確認了一個想法，即哲學千真萬確是「無神的救贖教義」。顯示這一點，究竟有何意義？意義就在於：企圖從恐懼中自救，既不求助於信仰，也不求助於一個至高無上的存在，而是純粹運用人自身的理性，嘗試以自身的力量努力脫困。這一點是哲學與宗教真正的差異，儘管希臘神話充滿了神祇，然而，神話最哲學性的偉大之處，就在於遠離神祇們的權力，提出人類救贖的問題：應該是由我們終會一死的人類，而且也只有由我們來儘可能地解決此救贖的問題，無疑地，必定是不完美的，但卻是由我們自己，我們自己的理智來解決，不向任何信仰和永生不朽的神求援。

我們會在下一冊裡看到，就是從這個挑戰中導出古代哲學的偉大傳統。而其留給人最深刻印象的魅力之一，就取決於，從這個獨特的問題場域出發，古代哲學將以才華洋溢的方式「創出」百花齊放的回應，直到今天，這些回答依然提供我們與生命同樣多的可能性，讓我們領會我們自己的生命。

呂克・費希（Luc Ferry, 1952- ）著作

1.《政治哲學》三卷（*Philosophie politique I, II, III*）
2.《68 思想》（*La Pensée-68*）
3.《體系與批判》（*Système et critiques*）
4.《海德格與現代人》（*Heidegger et les modernes*）
5.《美感人——民主時代的品味創造》（*Homo Aestheticus. L'invention du goût à l'âge démocratique*）
6.《為何我們不是尼采主義者》（*Pourquoi nous ne sommes pas nietzschéens*）
7.《新的生態秩序》（*Le Nouvel Ordre écologique*）
8.《動物與人類——文選》（*Des animaux et des hommes. Une anthologie*）
9.《人為的神——或者生命的意義》（*L'Homme-Dieu ou le sens de la vie*）
10.《現代人的智慧》（*La sagesse des Modernes*）
11.《美的意義》（*Le sens du beau*）
12.《在十八歲探討哲理》（*Philosopher à dix-huit ans*）
13.《人是什麼？》（*Qu'est-ce que l'homme?*）
14.《何謂成功的人生？》（*Qu'est-ce qu'une vie réussie?*）
15.《寫給喜歡學校者的一封信》（*Lettre ouverte à tous ceux qui aiment l'école*）
16.《現代美學的誕生》（*La Naissance de l'esthétique moderne*）
17.《宗教後的教徒》（*Le Religieux après la religion*）

18. 學習人生系列書 第一卷《給青年的幸福人生書》（*Apprendre à vivre: traité de philosophie à l'usage des jeunes générations*）
19.《閱讀康德三大批判》（*Kant: une lecture des trois Critiques*）
20.《戰勝恐懼：哲學如智慧之愛》（*Vaincre les peurs: la philosophie comme amour de la sagesse*）
21.《家人，我愛你們：全球化時代的政治與私生活》（*Familles, je vous aime: politique et vie privée à l'âge de la mondialisation*）
22.《公民役》（*Pour une service civique*）

神話的智慧／呂克・費希（Luc Ferry）著；李鳳新
譯. -- 初版. -- 臺北市：臺灣商務, 2010.12
面； 公分. --（Open；1:63）
譯自：La sagesse des mythes : Apprendre à vivre 2
ISBN 978-957-05-2570-0(平裝)

1. 希臘神話 2. 人生哲學

284.95 99022540